"十二五"国家重点图书出版规划项目

中国社会科学院创新工程学术出版资助项目

总主编：金 碚

经济管理学科前沿研究报告系列丛书

THE FRONTIER
RESEARCH REPORT ON
DISCIPLINE OF
ACCOUNTING AND AUDITION

陈宋生 李文颖 主编

会计（审计）学学科前沿研究报告

经济管理出版社

ECONOMY & MANAGEMENT PUBLISHING HOUSE

图书在版编目（CIP）数据

会计（审计）学学科前沿研究报告.2012/陈宋生，李文颖主编.—北京：经济管理出版社，2016.12
ISBN 978-7-5096-4753-0

Ⅰ.①会… Ⅱ.①陈… ②李… Ⅲ.①会计学—学科发展—研究报告 Ⅳ.①F230

中国版本图书馆 CIP 数据核字（2016）第 280146 号

组稿编辑：张　艳
责任编辑：王格格
责任印制：黄章平
责任校对：赵天宇

出版发行：经济管理出版社
　　　　　（北京市海淀区北蜂窝 8 号中雅大厦 A 座 11 层　100038）
网　　　址：www.E-mp.com.cn
电　　　话：(010) 51915602
印　　　刷：北京银祥印刷厂
经　　　销：新华书店
开　　　本：787mm×1092mm/16
印　　　张：24.5
字　　　数：567 千字
版　　　次：2017 年 1 月第 1 版　2017 年 1 月第 1 次印刷
书　　　号：ISBN 978-7-5096-4753-0
定　　　价：79.00 元

《经济管理学科前沿研究报告》
专家委员会

主 任： 李京文

副主任： 金 碚　黄群慧　黄速建　吕本富

专家委员会委员（按姓氏笔划排序）：

方开泰	毛程连	王方华	王立彦	王重鸣	王 健	王浦劬	包 政
史 丹	左美云	石 勘	刘 怡	刘戒骄	刘 勇	刘伟强	刘秉链
刘金全	刘曼红	刘湘丽	吕 政	吕 铁	吕本富	孙玉栋	孙建敏
朱 玲	朱立言	何 瑛	宋 常	张 晓	张文杰	张世贤	张占斌
张玉利	张屹山	张晓山	张康之	李 平	李 周	李 晓	李子奈
李小北	李仁君	李兆前	李京文	李国平	李春瑜	李海峥	李海舰
李维安	李 群	杜莹芬	杨 杜	杨开忠	杨世伟	杨冠琼	杨春河
杨瑞龙	汪 平	汪同三	沈志渔	沈满洪	肖慈方	芮明杰	辛 暖
陈 耀	陈传明	陈国权	陈国清	陈 宪	周小虎	周文斌	周治忍
周晓明	林国强	罗仲伟	郑海航	金 碚	洪银兴	胡乃武	荆林波
贺 强	赵顺龙	赵景华	赵曙明	项保华	夏杰长	席酉民	徐二明
徐向艺	徐宏玲	徐晋涛	涂 平	秦荣生	袁 卫	郭国庆	高 闯
符国群	黄泰岩	黄速建	黄群慧	曾湘泉	程 伟	董纪昌	董克用
韩文科	赖德胜	雷 达	廖元和	蔡 昉	潘家华	薛 澜	魏一明
魏后凯							

序　言

为了落实中国社会科学院哲学社会科学创新工程的实施，加快建设哲学社会科学创新体系，实现中国社会科学院成为马克思主义的坚强阵地、党中央国务院的思想库和智囊团、哲学社会科学的最高殿堂的定位要求，提升中国社会科学院在国际、国内哲学社会科学领域的话语权和影响力，加快中国社会科学院哲学社会科学学科建设，推进哲学社会科学的繁荣发展具有重大意义。

旨在准确把握经济和管理学科前沿发展状况，评估各学科发展近况，及时跟踪国内外学科发展的最新动态，准确把握学科前沿，引领学科发展方向，积极推进学科建设，特组织中国社会科学院和全国重点大学的专家学者研究撰写《经济管理学科前沿研究报告》。本系列报告的研究和出版得到了国家新闻出版广电总局的支持和肯定，特将本系列报告丛书列为"十二五"国家重点图书出版项目。

《经济管理学科前沿研究报告》包括经济学和管理学两大学科。经济学包括能源经济学、旅游经济学、服务经济学、农业经济学、国际经济合作、世界经济、资源与环境经济学、区域经济学、财政学、金融学、产业经济学、国际贸易学、劳动经济学、数量经济学、统计学。管理学包括工商管理学科、公共管理学科、管理科学与工程三个学科。工商管理学科包括管理学、创新管理、战略管理、技术管理与技术创新、公司治理、会计与审计、财务管理、市场营销、人力资源管理、组织行为学、企业信息管理、物流供应链管理、创业与中小企业管理等学科及研究方向；公共管理学科包括公共行政学、公共政策学、政府绩效管理学、公共部门战略管理学、城市管理学、危机管理学、公共部门经济学、电子政务学、社会保障学、政治学、公共政策与政府管理等学科及研究方向；管理科学与工程包括工程管理、电子商务、管理心理与行为、管理系统工程、信息系统与管理、数据科学、智能制造与运营等学科及研究方向。

《经济管理学科前沿研究报告》依托中国社会科学院独特的学术地位和超前的研究优势，撰写出具有一流水准的哲学社会科学前沿报告，致力于体现以下特点：

（1）前沿性。本系列报告能体现国内外学科发展的最新前沿动态，包括各学术领域内的最新理论观点和方法、热点问题及重大理论创新。

（2）系统性。本系列报告囊括学科发展的所有范畴和领域。一方面，学科覆盖具有全面性，包括本年度不同学科的科研成果、理论发展、科研队伍的建设，以及某学科发展过程中具有的优势和存在的问题；另一方面，就各学科而言，还将涉及该学科下的各个二级学科，既包括学科的传统范畴，也包括新兴领域。

（3）权威性。本系列报告由各个学科内长期从事理论研究的专家、学者主编和组织本领域内一流的专家、学者进行撰写，无疑将是各学科内的权威学术研究。

（4）文献性。本系列报告不仅系统总结和评价了每年各个学科的发展历程，还提炼了各学科学术发展进程中的重大问题、重大事件及重要学术成果，因此具有工具书式的资料性，为哲学社会科学研究的进一步发展奠定了新的基础。

《经济管理学科前沿研究报告》全面体现了经济、管理学科及研究方向本年度国内外的发展状况、最新动态、重要理论观点、前沿问题、热点问题等。该系列报告包括经济学、管理学一级学科和二级学科以及一些重要的研究方向，其中经济学科及研究方向15个，管理学科及研究方向45个。该系列丛书按年度撰写出版60部学科前沿报告，成为系统研究的年度连续出版物。这项工作虽然是学术研究的一项基础工作，但意义十分重大。要想做好这项工作，需要大量的组织、协调、研究工作，更需要专家学者付出大量的时间和艰苦的努力，在此，特向参与本研究的院内外专家、学者和参与出版工作的同仁表示由衷的敬意和感谢。相信在大家的齐心努力下，会进一步推动中国对经济学和管理学学科建设的研究，同时，也希望本系列报告的连续出版能提升我国经济和管理学科的研究水平。

金 碚

2014 年 5 月

前　言

我国古代哲学家庄子曾言："吾生也有涯，而知也无涯，以有涯随无涯，殆已。"为此需要站在前人肩膀上探索未知方能避免少走弯路。承前启后、继往开来当是学术研究创新的重要标尺。会计与审计学不仅自身体系庞大、冗杂繁复、错综更替，其作为经济社会领域中的重要领域更是源远流长、枝繁叶茂。纵览学术前端，鉴古知今，是一代代会计人薪火相传的法宝。借中国社会科学院组织出版的《管理学学科前沿与现状》系列丛书之际，编著此书，希冀帮助读者更精准地厘清会计与审计学科的前沿动态，有的放矢，不殆无涯。

本书分为五个部分。第一部分是会计与审计学科 2012 年国内外研究综述，包含会计基本理论的发展、会计准则与制度、成本和管理会计、财务会计与财务管理、审计、公司治理与内部控制等方面内容，以及对后续章节内容的概括归纳。第二部分是会计与审计学科 2012 年中英文期刊论文精选，中文论文以期刊网上的引用率排序，兼顾中国会计学会论文评奖情况；英文论文以 ESI 排名筛选。第三部分是会计与审计学科 2012 年出版的精品图书，中文图书以知名出版社出版情况和中国会计学会杨纪婉会计学奖获奖论文为筛选依据；英文图书以美国《会计评论》书评为基础，参考 Elsevier 和 Springer 等数据库，根据亚马逊图书销量择优选定。第四部分是会计与审计学科 2012 年国内与国际大事记，涵盖会议、行业重大报告、制度与行业发展等题材。国内信息来自中国会计学会、中国审计学会、中国注册会计师协会等期刊或官方网站信息，领域内相关研讨会内容，专家提供的信息；国外信息源于美国、英国、加拿大、欧盟等国家和地区的会计学会、机构及国际会计准则理事会、国际会计联合会等组织举办的各种会议。第五部分是会计与审计学科 2012 年文献索引，中文以 CSSCI 检索期刊为主，英文以 SCI/SSCI 检索的文献为主，还包含部分专业会计期刊。

与已有汇编性书籍相比，本书具有以下特色：一是以国际通行的引用率等客观标准为依据，编者团队在阅读大量文献的基础上反复研讨，确定文献来源以保证内容的代表性和权威性，避免了主观偏颇；二是所引用的英文书籍摘要等检索信息均译成中文，编者团队锱铢必较、数次删改，确保内容通顺易懂，便于读者查阅；三是对经典文献全文收录，力图将碎片化的知识系统化与结构化，提高本书的可读性与权威性，利于读者学习领会。

本书由北京理工大学会计系团队汇编整理而成。陈宋生教授设计主导了本书的内容框架并全程参与了汇编的协调、统稿、审阅、校对等工作；博士研究生李文颖主要负责整理书的汇总编纂、资料收集、整理和校对；博士生刘青青、严文龙和张雪妍负责文献资料的收集与整理。在我们举行的每周学术例会上，一些成果以不同方式陈述，博士生罗少东、曹圆圆、李铮、王云芳、Bilal、Khan，硕士生陈悦、白晔、张烨、韩晓彤、王雪、李亚慧、张宇佳、李竹子、韩详震、吴东琳、陈海红、白宇、包阳、高文星、郝博雯、胡宏雪、齐心、陶绎元、田甜、王振亚、杨培培、祝思凡、尹培培、郭京晶、薛惠文、杨杰、刘淑玲、曹雪、吴鹏程、王振亚、杨双、黄也博、潘爽等以不同方式提出过修改意见，与同学们的交流留下难忘的记忆！承蒙经济管理出版社杨世伟总编辑多年的信任与托付，得以编纂此书，并不辞辛苦亲自审阅书稿并提出弥足珍贵的修改建议；热情的张艳女士、王格格女士的精心编辑和李玉敏女士的细心校刊不仅减少了书稿诸多瑕疵，使全书更加顺畅；北京大学光华管理学院王立彦教授和中国人民大学商学院宋常教授从汇编思想与方法路径等多方面给予诸多指导和帮助，编者团队受益良多。

本书采众家之长结撰而成，希冀展现会计（审计）学科细分领域在理论和方法研究上的创新和更替。感谢本书引用的所有作者，没有你们的大作，本书将是无源之水、无本之木。

本书系第三部会计（审计）学科前沿研究报告，也是国家自然科学基金项目（71372016，71672009）和教育部博士点基金项目（20131101110053）的阶段性成果。通过汇编国内外年度优秀论文、图书与纪事，以无涯行有涯，寄望助益读者鉴往知来。承继前书汇编方法之时，本书亦吸收了前两部前沿报告的读者反馈建议，在此深表谢意！然编者能力有限，本书气脉文理难免先后有殊，草促成书之时，战战兢兢，如临深渊，如履薄冰，其纰缪处，以待大雅之教正（chenss@bit.edu.cn），编者幸甚！

目　录

第一章 会计（审计）学学科2012年国内外研究综述

为了更加清晰地反映2012年会计与审计学科研究主题，根据细分领域相近度，将会计与审计学科研究划分为六类主题，本书后章的期刊论文精选、图书精选及文献索引均以此主题框架依次展开，跨主题研究成果则视其作用客体所属主题而归类，六类主题的关键词汇包括但不限于：

（1）会计基本理论：会计史、环境会计、会计职能、财务报告框架、会计信息化、会计信息、会计信息质量（盈余质量，信息透明度）、会计理论等；

（2）会计准则与制度：会计问题、会计准则、会计制度、公允价值、金融工具、税务等；

（3）成本和管理会计：管理会计、成本会计、成本核算、预算管理、业绩评估等；

（4）财务会计与财务管理：（财务等）信息披露、管理层讨论与分析、财务管理、资本结构、企业融资、股权激励（高管薪酬）等；

（5）审计：审计方法、内部审计、内部控制审计、政府审计、审计独立性、审计声誉、职业怀疑、审计质量等；

（6）公司治理与内部控制：公司治理、内部控制、高管（董事）特征、管理层权力、管理层收购、股权结构等。

第一节 会计基本理论

2012年度国际会计理论研究基本围绕特定会计科目功能、会计确认原则、会计计量方法主题展开。Cready等（2012）考察了负向特殊项目的功能，发现负向特殊项目是将未来费用变现的一条重要通道，以达到提高未来盈余的目的。Donelson等（2012）研究显示，原则导向的会计确认方法因模糊性的增加帮助公司摆脱监管，使其被集体诉讼的可能性降低，这为IFRS和U. S. GAAP间的转换提供了有益理论探讨。Fornaro和Huang（2012）对FIN 47符合条件的资产弃置义务分类进行了研究，结果也支撑了在弱监管环境下，原则导向的会计确认方法更易使企业盈余操纵动机增加。He等（2012）则运用中国数据讨论了公允价值会计（Fair Value Accounting, FVA）计量的适用性，他们指出在弱制度环境的市场里，公允价值会计的过度推广弊大于利，同样增加了管理层盈余操纵动机。

此外，本年度会计计量方法的研究成果也较为丰富，内容涵盖盈余管理（Dechow et al.，2012）、诉讼风险衡量（Kim and Skinner，2012）、盈余预测不确定性度量（Sheng and Theyenot，2012）、隐性资本成本测度（Hou et. al.，2012）等。

2012年度国内会计理论热点是政府会计改革和环境会计理论讨论。近年来，欧洲一些国家发生了严重的主权债务危机。2010年，希腊、意大利、爱尔兰和葡萄牙政府债务占GDP的比重更是分别高达144.9%、118.4%、94.9%和93.3%（《中国财经报》2011），这归因于政府财政收支管理松懈、债务约束弱化和财政管理透明度不高。这些国家大多实行以收付实现制为基础的政府会计，使得债务和费用无法全面、真实地反映出来，掩盖了财政管理的问题，加剧了危机。因而，推进以权责发生制为基础的政府会计改革已成为重要的国际议题。2011年，我国《会计改革与发展"十二五"规划纲要》明确进行政府会计改革，以建立政府会计准则体系。

路军伟和殷红（2012）基于制度变迁视角给出了政府会计改革的动力机制设计和分析模型，指出政府会计改革的终极动力之源是不同利益相关主体对新会计系统的预期成本收益分布；该文创新性地引入了外生变量——改革策略变量，得出结论：在短期内，假设环境因素为常量的情况下，政府会计改革动力将主要取决于改革策略的选择。在备选改革策略与改革动力之间存在函数关系，有些改革策略能使政府会计改革获得更大的改革动力，因此，在做出政府会计改革决策时应以改革动力的最大化来选择最佳改革策略（ORM）。刘骏和应益华（2012）、成小云（2012）分别就政府会计改革过程中的制度伦理问题和改革稳定形式进行了探讨。

当前世界各国关注全球气候、环境资源利用与社会发展问题，环境会计理论研究方兴未艾。周守华和陶春华（2012）从可持续性、外部性、信息披露、成本管理和行为科学这五个视角，按照文献的发展脉络和逻辑关系对国际学术界在环境会计理论方面的研究新进展进行了评述，为我国环境会计的学术研究提供了有益的方向坐标。王爱国（2012）单就碳会计角度，分析了碳会计的缘起、原义和扩展，探讨了国外碳会计发展的趋势和热点问题，提出了中国碳会计至少应该包括碳排放财务会计、碳成本会计、碳管理会计和碳审计等内容在内的广义碳会计观，具有借鉴意义。

国内关于传统会计基本理论的研究可分为两大类：一是有关非历史成本会计、会计相关性的研究。刘峰和葛家澍（2012）提出重构多重目标的财务报告模式，其中，基本财务报表仍然以历史成本为基础，满足经济社会信任需求；其他财务报告"按需订制"，满足不同使用者的差异化需求，可以采用非历史成本计量属性。就会计相关性方面，李心合（2012）认为，会计两大分支领域相关性弱化的问题至今依然存在，甚至相当严重。管理会计因其与资本经营脱节、与业务脱节、对金融经济危机状态的适用性差等削弱了相关性，财务会计因其信息的失真、混淆、形式化和负相关等严重降低了相关性。为提升会计的相关性，需要持续性地进行变革会计，并跨越财务会计与管理会计在认识上和机制上的鸿沟。

二是有关会计职能、概念框架的研究。传统会计理论揭示，财务会计信息有用性问题的起因是委托—代理关系下的信息不对称，且财务会计信息在定价和治理两方面的功能也已经被大量研究证实。雷宇（2012）尝试对财务会计的信任功能进行分析。文章首先指出，财务会计的信任功能与缓解信息不对称的功能并不是完全重复的，信任概念将各种影响财务会计作用的因素联系起来，形成了一个一致的分析框架。在此分析框架中，共划分为四类信任机制，分别为文化及制度层面、财务会计层面、委托人与代理人层面、公司治理层面，这样将文化、市场、制度、关系、公司治理等因素以及复式记账、会计准则、外部审计均概括到同一个理论当中，说明虽然财务会计理论是以委托—代理关系和信息不对称为起点展开的，然而究其实质，财务会计发挥作用的起因是代理人的不诚信和委托人对代理人的不信任。财务会计信息能够促进委托人对代理人的信任，而财务会计系统为财务会计信息的可信性提供了一定程度的保障。财务会计即是一个自身构建非常完善的信任机制。这一概念的提出无疑延伸了会计概念的外延，充分融合了社会学理论与会计理论，富有启发意义。

同时，公司财务概念框架是会计理论中的新兴话题，国内学者对财务概念框架的建立目前仍存在争论。李心合（2010）认为，公司财务须借鉴会计学、审计学标准化工作的经验，关注概念框架研究，主张在区别会计与财务对确认、计量和报告方面现存差异的基础上，确立"财务确认、财务计量和财务报告"三个新概念。成小云（2011）则持相反意见，认为企业财务行为的个性化特征必然导致无法建立统一、一致认可的公司财务概念框架。鉴于此争论，曹越（2012）详细回顾了财务会计概念框架（CF）的发展历程，在此基础上对两者思想逻辑进行分析阐释，认为讨论"公司财务概念框架"，并指引《企业财务通则》的修订和完善具有针对性与迫切性。目前实施中的《企业财务通则》（2006）分为十部分，分别为总则、企业财务管理体制、资金筹集、资产营运、成本控制、收益分配、重组清算、信息管理、财务监督和附则，其中前两部分可视为"公司财务概念框架"的雏形，第三部分至第六部分是针对基本财务活动的规范，第七部分至第九部分是针对特殊财务活动的规范，其存在形式类似于会计准则中的"基本准则＋具体准则"，具体准则中又遵循"常规业务准则＋特殊业务准则"范式。

此外，在我国会计准则与国际会计准则实现持续趋同的同时，国内学者开始关注组织所处环境如制度环境、社会环境、文化环境等与会计理论发展进程之间的交互影响，以期寻求会计理论的创新和变革（葛家澍，2012；潘爱玲等，2012；刘慧凤，2012；付磊，2012）。

国内学者创新性地提出中国上市公司财务（会计）指数编制，尝试从宏观角度、以动态指数形式对财务经济运行过程进行监测与景气识别。赵德武等（2012）认为，中国上市公司财务指数是对会计信息和财务分析的拓展，与传统会计和财务信息相比，财务指数的信息更具综合性、动态性、系统性。2010年，财政部王军副部长将会计指数作为中国特色会计体系的重要组成部分。王化成等（2012）构建了基于企业会计信息的一套指数体系，这个指数体系包括综合反映企业经营对宏观经济综合贡献的价值创造会计指数、评价某一行业内企业整体运行情况的行业评价会计指数，以及分析单一企业股票投资价值的企业投资价值会计指数。可以预见，财务（会计）指数的编制仍将成为未来几年热议的研究话题。

第二节　会计准则与制度

国际会计准则理事会（International Accounting Standards Board，IASB）致力于制定一套全球化的会计准则，每年会根据经济形势以及市场条件的变化和发展，对国际财务报告准则（IFRS）的内容进行不同程度的调整。Zeff S. A.（2012）就国际会计准则委员会（International Accounting Standards Committee，IASC）向国际会计准则理事会演化过程中面临的五大挑战和应对策略进行了讨论。

2012 年度国际会计准则与制度的研究主要集中于会计制度或细分准则的实施效用研究，其中 IFRS 实施效果研究最为广泛，包括 IFRS 强制实施对机构投资者决策、审计费用、信息可比性、薪酬激励合约中会计信息的有用性、外商直接投资（Foreign Direct Investment，FDI）等的影响。总体来讲，IFRS 的强制实施对上述领域均具有正向效用。Barth 等（2012）创新性地将 IFRS 和 U. S. GAAP 进行了可比性研究，发现采用 IFRS 的公司财务信息更具可比性，并指出盈余平滑性、及时性及应计质量或许是 IFRS 制度下公司财务信息拥有更多可比性的原因。Lin 等（2012）则运用德国数据发现在 U. S. GAAP 转换为 IFRS 的过程中会计质量有所降低的事实。此外，国外学者还就 FIN 46、SFAS 123 等重要细分准则进行了探讨（Callahan et al.，2012；Skantz T. R.，2012）。

2012 年度国内学者与会计准则制度相关的研究主要有会计原则（会计稳健性、会计信息可比性等）、会计收益计量、公允价值计量、会计准则变迁效果等。

会计稳健性是关于会计盈余确认和计量的一项重要原则。张兆国等（2012）从相关性和可靠性两个方面对不同会计稳健性计量方法的比较和选择问题进行了实证考察和评价。在选择会计稳健性的计量方法时，考虑相关性便可以使实证研究更好地体现成本效益原则；考虑可靠性便有助于正确地选择计量方法。研究结论显示，在会计稳健性的实证研究中，一方面要选择 AT（盈余——股票报酬计量法）、ACF（应计——现金流关系计量法）等可靠性较高的计量方法；另一方面也要同时使用负相关或不相关的计量方法，以便相互补充和加以验证。

相对于会计稳健性和相关性，会计可比性是一个很重要的会计信息质量特征，它能帮助会计信息使用者比较两类经济现象之间的异同，然而由于可比性测度的困难，其研究相对滞后于稳健性、相关性等质量特征。与西方国家相比，目前我国的会计可比性研究仍处于初级阶段。基于此，袁知柱和吴粒（2012）对会计信息可比性的已有研究成果作了系统评价，包括会计信息可比性的测度方法、影响因素和经济后果等方面，总结出了我国会计信息可比性的一些研究方向，具有借鉴意义。

2012 年 5 月 17 日，财政部发布《公允价值计量准则（征求意见稿）》，并设立课题以深入了解企业公允价值运用现状，为准则制定与完善提供第一手资料。王守海等（2012）将内部风险计量和评价技术与公允价值计量协调起来，建立公允价值计量整体框架，并构建公允价值计量可靠性保障机制。此外，会计收益计量方面，龚光明和陈若华（2012）认为，收益计量是产权权能的重要实现形式。企业生态产权的积累和生态需求市场的出现，决定了生态收益的计量成为企业生态行为友好的推动力，也是会计发挥产权保护作用的具体体现。文章建议，应结合生态产权的保护，拓展现行的会计理论，使会计原则和会计假设包含生态环境事项（Sio Nyquist，2000），完善会计收益的计量内容、计量方法，是中国经济转型过程中获得后发优势的需要。

欧盟委员会已于 2012 年 4 月永久承认中国企业会计准则与国际财务报告准则的等效性。会计准则变迁效果方面，孙光国和刘爽（2012）考察了会计准则变迁与管理层行为间的互动关系，得出两者是一种协调联动关系的结论，他们将会计准则的制定看作一个动态博弈的过程，其中同企业管理层的利益协调是不可忽视的一个重要方面。基于这种协调联动效应，在会计准则的国际化进程中应结合我国的市场环境稳步推进，不保守、不冒进。同时应掌握企业对准则的遵循情况，了解准则执行过程中的"盲点"和"误区"，在保护投资者利益的同时，引导企业的科学发展。

第三节　成本和管理会计

管理会计主要为企业内部管理提供信息，成本与管理会计的研究主题综合起来可分为管理控制、成本会计与管理、决策方法、战略管理会计、管理会计信息系统五大类，而管理控制又可细分为标准成本、经营预算、业绩计量、激励机制、责任会计、转移定价六个方面。国外学者认为，管理会计已实现向企业经营战略合作者角色的转变，国外学者多关注战略管理会计、管理会计信息系统等。2012 年初，美国注册会计师协会（AICPA）及英国皇家特许管理会计师公会联合推出全球特许管理会计师（CGMA），旨在提升管理会计职业的全球影响力。同年，全球特许管理会计师（CGMA）相关机构公布了三个注重提高效率的财务工具，即如何在财务机构转型时使用战略分析方法、成功指南和有效的沟通技巧，以期推广扩大管理会计实务界的成功经验。学术理论研究方面，2012 年度国际管理会计热点话题有管理会计角色转变、管理控制系统的策略性与可持续性融合、开簿成本会计（Open - Book Accounting，OBA）与企业合作风险、供应链层面的管理会计信息交换、不完全合约条件下激励合约对代理人努力情况的效用、薪酬委员会运行过程、制度变迁与成本管理策略、公共领域的战略管理会计、战略地图与计分卡对管理层战略判断的影响等（Caglio and Ditillo，2012；Cheng and Humphreys，2012；Christ and Sedatole et al.，

2012；Cuganesan and Dunford et al. ，2012；Gond and Grubnic et al. ，2012；Hermanson and Tompkins et al. ，2012；Hsu and Qu，2012；Lambert and Sponem，2012；Modell，2012；Nixon and Burns，2012；Windolph and Moeller，2012）。

我国从 20 世纪 50～70 年代末期普遍实行计划经济体制下的企业管理模式。与西方相比，现代管理会计实务发展时间较短，目前管理会计的研究在国内仍处于新兴阶段，聚焦点仍在成本会计与管理，以及包括经营预算、激励在内的管理控制领域。毛洪涛和李诗依（2012）系统总结了中国管理会计理论研究中的热点问题；而在计量方法上，李琦（2012）归纳了国际管理会计研究的主要方法——问卷调查，从其目标与设计、调查群体的确定和样本的选取、问卷的设计与发放、披露与报告这几个角度对问卷调查方法进行分析评价，具有启发意义。

本年度中国会计学会管理会计与应用专业委员会年度会议主旨为"国际化与价值创造：管理会计及其在中国的运用"，除成本管理、绩效评价、激励机制议题外，还重点关注了中国企业国际化的管理会计问题、持续价值创造的管理会计、企业创新与管理会计（赵息等，2012）三大类。其中，价值链管理会计的讨论最为广泛，包含价值链的管理会计决策方法、价值链成本管理等子议题（王满和王晶琦，2012；穆林娟和贾琦，2012）。

另外，环境会计、政府管理会计也是 2012 年度国内学者热议话题。近年来，环境污染问题已经引起社会各界广泛关注，但总的来说，我国企业对于可持续发展和科学的环境管理方法等方面的认识还比较薄弱（张亚莲等，2012），大部分企业实施环境管理是一种策略性行为，目前我国企业财会人员还未能真正参与到企业的环境管理决策工作当中来。本年度环境会计的研究逐渐深入，学者们就环境绩效评价、碳排放成本、循环经济、生态预算绩效等展开了丰富讨论（何平林等，2012；谢东明和林翰文，2012；刘沓和周航，2012）。

2011 年 11 月 16 日，国务院常务会议讨论并原则通过了《中华人民共和国预算法修正案（草案）》，修改的基本原则是增强预算的科学性、完整性和透明度，强化政府债务管理以防范财政风险，严格预算执行、规范预算调整和完善预算审查监督。自此，我国政府管理会计改革进程步入快速轨道。与此类似，高校事业单位的预算转型、成本会计核算（包括科研经费）也进入理论讨论阶段（杨世忠等，2012；李现宗等，2012）。

第四节　财务会计与财务管理

国际财务会计领域的研究较为深入，聚焦于：①管理层信息披露动机，包括自愿性信息披露形式及其与管理层投资、盈余发布会语言信息含量、电话会议分析（Roychowdhury and Sletten，2012；Beyer and Guttman，2012；Yang，2012；Kumar et al. ，2012；Davis et al. ，2012；Larcker and Zakolyukina，2012）；②信息披露及市场反应，包括季度报表的信息含量及股价反应、投资者对价值相关性的认知、投资者对同行盈余预测信息的对比反应、非财务信息披露与预测准确度、财务报告披露频率与资本成本（Lee，2012；Battalio et al.，2012；Maletta and Zhang，2012；Dhaliwal et al.，2012；Fu et al.，2012）；③资本市场信息使用者分析师和投资者等行为研究，包括研发密度与分析师荐股、分析师行业专长、覆盖率与股价同步性、Affiliated 分析师与独立分析师的预测精度、分析师与市场风险评价、策略性行为偏差、分析师报告语调、分析师长期增长率预测等研究（Palmon and Yezegel，2012；Jung et al.，2012；Lui et al.，2012；Lim and Jung，2012；Kadan et al.，2012；Crawford et al.，2012），投资者的行为研究扩展到投资者情绪、投资者关系与公司可见度（Mian and Sankaraguruswamy，2012；Bushee and Mille，2012）。另外，盈余质量方面，会计稳健性成为重点研究领域，如会计稳健性与公司财务舞弊关系（Alam and Petruska，2012）、财务重述与会计稳健性的时效性问题（Ettredge et al.，2012）、业务供应链的影响力与会计稳健性等问题。Chalmers 等（2012）验证了 10b－5 条款集体诉讼与盈余质量关系；Bhattacharya 等（2012）则创新性地运用路径分析方法探寻了盈余质量、信息不对称性（IA）与权益成本的内在关联，思路新颖，值得借鉴。

2012 年度与财务会计相关的国内研究主题则较为宽泛，主要有信息披露、财务报告质量与资本市场。

首先，信息披露方面，学者就管理层讨论与分析、自愿性信息披露、社会责任信息披露，以及环境信息披露方面进行了重点研究。李燕媛和张蝶（2012）分析了我国上市公司管理层讨论与分析（MD&A）信息鉴证所面临的理论薄弱、制度缺失与实践缺位的三重困境，针对 MD&A 概念界定、鉴证需求调查、鉴证指南或准则的制定提出了切实建议。王克敏和廉鹏（2012）实证了市场化信息披露制度改革效果，结果表明自愿性盈利预测制度使激进会计政策选择偏好明显下降，公司盈余管理水平显著降低。简建辉和杨帆（2012）则对公司自愿申报审计的动机和市场反应进行了实证检验，结果显示，公司的成长性和公司规模显著相关，且公司的财务状况和股权性质对公司的自愿审计有一定影响。

其次，随着经济发展和资本市场趋于成熟，以会计盈余为基础的传统会计信息不再是投资者进行决策的唯一信息来源，企业的社会责任和环境信息等非财务信息日益受到资本市场关注。李正和李增泉（2012）验证了企业社会责任报告鉴证意见具有正向的市场反应，而董事会的单向承诺则不具有市场反应。沈洪涛和冯杰、毕茜等、方健和徐丽群（2012）还分别就环境信息披露动机、环境信息披露制度、碳信息披露影响因素展开讨论，为我国《上市公司环境信息披露指南》出台及碳排放量控制提供了有益的学术支撑。

最后，财务报告作为缓解企业内外部信息不对称问题的主要媒介，其报告质量一直是国内外会计研究的重点话题。根据我国会计准则的规定，财务报告具有决策有用、受托责任双重目标和公共产品的特征，提供高质量的财务报告，属于企业对社会承担的法律责任（刘玉廷，2010）。美国财务会计准则委员会（FASB）公布的财务会计概念公告第 2 号《会计信息的质量特征》提出了以"决策有用性"为最高质量，以相关性和可靠性为主要质量特征，以重要性和可比性为次要质量特征的会计信息质量分级体系。国际会计准则理事会（IASB）发布的《关于编制和提供财务报表的框架》中，认为会计信息由可理解性、相关性、可靠性和可比性四项主要质量特征组成。我国《企业会计准则——基本准则》中提出的会计信息质量要求则包括可靠性、相关性、可理解性、可比性、实质重于形式、重要性、谨慎性和及时性。基于此背景，孙光国和杨金凤（2012）从财务报告总体质量衡量方法、财务报告质量特征的衡量方法、财务报告透明度及披露质量的衡量方法三方面对财务报告质量的衡量方法进行归纳，就财务报告质量评价方法进行了综合阐述。杨敏等（2012）则就传统财务报告的变革方向——综合报告国际发展动态进行了总结评价，为我国财务报告的改革提供了经验借鉴。另外，随着现代信息化技术的发展应用，便捷高效的网络财务报告被越来越多的投资者使用。王海林和张书娟（2012）创新性地构建了上市公司网络财务报告系统评价指标体系，对促进上市公司财务信息化建设具有现实指导意义。

资本市场方面，逯东等（2012）从微观主体、宏观层面、信息竞争与互补三方面综述了会计信息与资源配置效率的关系，概括了会计信息对资源配置的影响路径为"会计信息—价格效率—资源配置有效"、"会计信息质量—资本成本或代理成本降低—资源配置有效"、"会计信息质量—主体决策有效—资源配置有效"、"会计信息—金融系统优化—资源配置有效"，提出未来的研究需要将监管制度等诸多因素纳入会计信息质量的研究中，考察非财务信息对于投资者决策的影响以及启发式思维在决策中的作用机理，以期重新审视会计信息对资源配置的作用机制。另外，他们认为当前过于关注股票市场研究，对于会计信息在债券和信贷市场作用的研究远远不够；国内外学者对于企业集团内部资本市场、税收以及保险和金融等特定行业的会计信息应用的研究也相当薄弱。

2012年度国内学者为资本市场重要参与者——机构投资者的角色提供了新的研究证据，如杨海燕等（2012）实证检验了机构投资者总体以及各类型机构投资者持股对会计信息质量的影响差异性；王俊飙（2012）则观察了机构投资者持股对上市公司增发新股价的影响；肖欣荣等（2012）运用投资者网络模型量化分析了机构投资者行为的传染以及资产价格的"异象"；陈小林和孔东民（2012）研究了机构投资者的信息搜寻、透明度与私有信息套利的关系；宋玉等（2012）从地理经济学视角，较为新颖地捕捉到上市公司的地理特征影响机构投资者的持股决策。

财务管理为财会领域的重要分支，2012年度国外学者重点研究了管理层薪酬讨论（Compensation Discussion and Analysis，CD&A）的可读性与非业绩薪酬水平（Laksmana et al.，2012）、高管委派能力、股东投票机制的运行与股权激励制度的关系、股利分红政策的信号机制（Aggarwal et al.，2012）、资本预算决策类型与创新动机（Dutta and Fan，2012）、经理人市场信息中介角色与经理人薪酬（Rajgopal et al.，2012）。其中，Chen等（2012）运用中国数据观察了企业集团最终控制人拥有的CEO委派权力对CEO因业绩而轮换的影响，该文结论支撑了委派权力大小和管理层激励制度安排一样，对公司的发展同等重要。Balachandran等（2012）研究发现，拒绝实施股权激励计划的公司更容易实施未经股东批准的计划，而经股东批准实施股权激励计划的公司业绩平均水平好于其他公司，为管理层决策的批准这一监督机制提供了财务管理视角的经验证据。

此外，与国内税务理论研究较为滞后不同的是，国外学者对与财务会计相关的税务讨论较为广泛，对税务筹划和理论的认识逐渐深入，内容涵盖了企业避税动机、资本利得税与期望收益率、美国联邦所得税制度的累进制分解、税务筹划方式等方面。其中，Armstrong 等（2012）运用所有权数据系统考察了企业避税动机与税务主管薪酬激励的关系。Hoopes 等（2012）从美国国税局（Internal Revenue Service，IRS）视角探讨了 IRS 是否能有效抑制上市公司的避税动机。Jennings 等（2012）研究结果显示，1986 年税制改革法案（the Tax Reform Act of 1986，TRA 86）的出台整体上降低了隐含税负。在税务筹划方式方面，Lanis 和 Richardson（2012）研究发现，披露社会责任的企业在税务处理上更易激进；Rego 和 Wilson（2012）则实证检验了股票风险大小是高管采取税务激进战略的一项重要考虑因素。

2012 年度国内财务管理领域较多的为资本结构、股权激励和企业集团研究。盛明泉等（2012）首次从制度角度尝试解释国有企业经营低效性的成因，研究发现预算软约束的存在，导致国有企业改善资本结构的动力减弱，从而阻碍了它们的资本结构调整行为。股权激励的最新研究成果有：①股权激励与股利政策：推出股权激励方案的公司更倾向减少现金股利支付，股权激励公司在激励方案推出后的股利支付率小于方案推出前的股利支付率（吕长江和张海平，2012）；送转股是管理层眼中最大化其股权激励收益的更为理想的掘金工具（肖淑芳和喻梦颖，2012）。②治理权力与股权激励：管理层权力越大，股权激励计划中所设定的初始行权价格就相对越低（王烨等，2012）；国有控股上市公司大股东对管理层的监督作用明显，随着第一大股东持股比例的增大，管理层股权激励效果增强，而民营控股上市公司则相反，第一大股东持股比例越高，股权激励效果越差（周仁俊和高开娟，2012）。企业集团方面，王世权等（2012）探讨了母子公司关系网络影响子公司创业的内在机理，相关研究成果主题还有企业集团的财务控制动态模式、财务管控与现金流、财务总监委派制等（刘剑民，2012；纳鹏杰和纳超洪，2012；张克慧和牟博佼，2012）①。

第五节　审　计

审计行业自设立之初即被誉为"经济警察"，作为监督并合理鉴证公司财务状况的基本职能而存在。Lesage 和 Wechtler（2012）汇总了 1926～2005 年 80 年内审计领域的研究成果，将现有审计领域研究归纳为 16 项分主题，分别为审计师与客户联系（审计师与客户社会关系、审计报告与财报使用者、职业能力、国际监管、非审计服务、审计服务合

---

① 更多财务管理主题前沿研究请参考经济管理出版社《财务管理学科前沿研究报告》系列丛书。

同、审计责任与诉讼）、公司治理、持续经营审计意见、审计市场、税务审计、审计抽样、审计方法（审计程序、欺诈风险与审计、审计判断）、审计教育。

2012 年度国际审计研究广泛而深入，相关热点有审计师行业专长、市场集中度、联合审计形式、事务所组织结构、客户重要性与审计费用及审计质量关系研究等话题（Boone and Khurana et al., 2012; Chi and Douthett et al., 2012; Firth and Mo et al., 2012; Firth and Rui et al., 2012; Fung and Gul et al., 2012; Numan and Willekens, 2012; Schmidt, 2012; Zerni, 2012; Zerni and Haapamaki et al., 2012）。

2012 ~ 2013 年度我国审计署重点科研课题包括国家审计与国家治理研究、社会主义审计价值观、审计制度及审计理论框架研究三大主题。其中，国家审计是主要以经济监督为主线，用来监督政府权力和责任的履行，是国家治理的重要组成部分。国内学者就国家审计主题进行了广泛而深入的探讨，涵盖国家审计的本质、理论体系、治理路径、工作科学化等问题（马志娟和刘世林，2012；章轲，2012；王会金等，2012；廖义刚和陈汉文，2012；谭劲松和宋顺林，2012；李坤，2012；王姝，2012；上海市审计学会课题组、北京市审计学会课题组，2012）。此外，中国社会主义特色审计议题也受到重点关注如包括货币政策跟踪情况审计、党政领导干部经济责任审计、政府投资项目审计、社会保险政策执行情况审计等（宋依佳、曾稳祥、谭志武，2012；周荣青、徐寿福、审计署武汉特派办课题组，2012；李冬、邱玉慧等、张永杰，2012 等）。

会计师事务所质量一直是注册会计师协会行业监管的重点工作。2012 年初，中注协印发了《关于坚决打击和治理注册会计师行业不正当低价竞争行为的通知》，明确将坚决打击和治理行业不正当低价竞争作为行业监管工作重点。2011 年，中国赴美上市的一些企业被曝财务信息披露等方面存在问题，致使中国概念股在美国遭遇集体做空，基于此背景中注协自 2011 年开始推行事务所执业质量检查制度改革，将事务所管理工作重心引导到完善内部治理机制和健全质量控制体系上来。与改革前的事务所执业质量检查制度相比，系统风险检查高度强调对事务所的质量控制体系、相关的内部治理、职业道德体系等进行全面检查，检查范围不再局限于某项被抽中的具体业务。中注协建立了周期性检查和重点案件查处相结合的事务所执业质量检查制度及行业诚信信息监控系统，并定期发布年报审计情况快报和事务所执业质量检查公告，将注册会计师执业情况、事务所的奖惩信息、年报审计披露情况、对重大事项的检查情况全面上网，向社会公众披露。2012 年度关于会计师事务所质量和治理研究议题有：会计师事务所合并（王咏梅和邓舒文，2012；李明辉等，2012）、事务所任期与变更（宋衍蘅和付皓，2012；周玮等，2012；谢盛纹和闫焕民，2012；张鸣等，2012）、事务所市场地位与生产效率（吴溪和张俊生，2012；邱吉福等，2012；王咏梅和陈磊，2012）、事务所合谋（唐忠良，2012）。

2012 年 6 月 16 日，财政部印发《关于引导企业科学规范选择会计师事务所的指导意见》，这是国内首次统一对事务所选择作出的明确政策指引。龚启辉等从会计师事务所和上市公司政府背景的角度，研究了政府控制对审计师选择行为及其后果的影响。许超（2012）研究发现在首次公开发行上市时，私募股权投资参与的公司倾向于选择小所作为其审计师，以使上市更加顺利。陈仕华和马超（2012）实证表明通过连锁董事联结的两家公司在选择会计师事务所时表现出一致性，即目标公司与联结公司倾向于选择同一家会计师事务所。其他相关研究结果还有：对非国有公司来说，供应商集中度或客户集中度越高，公司聘用大所进行审计的概率越低；而国有企业的供应商集中度或客户集中度与聘用大所进行审计的概率呈 U 形非线性关系（张敏等，2012）。

此外，王帆和张龙平（2012）、屈小兰和张继勋（2012）分别对审计师声誉、审计怀疑框架领域的研究进行了系统总结，另有学者关注了我国企业集团的审计问题（陆正飞等，2012；伍利娜等，2012），以及内部审计状况（黄溶冰、范经华、王玉兰和简燕玲，2012）。

第六节　公司治理与内部控制

公司治理内涵广泛，作为缓解代理问题的重要机制，是财会领域经久不衰的话题。近年来，影响国际公司治理和内部控制理论与实践最大的事件即为 2002 年萨班斯法案的出台，该法案进行了会计职业监管、公司治理、证券市场监管等方面的重大改革。SOX 404 条款强制要求上市公司年度财务报告应包括对内部控制有效性的评估报告以及经审计师鉴证的内部控制审计报告。Rice 和 Weber（2012）实证检验了 SOX 404 条款下内控报告的有效性，结果表明，外部资本需求、公司规模、非审计费用及大型会计师事务所审计与披露内控缺陷概率呈负相关关系，而财务困境、审计师努力程度以及前期披露的内控缺陷、审计师或管理层更换则与披露内控缺陷的概率呈正相关关系，具有实践借鉴意义。2013 年度公司治理与内控领域最新进展有：①公司治理方面，国外学者研究了公司治理与信息环境、销售及行政开支损益表项目（Selling, General and Administrative costs, SG&A）的非对称行为等的关联（Armstrong and Balakrishnan, 2012; Chen and Lu et al., 2012），同时也考察了公司治理框架内的外国董事聘用效果、政治关联性质的经济效用、内部人控制、董事会动机与监管力等（如 Masulis et al., 2012; Wu et al., 2012; Hung et al., 2012; Gopalan and Jayaraman, 2012; Drymiotes and Sivaramakrishnan, 2012）；②内部控制方面，着重关注内部控制重大缺陷的持续年份、内控缺陷与管理层薪酬大小、企业风险管理设计等（Gordon and Wilford, 2012; Paape and Spekle, 2012; Hoitash et al., 2012）。

根据发布的中国上市公司治理指数，我国上市公司治理结构、机制建设取得明显提升，整体上公司治理指数均值从 2003 年的 48.96 提高到 2012 年的 60.60；但当前仍存在中小股东权益保护指数偏低、经理层激励约束有效性不足等问题（李维安，2012）。2012 年度国内公司治理领域研究主要围绕公司治理宏观效应、金字塔结构、控股股东或创始人持股与性质等角度展开讨论。其中，公司治理的宏观效应包括公司治理模式、公司治理与审计意见、投资者信心、社会责任、股票投资风险间的关系等研究（孙蔓莉等，2012；

刘霄仑等，2012；雷光勇等，2012；高汉祥，2012；李维安等，2012）。

刘行和李小荣（2012）从企业税负的角度探究地方国有企业的金字塔结构对企业价值的影响路径，结果显示，企业的税收负担是影响地方国有企业金字塔结构与运营效率之间关系的重要路径，地方国有企业的金字塔结构可以降低企业税负，同时为企业带来显著为正的累积超额回报。张瑞君和李小荣（2012）则利用手工收集数据研究企业集团内部企业"地位"与业绩波动的关系，企业越是处在金字塔底端，业绩波动越大，而企业的国有属性能降低金字塔层级与业绩波动的关系。

控制权方面，贺建刚和魏明海（2012）实证检验了我国转轨市场环境下媒介功用改善对大股东控制权治理的效应，具体地，财务报告重述导致市场风险与不确定性增加，但与控制权的负相关性并不显著，彰显近年来控制权治理缺陷纠偏的动态成效初见。高闯等（2012）运用组织惯例演化的认识论和方法论，通过构建动态演化的意愿度迭代模型，系统探究了在股权较为分散的情境下，终极股东是如何依托金字塔结构中的股权控制链和关系网络中的社会资本控制链，最终实现其对上市公司的全面控制和终极控制的，观点新颖，具有理论参考价值。章卫东等（2012）研究发现，政府控股股东比民营控股股东资产注入的动机更强烈。王福胜和宋海旭（2012）认为，多元化程度与现金持有水平显著呈负相关关系，而这一关系受到控制人性质的显著影响，即当企业的终极控制人为政府尤其是地方政府时，由于这类企业受到的外部融资约束较小，通过内部融资获取资金的动力和意愿较弱，所以以多元化战略对现金持有水平的优化作用也有所减弱。唐跃军等（2012）剖析了营销战略风格的激进或保守与公司治理因素的内在联系，结果表明被第二类代理问题左右的控股股东更倾向于拿中小股东的钱卷入高风险的营销战略，同时过度激进的营销战略虽然能在一定程度上促进营业收入增长（做大），但是将显著损害公司的盈利水平和持续发展潜力（做强）。李颖琦和俞俊利（2012）则从控股（制衡）股东性质、股权制衡效果等角度剖析了提高中国上市公司内部控制有效性的机理路径。

继《企业内部控制基本规范》、《企业内部控制应用指引》、《企业内部控制评价指引》等出台后，2012年度，我国企业内部控制规范体系进入加速实施阶段，实施范围扩大到国有控股主板上市公司，其他上市公司也正式进入分类分批实施阶段。2012年度内部控制研究成果较为基础，主要围绕内部控制的理论概念框架、基本要素和相关信息披露展开，具体如下：

（1）缺陷认定与评价。包括内部控制缺陷对盈余管理、个人投资者风险认知的影响等（叶建芳等，2012；池国华等，2012）。

（2）信息披露。张然等（2012）研究表明，管理层对内部控制的自我评价能够释放企业内部控制有效性的信息，披露内控自我评价报告的公司资本成本相对较低，且进一步披露内控鉴证报告的公司资本成本更低。

（3）概念框架。程腊梅（2012）构建了企业集团层次的内部控制体系，白华（2012）重点讨论了内部控制五要素之一的控制活动要素，将控制活动分为22类，认为控制活动发挥作用的内在机理为：控制主体为达成控制目标，基于管理职能的要求，通过对内部控制要素的分析，借助管理技术，采取一定的控制方式，对控制客体进行控制的过程。徐光华和沈弋（2012）则基于契约理论将企业内部控制与财务危机预警两大系统统一于企业的风险管理框架之中，构建了两者耦合的分析框架体系，具有一定理论贡献。李志斌（2012）以日、美企业内部控制的差异为例研究国家文化对内部控制的作用机理，并提出建立宏观层面的社会控制、企业层面的内部控制和个体层面的自我控制的"三位一体"的控制链体系。南京大学会计与财务研究院课题组（2012）更深一步地追溯内部控制的哲学基础尤其是人性基础，认为内部控制制度的人性基础，集中表现为人类普遍存在着对理性的不懈追求和"人类天性"与"世俗义务"的自我协调。

（4）效率测度。如李连华和唐国平（2012）结合内部控制的目标维度、控制要求设计出了相应的测度指标体系。

我国企业内部控制规范体系虽然基本建成，但政府部门内部控制规范体系却尚属空白，不利于其职能转变、风险防范。另外，财政部于 2011 年底发布了《行政事业单位内部控制规范》（征求意见稿）也旨在推进事业单位内部控制体系的研究。基于此，刘永泽和张亮（2012）从理论上构建了以政府部门内部控制的概念、目标、原则和要素为核心的内部控制框架体系；宗文龙等（2012）则以问卷调查方式分析总结了事业单位内部控制的目标、风险点、影响因素和改进措施等。

第二章 会计（审计）学学科 2012 年期刊论文精选

第一节

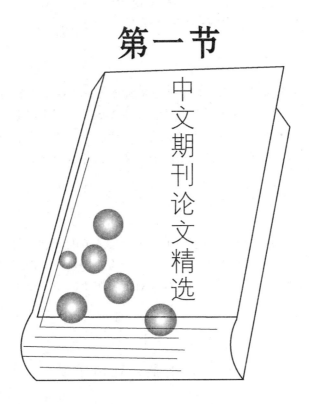

中文期刊论文精选

丧失相关性的会计与会计的持续性变革

李心合

（南京大学会计学系　210093）

【摘　要】会计是管理的工具。会计两大分支领域相关性弱化的问题至今依然存在甚至相当严重。管理会计因其与资本经营脱节、与业务脱节、对金融经济危机状态的适用性差等削弱了相关性，财务会计因其信息的失真、混淆、形式化和负相关等严重降低了相关性。提升会计的相关性，需要持续性地进行会计变革，并跨越财务会计与管理会计在认识上和机制上的鸿沟。

【关键词】财务会计；管理会计；相关性

迄今为止，对会计问题的研究更多地关注了细枝末节的问题，很少注意到诸如会计相关性这类的整体性话题，尤其是在财务会计领域。当业界热衷于创新理论，并为会计领域中出现的一些程序性进步而欣喜时，却轻视了对创新概念的系统反思及从整体层面上审视会计相关性的问题。

一、会计仍是管理的工具

记得改革开放初期学界讨论"会计的性质与职能"问题时，异口同声地讨伐和责难当时流行的"管理工具论"，笔者也在自己的专著《现代会计理论》（1995 年版）和《财务会计理论创新与发展》（1999 年版）力挺过"管理活动论"的观点，但是如今看来，我们曾经批判过的"管理工具论"也许正是对的。

有一个事实被学界忽视了，这就是会计学界与财务学界对"会计地位"的认识分歧，这种分歧是客观而又隐含地存在的。观察国内会计学与财务学的教科书就会发现，在会计学教科书中，会计通常被定义为一种管理活动，而在财务学教科书里，会计是被置于"管理工具箱"之内的。按照美国学者爱斯华斯·达莫德伦所著《公司财务——理论与实务》一书的解释：财务的基本问题或职能是"三类决策"（投资决策、融资决策和股利决策)，做好这些决策需要由四把工具组成"财务工具箱"，"会计报表与比率"（实际上就是会计）只是"财务工具箱"里的一把工具而已，另三把工具是现值、风险收益模型和期权定价模型。如今，这几乎是国内外财务学教科书的普遍态度。在国内，我们经常可以看到一位教师身上集结着的两种矛盾的现象：在他或她讲授会计学时，会计被作为一种管理活动来定义或解释；而在他或她讲授财务学或财务管理学时，会计又被作为财务管理的工具来看待。

那么，究竟如何认识会计学与财务学之间的分歧、如何评价"管理活动论"呢？这个问题的实质就是如何解释会计与"控制"的关系，因为，按照通常的解释，会计具有核算和控制两项基本职能，会计被视为一种管理活动，关键就在于其中的"控制"职能。20 世纪 70 年代末 80 年代初，我国还处于计划经济体制时期，需要会计进行"核算"的内容和需要"控制"的事项很少，两项职能"合二为一"并提出"大会计观"，是有其必然性和合理性的。但是，90 年代以来的环境彻底变了，资本市场的迅速崛起及以此为基础的资本经营的广泛开展、企业运作风险的增大和大量企业失败的教训、财务舞弊案件的频频发生及证券监管机构对信息披露监管要求的提高、经济全球化进程的加快、集成化信息系统的普及、企业内部控制规范的建设等，都对企业内部的"控制"职能提出了更高的要求，如继续使监督或控制作为会计的附属性职能存在，显然就不能适应形势变化的需要。于是，原本是作为会计体系的附属性职能的"控制"，就有从会计体系中独立出来单独成科的必要性，就好比"管理"原本是生产的附属职能后来从生产中独立出来单独成科一样。这样，原本口径较大、职能较多、范围较宽的会计，在功能或职能口径上开始缩小，会计所能保留的其实只能是核算职能，而控制职能演化成为与会计平行的独立职能，会计与内部控制演化成两个平行独立的学科。一旦控制职能从会计系统中独立出来，剩下的会计系统在功能上就只能是工具性的了。作为管理的工具，会计（包括财务会计与管理会计）的"天职"就是提供信息数据，用于支持管理决策、控制与评价系统。

把会计的地位和作用还原到曾经被人们否定的"管理工具论"，注定会受到众多的质疑、批评乃至否定，但问题是我们应当以科学的态度对待问题而不能感情用事，并且这与会计人员的实际地位无关。试想，在信息化的社会里，有谁会否认信息系统的作用，又有谁会看低设计和操作信息系统的员工的作用，况且会计信息系统还是企业信息系统的核心部分。在西方国家，会计自 20 世纪 60 年代以来就被定义为一个信息系统，会计人员的地位却并没因此而降低。因此，完全没有必要从提高会计人员地位的意图出发放弃信息系统论或管理工具论的观点，这与非信息化的计划经济时代完全不同。

二、管理会计相关性消失与管理会计持续性创新

论及管理会计的相关性，人们自然会想起 20 世纪 80 年代创新学派与传统学派的论

争。作为创新学派的代表人物，美国哈佛大学教授罗伯特·S.卡普兰1983年发表论文《生产制造业绩的考核：管理会计研究的新挑战》，就管理会计对环境变化的不适应性提出批评。1987年，H.托马斯·约翰逊、罗伯特·S.卡普兰的名作《管理会计的兴衰》批评传统学派视野狭隘、观念陈旧、方法落后，直言管理会计"相关性已消失"。传统学派则责难创新学派所研制的复杂数学模型远离现实世界，导致理论严重脱离实际，弱化了管理会计的相关性。两大学派的争论，可算是对管理会计相关性的第一次评估，立场有别，结论相似——管理会计丧失了相关性。很显然，这次的论争和评估推动着管理会计以前所未有的速度实施变革与创新。

30年左右的时间过去了，管理会计的确在很多方面做了重大变革，出现了许多超越传统管理会计的实务新方法，举其要者，被公认为相对成熟的至少有：①对"零"的追求，包括"零存货"、"零营运资本"、"零缺陷"、"零起点"（如"零基预算"）等；②突破原有的成本管理系统，建立了基于动因作业确认基础的成本分摊与计算（ABC）和作业成本管理系统（ABM）；③以综合平衡计分卡取代传统的以财务指标体系为主的经营业绩评价方法；④与战略管理观念相适应，设立战略管理会计，通过产品生命周期法、成本动因分析和价值链分析等方法，进行战略规划和管理业绩评价。就学术研究而言，分析式代理理论、交易成本理论、Rochester模型的应用推动着管理会计在内部监督的价值、成本分摊选择、业绩评价与回报评价方面的理论发展。这些改变或完善，会在多大程度上增进管理会计相关性呢？

综观国内外的管理会计教科书及研究文献，在总结20世纪80年代以来的管理会计实务变化时，或多或少总会涉及以下几方面的环境变化：①市场，包括市场导向取代生产导向、以客户为中心、客户需求模式改变、定价方式的变化、客户调价还价能力提升、竞争加剧等市场结构的变化；②技术，包括科技进步速度加快、高新技术产业和企业的崛起、信息技术在企业的应用等新技术的冲击；③运营，包括适时制（JIT）、全面质量管理（TQM）、作业管理、弹性工作系统（FWS）、电脑控制系统（CCS）、灵活生产制度等新的制造或运营环境；④组织，包括战略导向管理、战略联盟、组织模式变革等新的管理模式。这些环境要素及其变化是客观存在的，并且也是对管理会计产生挑战、需要变革管理会计以适应的。对这些新因素的考虑及所作的一系列管理会计创新，显然增进了管理会计信息的相关性，但问题是，迄今的管理会计变革内容对环境变化的分析与考量是完整的吗？换句话说，那些值得考虑的重要因素都充分考虑了吗？以上对文献的环境分析的归纳，其实主要是针对"制造环境"，更准确地说是"商品经营环境"，对于资本经营环境的考虑显然是不够甚至是缺位的。对于资本经营的企业或者两种经营兼有的企业，管理会计的适用性显然是差的。众所周知，现代经营分为"商品经营"与"资本经营"两种方式，企业赚钱或价值创造也就有这两种基本模式。迄今为止管理会计基本上可以说是"商品经营的管理会计"，管理会计教科书介绍的一系列决策的方法和控制的方法，都是针对商品经营而言的，这也是现代管理会计仍以"成本"为主线、管理会计与成本会计"合二为一"、许多人取名"成本管理会计"的重要原因或背景。然而，20世纪90年代以来，资本市场在全球范围内获得前所未有的发展，金融产品的大量创新及其经营，对传统的单一商品经营格局产生强烈冲击，一大批资本经营企业的崛起也挑战着以商品经营为对象的管理会计或成本管理会计。对于资本经营来说，成本的计算与控制是不具"重要性"的，因为对于资本经营来说，成本并不具有战略意义，"低成本"也不再是资本经营的通用战略，成本管理会计显然是不具相关性的。因此，对于有资本经营的企业，成本会计与管理会计应当分离，"为资本经营的决策和控制服务的管理会计"应充实到管理会计体系，扩充管理会计的内容，使之成为既能服务于商品经营又能服务于资本经营的管理会计。以成本计算与控制为对象的成本会计仍应以商品经营为主要对象，但应考虑成本费用在两种经营方式之间的分摊问题。考虑到资本经营，"成本分摊"的问题要比现有管理会计教科书复杂。

其次，即使是把分析的范围局限在商品经营领域，现代管理会计也需要进一步提升相关性。管理会计信息要能对决策和评价有用，对决策和评价起支持作用，就必须与业务相结合，算业务的账，成为业务管理者和决策者的业务合作伙伴。而恰恰在业务算账上，管理会计出现了相关性丧失的问题。从商品经营的业务看，有市场、研发、设计、采购、制造、质量、设备、营销、人力资源、财务、管控、供应链等很多，所有这些业务都需要算账，研发投入产出的账、技术设计经济性的账、采购批量和经济性的账、质量经济性的账、制造成本的账、客户经济性的账、税收的账、投资的账、融资的账、设备的账、人力资源的账、战略成本和利益的账、可供利用财务资源的账、业务及管理流程及其优化的账、供应链的账，如此等等，都需要会计人员主办或参与，在与相关部门和人员的合作中把账算好。会计算账向业务、财务和管理领域延伸并实现"全覆盖"，会计的所谓"管理性"和"综合性"特征才能体现出来，管理会计与业务管理的相关性才能得到保证。但是要做到这一点，管理会计教科书的内容需要大大扩充，把业务及其供应链纳入管理会计体系。

不管是商品经营还是资本经营，20世纪90年代以来速度显著加快的全球化、信息化及金融产品创新等一系列新的环境变化，改变着世界经济运行的规律和态势，经济运行的波动性和不确定性风险明确增大，管理会计虽在决策模型设计和敏感性分析模型等方面考虑了不确定性因素，但面对2007年以来出现的百年罕见、几乎覆盖全球主要经济体、仍在持续着并有可能继续恶化的"国际金融危机"，我们还能有几分信心和把握向世人宣称"管理会计具有相关性"？首先，如果真的像主流管理会计理论或教科书所描述的那样决策者都是"理性"或"有限理性"的，如果决策者的经营决策真的就像主流管理会计教科书所描述的那样都是按照"价值最大化"或"现金流量贴现值最大化"的标准选择的，那么，这场"国际金融危机"还真的会出现并持续吗？其次，主流的管理会计是以企业的"可持续发展"为假设前提的，当遇到金融经济危机使企业出现不可持续发展的生存危机状态时，现有的决策和评价方法是否还能继续适用，也需要重新评估。以"现值"为例，作为计价基础，"现值"的前提是"可持续发展假设"，面对不可持续的生存危机时，"现值"有可能就失去了应用的"土壤"。并且即使是在正常经济运行状态时，"现值"计价也有把未来价值不切合实际地全部算进现在,从而有虚增现在的价格或价值之嫌。笔者的看法是,现有的管理会计方法也许只能适用于经济常态运行时期,而当经济出现危机状态时,管理会计所倡导的决策和评价方法部分地需要适当变革。

三、财务会计相关性弱化与财务会计持续性变革

在世人的眼里,财务会计是比管理会计更成熟的一个会计分支或领域。笔者也不否认这个判断或结论,至少在规则的制定和信息披露所带来的声誉度上,管理会计远远比不上财务会计。对现有文献的检索不难发现,迄今为止国内外同行们对"丧失相关性"问题的讨论主要集中在管理会计领域。问题是,管理会计领域出现的相关性问题,在财务会计领域就不存在吗?

按照公认的解释,财务会计的基本目标是提供反映企业财务状况、经营成果和现金流转等情况的财务信息,以便投资者、债权人和管理者等信息使用者进行合理的投资者决策、信贷决策和经营决策等。决策有用性被公认是财务会计的最高目标,但是,普遍存在的"失真、混淆、形式化、负相关",严重削弱了财务会计信息对决策的相关性和有用性。

(一) 失真

不管学界如何看待相关性与可靠性的关系,信息真实可靠都是信息对决策有用和保持会计相关性的最基本前提。姑且不论现实中频频发生的会计舞弊案件是如何严重影响人们对会计信息真实性的信心,仅就国内外会计准则规定程序所生成的财务数据而言,其真实可靠性也是很难得到保证的。

以资产为例,假如资产负债表上"资产总计"数是1亿元,不要以为这1亿元就是企业真实的家底。这1亿元的准确定义是"账面资产",而"账面资产"与"真实资产"不是一个概念,并且至少在现有的准则框架内二者是相差甚远的概念。有三个原因导致"账面资产"严重失真:①虚资产。诸如待摊费用、长期待摊费用、递延所得税资产等,会计上算作资产,但不是真正的资源。②账外资产。迄今为止,会计核算在资产上仍有"重硬轻软、重物轻人"的弊端。许多有价值的软资产,如人力资源、品牌与营销网络等市场资源、管理资源等,尚未被纳入资产确认的范围,表现为账外资产。目前,公司报表上显示的资产主要是有形资产,而相关的研究表明,20世纪末有形资产账面价值估计仅占公司市场价值的10%~15%。但是,被会计遗漏的这些软资产,却是企业重要的经济资源,并能产生巨大的现金流,与现金流转直接相关,因而也与决策相关。③账面资产计量失真。资产在持有期间会发生价值变动,包括增值和减值两个方面。基于谨慎或稳健的考虑,账面上以"资产减值准备"的形式反映了减值,而增值至今仍没有确认的资格。

尤其是房地产等不动产，在其价格或价值迅速上扬的今日，资产账面价值与真实价值的背离有时是令人吃惊的。以房屋为例，2000 年全国商品房平均销售价格为 2226 元/平方米，2010 年上升到 8564 元/平方米，10 年上涨 284.7%；2002 年北京的商品房平均售价 4771 元/平方米，2010 年高达 19994 元/平方米，上升 319.1%。2006 年颇有争议的"杭州百货"股东杭州市投资控股公司转让其持有的 26% 国有股时，每股账净资产（2005 年 12 月 31 日经审计）2.56 元，每股转让价 4.46 元，溢价 170%，其来源正是被"账面资产"所遗漏和掩埋的价值，溢价仅仅是这些价值的重新发现而已。考虑到以上三个因素，资产的真实数可能多于也可能少于账面数。类似的情形也存在于负债、净资产、净收益等资产负债表和利润表的内容之中。

（二）混淆

"信息混淆"曾是经济学中理性预期学派的重要概念与理论。信息混淆问题的概念描述是：可观察值 Z（K）是由两个混合在一起且不可直接辨别的分量 X（K）、V（K）合成。其数学模型为 Z（K）= X（K）+ V（K）。20 世纪 70 年代初理性预期学派的代表人物卢卡斯针对价格变化信息中相对价格变化分量与通货膨胀变化分量混淆问题进行了专门研究。笔者曾在 1997 年将这个概念引入会计学领域，分析过财务会计领域存在的四种类型的信息混淆，包括名义数值与实际数值的混淆、权责关系的信息混淆、再生性信息与非再生性信息的混淆、趋势变化信息与暂时变化信息的混淆，并认为这些信息混淆对信息使用者会产生消极影响，包括评价失效、决策失误、控制失灵，实际上也就是弱化信息相关性（李心合，1997）。如今看来，会计领域中的信息混淆问题远比十多年前要严重多得多。

一个值得关注的信息混淆可能会影响财务报表列报制度的改革，这就是实体经济与虚拟经济、商品经营与资本经营的相关信息在现有财务报表中的混淆。这类混淆使报表相关合成数字被"化学化"，造成理解和使用上的困难。比如，假如报表上有资产 1000 万元，其中用于商品经营和资本经营的资产分别为 800 万元和 200 万元，利润表上销售收入 2000 万元，净利润 200 万元，其中商品经营利润和资本经营利润分别为 80 万元和 120 万元，若按目前的报表列报制度，投资报酬率和销售利润率只能依据合成值计算，分别为 20% 和 10%。稍加观察就不难发现，这样的计算结果对于业绩评价和经营决策是意义不大的，有意义的结果应该是分开计算的。有鉴于此，2010 年开始美国会计准则委员会与国际会计准则委员会联合研究和推动财务报表列报制度改革，将三张报表的项目重新按照营业、投资与融资三类活动进行分类，试图对报表信息按照活动形式和功能区域重新"滤波"，这个改革无疑是显著提升报表信息相关性的。遗憾的是，至今还有很多人不能理解这样的改革。

（三）形式化

作为中国会计改革的一项内容，20 世纪 90 年代初以来一直尝试运用"实质重于形式"原则来降低会计信息的形式化。从1992年实施企业会计准则到现在整整20年，信息形式化问题的解决进展如何呢？姑且不论业界在理解"实质重于形式"概念时是如何的简单粗糙，仅就会计实务和报表列报的情形看，形式化的色彩依然很重，并且很多形式化的内容并没有被业界充分认识到。

最值得关注的形式化就是"权责发生制"，它是现代会计确认和计量的基本模式。按照一般的解释，权责发生制是以"权利或义务（或责任）"的实际发生作为资产及收益等要素的确认基础，不考虑"款项收付"。权责发生制在计价上面向过去、摊配上的主观性、对金融创新产品或工具的不适应性、导致会计收益与现金流量脱节等方面的缺陷，学界已有很多议论和批评。本文所观察到的另一个被忽视的固有缺陷，是它的过度形式化问题。权责发生制是"重形式轻实质"的，实践中，"权责"的判断依据是法律形式，而交易的经济后果或"实质"是价值的实现或利益的转换，现金流转正是价值或利润的最佳衡量，因而"实质"是现金流转。权责发生制倡导不考虑"款项收付"，就是不考虑现金流转，而一味追求法律的形式，这显然是"重形式轻实质"的表现。权责发生制的形式化色彩伴随市场经济的发展而加重，按照这个模式确认和计量的利润数据的可靠性和相关性也在逐渐弱化。假如利润表上有净利润1000万元，千万不要认为它就是你赚的钱，由于在计算利润时完全不考虑现金流，这1000万元有可能完全是"账面利润"或徒具形式的利润而不代表1分钱。

报表的列报也是注重形式化的。报表列报固守项目分类的"形式标准"。比如流动资产与非流动资产的列报，即使很多应收账款和存货因长期挂账或长期积压"实质"上被"长期化"了，编表时依然固守"会计科目设置"的形式，不做"实质"上的重新调整；又如流动负债与长期负债之间存在相互转化的情形，长期负债向流动负债转化（"一年内到期的长期负债"）编表时做了调整，而流动负债向长期负债的转化（长期拖欠的应付账款及短贷长投等），则始终固守科目或项目设置的形式，而轻视这部分负债"实质"上发生的变化。更加形式化的做法是，为了维护几百年来永恒不变的"平衡"观念（会计平衡公式），会计人员宁愿冒着牺牲报表信息相关性和有用性的风险，把很多有用的信息置于报表列报之外，作为表外信息披露或疏漏。

（四）负相关

论及财务会计信息的相关性，最令业界骄傲的是"公允价值计量"，公认的看法是公允价值计量显著地增进了信息的相关性。笔者无意否定这一点，只是有一点看似被业界忽视了："正相关还是负相关？"

2007年国际金融危机爆发后，曾经被作为对历史成本计量制度的革命性进步，因而备受赞誉和推崇的公允价值计量，一夜之间成为众矢之的开始备受质疑和责难，业界甚至认为公允价值是罪魁祸首之一。尽管国际会计界力挺并保住了公允价值，但笔者的看法是，公允价值计量受到的批评并非"空穴来风"，因为它事实上的确起到了"顺周期放大效应"。关于"公允价值顺周期放大效应"，笔者曾在2009年的短文及多次的演讲中提供了新的注解：如果把经济状态分为两种状态，即资产价格上涨状态（阳态经济）和资产价格下跌状态（阴态经济），则公允价值在两种状态中都具有显著的顺周期放大效应。在阳态经济中，公允价值计量的结果降低负债率，进而刺激融资和投资来推动经济加速增长；在阴态经济中，公允价值计量的结果提升负债率，进而使资产负债表显示恶化信号来加速资产价格下跌速度，进而加剧经济下滑态势。这就是公允价值顺周期放大效应的真正内涵（李心合，2009）。如若以上的注解是成立的，则给我们的最大收获或启示就是：公用价值可能会导致会计信息的负相关性。

很显然，财务会计也需要持续性变革。依个人之见，财务会计的持续性变革至少应关注如下四点：

①会计模式多样化，既有历史成本会计又有公允价值会计，既有应计制会计又有现金制会计，以适应信息使用者需求结构的重大变化；②推进报表列报制度改革，使表内信息混淆问题和表内信息供求矛盾问题的解决能有重大突破；③建立以客户为中心的会计体系，认真研究与分析客户的共性化和个性化需求，研究并改进表外信息披露制度，界定和规范表外信息的边界和结构，使其更能适合用户的需要；④创新报表分析模式，现有的"四能力（偿债能力、营运能力、盈利能力和发展能力）分析模型"已经不能适应报表使用者的需要，需要在内容上进行调整与扩展，比如尝试建立"六状态分析模式"（李心合、蔡蕾，2006）。

四、财务会计与管理会计之间的鸿沟及其跨越

管理会计与财务会计都存在相关性丧失的问题，因此都需要持续性变革。为达此目的，还必须研究和解决客观存在的财务会计与管理会计"两张皮"问题，这个"两张皮"问题是制约会计信息相关性的重要因素。

"两张皮"指的是相互之间原本存在必然联系或依附关系的两种事物发生游离而单独存在。管理会计与财务会计无疑是应该存在"必然联系"的。按照一般的解释，管理会计主要提供产品和客户成本计算的信息、战略和经营决策的信息、管理控制和业绩评价的信息。其中，成本计算的信息原本就应该以复式簿记为基础或应该被嵌入在复式簿记体系之中；管理控制和业绩评价的"实际数"信息应该来自财务会计核算的结果；战略与决策的标准应该是在决策实施之后能够被"核算"出来以便对决策的有效性进行检验；所有这些信息应该既是内部用户（管理者和雇员）又是外部用户（投资者和债权人等）所需要的信息。

然而，二者之间的"必然联系"并没有引起业界应有的关注。论及会计的两大分支，文献描述更多的是差别或分歧。以卡普兰等的《管理会计》教科书为例，作者从七大方面（使用者、目的、及时性、限制、信息种类、信息性质和范围）分析了"管理会计与

财务会计的差别",却只字不提二者的"必然联系"。在这本教科书中,财务会计只是"为外部的客户提供财务报表的过程",是对外报告会计,而管理会计只是"为组织内部的管理者和雇员提供信息",是对内报告会计。类似的安排和解释随处可见。"差别论"给人的感觉或错觉是:管理会计与财务会计是两件"风马牛不相及"的事,也许这正是"两张皮"的最主要的认识论渊源。

"差别论"除了给我们认识上的鸿沟外,还在会计的两大分支间设置了很多机制上的鸿沟:以成本计算为例,管理会计倡导"基于作业的"成本计算机制,并提倡按成本习性进行成本费用分类。实践中,财务会计受传统成本核算体系的影响,所"默许"或"暗示"的成本计算机制似乎是"全成本计算模式";再以价值决定为例,公司的目标是价值最大化,因而"价值"也就成为决策的唯一标准。管理会计所选择的价值标准是按"现金流动制"或"现金制"计算的,以"贴现现金流量"为价值决定基础,而财务会计对价值的核算奉行"权责发生制"或"应计制",以"净利润"为价值决定机制。再以会计报告为例,管理会计报告与财务会计报告真的就是"风马牛不相及"的。诸如此类的机制差别,加深了管理会计与财务会计之间的鸿沟。

"两张皮"或鸿沟的存在,直接的后果就是削弱了会计整体的相关性。试想,当同为"会计"的两个"兄弟或双胞胎"面孔完全相异时,有谁还会相信他们是"亲生"的呢?也许这就是业界一直有人怀疑管理会计是否真的就是会计的重要原因。而且,当财务会计被准则强制执行,而管理会计既与财务会计存有"鸿沟"又处于"自发"状态时,会有多少人主动自觉地去把管理会计的方法付诸实践呢?也许这就是被业界经常批评和反思的管理会计方法应用情况差、理论与实践"两张皮"的真正原因。因此,提升会计整体的相关性,无论如何我们都必须思考和变革会计机制,并通过"整容"努力抹平会计两个"兄弟或双胞胎"面孔上的不相似性。

对会计两大分支进行"整容"的前提,是需要重新认识它们的功能作用,对流行于海内外的"内外差别论"进行彻底的反思和矫正。按照"内外差别论"的观点,财务会计是对外报告会计,管理会计是对内报告会计。而事实上,从信息效用上说,财务会计既是对外报告会计也是对内报告会计,财务会计信息应该而且必然对企业内部管理者的经营决策起作用。管理会计也不仅仅是对内报告会计,管理会计所能提供的涉及经营决策、管理控制与业绩评价的信息,应该而且必然会对资本市场中的股价产生影响,因而应该而且必然引起外部投资者和债权人的重视。这个观点也许需要实证检验才能确定,但直观的感觉是,涉及公司经营的重大决策、涉及对经营者业绩考核的结果信息、涉及产品成本重大变化及能够导致这一重大变化的信息,都产生了一定的市场反应。而那些能够产生市场反应的管理会计信息,实际上就应该是需要对外披露的信息。这说明,通行的"内外差别论"应调整为"内外兼有论"。

当财务会计与管理会计都既对外又对内时,二者的关联机制还需要进一步分析与正名。按照通常的解释,财务会计的基本目标有两项,即"决策有用性"和"受托责任评价",这两个目标在企业内部的实现机制正是管理会计。换句话说,对企业内部的经营管理者来说，财务会计信息的两大目标就是借助管理会计中的决策会计和业绩评价体系来实现的，至少是主要的实现机制之一。以这样的方式将会计的两大分支联系在一起，有助于真正确立起"需求导向"或"以客户为中心"的财务会计模式。

"内外兼有论"和"关联机制论"扫清了解决"两张皮"问题，整合或统一会计两大分支的认识论或理论障碍，进一步就需要研究和设计整合的机制。在这个问题上，需要财务会计与管理会计都做出"让步"，而不能一味责难管理会计。"两张皮"的形成，部分地与财务会计的"傲慢"有关。从诞生和发展历史看，财务会计应该是"老大"，当"老二"管理会计尚未诞生时"老大"的行为是自由的；而当"老二"出生以后，"老大"的行为就必须考虑并兼顾"老二"。然而遗憾的是，迄今为止，针对财务会计所做的改革，很少甚至没有考虑到管理会计的存在，更没有考虑到何种财务会计机制和模式更有利于管理会计相关性的实现和作用的发挥。迄今为止，我们所能看到的景象是：财务会计自始至终都在奉行着"以产定销"的理念，遵从着与管理会计不干涉主义的原则，运行着"以生产为中心"而不是"以客户为中心"的模式。照此下去，"两张皮"的问题永远得不到解决，财务会计与管理会计之间的鸿沟永远无法超越。

跨越鸿沟，既需要变革管理会计又需要变革财务会计。重点应关注三个方面：①财务会计模式的多元化。一味地固守应计制基础，一味地追求决策有用性，一味地默认完全成本会计，均无法填平财务会计与管理会计之间的鸿沟。财务会计领域需要放弃单一模式，建立应计制与现金制、公允价值与历史成本、决策有用观与受托责任观兼容的多元化运作模式。财务会计多元化模式的设计，必须确立"需求导向"的观念，充分考虑为管理会计发挥作用创造更好的条件或基础。财务会计模式多元化还要求变革单一模式下形成的财务报告制度，重新设计财务报表列报方式。②改造管理会计的决策和评价模型。管理会计所涉及的决策模型、控制模型和业绩评价模型等，不能一味地追求"高精尖"的数学模型，模型的设计必须既考虑科学性又考虑其数据基础与财务会计数据的对接性，否则再高深的模型最终只能束之高阁，难以付诸实践。③整合和扩展会计报告和信息披露制度。目前，国际上通行的披露制度在涉及会计信息时基本上都是"财务报告"的信息，也就是财务会计的信息，很少涉及管理会计的信息，这与业界对管理会计的功能"定位"（对内会计）有关。而按照本文所提出的"内外兼有论"的观点，对外披露的信息应当既有财务会计信息又有管理会计信息。何种财务会计信息和何种管理会计信息需要披露、以何种方式和形式披露等问题，都需要研究和设计，并且在设计时需要充分考虑各类信息使用者的"共性化"和"个性化"的信息需求，体现"以客户为中心"的信息披露模式。这是一个追求个性化的时代，任何忽视用户个性化信息需求而只关注"通用需要"的做法，都会被时代所抛弃。

参考文献

[1]［美］安东尼·A. 阿特金森，拉吉夫·D. 班克，罗伯特·S. 卡普兰. 管理会计（第3版）. 王立春，杨松，袁颖译. 北京：北京大学出版社，2004.

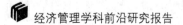

［2］［美］H. 托马斯. 约翰逊，罗伯特·S. 卡普兰. 管理会计的兴衰. 北京：中国财政经济出版社，1992.

［3］李心合. 会计信息的混淆与过滤. 会计研究，1997（11）.

［4］李心合. 会计的新职能与阴态财务学的新构造. 财务与会计，2009（6）.

［5］李心合，蔡蕾. 公司财务分析：框架与超越. 财经问题研究，2006（10）.

The Losing Relevance and Durative Reforming of Accounting

Li Xinhe

Abstract：In spite of the instrumental role accounting plays in management practice，there is an ever – increasing concern of the weak relevance between financial accounting and management accounting. The poor adaptability of financial crisis and divorce from capital operation and business weakens relativity of management accounting. Distortion，confusion，formalization and inverse correlation of information reduces relativity of financial accounting. To promote relevance of accounting，it is indispensible to make durative accounting reform and overcome the cognitive and institutional chasm of financial accounting and management accounting.

Key Words：Financial Accounting；Management Accounting；Relevance

公允价值会计与市场波动[*]

胡奕明　　刘奕均

（上海交通大学安泰经济与管理学院　200052）

【摘　要】 2008 年金融危机的爆发，使得公允价值会计备受关注。一个焦点问题是：公允价值会计是否会加剧市场波动。我们针对 2007～2011 年中国 A 股市场的情况对这一问题进行了实证研究，主要结论如下：①股价能够反映公允价值会计信息，且在市场波动期比平稳期反应更显著；②公允价值会计信息与波动率之间的正相关关系在市场波动期比在平稳期更加显著；③波动率与公允价值会计信息的正相关性主要表现在长周期上。

【关键词】 公允价值会计；价值相关性；波动性

一、引　言

2008 年，全球金融危机的爆发，在实务界和理论界引发了一场关于公允价值会计的激烈论战，论战的焦点是公允价值会计是否会加大市场波动、加剧金融市场的不稳定。为此，我们希望观察一下公允价值会计信息与市场波动之间是否存在着相互作用，且这种作用在市场不稳定时期是否更强。

公允价值会计在金融危机中饱受诟病的主要原因在于"顺周期效应"（Pro‑cyclicality）。这一效应是指在经济萧条时期造成资产价格的非理性下跌，而在经济繁荣时期制造资产泡沫。早期关于这一问题的研究主要在于揭示"顺周期效应"存在的可能性（ECB，2004；Hodder et al.，2006）。金融危机爆发以来，有不少学者研究这一效应的形成机制，如 Khan（2009）提出的"传染机制"，Landsman（2006）认为的"会计加速器"与金融加速器作用叠加的机制等。但是，迄今为止，国内外关于公允价值会计与市场波动的大样

* 本项工作是国家自然基金课题（项目号 70772061）以及上海交通大学"晨星青年学者奖励计划"一项基础性工作。感谢刘颖同学在本项研究中出色的研究助理工作。

本实证研究并不多。导致上述情况出现有两个主要原因：一是检验公允价值会计的"顺周期效应"机制必须要能获得上市公司或银行公开披露的具体资产数据，且同时能够找到这些资产的市场价格，而这显然是非常困难的[①]；二是对于市场波动性的研究过去主要采用"日收益率的变化"来反映"波动率"，但这一衡量方法却无法"捕捉"住资产价格在一定时期因循环上升或下跌所致的大幅波动。对于第一个困难，Bhat 等（2011）通过分析银行对"抵押资产证券（MBS）"的持有量变动与 MBS 的价格之间的关系，找到了观察"顺周期效应"形成机制的突破口。对于第二个困难，本文通过改进"波动率"取值范围，尝试"捕捉"资产价格循环上升或下跌所致的大幅波动，并在此基础上观察公允价值会计信息与市场波动之间的关系。这是本文的主要贡献。

二、理论分析与假设发展

不少研究表明，公允价值的应用提高了会计信息的价值相关性（Nelson，1996；邓传洲，2005；刘永泽、孙翯，2011）。但是，金融危机发生之后，人们对公允价值会计提出了诸多批评，认为其加剧了市场波动。为此，我们从以下两个方面来分析：

（一）公允价值不确定性与市场波动

Barth 等（1995）的研究发现，商业银行采用公允价值会计之后，会影响到银行收益的波动性、资本充足要求以及合约现金流等，且公允价值计量下的盈利波动性比历史成本计量下的盈利波动性更大，不过股价中并没有反映出这种增加的波动性。这表明，公允价值的应用会加大财务报告的不确定性。对此，Barth（2004）做了进一步分析，区分了三种类型的波动性：估计误差波动性（Estimation Error Volatility）、内在波动性（Inherent Volatility）和混合计量波动性（Mixed - measurement Volatility）。估计误差波动性来自第二、第三层次的公允价值分类计量，因为这里需要运用大量的估计和判断；内在波动性来自公司经营环境变动所造成的影响；混合计量波动性则来自公允价值会计对一些资产和负债采用公允价值计量，另一些则采用历史成本计量。Barth 认为，内在波动性是真实经济波动的反映，应当在财务报表中所有体现。

财务报告不确定性的增加，同时也意味着公司风险特征的改变。Barth 等（1995）的研究还发现，相比历史成本计量模式，公允价值计量模式还会使银行出现达不到法定资本充足要求的情况更加频繁。也就是说，银行的风险特征发生了变化。Hirst 等（2004）通过实验研究，发现分析师对采用公允价值计量盈余并披露的银行会显著高估其风险、低估其价值。Hodder 等（2006）比较了净利润、综合利润及公允价值衡量的利润，发现公允

[①] 目前上市公司财务报告及附注中一般没有关于具体资产持有情况的详细披露，如投资哪些证券、哪些衍生产品等。

价值衡量的利润的波动性与市场模型贝塔、股票收益率标准差以及长期利率贝塔正相关，说明公允价值衡量的利润是决定个股风险特征的因素之一。Bhat（2008）对180家美国商业银行2001~2005年的研究表明，公允价值损益的方差与利息风险、信贷风险和衍生品风险的披露水平正相关。这表明，公允价值会计的应用会导致公司风险特征发生改变。

对于财务报告不确定性提高以及由此而带来的公司风险特征改变，市场会做出什么反应呢？Hodder等（2006）发现，公允价值衡量的利润波动性与市场波动正相关。同样，Bhat（2008）的研究也表明，公允价值损益可显著解释公司未预期收益的波动性。

可见，公允价值会计带来的财务报告不确定性以及公司风险特征的改变，会加大市场的波动性。

（二）公允价值会计的顺周期效应

公允价值会计加大市场波动还有一个重要方式，即通过"顺周期效应"（Pro - cyclicality）。欧洲央行ECB（European Central Bank，2004）曾预见公允价值会计在金融系统可能导致的"顺周期效应"。在题为"公允价值会计与金融稳定"的研究报告中指出，扩大公允价值的运用可能会不恰当地加剧银行收益的波动。当处于经济不景气情况时，银行为满足巴塞尔新资本协议的要求，将计提更多的减值贷款拨备，银行的信贷投放能力降低，而信贷投放的减少，将使宏观经济进一步恶化。Plantin等（2008）通过建立分析型模型，发现在一个缺乏流动性的市场上出售资产，会对价格造成不利影响，导致持有该资产的公司报告更多的未实现损失。为减少这种损失，公司将进一步出售资产。这将导致价格的顺周期性循环交易，加速了在疲软市场中的价格下跌，因而增加了潜在的系统性风险。类似地，Khan（2009）在其论文中也指出，公允价值会计会引起资产价格下跌的恶性循环，从而加大了次级贷危机的程度。国际货币基金组织2008年10月发布了"全球金融稳定报告"（IMF，2008），其中一项研究通过模拟法分析了五家美国和欧洲大型银行集团的真实数据。研究发现，在正常、低谷和高峰这三种不同经济周期中，公允价值会计会引起银行净资产的大幅波动，但在正常经济周期中引发的波幅明显小于低谷周期和高峰周期。汪建熙、王鲁兵（2009）对比了国内市场指数与上市公司公允价值损益总金额，发现两者之间存在高度正相关。他们认为，公允价值在市场涨跌过程中会通过"盯市"方式反映到上市公司会计盈余当中，而股票价格对会计盈余又很敏感。这样，当市场上涨时，会计盈余就上升，会计盈余上升反过来又会推动股票价格上涨，由此形成一个循环，下跌时亦然。这种"盯市"公允价值会计对市场将产生推长助跌作用。

那么，"顺周期效应"又是如何起作用的呢？我们将作用机理分为四类：①对于金融机构而言，含"公允价值"计量基础的资本充足率监管和金融机构VAR风险管理是"顺周期效应"起作用的主要途径（ECB，2004；Khan，2009；黄世忠，2009）。②对于一般非金融机构，当存在资产负债率要求，如一些银行对借款人限定其负债率不得超过某个水平，或者为满足市场对预期收益的要求，与公允价值变动有关的损益确认有可能促使这些机构在市场有利时买进、不利时卖出，进而形成一种资产价格"正循环"现象。③金融市场的"传染"作用（contagion effect）。Allen 和 Carletti（2008）对银行和保险业之间债务清偿问题的研究发现，采用"盯市会计"会导致风险在不同金融机构间发生传染。这种"传染"不仅会在机构之间发生，还会在不同市场之间发生，一个市场上的波动会迅速地传导到另一个市场。公允价值会计导致的顺周期效应也随之不断扩散，整个金融系统变得更加不稳定（Boyer，2007）。④市场心理因素会放大波动。Laux 和 Leuz（2009）注意到，金融危机中的那些受影响金融机构股价下跌幅度远超其公允价值影响幅度。我们认为，这可能与金融市场普遍存在的一种"羊群效应"有关。在信息传递不畅通、信息不对称的情况下，投资者不得不通过观察其他人的活动来对未来市场走势进行判断，并做出投资决策，这种从众心理会放大市场中的任何波动。

（三）研究假设

通过上述分析我们认为，公允价值会计与市场波动之间存在某种必然联系。考虑到这一联系存在的前提是公允价值信息具有"价值相关性"，而相关性可以通过两个方面来衡量（Barthand Clinch，1998）：股价和股价变动，由此我们提出假设一：

假设一：A 股市场的股价或股价变动能够反映公允价值会计信息。或者说，公允价值会计信息对股价或股价变动有显著解释力。

为考察公允价值会计信息所导致的市场波动，我们将市场区分为两种情况：股价剧烈变动的"波动期"和相对平稳的"平稳期"。根据前面的理论分析，公允价值会计会加剧市场波动，而价值相关性是形成这一关系的前提，由此我们给出假设二和假设三：

假设二：在市场波动期，公允价值会计信息对股价或股价变动的解释力要高于市场稳定期。

假设三：公允价值会计信息与市场波动之间存在着显著相关关系，而且，在市场波动期这一相关关系要强于市场平稳期。

三、研究设计与样本选取

（一）变量定义

表1给出了模型各变量的定义以及它们之间的关系。

表1　各模型中的变量定义

	符号	名称（均为每股值）	变量说明
每股净资产（BV）拆分	FV	每股公允价值净资产	（公允价值计量的金融资产 – 公允价值计量的金融负债）／总股本，摘自上市公司定期报告并自行计算
	BVBFV	每股非公允价值净资产	= BV – FV，BV 为每股净资产

	符号	名称（均为每股值）	变量说明
每股净收益（E）拆分	EBFV	每股非公允价值净收益	= E − HOLDG，E 为每股净收益
	HOLDG	公允价值投资损益每股净收益调整额	（公允价值变动净收益＋投资净收益中公允价值计量部分）／总股本，摘自上市公司定期报告并自行计算
波动性模型中的控制变量	LnLTSZ	流通股票市值的自然对数	
	Turnover	股票半年或年度日均换手率	针对半年度数据使用半年日均换手率，针对年度数据使用年度日均换手率
	B	前 6 个月或 12 个月计算的公司股票贝塔	针对半年度数据使用 6 个月 B，针对年度数据使用 12 个月 B

（二）价值相关性分析模型

下面是一个简单的价值相关性分析模型，类似于 Ohl‐son（1995）的净盈余模型[①]。该模型的含义是股票价格可以用净资产和净收益来解释，如式（1）所示：

$$P_{it} = \alpha_0 + \alpha_1 \times BV_{it} + \alpha_2 \times E_{it} + \varepsilon_{it} \tag{1}$$

式中，P_{it} 表示 t 年年报公布前一日的 i 企业的股价，E_{it} 表示 t 年 i 企业的每股利润，BV_{it} 表示 t 年 i 企业的每股净资产。

现将 E_{it} 和 BV_{it} 中受公允价值计量影响的部分进行分解，可得到"调整后的股价模型"：

$$P_{it} = \alpha_0 + \alpha_1 \times BVBFV_{it} + \alpha_2 \times FV_{it} + \alpha_3 \times EBFV_{it} + \alpha_4 \times HOLDG_{it} + \varepsilon_{it} \tag{2}$$

式（2）进一步演化，可得到"收益模型"，$RET_{it} = \dfrac{P_{it} - P_{it-1}}{P_{it-1}}$ 为 i 公司 t 期间的收益率：

$$RET_{it} = \beta_0 + \beta_1 \times \frac{BVBFV_{it}}{P_{it-1}} + \beta_2 \times \frac{FV_{it}}{P_{it-1}} + \beta_3 \times \frac{BVBFV_{it}}{P_{it-1}} + \beta_4 \times \frac{HOLDG_{it}}{P_{it-1}} + \varepsilon_{it} \tag{3}$$

参考 Lin 等（2008）的计算方法，本文中 RET 计算如下：根据中国报告的时间要求，分别计算期初到期末、期末后一个月、期末后 2 个月，直至期末至报告期截止日期的收益率，再取平均值。也就是说对于中报是 3 个数字平均值（1.1 ~ 6.30，1.1 ~ 7.30，1.1 ~ 8.30），对于年报就是 5 个数字平均值（1.1 ~ 12.31，1.1 ~ 第二年 1.31，2.28，3.31，4.30）。

（三）波动性模型

为检验公允价值会计信息与市场波动之间是否存在相关性，我们建立了波动性模型，

---

① Ohlson（1995）模型的含义是，股票价值由两部分的权重构成：其一是资本化的当前净收益（股利调整后）；其二是当前净资产账面价值。

将股票投资收益率的标准差即波动率作为被解释变量。波动率的定义如下：

$$r_i = \frac{P_t - P_{t-1}}{P_{t-1}}, V = \sqrt{\frac{\sum_{i=1}^{n} (r_i - \bar{r})^2}{n}} \tag{4}$$

式中，P 为股票每日收盘价，r 为股票投资收益率，n 为季度内股票交易天数，V 为波动率。这里 V 根据收益率取值范围不同分为 5 个：V4 – 8，V5 – 10，V6 – 12，V7 – 14，V8 – 16。以 V6 – 12 为例，其 r 分两类：①对应中报，收益率为 1 月 1 日至 6 月 30 日的 6 个收益率（即 1.1~1.31，1.1~2.28，1.1~3.31，…，1.1~6.30）；②对应年报，则为 1 月 1 日至 12 月 31 日的 12 个收益率（即 1.1~1.31，1.1~2.28，…，1.1~11.30，1.1~12.31）。又以 V8 – 16 为例，其 r 分两类：①对应中报，收益率为 1 月 1 日至 8 月 30 日的 8 个收益率（即 1.1~1.31，1.1~2.28，1.1~3.31，…，1.1~6.30，1.1~7.31，1.1~8.30）；②对应年报，则为 1 月 1 日至第二年的 4 月 30 日的 16 个收益率（即 1.1~1.31，1.1~2.28，…，1.1~11.30，1.1~12.31，1.1~第二年1.31，1.1~第二年2.28，1.1~第二年3.31，1.1~第二年4.30）。我们这样定义波动率，而不是简单用日收益率标准差，就是为了能捕捉"顺周期效应"带来的价格循环上升或下跌。

波动性模型的观察变量是 FV、HOLDG。对于控制变量，Sias（1996）认为上市公司规模的大小与波动性负相关，Karpoff（1987）的研究发现股票换手率与股票波动有正相关关系，因此我们选择了上市公司流通股市值 LnLTSZ、换手 Turnover、公司的贝塔系数 B 作为控制变量，以控制公司的风险特征。Turnover 变量针对半年报数据使用半年的日均换手率，针对年报数据使用年度日均换手率，贝塔亦分半年和年度数据计算。由此我们得到下式，代表波动性模型 A，如式（5）所示：

$$V_{it} = \gamma_0 + \gamma_1 \times FV + \gamma_2 \times HOLDG + \gamma_3 \times LnLTSZ + \gamma_4 \times Turnover + \gamma_5 \times B + \varepsilon_{it} \tag{5}$$

（四）市场不同阶段的划分

我们将市场划分出两个不同的阶段：波动期和平稳期[①]，包括 2007 年半年报、2007 年年报以及 2008 年半年报对应的时期界定为"波动期"，2008 年年报、2009 年半年报、2009 年年报以及 2010 年半年报对应的时期界定为"平稳期"。

（五）样本及数据

本文研究样本选自在深圳证券交易所与上海证券交易所发行 A 股股票的上市公司，选样原则是：①公司有半年报和年报的披露时间；②可以获得公司定期报告披露日或下一交易日的股价行情数据；③可以获得相关时间段股价行情数据；④剔除金融行业公司。上

---

① 考虑到 2007 年 1 月 1 日开始实施新会计准则，我们选择这一时点为初始时点。由于年报公布时间通常在每年的 1~4 月，年报信息引发市场波动也应该在这一时段。另外，从上证指数变动图上看，这一时段市场波动不大，因而将"2008 年年报"对应时期归入平稳期。又由于沪深股市联动性很强，故主要根据上证指数划分不同阶段。

证指数与深证指数数据来自 Yahoo 财经，A 股上市公司区间股价来自财汇金融分析平台，各会计指标数据来自度量衡金融数据库、Wind 金融数据库和上市公司定期报告。对极端值数据，我们均采用 Winsorize（1%）进行处理。

四、价值相关性分析

（一）价格模型分析

首先，从全样本价格模型的描述性统计来看，每股净资产（BV）的均值为 2.953 元/股，扣除公允价值部分调整后的净资产（BVBFV）为 2.733 元/股，两者比较接近，说明在每股净资产中公允价值部分占比仅约 7%。另外，每股净收益（E）为 0.198 元/股，其中公允价值损益调整部分（HOLDG）为 0.041 元/股，占比约 21%。从 Pearson 相关分析来看，BV 与 BVBFV 之间、E 与 EBFV 之间相关度较高，但因为它们不会在同一个回归模型中出现，故对结果没有影响。

表 2 为价格模型的回归结果分析，包括波动期、平稳期和全样本的三组回归。从表中数据可知：首先，无论是波动期、平稳期还是全样本，模型（1）～模型（3）展示的每股净资产（BV）、每股净收益（E）对股价（P）均为显著正相关，说明每股净资产和每股净收益这两个会计信息对股价的解释力很强；其次，当将这两个指标拆成两组含公允价值相关信息时，全样本回归数据表明，两个公允价值相关信息——每股公允价值净资产（FV）和公允价值投资损益每股净收益调整额（HOLDG）均与股价呈正相关关系，系数分别为 0.759、17.024，且均在 1% 水平上，说明股价能够反映公允价值信息，假设一得到支持。但是，它们在波动期和平稳期的回归系数存在差异。无论模型（4）、模型（5）还是模型（6），FV 与 HOLDG 两个变量与波动率之间的关系均为显著正相关，且波动期的系数大于平稳期的系数。以模型（6）为例，波动期、平稳期 FV 的系数分别是 1.131、0.893，而 HOLDG 的系数分别是 19.00、15.23。这说明，波动期公允价值会计信息对股价的解释力高于平稳期，假设二获得支持。

表 2 价格模型的回归结果分析

P	BV	E	BVBFV	FV	EBFV	HOLDG	N	R^2	F 值
波动期									
模型（1）	3.429 *** (38.74)						4293	0.2592	1501.03
模型（2）		24.271 *** (55.88)					4293	0.4212	3122.71

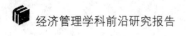

续表

波动期

P	BV	E	BVBFV	FV	EBFV	HOLDG	N	R^2	F 值
模型（3）	1.187*** (12.16)	20.211*** (37.29)					4293	0.4405	1688.83
模型（4）			3.337*** (35.93)	3.286*** (8.09)			4293	0.2342	655.90
模型（5）					25.09*** (54.40)	21.98*** (15.04)	4293	0.4159	1527.13
模型（6）			1.018*** (10.12)	1.131*** (3.02)	21.61*** (37.83)	19.00*** (12.27)	4293	0.4298	808.06

平稳期

P	BV	E	BVBFV	FV	EBFV	HOLDG	N	R^2	F 值
模型（1）	2.157*** (45.27)						4986	0.2914	2049.21
模型（2）		12.272*** (49.96)					4986	0.3337	2495.74
模型（3）	1.187*** (21.15)	8.396*** (28.14)					4986	0.3886	1583.27
模型（4）			1.942*** (40.55)	2.475**** (25.66)			4986	0.2559	856.64
模型（5）					11.816*** (45.27)	20.054*** (29.87)	4986	0.3444	1308.71
模型（6）			0.942*** (17.55)	0.893*** (8.81)	9.066*** (29.98)	15.23*** (20.91)	4986	0.3832	773.48

全样本

P	BV	E	BVBFV	FV	EBFV	HOLDG	N	R^2	F 值
模型（1）	2.708*** (57.16)						9279	0.2605	3267.15
模型（2）		17.342*** (72.78)					9279	0.3647	5325.9
模型（3）	1.185*** (21.82)	13.396*** (45.57)					9279	0.3957	3037.26
模型（4）			2.573*** (52.70)	2.919**** (20.64)			9279	0.2344	1420.28

					全样本				
P	BV	E	BVBFV	FV	EBFV	HOLDG	N	R^2	F 值
模型（5）					17.525 *** (69.04)	21.383 *** (30.26)	9279	0.3601	2609.57
模型（6）			1.084 *** (20.22)	0.759 *** (5.51)	14.192 *** (47.27)	17.024 *** (22.58)	9279	0.3875	1466.53

注：* 为 10% 水平上显著，** 为 5% 水平上显著，*** 为 1% 水平上显著。括号中为双尾 t 检验值。

（二）收益模型分析

收益模型的描述性统计、Pearson 相关分析以及回归分析结果与价格模型的结果类似，回归的主要发现是[①]：公允价值会计信息对股价变动（RET）的解释力在波动期比平稳期更强，假设二获得支持。

上述两个模型的分析结果表明，公允价值会计信息具有价值相关性，且这一相关性在波动期比在平稳期更强。

五、公允价值与市场波动的关系

表 3 为波动性模型 V4 - 8、V5 - 10、V6 - 12、V7 - 14 以及 V8 - 16 的回归结果[②]。选择不同的波动率计量，旨在排除因为波动率取值范围不同而导致结论的差异。

表 3 波动性模型 A 的回归分析

				模型 V4 - 8				
	FV	HOLDG	LnLTSZ	Turnover	B	N	R - squared	F 值
波动期 V1	0.01 ** (0.012)	0.10 *** (0.000)	0.01 *** (0.000)	0.005 *** (0.000)	− 0.001 (0.867)	2592	0.0616	33.93
平稳期 V2	0.001 (0.582)	− 0.07 *** (0.000)	− 0.001 (0.444)	0.006 *** (0.000)	0.04 *** (0.000)	6212	0.0903	123.15
全样本 V3	0.002 * (0.08)	− 0.05 *** (0.000)	0.002 ** (0.024)	0.006 *** (0.000)	0.033 *** (0.000)	8804	0.0599	112.03

---

① 因篇幅限制，此处略去描述性统计、Pearson 相关分析和回归结果表。

② 因篇幅限制，有关描述性统计与 Pearson 相关分析在此从略。

模型 V5 – 10

	FV	HOLDG	LnLTSZ	Turnover	B	N	R – squared	F 值
波动期 V1	0.006*	0.09***	0.01***	0.008***	–0.004	2592	0.101	58.21
	(0.08)	(0.000)	(0.000)	(0.000)	(0.586)			
平稳期 V2	0.0001	–0.058***	–0.001**	0.005***	0.03***	6215	0.082	110.36
	(0.924)	(0.000)	(0.048)	(0.000)	(0.000)			
全样本 V3	0.001	–0.034***	0.001**	0.007***	0.026***	8807	0.0765	145.86
	(0.321)	(0.000)	(0.038)	(0.000)	(0.000)			

模型 V6 – 12

	FV	HOLDG	LnLTSZ	Turnover	B	N	R – squared	F 值
波动期 V1	0.007***	0.052***	0.007***	0.018***	–0.004	3644	0.3274	354.21
	(0.004)	(0.000)	(0.000)	(0.000)	(0.472)			
平稳期 V2	–0.001	–0.062***	–0.006***	0.003***	0.03***	6132	0.069	90.87
	(0.716)	(0.000)	(0.000)	(0.000)	(0.000)			
全样本 V3	0.004***	–0.031***	–0.001*	0.017***	0.004***	9776	0.2675	713.25
	(0.002)	(0.000)	(0.07)	(0.000)	(0.000)			

模型 V7 – 14

	FV	HOLDG	LnLTSZ	Turnover	B	N	R – squared	F 值
波动期 V1	0.004	0.037***	0.0016	0.013***	0.025***	2591	0.2225	147.94
	(0.146)	(0.002)	(0.156)	(0.000)	(0.000)			
平稳期 V2	–0.005**	–0.027***	–0.008***	0.0004	0.041***	6095	0.0667	87.10
	(0.023)	(0.000)	(0.000)	(0.305)	(0.000)			
全样本 V3	0.003*	–0.017***	–0.005***	0.006***	0.042***	8686	0.0971	186.66
	(0.095)	(0.003)	(0.000)	(0.000)	(0.000)			

模型 V8 – 16

	FV	HOLDG	LnLTSZ	Turnover	B	N	R – squared	F 值
波动期 V1	0.002	0.051***	0.003***	0.012***	0.019***	2591	0.222	147.49
	(0.436)	(0.000)	(0.004)	(0.000)	(0.002)			
平稳期 V2	0.001	0.046***	0.007***	0.001***	0.045***	6125	0.091	122.51
	(0.441)	(0.000)	(0.000)	(0.000)	(0.000)			
全样本 V3	0.003*	0.029***	0.004***	0.006***	0.043***	8716	0.1109	217.32
	(0.053)	(0.000)	(0.000)	(0.000)	(0.000)			

注：*为10%水平上显著，**为5%水平上显著，***为1%水平上显著，括号中为P值。

从表3中可以看出：①在波动期，V4 – 8、V5 – 10、V6 – 12模型的波动率与每股公允价值净资产（FV）、公允价值投资损益每股净收益调整额（HOLDG）显著正相关，回归系数分别为 0.01、0.006、0.007，而在 V7－14、V8－16 模型中 FV 的显著性消失；HOLDG 在 V4－8、V5－10、V6－12、V7－14 以及 V8－16 中均为显著正相关，回归系数分别为 0.10、0.09、0.052、0.037、0.051。这表明在波动期 FV、HOLDG 高的公司其波动率较高。②在平稳期，不同波动率模型下 HOLDG 均为显著负相关，FV 基本不显著。在 V4－8、V5－10、V6－12、V7－14 以及 V8－16 中，HOLDG 的回归系数分别为 －0.07、－0.058、－0.062、－0.027、－0.046。FV 只在 V7－14 中为 5% 水平上显著，为 －0.05。③对于全样本即包括波动期和平稳期所有样本的回归结果显示，除 V5－10 外，其他四个波动性模型中 FV 均为显著正相关，而 HOLDG 在五个模型中均为显著负相关。这一结果显然是波动期和平稳期两个子样本数据的综合回归结果，这种综合会在一定程度上掩盖两个子样本之间的差异。因此，我们比较倾向于接受区分波动期和平稳期分别进行回归的结果，即在波动期波动率与公允价值信息之间存在正相关关系，而在平稳期却不一定存在这种关系。

综合上述分析可知，公允价值会计信息与市场波动之间在波动期存在显著正相关关系，在平稳期不存在，说明公允价值会计信息在两种市场中对市场波动的解释力并不相同。根据回归结果可知，公允价值会计信息与市场波动的正相关性在波动市场中要强于在平稳市场中，假设三获得支持。

六、稳健性检验

（一）公允价值与波动性之间的关系存在长周期、短周期上的差别吗？

为区别波动性的长周期和短周期，我们将长周期波动性界定为在跨度较大的时间范围内收益率的波动性，譬如半年、一年或数年，甚至可以与经济周期长度相近，而短周期波动性则是指在较短的时间范围内收益率的波动性，或可称"抖动"。在此，我们设计了一个短周期波动率，即"季度的日收益率标准差"。除被解释变量外，模型与式（5）相同。回归分析表明：①从全样本来看，短周期和长周期模型（V6－12）的结果基本类似；②在波动期，无论长短周期，FV 均呈显著正相关关系，但 HOLDG 在长周期为显著正相关关系，短周期却变为显著负相关关系；③在平稳期，FV 在长周期、短周期均不显著，HOLDG 均为显著负相关。我们认为，这可能与会计信息披露频率有关，因为公允价值信息主要出现在定期会计报告中，而股价却是每天都在变，短周期上的波动率反映的可能正是股价每日"抖动"。由此我们认为，公允价值会计信息和市场波动性之间的正相关关系主要体现在长周期上。

（二）对其他公允价值变量的观察

为进一步验证假设三，我们还发展了另一个波动性模型 D。在该模型中，观察变量是 TFA、SA、HI、TFD、FVEPS、NFVEPS，它们分别代表可交易性金融资产与总资产比、可出售金融资产与总资产比、持有到期投资与总资产比、可交易金融负债与总资产比、以公允价值计量的每股收益、以非公允价值计量的每股收益。与模型 A－C 相比，模型 A－C 中的公允价值两个观察变量是我们从报表中摘取、构造的，而该模型有关公允价值的六个变量则直接取自财务报表 Wind 数据库。回归结果与前面波动性模型 A 的结果类似。也就是说，公允价值盈余信息与波动性呈正相关关系。

七、研究结论

通过实证研究，我们得到如下结论：①公允价值会计信息具有价值相关性，即对股票价格有显著解释力，但这一解释力在不同市场中存在差异。在处于波动期的市场，公允价值会计信息对股价变动的解释力要高于处于平稳期的市场。②波动率与公允价值会计信息之间存在一定的相关关系，且在市场波动期比在平稳期更加显著。在波动期，波动率与公允价值会计信息（"每股公允价值净资产 FV"和"公允价值投资损益每股净收益调整额 HOLDG"）之间存在正相关关系，而在平稳期却不一定。在平稳期，HOLDG 均为显著负相关，FV 基本不显著。③波动率与公允价值会计信息的正相关性主要表现在长周期上。总之，公允价值会计信息与波动率之间存在正相关关系，且这一关系在市场波动期比在平稳期更加明显。

参考文献

[1] 邓传洲. 公允价值的价值相关性：B 股公司的证据. 会计研究，2005，10：55－62.

[2] 黄世忠. 公允价值会计的顺周期效应及其应对策略. 会计研究，2009，8：23－29.

[3] 刘永泽，孙翯. 我国上市公司公允价值信息的价值相关性. 会计研究，2011，2：16－22.

[4] 汪建熙，王鲁兵. 市价变动会计是非论. 第一财经日报，2009－04－07.

[5] Allen F., E. Carletti. Mark－to－market Accounting and Liquidity Pricing. Journal of Accounting and Economics，2008，45：358－378.

[6] Barth M. E., W. R. Landsman, J. M. Wahlen. Fair Value Accounting：Effects on Banks' Earnings Volatility, Regulatory Capital, and Value of Contractual Cash Flows，1995.

[7] Barth M. E., G. Clinch. Revalued Financial, Tangible, and Intangible Assets：Associations with Share Prices and Non－market－based Value Estimates. Journal of Accounting Research，1998，36：199－233.

[8] Bhat, Gauri. Risk Relevance of Fair Value Gains and Losses, and the Impact of Disclosure and Corporate Governance. Working Paper. Electronic Copy Available at：http：//ssrn. com/abstract=1094183，2008.

［9］Boyer, Robert. Assessing the Impact of Fair Value upon Financial Crises. Socio – Economic Review, 2007, 5（4）: 779 – 807.

［10］ECB, Fair Value Accounting and Financial Stability, By ECB Staff Team Lead by A. EnriaOccasional Paper Series, No. 13. April, 2004.

［11］European Central Bank. Fair Value Accounting and Financial Stability, Occasional Paper Series, No. 13, April, 2004.

［12］Hirst D. E. , P. E. Hopkins, and J. M. Wahlen. Fair Values, Income Measurement, and Bank Analysts' risk Valuation Judgments, The Accounting Review, 2004, 79: 453 – 472.

［13］Hodder, L. D. , P. E. Hopkins, and J. M. Wahlen. Risk – relevance of Fair – value Income Measures for Com – mercial banks, The Accounting Review, 2006, 81: 337 – 375.

［14］IMF. Global Financial Stability Report. October. www. Imf. org. 2008.

［15］Landsman, W. R. . Fair Value Accounting for Financial Instruments: Some Implications for Bank Regulation. BIS Working Paper no. 209, August, 2006.

［16］Khan, U. Does Fair Value Accounting Contribute to Systemic Risk in the Banking Industry? Working Paper, Elec – tronic Copy Available at: http: //ssrn. . com/abstract = 1327596, 2009.

［17］Lin, Stephen, Ramond, Olivier and Casta, Jean – Francois. Value Relevance of Summary Accounting Perform – ance Measures: Evidence from Major European Capital Markets. http: //ideas. repec. org/p/ner/dauphi/urnhdl123456789 – 3507. html, 2008.

［18］Nelson, K. Fair Value Accounting for Commercial Banks: an Empirical Analysis of SFAS No. 107, The Accounting Review, 1996, 71: 161 – 182.

［19］Ohlson, J. Earnings, Book Values, and Dividends in Equity Valuation, Contemporary Accounting Research, 1995, 11: 661 – 687.

［20］Plantin G. , H. Sapra, H. S. Shin. Marking – to – market: Panacea or Pandora's Box? Journal of Accounting Research, 2008, 46（2）: 435 – 460.

［21］SEC. Report and Recommendation Pursuant to Section 133 of the Emergency Economic Stabilization Act of 2008: Study on Mark – to – market Accounting, 2008.

Fair Value Accounting and Market Volatility

Hu Yiming　Liu Yijun

Abstract: Fair value accounting has been highly concerned after the outbreak of the financial crisis in 2008. One of the key problems is whether the fair value accounting enhance the volatility of the marke. We investigate the Chinese A stock market of 2007 – 2011 and find some empirical evidence. Our major findings include: ①the stock prices do react to the fair value information, the fair value information are more explanatory for stock prices in unstable period than in stable period; ②there is the positive relevance between the fair value information and the volatility, and it is stronger in the unstable market than in the stable market; ③the positive relevance between the fair value information and the volatility could be observed mostly in the long cycle.

Key Words: Fair Value Accounting; Value Relevance; Volatility

国际财务报告准则修订评析与前瞻
——以金融工具、合并报表和收入准则为例

王　霞

（北京航空航天大学经济管理学院　100191）

【摘　要】国际财务报告准则是一个不断变化、发展的包容体系。本文回顾了近年来国际财务报告准则在几个有代表性方面的进展情况，并对国际财务报告准则的改进效果和最新动向进行分析和评价，在此基础上对国际财务报告准则的发展前景做出某些展望，并提出对部分相关会计理论问题的启示及建议。

【关键词】国际财务报告准则；金融工具；合并报表；收入；IFRS 治理

国际会计准则理事会（International Accounting Standards Board，IASB）致力于制定一套全球化的会计准则，并根据经济形势以及市场条件的变化和发展，不断对国际财务报告准则（IFRS）进行修订和完善，同时实现与各国会计准则的协调。因此，国际财务报告准则的内容每年都有大小不同的调整。以下重点对 IASB 近年来在金融工具、公允价值计量、合并报表以及收入确认方面的相关准则动向进行分析，以期获得对我国会计准则完善的有益借鉴。

一、金融工具相关准则的进展与评析

IASB 改进金融工具准则的基本目标是以更为简化和一致的准则取代已有的《国际会计准则第 39 号——金融工具：确认和计量》（IAS39）。但是，由于这一问题的复杂性和协调各种争议的难度超出预期，IASB 一再修订其工作计划，并不断推迟完成计划的目标期限。分析 IASB 公布的议事议程，可以发现近年来其改进金融工具相关会计准则的努力主要在于分阶段解决以下几个问题：金融工具的分类和计量、金融资产减值、套期以及有权益特征的金融工具。目前，对于金融工具的分类与计量，主要通过《国际财务报告准则第 9 号——金融工具：分类和计量》（IFRS9）完成了金融资产部分，而金融负债方面，

除了自身信用风险变动问题外，仍然保留了 IAS39 的大部分规定；对于金融工具的终止确认，则在原 IAS39 的风险报酬结合控制法的基础上补充了部分指南，并增加了《国际财务报告准则第 7 号——金融工具：披露》（IFRS7）中的披露要求。因此，当前国际财务报告准则中规范金融工具的相关准则除了已发布的 IFRS7 和 IFRS9 之外，还有尚未被完全取代的 IAS39。

（一）金融工具分类与计量

1. 金融资产的分类与计量

2009 年 11 月，IASB 发布了 IFRS9 的第一部分，首先对金融资产的分类和计量提出了新的要求，并预期于 2013 年 1 月 1 日起生效，但在 2011 年 12 月，又将目标生效日期推迟到 2015 年 1 月 1 日。IFRS9 以两分类法取代了 IAS39 的四分类法，将金融资产划分为以公允价值计量和摊余成本计量两种基本类型。根据 IFRS9 的规定，如果债务工具同时满足以下两个条件，该种金融工具必须采用摊余成本计量：①以合同收益为基础进行管理，即以收取合同现金流量为持有金融资产的目标；②具有基础贷款特征，即合同现金流量仅仅表现为本金和以未偿付本金为基础的利息的支付。不满足上述条件的债务工具要求必须采用公允价值计量，公允价值变动计入当期损益。对于战略性股权投资，IFRS9 取消了 IAS39 中对无活跃市场报价情况的例外规定，要求在资产负债表中对权益工具投资统一采用公允价值计量，但在业绩报表中，公允价值变动应计入其他综合收益，并且在出售时也不允许转入当期损益；但对于股利收入，允许其计入当期损益。

尽管 IFRS9 对金融资产的分类和计量重新做出了规定，但这种以商业模式为基础对公允价值和摊余成本计量模式的划分，以及允许重分类的做法，还是给企业盈余操纵留出了空间，可能出现利用操作金融工具操纵会计信息的情况。而且，虽然两分类法的主要目的之一就是简化金融工具的会计处理，从减少分类类别并消除与 IAS39 中与此有关的大量规则的角度看，也确有这种作用，但是从应用层面看，商业模式（以及可能的重分类）的判断不但带有明显的主观性，同时往往也是非常复杂的，另外，对合同挂钩工具投资的"瀑布"（Waterfall）结构、对权益工具投资的例外，以及嵌入衍生工具①等特殊问题，进一步增加了这种复杂性和可能出现的不一致性，而且也未能充分考虑准则执行中的成本与困难（如获得无报价权益工具的公允价值）。此外，IFRS9 与美国财务会计准则委员会（FSAB）的规定还存在较为明显的差异，在资产负债表在多大程度上采用公允价值计量、公允价值变动在何种情况下允许进入其他综合收益、是否允许金融资产重分类以及具体采用何种重分类标准等问题上，双方要实现趋同还有很长的路要走，这也是 IFRS 作为全球会计准则需要协调的一个重要方面。

---

① 比如，由于嵌入衍生工具问题的复杂性和争议性，IASB 在其为 IFRS9 提供的结论基础中称，暂时不考虑改动 IAS39 中对于带有非金融主合同的混合合同中的嵌入衍生工具的要求，这不但使 IFRS9 继续处于不完整的状态，而且也在事实上将金融工具计量由简单的两分类不断细化为更加具体而复杂的要求。

2. 金融负债分类与计量

2010 年 10 月，在 IFRS9 关于金融资产分类和计量的规定发布近一年后，经过额外的征求意见和反复讨论，IASB 吸收了原 IAS39 关于金融负债的分类标准，进一步补充完善了 IFRS9。新要求使 IAS39 中的几乎所有要求未加改变地并入了 IFRS9，也就基本延续了 IAS39 关于金融负债的分类，即将金融负债划分为四类：具有基本贷款特征的非交易类型、交易性金融负债、混合工具性金融负债以及具有基本贷款特征但具有公允价值选择权的金融负债。在具体的计量要求上，由于 IFRS9 保留了 IAS39 几乎所有的现有要求，大部分负债将继续以摊余成本计量，或采取两分法的方式，将其划分为一个以摊余成本计量的主合同，以及一个以公允价值计量的嵌入衍生工具。但是，以交易为目的持有的金融负债（包括所有的衍生负债）、指定到公允价值选择权下的具有基本贷款特征的金融负债应当继续采用公允价值计量，相应的公允价值变动损益计入当期损益。

在征求意见和讨论的过程中，IASB 重点考虑了发行人金融负债信用风险变化所引起的公允价值变动问题。对于由信用风险变化带来的负债公允价值变动，要求计入其他综合收益，除非这种处理会产生或扩大损益中的会计"不匹配"（在这种情况下，全部公允价值变动都在损益中列报），这就改变了 IAS39 中将这部分公允价值变动计入当期损益的做法。但是，这一规定仅限于指定的公允价值选择权之下的金融负债范围内。

与金融资产的情况相类似，目前的 IFRS 在金融负债确认计量方面仍然存在一定的复杂性和不一致性①，比如，自身信用风险的影响在损益和综合收益中分别反映。同时，目前的 IFRS9 在金融负债的计量方面也无法与 FASB 完全达成一致，具有进一步修订和协调的可能。②

（二）金融资产减值

IASB 在 2009 年 11 月颁布了《金融工具：摊余成本和减值》征求意见稿，提出了由"已发生损失模式"转向"预期损失模式"的基本思路，体现了金融危机后国际范围内会计准则制定机构面临的巨大压力和金融工具会计对金融监管要求的迎合，在给会计界带来巨大震动的同时也引发了广泛的讨论和争议。针对反馈意见中的大量顾虑和质疑，IASB 在这一问题上同样采取了谨慎态度，一再延长其工作计划和推迟减值准则发布的时间。2011 年 1 月，IASB 和 FASB 联合发布了对于 IASB 2009 年资产减值征求意见稿的"补充意见稿"，提出贷款的"二分类法"，意在进一步完善预期损失模型并增强其可操作性，但该分类方法仍遭到广泛质疑。根据反馈意见，由 IASB 和 FASB 组成的金融工具工作组（FIWG）又在 2011 年 6 月的联合会议上提出贷款"三分类法"（three buckets），即根据贷款是否受未来相关违约事项的直接影响，以及单项贷款损失的信息是否可以获得，分为

---

① 比如，对于指定为公允价值计量且其变动计入损益的金融负债，由于需要考虑会计不匹配问题，使信用风险变化导致的负债公允价值变动在损益或其他综合收益确认上出现了"例外的例外"。

② 事实上，2012 年 1 月，IASB 与 FASB 已经共同宣布，双方将进一步寻求减少其金融工具分类和计量模型之间的差异，IASB 还将根据双方协调的进展对 IFRS9 进行"有限范围的"修改。

预期损失不予确认、基于组合的层面确认和以单项贷款为基础确认三类。

目前，IASB 在金融资产减值准则修订上仍未能充分解决或必须考虑的问题包括：①损失准备能否可靠计量，如何避免其成为利润操纵的工具。②按照实际利率确定的利息收入可能较低，利益相关各方是否能够接受较低的利息收入，准则制定机构如何与相关方如税务机关协调。③实现金融资产减值确认和计量的成本有多大，是否需要根据各企业主体内部管理、财务报告、纳税申报以及监管机构的不同需求而建立不同的核算系统。④能否与 FASB 达成一致以及如何与监管机构就资本缓冲的分歧达成一致意见。⑤减值方法的操作性问题。比如，按照目前的"三分类法"，对贷款存续期内预期损失的变化需要逐年确认，以反映其持续性变化，这对于开放式贷款组合中预期损失的计算非常具有挑战性。更为困难的是贷款分类的转移问题，包括如何确定资产分类及迁移标准、是运用绝对信用质量标准还是贷款信用质量改变作为基准等，诸如此类问题都会影响到预期损失减值模型的应用。

（三）套期会计

IASB 对套期会计准则项目同样因各种原因一再推迟。2010 年 12 月，IASB 发布了针对一般套期会计的征求意见稿，对 IAS39 与套期会计业务相关的两个问题提出了修改和补充建议。一是将通货膨胀因素确认为套期风险，允许通货膨胀风险影响现金流量的金融工具采用现金流量套期会计原则；二是允许套期会计方法采用内在价值而不是时间价值为基础计算套期风险，并允许将价值变动直接计入当期损益。此后，IASB 一直对一般套期和组合套期进行讨论。2011 年 9 月，IASB 又对套期会计做出了部分暂时性决定，对部分原有观点进行了修正，包括同意对以公允价值计量且其变动计入其他综合收益的权益工具应用套期会计；对于公允价值套期保留 IAS39 的方法，但要求单独披露现金流量和公允价值套期及其变动；对现金流量净头寸套期要求只能用于外币风险套期，同时取消了净头寸中的现金流量抵消必须全部计入当期业绩报表的限制。

总体来看，IFRS 套期会计进一步完善的基本思路是，提出一套能够实现真实反映套期风险管理目标的新套期会计模式，改变当前许多具有套期性质的业务无法应用套期会计的局面。学术界对取消公允价值套期会计方法而统一采用现金流量套期会计原则展开了激烈的讨论，并提出有效套期部分价值变动计入其他综合收益，而无效套期部分计入当期损益。2010 年 12 月的征求意见稿也并未完全取消公允价值套期会计方法。

二、合并报表准则的进展及评析

IASB 对于合并报表的原有规范主要是《国际会计准则第 27 号——合并和单独财务报表》（IAS27），其中主要以控制为确定合并范围的基础，但是对于控制概念的解释并不完整，特别是没有对无多数表决权情况下的控制加以明确界定。同时，在 IASB 的《准则解释委员会公告第 10 号》（SIC10）中，对于纳入合并范围的标准采用了风险报酬法，因此造成了与 IAS27 之间的差异。

为解决上述问题，2008 年，IASB 发布了合并报表准则征求意见稿，并对原 IAS27 进行了修订。在此基础上，2011 年 5 月，IASB 发布了《国际财务报告准则第 10 号——合并财务报表》（IFRS10），要求对所有合并采用统一的会计处理模式，即以控制作为合并的基准，解决了原 IAS27 以控制为基础和 SIC-12 以风险报酬为基础的分歧；同时还发布了《国际财务报告准则第 12 号——对其他主体中权益的披露》（IFRS12），将对子公司、联营企业、合营企业以及非合并结构化主体投资的披露要求，集中到一个准则当中。

IAS27 主要对受母公司控制的一个企业集团的合并财务报表的编报作出规定，并就如何计量对子公司、联营企业以及合营企业的投资提出了具体要求。IFRS 10 进一步强化了以控制权为基准确定合并范围的基本原则，同时提供了额外指南，补充了 IAS 27 未予规范的无多数表决权控制下的情况。在沿用 IAS 27 中对控制权的表述（如任命被投资企业的管理层，决定被投资企业重大财务经营决策）的同时，考虑了股权分散程度与控制权的关系，控制权的数量以及非数量标准，潜在投票权、认股权、转股权的影响，以及限制投票权、参与权以及否决权的影响，并提出了对委托—代理关系的特殊考虑，重点关注委托—代理关系中是否包括法律或者合并严格限定的权利。

IFRS 10 以控制为单一基准的做法，解决了原 IAS 27 有关合并范围的标准不统一的弊端，提高了准则的一致性。同时，以控制为基准的合并模式更加符合原则导向，也避免了 SIC-12 在应用风险报酬标准时过于明显的"界限检验"，有利于更好地反映不同主体之间存在的经济实质。不过，与以往的国际会计准则相类似，IFRS 10 仍然没有充分考虑在部分国家普遍存在的同一企业集团内部的合并问题，也就是同一控制下企业合并的特殊情况，这可能造成与包括我国在内的部分国家在合并会计及合并报表编制方面的差异，并在一定程度上影响未来国际财务报告准则的全球采用进程。

三、收入确认准则进展及评析

IASB 对收入确认的规定原来主要见于《国际会计准则第 18 号——收入》（IAS18）和《国际会计准则第 11 号——建造合同》（IAS 11）。这些准则的一个基础性重大缺陷是，以风险报酬转移为依据的收入确认原则，需要针对各种不同情况进行细分，但原准则又未能提供充分的指南，结果不但导致有关要求的复杂化，也容易导致执行中标准的不一致。同时，由于国际财务报告准则并未对商品和劳务交易加以明确区分，因此同一家企业可能因选择应用不同准则而对收入确认采用完全不同的方式。此外，IASB 有关收入的准则与美国一般公认会计原则（GAAP）之间也存在明显差异。因此，IASB 没有选择对 IAS

18 和 IAS 11 进行局部修订，而是决定为源于租赁、金融工具和保险合同之外的所有顾客合同的收入制定一个统一的准则，并实现与 FASB 之间的趋同。

2010 年 6 月，IASB 发布了收入确认准则的征求意见稿，对收入的确认制定了一致的标准，即以商品和服务控制权的转移（向顾客转移商品或劳务的履约责任得到满足）作为收入确认的必要条件，而非原有的风险报酬转移观以及收入实现原则。征求意见稿还就包含多项转移条款的收入的会计处理方法进行了较大的调整。但是，在控制权转移观下，虽然基本原则看起来非常明确而单一，但是仍存在很多具体的应用问题，比如对于控制权转移的界定，商品和劳务的区分以及转移的标准，完工百分比法如何在持续转移以及义务不可分的情况下予以确定，在具有质量担保要求或退货责任的前提下，如何准确划分履约责任，等等。在解决这些问题时，又会不可避免地出现过多的复杂性。因此，对 2010 年征求意见稿的反馈意见普遍支持其核心原则，但是在某些应用领域要求进一步明确和细化。

基于以上原因，考虑到收入信息在财务报表中的重要性和受关注程度，IASB 于 2011 年 12 月再次发布收入准则的征求意见稿，总体上保留了 2010 年征求意见稿的核心原则，并要求收入确认应当反映出对顾客转移的预定商品或劳务的数量能够带来预期从该商品或劳务交易中企业有权获得的对价。在此基础上，征求意见稿提出了一个分五步骤确认收入的框架，包括确定与顾客的合同，确定独立的履约责任，确定交易价格，分配交易价格，以及在满足履约责任时确认收入。相对于 2010 年的征求意见稿，修订了确定合同中独立履约责任的有关原则，增加了确定履约责任是否满足的判断标准，并简化了交易价格的计量方法，减少了烦琐的测试。

总体上看，收入准则的修订思路有利于提高不同企业之间在收入确认上的可比性，并可通过减少相关要求的数量，简化财务报表的编制。以控制权转移为核心的收入确认标准，更加符合原则导向，有望提高一致性的同时，也可减少对解释性指南的需要，避免指南不断增加可能带来的烦琐和复杂化。此外，这种思路还便于与资产、负债等会计报表要素的定义和确认要求相衔接，更好地体现了以资产负债表为基础的观念，符合财务会计理论发展的趋势，便于保持会计准则在概念层面上的协调一致。

但是，对比 IASB 金融工具有关准则的修订可以发现，在收入准则中使用的控制原则，在金融工具准则中却并未得到一致的运用。正如前文所述，IASB 在金融工具的终止确认问题上，经过多次征求意见和观点反复，最终还是选择保留了 IAS39 以风险报酬为基础的要求。这种选择带有迫于某些形势压力的"无奈"之举和"权宜之计"的意味（郑伟，2011），但却存在着理论上的不完善，并造成了不同准则之间在概念基础上的不一致。事实上，IASB 在修订有关终止确认准则的过程中，也曾在征求意见稿中提出过较为纯粹的"控制法"，但并未作为主要建议，而是以备选方法的名义提出，因此未能就此充分征求反馈意见。由于与 FASB 的趋同要求较为紧迫，考虑到难以在近期内按该方法完善有关准则，不得不暂时将其"搁置"，而选择以改进相关披露的方式回应外界强烈要求改进金融工具终止确认的呼声。这也反映了会计准则完善过程中经常面临的一个共性问题，即会计准则的制定和修订经常出于某些客观压力，而非纯粹的会计理论产物；同时，不同的会计准则之间很容易为因这些压力而无法保持概念基础的统一，从而影响到各项准则理论上的严谨性和一致性。

四、启示和建议

（一）IFRS 的制定过程带有明显的政治性

从 IASB 制定和修订国际财务报告准则的过程中，能够明显感受到相关利益主体和各个国家之间的利益博弈，并因此使其具有了明显的政治性。在这一政治化的准则制定进程中，历史原因和现实因素的作用造成了发达国家长期以来事实上的主导地位，发展中国家则明显处于缺乏参与性和话语权的不平等地位。从早先的国际会计准则到如今的国际财务报告准则的制定，始终处于金融机构、监管机构、证券组织等各方的压力之下，其中来自发达经济体相关方面的压力更为明显，近年来 IFRS 讨论的重大议题，如金融工具、保险合同、租赁等准则项目，很多都是相关压力作用的结果，有些甚至直接来自相关机构的提议，并且在准则制定过程中也一直面临各种干预的企图。

尽管近年来 IFRS 制定过程及其治理模式都发生了重大改变，包括我国在内的新兴经济体和发展中国家在 IASB、IFRS 基金会受托人组织、国际财务报告准则解释委员会（IF-RIC）等组织中均有所参与，准则制定机构的构成也更多考虑了全球不同地区的平衡，但是发达国家主导国际准则制定的整体局面并未根本改观。

（二）作为政治进程的 IFRS 制定模式与相关治理仍需进一步改进

从金融工具、收入、合并报表等准则的修订过程可以看出，国际会计准则制定中，主要议题和日程基本上都反映了发达国家的观点和要求，讨论的内容、建议的方法等也大多来自发达国家。这不仅是因为发达国家与发展中国家在资源和地位上的不平等，也体现了多方面因素的共同作用。比如，经济发展带来的会计业务的复杂性和前沿性，方法的丰富性和理论基础的相对完善，包括会计教育和学术研究的水平等方面，发达国家都具有明显的相对优势，并因此形成了其在会计领域的主流地位，也使国际会计准则从一开始就以欧美发达国家的会计惯例和观念为基础。

但是，这种机制下产生的议题和相关讨论，不可避免地围绕经济发达国家的需要，反映其市场机制较为成熟、金融活动发达、虚拟经济活跃的特点，但并不总是能够体现大量发展中国家的经济环境特点和诉求，这使得有关准则对于发展中国家从一开始就缺乏吸引力和参与性，不但影响到准则的公允和全面，也增加了 IFRS 全球采用和国际会计协调的难度。

因此，进一步改进现有的国际财务报告准则制定程序及相关治理模式，是提高 IFRS 公允性与适用性的重要前提。为此，一方面需要继续改善国际准则制定机构及相关组织的结构，提高发展中国家在受托人会议、IASB 及相关委员会的比重和发言权；另一方面也需要改进 IFRS 的制定程序，扩大针对发展中国家和新兴经济体的议题来源，优化准则制定中的反馈和讨论环节，提高其透明度和参与性。此外，还需要从培育会计市场和行业组织、加快会计教育和人才培养、提高会计学术研究水平和交流范围等方面，改变发展中国家会计发展的落后局面，为在国际会计领域争取更多发言权提供有力的基础。

（三）警惕会计"泛金融化"倾向的影响

从 IASB 近年来的议程看，有关金融工具的准则一直是核心的重大项目。比如，替代 IAS39 的三个阶段从 2008 年以来就一直作为 IASB 每年工作计划的首要议题，并占用了大量议程和资源，而其他一些重要准则，如与合并报表相关的 IFRS10、IFRS12 等，也都出于金融危机背景下 G20、金融稳定委员会（FSB）对源于特殊目的或结构化主体投资的风险的关注。金融危机后对此类准则的讨论不断升温的情况，反映出随着经济泛金融化带给会计的巨大影响。由于金融创新的加速，金融产品的种类不断扩张，相关会计标准屡屡遭到冲击和质疑，一方面使会计准则变得日趋复杂，会计信息的生产和使用成本不断上升；另一方面由于会计标准的制定经常在各种压力之下仓促出台以解燃眉之急，难以保证理论基础的稳固。

为了应对金融工具的复杂问题，会计准则制定机构不断出台和修订有关金融工具的会计处理要求，然而，这些要求往往更多考虑金融工具的特殊性，却与普通资产和负债要素的确认、计量原则存在某些明显差异，由此形成对会计准则理论基础一致性的挑战。

现代金融发展的结果之一，就是导致作为资本所有者的会计信息使用者逐渐失去对其资源的直接控制，这一趋势强化了会计满足信息使用者决策需要的要求，由此使会计信息被赋予了决策有用的基本导向。但是，这样的要求混淆了会计信息生产和使用的界限，并且不合理地夸大了财务会计的反映功能，成为现实中种种分歧和混乱的源头。

面对金融大潮的汹汹来势，需要为会计确定清晰而恰当的定位。应当明确，会计信息的范围不应无限扩大，会计信息的生产与使用责任也应当明确区分。首先，会计具有提供信息的职能并不必然等同于会计能够满足所有主体的全部信息需求；其次，会计的职能首先应当立足于如实反映已有和现存的客观事实，而不是追求基于"未来"的所谓决策价值。财务报告尤其是财务报表不应当是"财务估计表"（葛家澍和刘峰，2011），而应当是以已发生的交易和事项为基础，以客观反映经济资源的实际变动及其结果为首要目标，以历史成本为主要计量属性。至于面向未来的、以估计和判断为基础、以公允价值或现值模式为主要计量属性提供的信息，应当属于财务报告之外的另外一种报告。

参考文献

[1] 葛家澍，刘峰. 论企业财务报告的性质及其信息的基本特征. 会计研究，2011，12：3-8.

［2］郑伟. 由金融工具终止确认审视会计确认体系构建及相关理论问题——兼评 IASB 与 FASB 改进和趋同终止确认相关会计准则的努力. 会计研究，2011，9：17－24.

［3］IASC. Basis for Conclusions on IAS 39 Financial Instruments：Recognition and Measurement. London：IASC Foundation Publications Department，2003：10－27.

［4］IASB. Exposure Draft IFRS. Financial Instruments，2009.

［5］IASB. Exposure Draft on Financial Instruments：Amortised Cost and Impairment IASB. IFRS7. Financial Instruments：Disclosure，2009.

［6］IASB. IFRS10. Consolidated Financial Statements IASB. Exposure Draft IFRS. Revenue，2011.

International Financial Reporting Standards Revised Evaluation and Prospects

Wang Xia

Abstract：International financial reporting standards is a constantly changing and developing system. This article reviewed in recent years international financial reporting standards in several typical aspects of progress, analyzes and evaluates the improving effect and the latest trends of international financial reporting standards, on this basis, makes some prospects for the developmental outlook of international financial reporting standards, and puts some enlightenment and suggestions forward to some related accounting theory problems.

Key Words：International Financial Reporting Standards；Financial Instruments；Consolidated Report；Revenues；IFRS Governement

制度环境对会计准则执行的影响研究[*]

姜英兵 严 婷

（东北财经大学会计学院/中国内部控制研究中心 116025）

【摘 要】本文以 2007～2009 年沪深 A 股上市公司数据为研究样本，实证检验了制度环境对会计准则执行的影响。选取地区市场化程度、法律保护、政府干预以及社会资本水平作为制度环境因素解释变量，以盈余管理水平和会计信息披露评级作为会计准则执行效果的替代变量。研究结果表明，地区市场化水平越高、法律保护越好、政府干预越少、社会资本水平越高，则该地区上市公司的会计信息质量越高，从而会计准则在该地区的执行效果就越好。

【关键词】制度环境；会计准则执行；盈余管理；信息披露考评结果

一、问题的提出

影响会计准则执行的因素错综复杂，既包括准则本身的制定与解释、执行准则的制度环境，也包括公司特征及治理层面的因素[①]，其中，制度环境作为影响准则执行的外部因素，应当引起充分的重视。会计准则是一种人为制造的秩序，是多因素影响下制度变迁的结果。Ball（2001）指出，会计基础条件与整个经济、法律、政治的基础条件是相互的。法律和政治体系对会计质量的影响途径是，通过影响会计准则制定间接影响财务报告质量，或者通过影响会计准则的执行和对经理、审计师的诉讼直接影响会计质量。可以推论，若法律、经济等制度环境不同，企业会计准则执行的过程及效果也必定不同。本文探讨我国制度环境因素，如地区市场化进程、法律和投资者保护、政府干预、社会资本等对会计准则执行产生的影响，以期能对探索企业会计准则执行的机制提供一些启示。

---

* 本文得到国家社会科学基金项目"中国会计准则执行的影响因素研究"（10BJY022）的资助。

① 公司规模、杠杆、成长性、所有权结构、盈利能力等都会不同程度地影响财务呈报的质量。

二、文献回顾

（一）会计准则的执行为什么重要

Sunder（1997）指出，"有用的会计准则本身必须是可执行的，无论是隐含地执行还是明确地执行。不管是在事实之前还是之后，如果我们不知道企业是否遵守了某项会计准则，那么该项准则基本上就没有什么效果"。会计准则的执行以及因违背准则而被检举和惩罚的程度与会计准则本身同样重要（Black，2001）。Kothari（2000）认为，会计信息的质量是会计准则的质量与会计准则的执行效率的函数。Ball、Kothari 和 Robin（2000）探讨了为何财务呈报实践并非由会计准则唯一地来决定的原因。

王跃堂、孙铮等（2001，2003）指出，会计信息质量的提高不仅有赖于通过会计改革建立高质量的会计准则，而且离不开执行机制的改革提供有效的准则执行支撑系统。刘峰等（2004）提出了一个关于会计信息质量影响因素的分析框架，基于该框架，会计信息质量受外部机会、会计准则、法律风险等因素的共同影响，并认为会计准则在其中的影响要低于法律风险，同时通过讨论得出了法律风险缺失导致会计准则的改进并不能很好地反映到会计信息质量上来的结论。这从一定程度上说明，法律风险作为影响会计准则执行的要素，其对会计信息质量的影响作用可能会超过会计准则本身。

会计准则对会计披露和会计信息质量有重要的决定作用，而从某种程度上看，会计准则的执行又比单纯的准则制定对会计信息质量的影响更为重要，那么反推，会计信息披露质量在一定程度上可以用来衡量会计准则的执行效果。

（二）制度环境因素与会计准则执行效果

制度环境是一系列用来建立生产、交换与分配基础的基本的政治、社会和法律基础规则，它构成了人类政治交易行为和经济交易行为的激励机制，不同的制度安排将导致不同的市场交易成本（North and Thomas，1973）。制度环境因素对企业行为有着重要影响，从而也会影响到企业的会计信息披露行为，继而影响会计信息披露效果。会计对企业契约具有建构功能（Sunder，1997），Menard（2002）指出，一个特定的契约形式的采纳和成功与否主要取决于实施它的能力，而后者又由制度环境所决定。Ding 等（2007）考察了一国的法律体系、经济发展、股票市场的重要性、股权集中度是如何塑造会计准则继而影响财务披露的质量的。Burgstahler、Hail 和 Leuz（2006）发现强有力的司法体系与更低程度的盈余管理相联系。Frost（1999）、Leuz（2002）发现外部投资者的法律权利及其实施质量与会计收益的特性相关，会计准则、股权集中度等其他因素也会影响内部人进行盈余管理的激励，但都没有投资者保护法及其实施那样具有关键性。Ball 等（2000，2003，

2005）、Christensen 等（2008）发现，决定管理者财务呈报激励的制度安排支配着会计准则的制定和执行，财务披露行为强烈地受到该国制度因素的影响，明显超过受常规规则（如会计准则）的影响。因此，对那些试图达到高质量财务披露的国家，改良对信息提供者的激励、完善会计准则执行机制以及优化财务披露的制度环境，比单纯采纳 IFRS 更为重要。Daske 等（2008）分析了在 26 个国家强制应用 IFRS 的经济后果，发现具备严格的执行机制、制度环境能够提供强大的财务呈报激励的国家，采纳 IFRS 带来的资本市场收益（如流动性提高、降低资本成本）就越大。Hope（2001）则构造了一个综合的、基于国家层面的五因素变量的指数来衡量一国的会计准则执行水平：审计耗费、内部人交易法、司法效率、法律规则以及股东保护机制。

三、理论分析及研究假设

（一）博弈均衡下的制度观

青木昌彦（2001）认为，制度是关于博弈如何进行的共有信念的一个自我维系系统，其实质是对博弈均衡的概要表征（信息浓缩）。会计准则作为一种具体的制度安排，其本身单独并不构成一种真正的制度，因为会计准则自身不是可执行的，如果一种机制为了达到某种社会目标被设计出来却无法自我执行，就需要附加一种额外的执行机制，因此可以说，会计准则的执行很大程度上依赖于其运行的制度环境。如果将同样的会计准则"移植"到不同的制度环境之中，那么原有的均衡状态就有可能不复存在。一个可能的原因是会计准则与现存制度环境之间缺乏必要的"耦合"。这表明，只有相互一致和相互支持的制度安排才是富有生命力和可维系的；否则，精心设计的规则很可能高度不稳定。会计（包括会计准则制定与会计准则执行）实际上是作为"制度"而不是纯粹的信息系统而存在的。全国统一的会计准则在被执行时需要考虑不同地区、不同的制度环境对执行效果的影响。

（二）制度与企业行为

制度既包括一系列被制定出来的正式规则，也包括在各地区个人及组织日常交往与活动中形成的非正式规则，这些成文的或不成文的规则制约着追求利润最大化的市场主体——企业的各种交易活动及财务决策行为。本文研究制度环境对企业会计准则执行的影响，而准则执行效果如何主要应考察其对企业的会计信息披露行为影响如何。制度与企业行为是因为激励和约束而发生联系的。交易成本的大小直接影响着会计准则、交易规则等在企业的执行。而制度正是决定交易成本的关键因素，不管是法律制度、市场监管、政府干预，还是非正式的地区风俗习惯，都会直接影响着该地区企业的交易成本，从而影响其市场行为和反应。制度环境好的地区，交易成本相对较低，企业也更倾向于遵守规则，自身交易行为及会计披露更加规范。制度对企业行为具有引导作用，而且这种作用在处于转型经济中的国家更为明显，因为这些国家的企业所面临的外部不确定性更高。

会计信息披露行为与所嵌入的制度环境不可分离。如果特定的制度安排鼓励企业提供高质量的会计信息，并对实施这种行为的主体给予奖励，则市场上会计信息的质量应当普遍能令人满意；反之，如果市场不奖励甚至排斥和惩罚提供高质量会计信息的主体，而那些提供虚假会计信息的主体又能获得不菲收益，则市场上的会计信息虚假成分必定增多。

（三）研究假设的推导及提出

本文研究的制度环境因素不仅包括市场环境、法律环境、政治环境，还包括非正式的社会规范，分别从地区市场化总水平、法律保护水平、政府干预程度以及社会资本角度提出研究假设来考察制度环境对会计准则执行的影响。

1. 地区市场化总水平与会计准则执行

我国的市场化进程在整体进步的同时，由于国内各地区历史、资源、交通等因素的影响，市场化发展很不平衡。樊纲等（2003）认为，市场化水平并非简单决定于某一项规章制度或者单一的经济指标，而是一系列经济、社会、法律乃至政治体制的综合量度，他们从政府与市场的关系、非国有经济的发展、产品市场的发育程度、要素市场的发育程度、市场中介组织的发育和法律制度环境五个方面对中国各省区市场化进程进行比较分析，得出了各地区市场化总水平存在显著差异的结论，总体表现为：沿海优于内陆，东部优于中西部。全国各地市场化程度的重大差异，必定会对当地企业的行为产生影响，而企业行为又是国家统一的政策、规则具体执行效果的直接体现。市场化进程不同的地区，会计准则执行的效果也不同。通常，市场化程度越高，"各类组织（越）倾向于采用恰当的会计方法以支持合理的核算，并依此决定应干什么和不应干什么"（韦伯，1985）。基于制度经济学的理论，会计准则的出现是为了节约交易成本，会计准则具有信息浓缩的特征，所有的交易主体可以从这些浓缩信息中得到好处。我们推断，市场化程度越高，则企业会计准则在该地区执行得就越好，表现为该地区企业提供的会计信息的质量就越高，信息越透明。本文就此提出第一项假设：

假设1：地区市场化总水平越高，会计准则在该地区的执行效果就越好。

2. 法律和投资者保护水平与会计准则执行

各地区的法律制度环境不仅包括法律执行的效率和市场中介组织的发展，更重要的是体现在法律对投资者等利益相关者权利的保护上。LLSV（1998）从法律的角度建立了投资者保护的分析框架，深入研究了各国对投资者权利保护的法律环境差异，并以此为各国在公司治理、金融发展等方面的制度性差异提供了法律解释。

Bushman 等（2004）发现公司透明度随一国的法律渊源和司法效率而异。Leuz 等（2003）研究了31个国家的公司盈余管理程度和会计盈余的不透明度，发现投资者保护法和这些法律的实施效率是财务报告质量的重要决定因素，在控制了会计准则的情况下，投资者保护影响盈余持续性。Ball 等（2003）研究了中国香港、马来西亚、新加坡和泰国四个亚洲国家或地区的公司财务报告质量，这些地区与英美法系国家具有相似的会计准则，但法律等制度环境却差异很大，研究结果显示，这四个国家或地区的公司在报告经济损失的及时性上要比英美法系国家差。可见，尽管会计准则相似，报告盈余也会随着制度因素的差异而有较大不同。

投资者保护力度强可限制管理者攫取私人控制权收益的能力，从而弱化其粉饰公司绩效的动机，投资者保护机制越有效的国家，盈余管理越少（Burgstahler et al.，2006）。弱投资者保护减少了对公开信息的需求，自愿披露也就较少（Francis et al.，2005）。强投资者保护及其有效执行减少了管理者操控盈余的能力，增加了对更高透明度的需求（LaPorta et al.，1998）。Ball（2000，2001）建议，发展中国家应该放宽关于股东和债权人提出诉讼的法律规定，在改进会计实务方面，有效的私人诉讼制度所起的作用可能比政府发布更多的法规和定期或不定期的"会计大检查"作用更大。

我们把研究范围由世界各国转移到我国的不同地区，可以推论，由于各省、自治区、直辖市的法律保护水平不同，相同会计准则的执行效果可能会不同。在投资者保护较强的地区，外部投资者可能会对企业管理层施加更大的压力，为了缓解委托代理问题，企业管理层有更充分的动机去提供更加透明、质量更高的会计信息，从而使会计准则在该地区得到更切实的执行。由此提出以下假设：

假设2：法律和投资者保护水平越高的地区，会计准则执行的效果越好。

3. 政府干预程度与会计准则执行

政府干预的方式之一可能体现在政府通过计划来分配经济资源，其中财政收支是主要的渠道。市场化改革以来，我国政府的财政收入和支出在GDP中所占比重显著下降，尤其是在一些较发达的省区，这个比重相对更低，一定程度上说明了政府干预程度有所降低。政府干预的另一个主要方式体现在政府与企业的关系上，即政府干预对企业行为的影响。Shleifer和Vishny（1994）认为，政企关系既有资源倾斜的正面影响，也有需要为政府目标服务的负面影响。从上市公司来看，在中国股市上，大量上市公司最终被各级、各地区政府部门所控制，政府控制和经营企业的种种问题也相应带到股市和上市公司中（夏立军，2011）。在没有很好的政府和官员治理系统的情况下，这些政府部门控制和经营的公司，代理问题严重，缺乏有效的监管和制约。很多公司上市前过度包装，利用其背靠政府部门的优势，取得上市资格，而上市后缺乏包装动力或包装难以为继，业绩自然滑坡。对于民营公司，各地区也有动机积极促进其上市以竞争和获取证券市场的资源，一些问题公司也就由此进入市场。在某种程度上，中国的上市公司不只是"市场中的企业"那么简单，背后是各级政府、各部门和各地区的利益。可以推测，在各级政府部门的"庇护"下，上市公司自觉严格执行会计准则的动力可能会不足。

通常，受政府干预程度高的上市公司缺乏改善公司内部治理的有效激励，其公司内部治理水平往往低于受政府干预程度低的上市公司。政府干预更明显地体现在政府对国有企业的态度上。转型经济中的国有上市公司承担了政府的多重目标，比如经济发展战略、就业、税收和社会稳定等，并因此造成了它们的政策性负担（Lin et al.，1998）。公司治理水平低的公司的会计准则执行效果一般会较差。此外，中国股市法治不彰的一个重要原因是，股市是全国性的，但司法系统仍是地方化的。投资者起诉上市公司的虚假陈述行为，诉讼管辖采用的是原告就被告（即上市公司）所在地的法院来管辖。在法院受当地政府部门影响较大、很多上市公司背靠各级政府的情况下，投资者法律保护往往只是纸面上的条文（夏立军，2011）。我们推测，不同的政府干预程度会对企业执行会计准则产生不同的影响，并且，这种影响通常是消极的。由于我国不同地区的历史沿革、政治地位等不同，政府干预的程度也呈现出一定的差异，就此提出本文第三个假设：

假设 3：地区政府干预程度越低，会计准则在该地区的执行效果越好。

4. 社会资本与会计准则执行

诚信、道德规范和网络普遍被看作是社会资本的范畴。社会资本作为法律、契约、合同等正式制度之外的一种非正式制度，在潜移默化中也影响着企业管理者的行为。Ostrom（1999）把社会资本看作是自然资本、物质资本、人力资本的必要补充，认为社会资本概念是理解个体如何实现合作，如何克服集体行动问题以达到更高程度的经济绩效的关键所在。社会资本是关于互动模式的共享知识、理解、规范、规则和期望，个人组成的群体利用这种模式来完成经常性活动，参与者都必须发现增进相互期待和信任的途径以克服其面对的不正当的短期诱惑。社会资本同金融资本、人力资本一样，也是一种生产性的资本，可以通过对其进行投资获得回报，以提高个人和组织的竞争力。尤其是在法律保护水平不高的情况下，社会资本更是可以作为一种替代机制而发挥作用，在一定程度上制约着企业的行为。从社会学的角度看，信任是一种极其重要的社会资本，它是通过非正式关系与规则的方式来化解经济风险的。福山（1998）认为，社会成员之间的信任乃是文化对经济的影响途径和表现形式，它会直接影响甚至决定经济效率。福山将经济绩效的国家间差异归因于信任和"自发社会性"变化，"作为经济关系附加条件的高度信任能够增进经济效率，假如交易各方相信彼此，那么每一个交易会变得更为容易：较少需要将各种事项在冗长的契约中详细列出；较少需要规避难以预料的偶发事件；减少争议以及如果争议发生较少需要提起诉讼"。信任产生作用的机理在于，它直接影响了一个社会经济实体的规模、组织方式、交易结构等。格兰诺维特（1985）从经济行动的社会"嵌入性"角度阐述了社会资本及信任：经济行动是嵌入社会结构的，而核心的社会结构就是人们生活的社会网络，嵌入的网络机制是信任。这些观点为我们将会计准则执行过程纳入社会网络中考察提供了坚实的理论依据。基于此，本文把社会资本作为一种制度因素，研究不同社会资本水平对会计准则执行的影响。

Stiglitz（1999）认为，社会资本包括隐含的知识、网络的集合、信誉的累积以及组织资本，在组织理论语境下，它可以被看作是处理道德陷阱和动机问题的方法，这同样适用于会计准则执行中面临的公共产品问题、"搭便车"①、道德风险及逆向选择问题等。有证

---

① "搭便车"是指这样一种情形，即信息成本或排他成本高得不可能阻止他人从一个人所提供的产品或服务上获益，例如不可能阻止他人阅读财务报告。

据表明，对于会计信息准确、透明的诚信披露公司，市场往往是欢迎的。Linn 和 Rozeff（1984）检查了 1977～1982 年 77 起公司宣布剥离的股价反应，他们注意到一个有趣的对比，即凡是宣布剥离时的交易价格和动机的诚信公司与未宣布的公司相比，前者的市场反应比后者积极，逃避披露剥离原因的公司往往受到市场的怀疑。中国的社会资本水平在国际上的排序靠前（LLSV，1997），尽管总体水平比较高，社会资本在全国各个省区的发展水平却是存在差异的，从而对会计准则在各地的执行效果产生不同的影响，故提出假设如下：

假设 4：地区社会资本水平越高，会计准则在该地区执行效果就越好。

四、研究设计

（一）样本选择及数据来源

本文选取 2007～2009 年沪深 A 股公司作为研究样本，剔除了金融保险类公司、当年新上市公司及财务数据缺失的公司。上市公司行业分类按中国证监会的分类标准，其中制造业按次类细分，其他行业按大的门类分，总共 19 个行业（由于传播与文化产业数据过少，影响计算因变量盈余管理数据时的分行业回归效果，予以剔除）。最后经处理得到 2007～2009 年混合样本共 4116 个，其中 2007 年 1276 个、2008 年 1387 个、2009 年 1453 个。

本文中各地区市场化进程、法律保护水平、政府干预程度数据来源于樊纲、王小鲁、朱恒鹏（2010）编制的《中国市场化指数——各地区市场化相对进程 2009 年报告》[①]。社会资本数据来自张维迎、柯荣住（2002）及张俊生、曾亚敏（2005）的相关论文。控制变量中的股东资料数据来自 CSMAR 公司研究数据库，其余原始财务数据均来自 Wind 数据库。

（二）变量定义

1. 因变量

本文对会计准则执行效果用会计信息质量替代，盈余质量和财务披露质量是其中的代表性变量。LeiCai、AsheqRahman 等（2008）的研究结论表明，会计准则执行机制强的国家的上市公司，通常较少进行盈余管理。借鉴 Leuz（2002）、Burgstahler 等（2006）、Djankov（2008），本文选用盈余管理程度来衡量会计信息质量和会计准则执行的效果。盈

---

① 该书披露的市场化指数时间范围为 1997～2007 年，但考虑到各地区的市场化进程等指数在研究时间范围内相对稳定，我们使用最近的 2007 年数据对 2008 年、2009 年加以替代。

余管理手段主要分为两类：一类是利用会计政策选择和会计估计，通过操控应计项目来进行盈余管理；另一类是通过构造真实经济交易来进行真实活动盈余管理。由于本文的研究内容为会计准则的执行，而会计准则主要是在会计政策层面上影响企业行为的，因此选用应计盈余管理来衡量会计准则的执行更加合理。具体采用应计利润分离法，将应计利润分离为非操纵性应计利润和可操纵性应计利润，并以可操纵性应计利润来衡量盈余管理的大小和程度。

本文使用最常见的、效果比较好的分行业分年度修正 Jones 模型（Dechow，1995；Ball and Shivaku – mar，2006）计算出可操纵性应计利润 DA（Discretionary Accruals），并以它的绝对值 | DA | 作为各公司盈余管理程度的度量，这里取绝对值是因为企业出于不同目的可能向上进行盈余管理，也可能向下进行盈余管理。| DA | 的数值越低表示盈余质量相对越高，从而会计准则执行的效果越好。

2. 解释变量

本文从经济、法律、政治、社会等方面选取了四个主要指标，比较全面地对全国各省区的制度环境因素及其差异进行量化：

（1）各地区市场化总水平（Market）：全国 31 个省、自治区、直辖市的市场化程度是不尽相同的，总体来看，东部地区水平最高，中部和东北地区居中，西部地区差距较大。本文将《中国市场化指数》中的"各地区市场化进程总得分"作为衡量各地区市场化总水平的替代变量。通常，该指标得分越高，说明该地区市场化总水平越高。

（2）地区法律和投资者保护水平（Law）：本文的一个重要解释变量是地区法律环境所体现的法律对投资者权利的保护程度。从我国近年来法律环境建设的实践中不难发现，地区法律环境的差异不仅来自法律执行效率的差异，而且来自法律中介数量的差异。樊纲、王小鲁、朱恒鹏（2010）在《中国市场化指数》研究报告中使用的指数"市场中介组织的发育和法律制度环境"，是由市场中介组织的发育、对生产者合法权益的保护、知识产权保护和消费者权益保护四个单项指标构成的，相对来说比较全面，因此本文用该指数来衡量地区法律保护水平，数值越大表明法律及投资者保护水平越高。

（3）政府干预程度（GovInter）：本文将《中国市场化指数》中的"政府与市场的关系"指数作为政府干预程度的量化，需要说明的是，该指数为负向指标，即数值越大表明政府的干预程度越低。

（4）社会资本（SocCapital）：理论分析部分已经指出，制度既包括正式规则，也包括非正式规则，而社会资本正是作为一种典型的非正式规则在经济生活中发挥着作用。一般认为，社会资本较高的地方，人与人之间的互信程度也较高（Guiso et al.，2004）。本文将各省的社会资本水平度量为各省企业的守信程度。张维迎、柯荣住（2002）对中国大陆企业家做了信任度调查，取得了全国 31 个省、自治区、直辖市的企业守信程度数据，本文以此来度量我国各地区的社会资本水平。

3. 控制变量

本文的解释变量均为省际的变量，基本可以区分各省和地区的制度环境差异及其对会计准则执行的影响，因此在控制变量方面，我们从单个公司层面出发，基于相关文献的研究结论，选取了公司特征以及公司治理方面的、影响会计准则执行效果和会计信息披露质量的一些典型变量：

（1）公司规模（Size）：即公司年末总资产的自然对数。一般来说，公司规模越大，得到社会各界的关注越多，内部的组织机构和治理机制越完善，会更倾向于向外界提供真实、透明的会计信息，因此可能会减少盈余管理行为，提高盈余质量。

（2）财务杠杆（Leverage）：选用资产负债率（负债/总资产）来反映公司的债务情况。财务杠杆水平高的公司，债权人会更加关注公司的盈利能力，以确保今后其权利的实现，所以，公司可能迫于债权人的压力，产生进行盈余管理的动机。

（3）盈利能力（ROE）：选用净资产收益率来表示，即净利润除以净资产。公司的盈利能力是衡量公司业绩的基本指标，因而也成为影响公司盈余管理程度的一个因素。当公司财务业绩比较差时，可能会为了回避法律纠纷、监管制裁或声誉损失而向上进行盈余管理。而当公司盈利水平一直很高时，又可能出于避税或平滑利润的动机而向下进行盈余管理。

（4）成长能力（SalesGrowth）：这里选用公司各年营业收入增长率来衡量成长能力。处于成长阶段的公司，可能为了考虑长远发展与利益，降低盈余管理程度，提高财务信息质量。但是，成长过快的公司也有可能为了掩饰虚高的增长率和迎合市场过度估值预期而不得不进行盈余管理。

（5）股权集中度（Top5）：本文采用公司前五大股东持股比例之和来衡量股权集中度。若大股东持股比例过高，可能会使股权过分集中，公司管理层更易被控制，从而提高大股东操纵下的盈余管理的倾向。但是，股权集中时，大股东也可能更有动机去监督管理层，对其财务披露行为进行约束，从而减少盈余管理。

（6）股权制衡度（Z – Index）：采用第一大股东与第二大股东持股比例之比来衡量股权制衡度，这个比值越大，表明第一大股东相对于第二大股东具有越强的控制权，可能更能约束管理层提供更高质量的财务信息。然而，若这个比值过大，也表明第二大股东对第一大股东的制衡和监督作用可能越弱，更容易造成"一股独大"的情形，从而降低会计披露质量。

（7）其他控制变量：本文还控制了行业和年度的影响，由于样本数据来源于 2007 ~ 2009 年三年的 19 个行业，因此设置了 18 个行业虚拟变量和 2 个年度虚拟变量。

所有变量的定义及计算说明如表 1 所示。

表 1　变量定义

变量性质	变量名称	符号表示	变量说明
因变量	盈余管理程度	｜DA｜	利用修正的 Jones 模型分年度分行业计算出可操纵性应计利润的绝对值

变量性质	变量名称	符号表示	变量说明
解释变量	各地区市场化总水平	Market	樊纲等（2010）提供的"各地区市场化进程总得分"
	地区法律和投资者保护水平	Law	樊纲等（2010）提供的"市场中介组织的发育和法律制度环境"指数
	地区政府干预程度	GovInter	樊纲等（2010）提供的"政府与市场的关系"指数
	地区社会资本水平	SocCapital	张维迎、柯荣住（2002）提供的各地区信用水平
控制变量	公司规模	Size	Ln（公司年末总资产）
	财务杠杆	Leverage	资产负债率＝负债总额/资产总额
	盈利能力	ROE	净资产收益率＝净利润/净资产成长
	成长能力	SalesGrowth	营业收入增长率
	股权集中度	Top5	前五大股东持股比例之和
	股权制衡度	TopZ－index	第一大股东与第二大股东持股比例之比
	行业、年度	Indus01－Indus18 Year08、Year09	以行业中的综合类为基准，设置18个行业虚拟变量；以2007年为基准，设置两个年度虚拟变量

（三）对制度环境变量的简要描述

为考察全国31个省、自治区、直辖市的具体制度环境差异，按照解释变量 Market 的数值由高到低排列（图略）发现：不同地区的市场化总体水平存在较大差异，发展很不平衡，上海、浙江、广东、江苏等东部沿海地区市场化程度较高，最大值为上海的11.71；而新疆、甘肃、青海、西藏等西部地区的市场化程度普遍较低，最小值为西藏的4.25。地区法律和投资者保护水平的变化趋势与市场化程度的变动大致相同，只是变化的幅度更大一些，从最低值青海的2.79到最高值上海的16.61。政府干预的变化相对而言更平缓，全国各地水平相差幅度比前两项指标的差异小，除了特别低的西藏为1.13外，其他地区的变化范围是5.07～10.65。从各省区社会资本的度量指标——信任度的分布情况（图略）来看，不同地区社会资本水平相差较大，其中，上海、北京、江苏、广东、山东和浙江高于全国平均水平，而其他省区均低于50，可见该项指标发展也很不平衡。

各解释变量之间不仅存在高度相关性，还存在共线性，若放在一起回归，容差与方差膨胀因子不满足要求，模型不具有解释能力，因此在下文的回归中，将各地区市场化总体水平（Market）、地区法律和投资者保护水平（Law）、政府干预程度（GovInter）以及社会资本（SocCapital）分别引入模型，以检验不同制度环境因素对盈余管理的影响，从而通过盈余质量的高低来考察会计准则在具有不同制度环境的不同地区的执行效果如何。基本的检验模型为：

$$|Da_{i,t}| = \hat{a}_0 + \hat{a}_1 Institution + \hat{a}_2 Size_{i,t} + \hat{a}_3 Leverage_{i,t} + \hat{a}_4 ROE_{i,t} + \hat{a}_5 SalesGrowth_{i,t} + \hat{a}_6 Top5_{i,t} + \hat{a}_7 Z-Index_{i,t} + \hat{a}_8 Industry + \hat{a}_9 Year + å_{i,t}$$

其中，"Institution"变量分别用 Market、Law、GovInter 和 SocCapital 来替代而构成模型（1）～模型（4），由研究假设可知，四个模型中 β1 的预期符号均为负，即公司盈余管理程度与该地区市场化程度、法律和投资者保护、政府干预指数以及社会资本水平显著有负相关关系。

五、回归结果及解释

表 2 给出了模型（1）～模型（4）的多元线性回归的结果，各模型的 F 值均通过了检验，说明回归模型是有意义的，并且拟合优度较好。从表中可以看出，制度环境确实显著影响了该地区上市公司盈余管理的程度，且影响方向与我们前面所预期的一致。

表 2　各地区制度环境因素对会计准则执行的影响

变量	模型（1）	模型（2）	模型（3）	模型（4）
Constant	0.236 ***	0.226 ***	0.248 ***	0.216 ***
	(5.497)	(5.328)	(5.584)	(5.089)
Market	-0.002 **			
	(-2.086)			
Law		-0.001 *		
		(-1.817)		
GovInter			-0.003 **	
			(-1.961)	
SocCapital				-6.336E-5 *
				(-1.914)
Size	-0.008 ***	-0.008 ***	-0.008 ***	-0.008 ***
	(-3.951)	(-3.991)	(-4.036)	(-3.821)
Leverage	0.039 ***	0.039 ***	0.040 ***	0.039 ***
	-3.122	-3.13	-3.185	-3.086
ROE	-0.002	-0.003	-0.002	-0.003
	(-0.955)	(-0.986)	(-0.933)	(-1.011)
SalesGrowth	0.006 ***	0.006 ***	0.006 ***	0.006 ***
	-5.601	-5.62	-5.621	-5.628
Top5	0.056 ***	0.055 ***	0.055 ***	0.055 ***
	-3.753	-3.686	-3.73	-3.704

变量	模型（1）	模型（2）	模型（3）	模型（4）
Z – Index	−6.34E−05 （−1.149）	−6.20E−05 （−1.124）	−6.43E−05 （−1.166）	−6.02E−05 （−1.091）
Industry	控制	控制	控制	控制
Year	控制	控制	控制	控制
样本数	4116	4117	4118	4119
Adj – R²	0.114	0.126	0.132	0.156
F 值	20.608***	20.564***	20.578***	20.579***

注：***、**、*分别表示在1%、5%、10%的显著性水平下显著，括号内为 t – stat 值。

各地区市场化水平（Market）系数为负，且在5%水平下显著，说明可操纵应计利润的绝对值 |DA| 与 Market 显著负相关，假设1得到了证明。可能的原因是市场化程度越高，该地区市场经济越发达，由于资源禀赋、地理位置及国家政策等方面的综合优势，企业的交易活动和市场表现可能更公开、公平，因此财务活动也更加规范、透明，会计信息质量更高，利用非正常手段进行盈余管理的可能性要更小。

法律制度环境及投资者保护水平（Law）与 |DA| 在10%水平下显著负相关，从而验证了假设2。这说明地区法制越完善，对投资者保护越好，对企业的约束也就越强，公司管理层披露更高质量的财务信息，这在一定程度上抑制了内部人的盈余管理动机，可操纵应计利润的绝对值也因此更小。

政府干预程度（GovInter）的系数在5%水平下显著为负，且在各制度环境因素中对 |DA| 的影响最大。由于"政府与市场的关系"指数越大，意味着政府对企业的干预程度越低，因此回归结果表明政府干预程度越低，企业的盈余管理程度也就越低，与假设3一致。这可能是由于在政府干预市场越多的地区，政府越倾向于同企业保持密切联系，对企业内部财务和会计决策行为等也关注越多，当然施加的影响也更多，企业可能会通过盈余管理的手段来达到政府对其的某种期望和要求。

社会资本（SocCapital）在10%水平下与 |DA| 显著负相关，符合假设4的预期，但它在各制度因素中对因变量的影响最小。这里的社会资本用各地区的守信程度来度量，社会资本高的地区，人们的诚信度也比较高，企业更愿意遵守商业规则和道德规范等，对盈余管理和利润操纵行为的自我约束力更强一些，因此盈余管理程度相对更低。

公司特征方面控制变量的回归结果除盈利能力（ROE）之外均显著，其中，公司规模（Size）的系数显著为负，说明规模大的公司向外界披露的财务信息质量较高，盈余管理的可能性较小。成长能力（SalesGrowth）和财务杠杆（Leverage）的系数显著为正，意味着成长越快、负债比例越高的公司，为了迎合市场期望或为了减轻债务压力，会有更加强烈的盈余管理动机。公司治理方面的前五大股东持股比例之和（Top5）与 |DA| 显著正相关，表明公司内部股权结构越集中，越容易形成内部人控制的局面，盈余管理的程度

就相对越高；而股权制衡度（Z – Index）的回归结果不显著。另外，行业和年度的影响也得到了有效控制。

六、稳健性检验

本文用会计信息质量来替代各地区会计准则执行的效果，除盈余质量外，披露质量也是会计信息质量的重要表征。在稳健性检验中，采用深交所提供的"信息披露考评结果"作为因变量来代替盈余管理程度，并进行二元 Logistic 回归来验证文章提出的假设。选取2007～2009 年深证 A 股公司作为研究样本，剔除了金融保险类公司及相关财务数据缺失的公司。因变量为"上市公司信息披露考评结果"（Dis – Appraisal），资料来源于深交所网站"信息披露"模块下的"诚信档案"。本文将披露等级为"优秀"与"良好"的样本 Dis – Appraisal 赋值为 1，表示信息披露质量高，将"合格"与"不合格"的样本赋值为 0，表示信息披露质量低；解释变量制度环境因素的构成与前文一致，即为 Market、Law、GovInter 以及 Soc – Capital；控制变量选取了公司规模（Size）、财务杠杆（Leverage）以及总资产净利率（ROA），根据中国证监会行业分类标准，对 21 个行业设置了 20个行业虚拟变量 Indus01～Indus20，并设置年度虚拟变量 Year07 和 Year08。最后，经处理得到三年的混合样本 2188 个，其中 2007 年 663 个、2008 年 736 个、2009 年 789 个。

回归模型如下：

$$Dis – Appraisal = \hat{a}_0 + \hat{a}_1 Institution + \hat{a}_2 Size_{i,t} + \hat{a}_3 Leverage_{i,t} + \hat{a}_4 ROA_{i,t} +$$
$$\hat{a}_5 Industry + \hat{a}_6 Year + \mathring{a}_{i,t}$$

根据前文假设预测，四个解释变量对因变量的影响方向应当均为正。对信息披露考评变量（Dis – Ap – praisal）进行二元 Logistic 回归分析的结果[①]显示，卡方检验及 Hosmer – Lemeshow 检验结果均表明四个模型的整体拟合优度较好。在各项回归中，制度环境因素的四个解释变量 Market、Law、GovInter 和 SocCapital 均达到了显著性水平，且系数均为正，文中提出的四个假设得到了验证。由此能够得出与前文一致的结论：市场化总水平越高、法律水平和投资者保护越好、政府干预越少、社会资本越高，则该地区企业的财务信息披露质量就越高，从而表明会计准则在该地区执行得相对就越好。

---

① 限于篇幅，回归结果略。如有需要，可与作者联系索取。

七、研究结论

本文的结论为：制度影响企业行为，会计准则在不同制度环境下的执行效果不同，具体表现为地区市场化水平越高、法律保护越强、政府干预程度越低、社会资本水平越高，则企业会计准则在该地区被执行的效果相对就越好。良好的准则执行会带来更高的企业财务报告质量，可使利益相关者更好地了解企业的财务状况、经营成果等会计信息，以利于做出更佳的决策。各地区应加强相关制度建设，积极推动市场和法治机制建设以及大力培育社会资本，减少政府干预，以确保为准则的执行提供良好的制度环境，使之切实得到执行。

本文的研究存在一些局限与不足，主要体现在：解释变量的选取有待改进，四个制度环境变量比较趋同，数据来源较为单一，尤其是社会资本的衡量采用了张维迎、柯荣住（2002）提供的各省区守信程度数据，有一定的滞后性，可能会对研究结论产生影响；本文研究的因变量是会计准则执行效果，这是一个很难量化的综合性指标，文中采用各地区企业披露的会计信息的质量来反映，分别选取公司盈余质量和财务披露质量作为替代变量，但这也只能在一定程度上反映会计准则执行的效果，仍无法全面衡量各地区上市公司执行会计准则的情况，对这一问题的拓展也是未来研究的一个方向。

参考文献

［1］樊纲，王小鲁，朱恒鹏. 中国市场化指数——各地区市场化相对进程 2009 年报告. 北京：经济科学出版社，2010.

［2］刘峰，吴风. 会计准则能提高会计信息质量吗. 会计研究，2004，3：8 - 19.

［3］青木昌彦. 周黎安译. 比较制度分析. 上海：上海远东出版社，2001.

［4］王跃堂，孙铮. 会计改革与会计信息质量. 会计研究，2001，7：16 - 26.

［5］张维迎，柯荣住. 信任及其解释：来自中国的跨省调查分析. 经济研究，2002，10：59 - 70.

［6］Ball R. , L. Shivakumar. Earnings Quality in UK Private Firms：Comparative Loss Recognition Timeliness. Journal of Accounting and Economics，2005，39：83 - 128.

［7］Ball R. , S. Kothari, and A. Robin. The Effect of International Institutional Factors on Properties of Accounting Earnings. Journal of Accounting & Economics，2000，29：1 - 51.

［8］Burgstahler David C. , Luzi Hail, Christian Leuz. The Importance of Reporting Incentives：Earnings Management in European Private and Public Firms. Accounting Review，2006，81（5）：983 - 1016.

［9］Leuz C. , D. Nanda, P. D. Wysocki. Earnings Management and Investor Protection：An International Comparison. Journal of Financial Economics，2003，69：505 - 527.

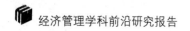
The Effects of Institutional Environment on Enforcement of Accounting Standards

Jiang Yingbing   Yan Ting

Abstract: Based on the data of A – share listed companies from 2007 to 2009, this paper empirically examines the effects of institutional environment on enforcement of accounting standards. We select regional degree of marketization, legal protection, government intervention and social capital as the explanatory variables studied, substitute earnings quality and financial disclosure quality which are typical representatives of accounting information quality for effectiveness of enforcing accounting standards. The results show that higher regional degree of marketization, better legal protection, less government intervention and higher social capital level will bring higher accounting information quality, which indicates better enforcement of accounting standards in that region.

Key Words: Institutional Environment; Enforcement of Accounting Standards; Earnings Management; Disclosure Quality

会计信息可比性研究评述及未来展望

袁知柱　吴　粒

（东北大学工商管理学院　110819）

【摘　要】可比性是一个很重要的会计信息质量特征，它能帮助会计信息使用者比较两类经济现象之间的异同，然而由于可比性测度的困难，其研究相对滞后于稳健性、相关性等质量特征。本文对相关文献进行了回顾，系统评述了会计信息可比性的已有研究成果，包括会计信息可比性的测度方法、影响因素和经济后果等方面，最后指出了会计信息可比性的研究不足及未来研究方向。

【关键词】会计信息可比性；测度方法；影响因素；经济后果

一、引　言

会计信息质量特征是会计信息应达到的质量要求，是会计系统为达到会计目标而对会计信息的约束，它主要回答什么样的会计信息才算有用或有助于决策。作为质量特征体系中不可缺少的组成部分，可比性是一个很重要的会计信息特征，它是指当经济业务相同时，不同主体的会计信息应能显示相同的情况；反之，当经济业务不同时，会计信息也能反映其差异。Simmons（1967）较早对可比性概念做出了解释，他认为可比性是对相似经济状况做出同等的计量和报告。1980 年 12 月，美国财务会计准则委员会（FASB）发布的第 2 号财务会计概念公告《会计信息的质量特征》中就可比性做出了明确要求，并指出可比性使信息使用者能够比较两类经济现象之间的异同（FASB，1980）。国际会计准则委员会（IASC）于 1989 年 7 月发布的《关于编制和提供财务报表的框架》中认为，高质量会计信息必须符合十个质量特征，其中四个最主要特征为可理解性、相关性、可靠性和可比性（IASC，1989）。

会计信息可比性可分为横向可比性与纵向可比性，其中横向可比性是指不同主体提供的会计信息在同一时期可比，也称为狭义可比性，而纵向可比性是指同一主体提供的会计信息在不同时期可比。根据比较空间范围的不同，横向可比性又可分为国际会计信息可比性和一国内部不同主体会计信息可比性（本文将可比性限定于研究横向可比性，而纵向可比性不在本文研究范围）。会计信息可比性能扩大会计信息的有用性和决策相关性，它有利于投资者、债权人及其他信息使用者对不同企业的财务状况、经营成果及未来前景做出比较、分析、鉴别和预测，从而提高投资决策的效率（FASB，1980，2008；IASC，1989；SEC，2000；IASB，2008）。具有可比性的会计信息是市场公平竞争和正确评价企业业绩的必要条件（会计信息质量特征研究课题组，2006）。

尽管可比性作为一项基本的会计信息质量特征由来已久，但对可比性的研究是在国际会计准则协调与趋同的背景下才逐渐展开的。1973 年国际会计准则委员会（IASC）成立，致力于协调会计活动并制定一个世界范围内通用的会计准则。1987 年启动"可比性与改进计划"项目，初步形成了国际会计准则（IAS）体系，1999 年前后完成了对已发布国际会计准则的全面修订。2001 年国际会计准则委员会改组为国际会计准则理事会（IASB），并颁布了一系列新的国际财务报告准则（IFRS）。到目前为止，全球已有 120 多个国家或地区要求或允许采用国际会计准则（杨敏，2011）。在这一背景下，大量文献开始研究会计准则或实务协调问题，并试图基于此考察国际会计信息可比性问题，如会计准则国际协调度测度（Rahman et al.，1996；杨钰、曲晓辉，2008）、会计实务国际协调度测度（VanderTas，1988；魏明海等，2005）、会计国际协调效果（Weetman et al.，1998；徐经长等，2003）等。

然而，上述研究均是间接地从会计准则协调或实务协调视角考察会计信息可比性问题的，并非直接从可比性内涵（即不同主体提供的会计信息在同一时期可比）的角度进行研究，而会计准则趋同、会计方法可比都不必然导致会计信息可比，因此如果采用这些方法间接考察信息可比性问题，是存在计量误差的。这方面直接研究成果的缺乏主要是由于公司层面可比性测度困难导致的。不同于应计质量、平滑度、可预测性、稳健性等会计质量特征使用公司自身的数据即可计算得到，可比性是一个相对概念，不仅需要本公司会计数据，还需要找到"对比公司"，并设计适当的统计方法来比较公司间信息的可比程度。单独依赖公司自身数据来计算可比性是有问题的（Schipper and Vin‐cent，2003），因此可比性测度要比其他质量特征测度困难一些，或者说方法更灵活一些。而前述会计准则与实务国际协调研究中仅仅是依据不同国家的准则与实务差异来度量会计可比性，不需要找"对比公司"，是一种国家间的整体近似测度值，不适用于一国内部公司层面研究。De-Franco、Kothari 和 Verdi（2011）基于盈余—收益回归模型，创新性地设计出了公司层面会计信息可比性测度方法，从而为这方面问题的研究创造了机会。该方法提出后，国外出现了较多关于公司层面会计信息可比性的研究成果。应该说，可比性的实证研究可划分为三个方面：第一，会计信息可比性的测度方法；第二，会计信息可比性的影响因素；第三，会计信息可比性的经济后果。本文即从这三个方面进行评述。

二、会计信息可比性的测度方法研究

由于会计准则协调（形式协调）与实务协调（实质协调，也称为会计方法协调）的测度方法可以用来间接地比较不同国家或样本的会计信息可比性，因此这里先对这一领域的几个测度方法进行介绍，然后再分析 DeFranco、Kothari 和 Venli（2011）构建的公司层面会计信息可比性测度方法。

（1）基于会计准则协调（差异）的测度方法，Rahman 等（1996）最早采用多元判别分析中的马氏距离法测量了澳大利亚与新西兰两国会计准则之间的协调程度。随后 Fontes 等（2005）采用欧氏距离、Jaccard 相似系数以及 Spearman 相关系数三种方法研究了葡萄牙会计准则在三个不同发展阶段与国际会计准则（IAS）之间的差异程度。国内学者王静、孙美华（2003）通过对比点的差异程度计算出单项会计准则的协调度，然后将单项准则协调度加权平均得到中国会计准则总的国际协调度。王治安等（2005）采用平均距离法，杨钰、曲晓辉（2008）采用修订 Jaccard 系数测量了中国会计准则与国际会计准则的协调度。如果采用该方法来判断会计信息可比性，其基本分析逻辑是"两个国家会计准则的差异程度越小，则会计信息可比性越强"。上述方法为国家会计准则差异及协调度研究做出了很大贡献，但如果采用该方法来判断会计信息可比性，则存在一些不足，因为它没有考虑到准则执行问题，而会计信息质量除受到准则影响外，还会受投资者保护制度、公司治理机制、审计监管及管理层报告动机等因素的影响（Ball et al.，2003；刘峰等，2004；Ball，2006；Soderstrora and Sun，2007）。在不同国家准则执行力度不同的情况下，准则趋同并不必然导致会计信息可比（Leuz and Wysocki，2008；DeFond et al.，2011）。因此，会计准则趋同是国际会计信息可比的必要而非充分条件，即实现国际会计信息可比必须以会计准则趋同为前提，但会计准则趋同不一定能带来国际会计信息可比。另外，该方法虽然可以用来近似比较不同国家的会计信息可比性，但无法比较同一国家内部公司间会计信息的可比性。

（2）基于会计方法协调（差异）的测度方法。VanderTas（1988）提出采用 H、I 和 C 指数来测量会计方法的协调程度，其中 H 指数借鉴的是产业研究中的集中度指数（Herfindahl 指数），其基本逻辑是如果所有公司在不同的会计方法里集中选择某一种或者几种方法，就提高了会计信息可比性，C 指数考虑到个别公司采用多种备选会计处理方法并编制多重报告的情况，H 指数和 C 指数可以用来计量一国内部会计实务的协调程度，I 指数则可以用来计量不同国家之间的实务协调程度。由于指数法既没有包含重要性测试，也没有考虑会计方法选择会受到经营环境和企业性质的影响，Archer 等（1996）、Mcleay 等（1999）、Jaafar 和 McLeay（2007）又提出了统计模型方法。国内学者魏明海等（2005）、杨钰（2007）也运用类似方法测度了我国具体会计实务的国内和国际协调程度。

然而，上述方法计算得到的是企业总体在单一事项上会计选择的总体可比性或集中度，诚然，这对于研究单一事项上会计方法可比性的总体测度有重要价值。但对构成企业总体的企业个体的认识则未涉及，即未反映单一特定企业在单一事项或多事项上的会计方法选择与其他企业会计方法选择的可比性（胡志勇，2008）。因此就无法对两个公司间会计方法的总体可比性进行测度，针对这一不足，胡志勇（2008）设计了可用于测度公司间方法总体可比性的 Gower 指数。但基于会计方法构建的测度指标仍然存在如下问题：首先，会计信息是所有会计方法选择的综合结果，那么各个方法的贡献率有多大差异，如何权衡？如何解释不同会计方法的执行差异？如何考虑会计方法与企业环境和经济业务的适应性？因此，方法可比不一定导致信息可比。其次，对于某一特定经济业务，两个公司使用不同的方法也可能产生相同结果，如当价格与存货量不变时，后进先出法与先进先出法对会计信息的影响是相同的。最后，使用会计方法来研究通常需要手工收集数据，成本往往是巨大的（DeFranco，Kothari and Verdi，2011）。

（3）会计数据双重披露差异的测度方法。在国际资本市场形成过程中，大量公司开始到境外如美国上市融资，按 SEC 的规定，在美国上市的外国公司需提交 20 – F 格式的年度报告，年报编制可以依据美国会计准则以外的其他公认会计准则，但应在年报中披露调节情况，尤其需要调整其净利润和净资产，并要披露两者之间的差异数，这为研究会计信息可比性提供了难得的机会。因为在不同会计准则下的净资产或净利润的差距越小，说明两种会计准则协调程度越强，基于这两种准则下编制的会计报表的可比性越强。Weetman 等（1998）和 Street 等（2000）采用或改进 Gray（1980）提出的稳健性指标方法，比较了其他国家公司在美国上市后会计信息的可比程度。中国内地发行 A + B 股或 A + H 股的上市公司需要编制双重财务报告，国内大量文献基于这一背景研究中国会计准则与国际（或香港）会计准则协调程度，如李树华（1997），徐经长等（2003），王华、刘晓华（2007）均做了这方面研究。

该方法从双重上市这一视角研究了准则实质协调效果，有很大应用价值，但该方法与会计信息可比性内涵有本质区别，因为它研究的是同一公司在不同会计准则下的数据差异，并非不同公司之间的信息可比性问题。另外，该方法的研究样本仅限于双重上市公司，无法扩展到其他公司。

基于国家间盈余质量差异的测度方法假定企业经营和经济环境等其他条件保持不变，盈余与应计收益倍数（盈余质量）在不同国家之间的差异是由不同国家的会计差异引致的。只要能够控制有关企业经营和经济环境等方面的变量，如 GDP 增长率、实际利率变动、公司盈余和销售增长率等，就可以判定不同国家之间盈余与应计收益倍数的差异及其变动所反映出的这些国家财务报告可比性的状况及变动趋势（魏明海，2003）。Land 和 Lang（2002）以澳大利亚、加拿大、德国、法国、英国、日本和美国为例，研究 1987 ~ 1992 年及 1994 ~ 1999 年这两个区间盈余收益倍数的差异及变化趋势，在控制相关变量后，发现这七个国家盈余收益倍数的差距变小了，进一步检验发现应计收益倍数与现金流量的负相关性也降低了，因此会计协调促使这七个国家会计信息可比性增强了。

该方法需要考虑的问题是，盈余质量趋同就一定能表示会计信息可比了吗？似乎很难找到一个理论为其做出合理解释。魏明海（2003）指出，该方法的控制变量选择随意性较大，因此很难肯定地说盈余质量差异及其变化就是由会计差异引致的，而且有多种多样的现金流量、盈余和应计收益概念，选择哪一种概念更合理仍有待进一步研究。另外，与会计准则差异测度方法一致，该方法是国家层面（或样本层面）测度结果，无法用来比较同一国家内部公司层面会计信息的可比性。

（5）DeFranco、Kothari 和 Verdi（2011）构建的会计系统可比性测度方法。依据 FASB（1980）的观点"可比性使信息使用者能够比较两类经济现象之间的异同"，De-Franco、Kothari 和 Verdi（2011）把会计系统定义为企业经济业务生成财务报表的转换过程，用函数形式表述如下：

$$Financial\ Statements_i = f_i\ (Economic\ Events_i) \tag{1}$$

其中，f_i（ ）表示公司 i 的会计系统，两个公司的会计信息转换差异越小，则会计系统的可比性越强。依据这一逻辑，给定相同的经济业务，如果两个公司能生成相似的财务报表，则会计信息可比性越强。也就是说，拥有可比会计系统的两个公司 i 和 j，f_i（ ）和 f_j（ ）的差异应该较小，给定经济业务 x，公司 i 和 j 生成的会计信息的差异也比较小。为了使上述定义有操作性，与 Kothari（2001）一致，用股票收益代表经济业务对公司的净影响，用会计盈余这一重要的财务指标代表公司的会计信息。为计算公司 i 第 t 期的会计信息可比性，使用第 t 期前的连续 16 个季度数据估计下述方程：

$$Earnings_{it} = \alpha_i + \beta_i Return_{it} + \varepsilon_{it} \tag{2}$$

上式中，$Earnings_{it}$ 为会计盈余，用季度净利润与期初权益市场价值的比值来表示，而 $Return_{it}$ 为季度股票收益率。根据方程（1）可知，上式的估计系数 $\tilde{\alpha}_i$ 和 $\tilde{\beta}_i$ 表示公司 i 的转换函数 f_i（ * ）。类似的，$\tilde{\alpha}_j$ 和 $\tilde{\beta}_j$ 表示公司 j 的转换函数乃 f_j（ * ）（通过公司 j 的 $Earnings_{jt}$ 与 $Return_{jt}$ 回归估计得到）。

两个公司间转换函数的相近程度表示会计信息可比性，为了估计这种相近程度，对于公司 i 和 j 假定经济业务相同（用 $Return_{it}$ 表示），分别采用各公司的转换函数来计算它们的预期盈余。

$$E\ (Earnings)_{iit} = \alpha_i + \beta_i Return_{it} \tag{3}$$

$$E\ (Earnings)_{ijt} = \alpha_j + \beta_j Return_{it} \tag{4}$$

其中，$E\ (Earnings)_{iit}$ 表示在期间 t，依据公司 i 的函数及公司 i 的股票收益计算得到的公司 i 的预期盈余，而 $E\ (Earnings)_{ijt}$ 表示在期间 t，依据公司 i 的函数及公司 i 的股票收益计算得到的公司 j 的预期盈余。上述方程（3）和方程（4）均采用公司 i 的收益 $Return_{it}$ 来做预测（不失一般性，也可以用 $Return_{jt}$ 来预测），这样就可以计算两公司在经济业务相同的情况下所生成的盈余的差异程度。

定义公司 i 和 j 会计信息可比性（$CompAcct_{ijt}$）为两公司预期盈余差异绝对值平均数的相反数。

$$CompAcct_{ijt} = -1/16 \times \sum_{t-15}^{t} \left| E(Earnings)_{iit} - E(earnings)_{jit} \right| \tag{5}$$

CompAcct 值越大表示公司 i 与公司 j 之间的会计信息可比性越强。除了计算公司 i 和公司 j 之间的可比性外，还可以通过如下方法计算得到公司 i 的年度公司层面（firm - year measure）会计信息可比性测度值。具体来说，先计算出同一行业内每一对公司组合 i 和公司 j 的会计信息可比性值，然后以公司 i 为基准，将所有与 i 配对的组合的可比性值按从大到小排列，CompAcct4$_{it}$ 为可比性最高的四对组合的平均值，而 CompAcctind$_{it}$ 为所有组合的平均值；CompAcct4$_{it}$ 和 CompAcctind$_{it}$ 都是公司 i 的会计信息可比性测度值，其值越大表示会计信息可比性越强。这里同时选用为可比性度量指标是因为 Cooper 和 Cordeiro（2008）指出，投资者有时会仅选取行业内可比性最高的几家公司（4 家到 6 家）来评估会计信息可比性，因此考虑过多公司反而可能给评估结果带来噪声。

提出该方法后，DeFranco、Kothari 和 Verdi（2011）从多个方面对该方法进行了有效性检验，并发现该指标与企业信息环境呈显著正相关关系，从而证明该方法测度公司层面会计信息可比性是有效的。

除了该方法外，DeFranco、Kothari 和 Verdi（2011）还提出了盈余变化同步性测度方法，他们认为同一行业内的公司一般都会面临相同的外部经济冲击，如原材料价格或消费者需求的变化，如果两个公司的会计信息可比（从经济业务到生成财务报表的转换过程可比），公司利润会呈现比较一致的变化趋势。也就是说，同一行业内两公司盈余变化同步性（用两公司的盈余为因变量、自变量回归后得到的可决定系数 R^2 来表示）越高，则会计信息可比性越强。然而，这一方法存在一些问题，盈余同步变化不一定能表明会计信息可比性强，因为可能是可比性之外的其他因素冲击的结果（如相同商业模式），虽然作者提出采用现金流量或股票收益同步性指标来控制这种影响，但仍然无法完全消除这一影响。Lang 等（2011）进行跨国样本检验时发现该指标与企业信息环境显著负相关，他们认为该指标考察的仅仅是盈余相关性问题（没有考虑企业环境及业务差异），并不能有效代表会计信息可比性。

三、会计信息可比性的影响因素研究

基于会计方法选择影响因素视角的间接研究由于不同企业会计方法选择的一致性会对会计信息可比性产生影响，早期一些研究主要探讨会计方法选择的影响因素，并借此来间接地判断会计信息可比性的影响因素。Rahman 等（2002）考察了公司特征因素与会计方法选择的关系，发现公司所处行业类别、管理集权程度、债务比率及审计师类型对会计方法选择协调有显著影响。Jaafar 和 Mcleay（2007）发现国家及行业类别是欧盟企业会计方法选择的最重要因素，但相对于行业因素来说，国家的影响程度更大。胡志勇（2008）

采用 Gower 指数测度会计方法可比性，实证发现行业类别、成长性、公司规模、财务杠杆、ST 管制等对会计方法选择有重要影响。Cole、Branson 和 Breesch（2010）研究发现行业类别对会计方法选择的影响并不重要，就公司层面因素来说，审计师类型对会计方法选择有重要影响，而公司规模、债务比率及营利性均不是会计方法选择的影响因素。

会计信息可比性影响因素的直接研究成果即上述文献是间接判断信息可比性影响因素，并非直接检验结果。随着国际会计准则的执行及 DeFranco、Kothari 和 Verdi（2011）的测度方法提出，一些学者开始直接检验会计信息可比性的影响因素，但总的来说这方面成果很少，有如下五篇国外文献，且集中于检验 IFRS 执行对会计信息可比性提升的影响，缺少其他影响因素研究成果。

这方面研究始于 Beuselinck 等（2007），他们以欧盟 14 个国家 1990～2005 年的数据为样本，通过不同国家应计与正、负现金流关系的变化来考察会计信息可比性，检验发现在 IFRS 执行之前，这 14 个国家的应计会计系统就逐渐趋于一致，而 2005 年的强制执行并未显著提升可比性。进一步研究发现，经济周期及制度特征均是会计信息可比的驱动因素。Cascino 和 Gassen（2010）以 40 个国家为样本，研究发现 IFRS 强制执行能显著提高资产负债表中无形资产（不含商誉）及准备金（不含职工福利准备金）项目的可比性，但不能提高商誉项目的可比性，也未能显著提高应计质量、可预测性、持续性、平滑性、稳健性等盈余属性指标的可比性。为了解释这种相互矛盾的结果，他们手工收集了德国及意大利两国更为详细的数据，检验发现即使 IFRS 强制执行后，国家、区域及公司特征因素仍显著影响财务报告结果，因此限制了不同国家会计报表的可比性，从而为上述矛盾性的结果作了较好的解释。作者最后指出，IFRS 的强制执行对国家间会计信息可比性的影响有限，会计信息依然受到会计准则及报告动机的双重影响。Lang 等（2011）将 DeFranco、Kothari 和 Verdi（2011）的测度方法从一国内部扩展到国际比较层面，检验结果发现，IFRS 的强制执行能显著提高国家间盈余变化同步性，但会显著降低会计系统可比性，由于盈余变化同步性与公司信息环境指标负相关，因此他们得到结论：IFRS 的强制执行对国家信息环境改善有负向作用，它会降低国家间会计信息可比性。究其原因，作者认为这是由于很多国家自有的会计准则已经较好地适应了本国法律及经济特点，因此强制性转换到统一会计准则反而会有损会计系统的适用性。

不同于上述三篇文献的研究结论，Barth 等（2011）研究非美国公司采用 IFRS 前后与采用美国 GAAP 的美国公司间会计信息可比性状况时发现，当这些公司采用的会计准则由本国 GAAP 转向 IFRS 后，与美国公司间的会计系统可比性显著增强了，并且当这些公司是强制采用而非自愿采用 IFRS，或观测值是 2005 年后，或公司所在国家是普通法法律渊源或有较好执行体系时，会计信息可比性更强。他们还发现盈余平滑度、应计质量及盈余及时性变化均是会计信息可比性提升的原因。Wu 和 Zhang（2011）研究发现欧洲大陆国家在采用 IFRS 后，CEO 更换对国外竞争者会计绩效的敏感程度显著增强了，即 IFRS 强制执行后相对绩效评价体系（RPE）的使用增多了，作者认为这主要是由于国家间会计信息可比性的增强导致的，这就支持了 Barth 等（2011）的研究结论。

四、会计信息可比性的经济后果研究

关于会计信息可比性的经济后果研究，可分为两类文献：第一类文献基于国家间会计准则的差异来测度会计信息可比性，从国家层面考察可比性的经济后果；第二类文献则基于 DeFranco、Kothari 和 Verdi（2011）构建的会计系统可比性及盈余变化同步性测度方法，从公司层面来考察可比性的经济后果，且这些研究基本以国外文献为主，国内文献尚没有做这方面的研究尝试。

基于会计准则差异方法的经济后果研究始于 Bae、Tan 和 Welker（2008），他们通过与国际会计准则的对比点分析，构建了两种度量国家间会计准则差异的方法，使用1998～2004 年 49 个国家的数据检验了国家间会计准则差异对分析师盈利预测行为的影响。研究结果发现，两个国家间会计准则条款差异程度越大，一国证券分析师对另一个国家股票的跟进就越少，且预测精度越低，因此会计准则差异会给证券分析师的预测行为带来经济成本。Li（2010）研究发现，IFRS 的强制执行能显著降低公司资本成本，但这种情况仅仅发生在制度环境及法律执行体系较好的国家。作者进一步采用 IFRS 与当地会计准则的差异程度来度量会计信息可比性，检验会计信息可比性在这一过程中的作用，发现资本成本的下降可部分归因于 IFRS 采用后会计信息可比性的增加。

DeFond 等（2011）以 14 个欧盟国家 2003～2004 年及 2006～2007 年的上市公司数据为样本，采用行业内使用相同会计准则的公司数量在 IFRS 执行后增加的倍数这一指标度量会计信息可比性变化情况，研究了会计信息可比性提升对外国投资基金跨国投资决策的影响。研究发现，外国投资基金的投资比例随着会计信息可比性的提升而显著增加，但这种显著的提升作用仅发生在制度基础较好从而使会计准则能够得到严格执行的国家。进一步检验表明，基金投资比例的增加主要来自全球投资基金，而不是区域或国内投资基金，这是因为全球投资基金的投资活动分布于大量国家，因此从国家间会计信息可比性的提升中受益最大。不同于 DeFond 等（2011）的研究思路，Yu（2010）采用"会计距离"方法（Accounting Distance），通过对 Bae、Tan 和 Welker（2008）的国家间准则差异方法进行改进，考察会计信息可比性，对 IFRS 执行后会计距离变化（从而导致可比性变化）在国际投资决策中的作用作了深入分析。研究发现，相对于同一国家内尚未采用 IFRS 的公司，外国投资基金将其在采用 IFRS 的公司中的投资比例增加了 2.7%，尽管在这一阶段国内投资基金的投资比例也增加了，但其增加幅度显著低于外国投资基金。进一步研究证实，会计距离减少增加了会计信息可比性，进而降低了外国投资者信息加工成本，是导致这一现象出现的重要原因。

基于 DeFranco、Kothari 和 Verdi（2011）测度方法的经济后果研究，De. Franco、Kothari 和 Verdi（2011）首次基于公司层面从证券分析师盈利预测行为角度考察了会计信息可比性的经济后果。他们发现，证券分析师比较热衷于跟进会计信息可比性较强的公司，并且会计信息可比性与他们的盈利预测精度显著正相关，与预测偏离度显著负相关。因此可比性强的财务报表可以降低信息收集成本，并为证券分析师提供更高质量、更多数量的会计信息，为资本市场发展带来益处。

Sohn（2011）研究了会计信息可比性在企业应计与真实盈余管理行为选择中的作用，研究结果表明，随着会计信息可比性的增加，应计盈余管理行为呈现减少趋势，但真实盈余管理却呈现增大趋势，即可比性的增加促使经理人员将盈余管理手段从应计盈余管理转向真实盈余管理。因为在强可比性的环境下，投资者或债权人可以从行业内其他公司获取目标公司经营业绩的附加信息，此时财务报表透明度增强，应计盈余管理更易于被发现，而真实盈余管理通过真实经营活动操纵，更隐蔽一些，不易被发现。Cheng 和 Zhang（2011）研究了会计信息可比性与盈余平滑度对盈余价值相关性的影响，发现会计信息可比性能显著增加盈余的价值相关性，但盈余平滑度对价值相关性的影响不显著。考虑交互作用后，发现在可比性较高时，盈余平滑度也能显著增加价值相关性，即当某公司平滑后的盈余与行业内其他公司盈余的可比性较强时，报告盈余与真实盈余的偏离程度较小。Gong 等（2011）研究发现，可比性较低时经理人员更乐于提供有价值的盈利预测公告，尤其是长期的盈利预测，以减少经理人员与外部投资者的信息不对称程度，并降低他们的信息收集成本。因此，当可比性较低导致公司信息环境较差时，拥有信息优势的经理人员会通过自愿披露来改善信息环境。

五、对国内外研究现状的评述及未来研究展望

可比性是一个很重要的会计信息质量特征，但由于可比性是一个相对的概念，不仅需要本公司的会计数据，还需要找到"对比公司"，并设计适当的统计方法来比较公司间信息的可比程度，因此可比性测度要比其他会计质量特征困难一些，或者说方法更灵活一些。测度困难导致了相对于其他会计信息质量特征的大量研究成果（如应计质量、平滑度、可预测性、相关性、稳健性等），可比性研究明显滞后。总结国内外关于会计信息可比性的研究可以做出如下总体评价。

（1）会计信息可比性测度问题尚需进一步深入研究，在会计准则协调与实务协调的研究过程中，学者们设计了会计准则差异、会计方法差异、会计数据双重披露差异等测度方法，为会计协调领域研究做出了较大贡献。这些方法的设计初衷多数是考察会计协调问题，因此尽管也可以用来间接衡量会计信息可比性特征，但都不是很适用。DeFranco、Kothari 和 Verdi（2011）基于盈余—收益回归模型，设计出公司层面会计信息可比性测度方法，从而为这方面问题的研究创造了机会。然而有如下两个问题需要考虑：第一，该方法是否有需要改进的地方？如果有，如何改进？由于 DeFranco、Kothari 和 Verdi（2011）

在构建该方法时使用的是单变量盈余—收益方程［参见前文方程（2）］，该方法默认会计盈余对好消息与坏消息（即收益与损失，用正、负股票收益表示）确认是对称的。实际上，Basu（1997），李增泉、卢文彬（2003）实证发现企业会计系统对坏消息比好消息确认更加及时，即盈余确认具有稳健性。因此直接采用单变量盈余—收益方程得到的可比性测度结果可能是有偏的，一种改进方法就是在方程（2）中加入股票收益虚拟变量及其与股票收益的交叉项。第二，现有研究主要以美国公司为样本，其他国家样本的证据比较少，那么该测度方法是否能适用于其他国家（如中国等新兴国家）？这些问题需要未来进一步深入研究，从而真正解决会计信息可比性测度问题。

对会计信息可比性影响因素的研究成果非常少，随着 IFRS 强制执行及 DeFranco、Kothari 和 Verdi（2011）测度方法的提出，Lang 等（2011）、Barth 等（2011）文献直接研究了会计信息可比性的影响因素，但这些文献均局限于检验 IFRS 的强制执行是否提高了会计信息可比性，很少对其他方面的影响因素（尤其是一国证券市场内部的微观层面因素）进行实证研究。Lang 等（2011）在研究 IFRS 采用对会计信息可比性的影响时指出，由于目前尚没有理论或实证文献说明哪些变量能解释会计信息可比性，因此在为回归方程选择控制变量时只能加入公司规模与权益市场账面价值比这两个最常用的公司特征变量作为控制变量。实际上，公司特征、会计制度改革、投资者保护制度、公司治理机制、审计监管等因素均在财务报告生成过程中起着非常重要的作用（Ball et al.，2003；Ball，2006），因此都可能对会计信息可比性产生影响，目前这方面成果非常少，未来急需加强相关研究。

会计信息可比性经济后果研究样本以发达国家上市公司为主，且研究很不充分。相对于影响因素研究的严重缺乏，会计信息可比性经济后果研究已经有了一些成果，然而这些研究存在如下不足：首先，这些经济后果研究文献都是以发达国家上市公司为样本的检验结果，尚无文献以新兴市场为样本进行检验。其次，经济后果研究不充分，还有很多其他方面没有研究，如与可比性相关的一个重要研究问题就是公司信息披露的外部性效应（Beaver，1981），同行业竞争者的信息传递（或溢出）会对公司股票定价及资源配置产生影响（Ramnath，2002；Dumev and Mangen，2009），而可比性最重要的作用是为投资者提供可比的财务信息，帮助投资者识别不同企业经济现象的异同点，因此可比性增加能提升竞争者信息传递（或溢出）效应，最终提高股票定价及资源配置效率。这一研究是很重要的，因为证券市场发展的一个重要目标就是实现稀缺资源优化配置。当然，可比性变化还会产生许多别的经济后果，对上市公司及证券市场产生重要影响，未来需要进一步深入研究。

中国上市公司会计信息可比性研究尚处于起步阶段。虽然 DeFranco、Kothari 和 Verdi（2011）的测度方法为直接研究会计信息可比性问题提供了难得的机会，但从可检索到的文献来看，目前国内这方面研究还属于空白，尚无学者采用该方法来研究中国上市公司会计信息可比性问题。中国从 1993 年开始实行会计制度改革，并于 2006 年 2 月颁布了与国际会计准则全面趋同的新会计准则体系，同时在基本准则中将可比性列为会计信息应具备的八项基本质量特征之一，为会计信息可比性提升创造了条件。中国上市公司会计信息可比性现状如何？是否已经随着会计制度改革而不断提高呢？由于会计信息质量除受到会计准则影响外，还受到投资者保护制度、公司治理结构、审计监管及管理层报告动机等因素的影响（Ball et al.，2003；刘峰等，2004；Ball，2006；Soderstrom and Sun，2007），而中国作为大政府、小市场、弱法制的转型经济国家，投资者保护制度不健全，国有股"一股独大"长期存在，公司治理结构、审计、经理人市场并没有为准则有效执行提供好的支撑环境。因此，除了会计准则外，还有哪些因素会对会计信息可比性产生影响，如何构建中国上市公司会计信息可比性的综合分析框架？会计信息可比性的提高会给中国上市公司带来什么经济后果，它会给报表使用者带来益处吗？会增加资源配置效率吗？这些问题目前国内很少有相应的研究成果，中国作为新兴市场国家，其制度基础及投资者保护体制与发达国家均有较大差距，也有一些自己的特色，因此发达证券市场研究成果在中国不一定能适用，目前急需加强中国上市公司会计信息可比性问题研究。

参考文献

［1］胡志勇．会计政策可比性：测定及其经济后果．北京：经济科学出版社，2008.

［2］会计信息质量特征研究课题组．对建立我国会计信息质量特征体系的认识．会计研究，2006，1：16－24.

［3］李树华．上市公司境内外审计报告税后净利差异之实证分析——会计研究，1997，12：18－23.

［4］李增泉，卢文彬．会计盈余的稳健性：发现与启示．会计研究，2003，2：19－27.

［5］刘峰，吴风，钟瑞庆．会计准则能够提高会计信息质量吗．会计研究，2004，5：8－19.

［6］王华，刘晓华．中国会计准则国际协调效果的实证研究．中央财经大学学报，2007，12：90－96.

［7］王治安，万继峰，李静．会计准则国际协调度测量研究．当代经济科学，2005，5：89－94.

［8］魏明海．会计协调的测定方法．中国注册会计师，2003，4：20－24.

［9］徐经长，姚淑瑜，毛新述．中国会计标准的国际协调——《企业会计制度》实施前后上市公司净利润双重披露的实证研究．会计研究，2003，12：8－13.

［10］杨敏．会计准则国际趋同的最新进展与我国的应对举措．会计研究，2011，9：3－8.

［11］杨钰．中国会计国际协调度研究：来自资产计价相关会计事项的经验证据．厦门：厦门大学博士学位论文，2007.

［12］杨钰，曲晓辉．中国会计准则与国际财务报告准则趋同程度——资产计价准则的经验检验．中国会计评论，2008，4：369－384.

［13］Bae K.，H. Tan, M. Welker. International GAAP Differences：The Impact on Foreign Analysts. The Accounting Review，2008，83（3）：593－628.

［14］Ball R. International Financial Reporting Standards（IFRS）：Pros and Cons for Investors. Accounting and Business Research，2006，36（773）：5－27.

［15］Ball R.，A. Robin, J. Wu. Incentives Versus Standards：Properties of Accounting Income in Four East Asian Countries. Journal of Accounting and Economics，2003，36（1－3）：235－270.

［16］Barth M.，W. Landsman, M. Lang, C. Williams. Are IFRS－based and US GAAP－based Accounting Amounts Comparable? Working Paper, Stanford University and University of North Carolina, 2011.

[17] Basu S. The Conservatism Principle and the Asymmetric Timeliness of Earnings. Journal of Accounting and Economics, 1997. 24 (1): 3 – 37.

[18] Beuselinck C. , P. Joos, S. Van der Meulen. International Earnings Comparability. Working paper, Tilburg University, 2007.

[19] Cascino S. , J. Gassen, Mandatory IFRS Adoption and Accounting Comparability. Working paper, London School of Economics and Humboldt – Universilat, 2010.

[20] Zu Berlin Cheng C. , S. Agnes and Hongbo Zhang. Effects of Smoothing and Comparability on Value – Relevance of Earnings. Working Paper, Louisiana State University, 2011.

[21] Cole Vicky, Joel Branson and Diane Breesch. Determinants Influencing the De Facto Comparability of European IFRS Financial Statements. Working Paper, Vrije Universiteit Brussel, 2010.

[22] DeFond M. , X. Hu, M. Hung, S. Li. The Impact of Mandatory IFRS Adoption on Foreign Mutual Fund Ownership: The Role of Comparability. Journal of Accounting and E – conomics, 2011, 51 (3): 240 – 258.

[23] De Franco G. , S. P. Kothari, R. S. Verdi. The Benefits of Financial Statement Comparability. Journal of Accounting Research, 2011, 49 (4): 895 – 931.

[24] Fontes A. , L. Rodrigues, R. Craig. Measuring Convergence of National Accounting Standards with International Financial Reporting Standards. Accounting Forum, 2005, 29 (4): 415 – 436.

[25] Gong G. , L. Y. Li, L. Zhou. Earnings Non – Syn – chronicity and Voluntary Disclosure. Working Paper, Pennsylvania State University, 2011.

[26] Jaafar A. , S. McLeay. Country Effects and Sector Effects on the Harmonization of Accounting Policy Choice. Abacus, 2007, 43 (2): 156 – 189.

[27] Land J. , M. Lang. Empirical Evidence on the Evolution of International Earnings. The Accounting Review, 2002, 77 (Supplement): 115 – 133.

[28] Lang M. H. , MG Maffett, E. L. Owens. Earnings Comovement and Accounting Comparability: Hie Effects of Mandatory IFRS Adoption. Working Paper, University of North Carolina at Chapel Hill and University of Rochester, 2011.

[29] Leuz C. , P. Wysocki. Economic Consequences of Financial Reporting and Disclosure Regulation: A Review and Suggestions for Future Research. Working Paper, University of Chicago, 2008.

[30] Li S. Does Mandatory Adoption of International Financial Reporting Standards in the European Union Reduce the Cost of Equity Capital? The Accounting Review, 2010, 85 (2): 607 – 636.

[31] Mcleay S. , D. Neal and T Tollington. International Standardization and Harmonization: a New Measurement Technique. Journal of International Financial Management and Accounting, 1999, 10 (1): 42 – 70.

[32] Rahman A. , H. Perera, S Ganesh. Accounting Practice Harmony, Accounting Regulation and Firm Characteristics. Abacus, 2002, 38 (1): 46 – 77.

[33] Rahman A. , H. Perera, S. Ganeshanandam. Measurement of Formal Harmonization in Accounting: An Exploratory Study. Accounting and Business Research, 1996, 26 (4): 325 – 339.

[34] Simmons J. K. , A Concept of Comparability in Financial Reporting. The Accounting Review, 1967, 42 (2): 680 – 692.

[35] Soderstrom N. S. , K. J. Sun, IFRS Adoption and Accounting Quality, A Review. European Accounting Review, 2007, 16 (4): 675 – 702.

[36] Sohn B. C. , The Effect of Accounting Comparability on Earnings Management. Working Paper, City University of Hong Kong, 2011.

[37] Van der Tas, Leo G. Measuring Harmonization of Financial Reporting Practice. Accounting and Business Research, 1988, 18 (70): 157 – 169.

[38] Weetman P. , E. A. Jones, C. A. Adams, S. J. Gray. Profit Measurement and UK Accounting Standards: A Case of Increasing Disharmony in Relation to US GAAP and IASs. Accounting and Business Research, 1998, 28 (3): 189 – 208.

[39] Wu J. S. , I. Zhang. Accounting Integration and Comparability: Evidence from Relative Performance Evaluation around IFRS Adoption. Working paper, University of Rochester, 2011.

[40] Yu G. , Accounting Standards and International Portfolio Holdings: Analysis of Cross – Border Holdings Following Mandatory Adoption of IFRS. Working Paper, University of Michigan, 2010.

Literature Review and Future Research Prospects about Accounting Information Comparability

Yuan Zhizhu   Wu Li

Abstract: Comparability is an important qualitative characteristic of accounting information, which can help the information users to compare the similarities and differences between two types of economic phenomena. However, due to the difficulty of the measurement, its research process is lagging behind the accounting information characteristics of conservatism and relevance and so on. The paper reviews the relevant literature about accounting information comparability, and systematically comments on the latest research results about it, including the measurement methods, determinants and economic consequences. Finally the paper points out current research limitations and future research directions.

Key Words: Accounting Information Comparability; Measurement Method; Impact Factors; Economic Consequence

非经常性损益、会计准则
变更与 ST 公司盈余管理[*]

蒋大富　　熊　剑

（暨南大学管理学院　510632）

【摘　要】会计准则作为盈余管理借用的工具，上市公司是否会借会计准则变更之际进行盈余管理？2007 年我国实施新的企业会计准则，为研究这个论题提供了机会。本文以异常非经常性损益比重作为盈余管理的代理变量，研究结果表明：我国上市公司在会计准则变更之际有较强的盈余管理的动机，在会计准则变更之际进行盈余管理的上市公司中，ST 公司具有更强的盈余管理动机；进一步研究发现，上市公司在会计准则变更之前的盈利状况和上市公司风险警示显著地影响会计准则变更年度的盈余管理方向和大小，连续亏损的上市公司和为降低风险警示的上市公司，通过非经常性损益进行盈余管理的动机显著；另外，研究发现，证券监管部门通过风险警示的方法对上市公司利用会计准则变更之际进行盈余管理的行为实施了有效监管。

【关键词】非经常性损益；会计准则变更；盈余管理

一、引　言

　　2006 年 2 月 15 日，财政部发布了包括一个基本准则和 38 项具体准则的新企业会计准则，并要求自 2007 年 1 月 1 日起在我国上市公司范围内全面实施，随后财政部对我国实施新会计准则进行了跟踪调查，认为企业会计准则体系在我国上市公司得到了平稳、有效实施，并且其实施的经济效果在上市公司初步显现，极少公司存在违背会计准则操纵利润的迹象。国内很多学者对新企业会计准则的实施情况也做了研究，罗婷、薛健和张海燕

　　＊　本文受国家自然科学基金重点项目（71032006）资助。

（2008）认为，新会计准则大幅度压缩了会计估计和会计政策项目的选择，限定了企业调控利润的空间范围；王玉涛、薛健和陈晓（2009）通过对2007年初企业编制的股东权益差异调节表的分析和考察，发现新会计准则的实施确实为上市公司提供了调节未来利润的会计方法。

吴战篪、罗绍德和王伟（2009）认为，公允价值是一种更好的证券投资收益确认模式。还有学者则从具体准则的角度研究了新企业会计准则的实施效果，其中主要集中在"资产减值"、"债务重组"、"金融资产的确认和计量"等准则涉及的资产减值准备的计提、债务重组标准的改变、公允价值等方面对企业影响。

同时，会计准则天生是盈余管理借用的工具，会计准则的变更，意味着会计政策的改变，这为企业管理人员进行会计政策的选择提供了一个契机。邵毅平和张健（2011）认为，上市公司天然存在盈余管理的动机，普遍存在着盈余管理行为。但是，谭洪涛和蔡春（2009）认为，我国上市公司的会计质量在收益平滑限制、巨额亏损确认的及时性和价值相关性方面，在实施新会计准则前后有了显著的提高，但是持特殊目的盈余管理如微利盈余管理没有显著差异，但也没有恶化。而非经常性损益项目作为盈余管理的重要手段，在被风险警示的ST类企业中表现得尤为突出，陆建桥（1999）发现，亏损上市公司为了避免公司连续三年亏损而受到证券监管部门的管制和处罚，在亏损及其前后年份普遍存在着调减或调增收益的盈余管理行为；蒋义宏和王丽琨（2003）认为，由于经常项目严重亏损，经常项目缺乏利润操纵的空间，所以非经常项目是亏损上市公司操纵利润的主要对象。徐磊、齐伟山和欧阳令南（2006）实证研究发现，微利公司存在明显的利用非经常性损益调高收益避免亏损的现象，亏损公司为了在来年顺利实现盈利表现为亏损年度非经常性损益显著为负；魏涛、陆正飞和单宏伟（2007）研究了我国上市公司利用非经常性损益进行盈余管理的行为，发现无论是亏损公司还是盈利公司的盈余管理相当倚重非经常性损益。

本文在回顾了盈余管理、会计准则变更以及非经常性损益等相关文献的基础上，结合2007年我国新企业会计准则的实施，以非经常性损益为切入点，对我国上市公司是否会借会计准则变更之际进行盈余管理进行了实证检验。

本文的结构是，第二部分对盈余管理、会计准则变更、非经常性损益和ST制度的相关文献进行了综述，并在此基础上提出本文的假设，第三部分对文章中运用的变量和数据来源做了说明，第四部分对文章提出的假设进行实证分析，第五部分对文章的实证结果进行总结并提出了相关的政策建议。

二、文献回顾及假设推演

1. 盈余管理与会计准则变更

企业是一系列契约关系的结合，这些契约包括债务契约、管理层薪酬契约和公司章程等，正是这些契约的存在，才导致各个利益相关者的目标函数的不一致性，管理层的"道德风险"和"逆向选择"是目标函数不一致在现实生活的主要体现。而上市公司作为社会公共契约的产物，由于企业的所有权与经营权的分离、信息不对称的普遍存在，盈余管理行为成为可能并且难以从根本上消除。

张劲松、赵路明（2006）引用 Scott 和 Schipper 的观点认为，盈余管理是指"在 GAAP 允许的范围内，通过对会计政策的选择使经营者自身利益或企业市场价值达到最大化的行为"，是企业管理人员通过有目的地控制对外财务报告过程，以获取某些私人利益的"披露管理"，是某些人根据其自身的目的，"在财务报告与组织交易等活动中运用了判断，改变对外财务报告，以误导证券持有人对公司基本业绩的评价"。财务报告是用来解释或解除管理当局受托责任的一种工具，在采用不同的会计政策时，财务报告对其受托责任具有不同的解释作用。实证会计理论研究各种契约影响下的管理层动机如何影响公司的会计政策选择和盈余管理行为，Healy（1985）的经典论文讨论了薪酬契约对公司盈余管理和会计政策选择的影响，Sweeny（1994）等的研究表明，美国上市公司具有为了盈余减少、避免亏损、与分析师预测一致而进行盈余管理的动机。

近年来，我国学者对盈余管理的研究主要集中在盈余管理的影响因素研究，包括事件关节点、管理者层面和股东层面等。张卫东（2010）认为，中国上市公司在新股发行的前一年存在盈余管理的动机，并且盈余管理方式与定向增发新股类型有关。肖淑芳和张晨宇（2009）认为，上市公司在股权激励计划公告日前经理人的有盈余管理行为，股权激励计划公告前的三个季度，经理人有向下的盈余管理趋势，公告日后盈余存在反转现象，但是，没有显著的证据表明经理人在股权激励计划公告日前通过操纵"非经常性损益"进行盈余管理。在大股东和高管与盈余管理方面，王克敏和王志超（2007）发现，高管报酬与盈余管理正相关，在引入高管控制权影响条件下，高管控制权的增加提高了高管报酬水平，但降低了高管报酬诱发盈余管理的程度，而戴新民和曹满丹（2010）实证研究发现，流通股股东持股比例和管理层持股比例与盈余管理都是呈负相关关系，朱星文、廖义刚和谢盛纹（2010）发现，高级管理人员变更的当年存在较严重的调减利润的盈余管理行为，但是若控股股东是国企或中央直属国企，则其调减利润的盈余管理行为可以得到一定程度的抑制，大股东的制衡度越大，公司盈余管理的幅度也将越小。对于机构投资者对盈余管理的影响，程书强（2006）认为，公司治理结构合理以及盈余信息及时性强是吸引机构投资的动因，机构持股比例与盈余管理负相关，机构持股比例越高，越能有效抑制操纵应计利润的盈余管理行为，高雷和张杰（2008）也证实了这个观点，认为机构投资者在一定程度上参与了上市公司的治理，其持股比例与公司治理水平呈正相关关系，公司治理水平与盈余管理程度呈负相关关系，机构投资者的持股比例与盈余管理程度呈负相关关系，机构投资者能有效地抑制管理层的盈余管理行为。邓可斌和唐小艳（2010）则认为，机构投资者持股比例与正向盈余管理显著正相关，机构投资者持股比例与盈余管理绝对值显著正相关，同时在国有和非国有控股企业里，这种相关性有显著差异，认为机构投资者对盈余管理不存在制约作用反而推动了企业的盈余管理；上市公司外部环境对盈余管理也有影响，刘运国、麦剑青和魏哲妍（2006）认为，注册会计师对调减收益的盈余管理给予了更多的关注，陆正飞、祝继高和孙便霞（2008）认为，上市公司的盈余管理行为损害了会计信息的债务契约有用性，潘越、吴超鹏和史晓康（2010）则认为，在社会资本水平与法律保护较高的省份，上市公司更不可能进行IPO盈余管理；支晓强和童盼（2005）认为，公司的盈余管理程度越高，独立董事变更概率和变更比例越高；陈俊、张传明（2010）认为，披露变更对盈余管理具有非对称性。

会计准则作为企业会计人员编制财务报告的基本准则，同时，会计准则天生是盈余管理借用的工具，因此，会计准则的变更，意味着企业可供选择的会计政策、会计估计和会计方法等方面的改变，这为上市公司进行盈余管理提供了一个契机。

自1978年以来，我国会计制度的变更主要有两次，第一次是为建立市场经济体制和资本市场的发展要求，在1992年财政部颁布了一个基本准则，并在随后的几年陆续颁布了若干个具体准则，但是由于资本市场的发展不足以及研究方法的限制，对会计准则变更的研究不多。第二次是为适应我国经济发展和经济全球化的要求，配合我国企业"走出去"的战略，在2006年2月，财政部在1992年的会计准则的基础上，颁布了包括一个基本准则和38个具体准则的我国企业会计准则体系，并要求2007年1月1日在我国上市公司实施。新旧会计准则的差异、新的会计政策和方法的运用成为企业管理人员进行盈余管理的一个机会。为此，许多学者针对企业实施新会计准则是否会进行盈余管理、如何进行盈余管理进行了大量的研究。罗婷、薛健和张海燕（2008）认为，新会计准则大幅度压缩了会计估计和会计政策项目的选择，限定了企业调控利润的空间范围。王玉涛、薛健和陈晓（2009）通过对2007年初企业编制的股东权益差异调节表的分析和考察，发现新会计准则的实施确实为上市公司提供了调节未来利润的会计方法，尤其是对那些当期盈利能力较差、盈利增长缓慢或过去盈利持续性较差的企业更是如此。吴战篪、罗绍德和王伟（2009）发现，在新会计准则下，上市公司通过出售时机的选择对已实现证券投资收益进行了盈余管理，但是对于证券投资，采用新会计准则提倡的公允价值变动确认损益，既提高了会计信息的相关性，又避免了盈余管理，公允价值是一种更好的证券投资收益确认模式。邵毅平和张健（2011）认为，上市公司天然存在盈余管理的动机，伴随着规避盈余损失或盈余下降的行为，上市公司普遍存在着盈余管理行为，但是投资者能够识别上市公司盈余管理行为并与上市公司形成利益共同体，共同追求超额收益。由于2006年以来颁布和实施新会计准则，因而针对具体会计准则对盈余管理方面的研究也日益活跃起来，王建新（2007），张然、陆正飞和叶康涛（2007），步丹璐和叶建明（2009）等实证分析认为，"资产减值"准则在一定程度上减少了上市公司利用资产减值进行盈余管理的空间，叶建芳和周兰等（2009）认为，"金融资产的确认和计量"准则可为持有金融资产较多的公司获得更多的选择空间，为其盈余管理和收益平滑提供"蓄水池"；谢德仁（2011）从"债务重组"准则出发，认为上市公司盈余管理主要为满足资本市场监管要求之动机而言，应该从资本市场监管规则的改进入手。而会计准则因其公共合约性质和不完备性，资本市场监管规则而非会计准则在影响和制约着上市公司是否利用债务重组来进行盈余管理。但谭燕（2008）实证发现，证监会的增加披露规则的确约束了上市公司利用内部估值操纵盈余的行为，而在规避和迎合管制的动机下，上市公司偏好采用流动资产项目，并利用资产减值的其他转回，合规地进行盈余管理。

因此，通过新会计准则体系，一方面限定了企业调控利润的空间范围，另一方面也为企业提供了新的盈余管理的手段，但对于在会计准则变更之际，上市公司是否乘机进行盈余管理，目前研究不多，毛新述和戴德明（2009）以我国会计制度改革为研究背景，分析了盈余稳健性和盈余管理之间的内在关系和相互影响，并以此为基础检验了我国会计准则的执行质量，强化稳健性原则和限制公允价值的运用显著降低了公司高估盈余的水平，而弱化稳健性原则和扩大公允价值的运用，则导致了公司盈余管理水平的显著提高；而谭洪涛和蔡春（2009）对我国实施新会计准则前后会计质量进行实证研究后发现，我国上市公司的会计质量在收益平滑限制、巨额亏损确认的及时性和价值相关性方面有了显著的提高，但是持特殊目的盈余管理如微利盈余管理没有显著差异，但也没有恶化。由此，我们提出：

假设1：上市公司会借会计准则变更之际进行盈余管理

2. ST制度与非经常性损益

ST制度是中国证监会对上市公司出现财务状况异常或者其他异常情况，导致其股票存在被终止上市的风险，或者投资者难以判断公司前景、投资权益可能受到损害的，证券交易所对该公司股票交易实行特别处理的一种风险警示制度，风险警示分为存在终止上市风险的特别处理（即"退市风险警示"，在公司股票简称前冠以"＊ST"字样，以示区别）和其他特别处理（即"一般风险警示"，在公司股票简称前冠以"ST"字样，以示区别）。其中，大部分上市公司被风险警示的原因是由于出现财务状况异常，比如根据深沪两市的股票上市规则，最近两年连续亏损的上市公司将被处以退市风险警示，最近一个会计年度的审计结果显示其股东权益为负值的上市公司将被处以一般风险警示。据此，上市公司根据其风险警示等级，可分成三类：正常公司、一般风险警示公司（ST公司）和退市风险警示公司（＊ST公司），本文将后两者统称为ST公司。

按照信号传递理论，被监管部门处以风险警示的上市公司一般被认为是向资本市场传递了不良信号，将会对上市公司的形象、股票交易以及IPO或再次发行证券等行为都产生不利影响，因此不少上市公司都在努力防止和避免被风险警示，而被风险警示的上市公司也在想方设法地降低风险警示等级或取消风险警示，由"退市风险警示"降为"一般风险警示"或直接降为正常企业，或由"一般风险警示"降为正常企业。很多学者认为，很多被风险警示的上市公司止亏，降低风险警示等级，不是依靠改善经营活动，而是借助非经常性损益来进行盈余管理完成的。陆建桥（1999）发现，亏损上市公司为了避免公司连续三年亏损而受到证券监管部门的管制和处罚，在亏损及其前后年份普遍存在着调减或调增收益的盈余管理行为；蒋义宏和王丽琨（2003）认为，由于经常项目严重亏损，经常项目缺乏利润操纵的空间，所以非经常项目是亏损上市公司操纵利润的主要对象，这导致亏损上市公司非经常性损益显著大于其他上市公司。徐磊、齐伟山和欧阳令南

（2006）实证研究发现，微利公司存在明显的利用非经常性损益调高收益避免亏损的现象，亏损公司为了在来年顺利实现盈利表现为亏损年度非经常性损益显著为负；张昕和杨再惠（2007）发现，上市公司会在第四季度进行盈余管理来实现当年扭亏为盈或者调低利润为下一年扭亏为盈做准备；魏涛、陆正飞和单宏伟（2007）研究了我国上市公司利用非经常性损益进行盈余管理的行为，发现无论是亏损公司还是盈利公司的盈余管理都相当倚重于非经常性损益，前者主要是为了实现扭亏和避免亏损等，后者则是为了平滑利润和避免利润下降；而肖淑芳、张晨宇（2009）认为，没有显著的证据表明经理人在股权激励计划公告日前通过操纵"非经常性损益"进行盈余管理。

ST 公司作为亏损公司或微利公司的代表，在会计准则变更之际，他们是否有为了扭亏为盈、保住股票上市地位而进行盈余管理的动机呢？由此我们提出：

假设 2a：ST 公司在会计准则变更之际进行盈余管理的动机比一般公司更为强烈。

假设 2b：风险警示降低的上市公司在会计准则变更之际进行盈余管理的动机比其他公司更为强烈。

3. 非经常性损益规则变迁

为了防止上市公司通过非经常性损益来进行盈余管理，中国证监会在非经常性损益的管制方面也做了很大的努力和尝试，从 1999 年证监会首次在损益项目的披露上引入"非经常性损益"概念以来，非经常性损益的规定历经 2001 年、2004 年、2007 年的数次修订，2008 年 11 月，中国证监会以信息披露解释性公告的形式再次发布"公开发行证券的公司信息披露解释性公告第 1 号——非经常性损益（2008）"，并要求在编制 2008 年的年度报告时，按照新的非经常性损益规定出具年度报告。1999～2008 年各次非经常性损益规定的差异如表 1 所示。

从表 1 中我们可以看出：①非经常性损益受到的关注程度越来越高，1999 年有关非经常性损益的相关规定只是在年度报告的内容与格式方面做了要求，2001 年、2004 年和 2007 年的非经常性损益的相关规定是以信息披露规范问答形式公布出来，而 2008 年的非经常性损益的相关规定是以证监会的解释公告形式发布；②非经常性损益的范围界定更加明确和扩大，1999 年只列举了四项非经常性损益项目，而 2008 年的非经常性损益的项目明确和扩大到 21 项；③为配合 2006 年颁布的新会计准则，2007 年的非经常性损益相关规定相对于 2004 年的相关规定，虽然列举的项目仅仅增加了一项，但有四项相关内容做了较大的调整，因而 2007 年与 2004 年非经常性损益项目的变动主要是基于新会计准则的变动；④2008 年相对于 2007 年的非经常性损益项目的调整幅度较大，列举的非经常性损益项目增加了六项，扩大了非经常性损益项目的范围；⑤2008 年的非经常性损益项目的调整，更加强调上市公司的非经常性损益项目对报表使用人的正常判断的影响，同时也强调了上市公司对非经常性损益项目认定的责任，不再强调中国证监会认定的其他非经常性损益项目，而是给上市公司根据会计准则和职业判断去认定符合非经常性损益定义的损益项目。

表1　非经常性损益规定的差异

	1999 年	2001 年	2004 年	2007 年	2008 年
发布形式	年度报告的内容与格式	信息披露规范问答	信息披露规范问答	信息披露规范问答	信息披露规范问答
列举项数	4	10	14	15	21

2004 年、2007 年和 2008 年的非经常性损益的规则异同		
2004 年	**2007 年**	**2008 年**

	2004 年	2007 年	2008 年
定义异同	公司发生的与经营业务无直接关系，以及虽与经营业务相关，但由于其性质、金额或发生频率，影响了真实、公允地反映公司正常盈利能力的各项收入、支出	公司发生的与主营业务和其他经营业务无直接关系，虽与主营业务和其他经营业务相关，但由于该交易或事项的性质、金额和发生频率，影响了正常反映公司经营、盈利能力的各项交易、事项产生的损益	与公司正常经营业务无直接关系，虽与正常经营业务相关，但由于其性质特殊和偶发性，影响报表使用人对公司经营业绩和盈利能力做出正常判断的各项交易和事项产生的损益
列举项目的一致部分	（一）非流动资产处置损益；（二）越权审批或无正式批准文件的税收返还、减免；（三）记入当期损益的政府补助，但与公司业务密切相关，按照国家统一标准定额或定量享受的政府补助除外；（四）记入当期损益的对非金融企业收取的资金占用费，但经国家有关部门批准设立的有经营资格的金融机构对非金融企业收取的资金占用费除外；（六）非货币性资产交换损益；（七）委托投资损益；（八）因不可抗力因素，如遭受自然灾害而计提的各项资产减值准备；（九）债务重组损益；（十一）交易价格显失公允的交易产生的超过公允价值部分的损益		
列举项目的不同项目或新增项目	（五）短期投资损益，但经国家有关部门批准设立的有经营资格的金融机构获得的短期投资损益除外；（七）扣除公司日常根据企业会计制度规定计提的资产减值准备后的其他各项营业外收入、支出；（九）以前年度已经计提各项减值准备的转回；（十三）比较财务报表中会计政策变更对以前期间净利润的追溯调整数；（十四）中国证监会认定的符合定义规定的其他非经常性损益项目	（五）企业合并的合并成本小于合并时应享有被合并单位可辨认净资产公允价值产生的损益；（十）企业重组费用，如安置职工的支出、整合费用等；（十二）同一控制下企业合并产生的子公司期初至合并日的当期净损益；（十三）与公司主营业务无关的预计负债产生的损益；（十四）除上述各项之外的其他营业外收支净额；（十五）中国证监会认定的其他非经常性损益项目	（十四）除同公司正常经营业务相关的有效套期保值业务外，持有交易性金融资产、交易性金融负债产生的公允价值变动损益，以及处置交易性金融资产、交易性金融负债和可供出售金融资产取得的投资收益；（十五）单独进行减值测试的应收款项减值准备转回；（十六）对外委托贷款取得的损益；（十七）采用公允价值模式进行后续计量的投资性房地产公允价值变动产生的损益；（十八）根据税收、会计等法律、法规的要求对当期损益进行一次性调整对当期损益的影响；（十九）受托经营取得的托管费收入；（二十）除上述各项之外的其他营业外收入和支出；（二十一）其他符合非经常性损益定义的损益项目

因此，非经常性损益的相关规则在一定程度上为上市公司进行盈余管理提供了空间和余地，前文的蒋义宏和王丽琨（2003），徐磊、齐伟山和欧阳令南（2006），魏涛、陆正飞和单宏伟（2007），肖淑芳和张晨宇（2009）等提供了上市公司是否通过非经常性损益进行盈余管理的实证证据。同时，孟焰和王伟（2009）对非经常性损益信息披露管制效果进行了实证分析，研究表明中国证监会出台非经常性损益的管制规范取得了期望的效果；孟焰、袁淳和吴溪（2008）认为，对非经常性损益监管制度化起到了减低市场波动的作用；周晓苏和李向群（2007）通过案例分析的方法发现，证券监管机构对非经常性损益的明确规范以及强制性的披露，在一定程度上增加了会计信息的透明度，提高了会计信息质量，但并不能从根本上解决委托代理关系导致的信息不对称而引起的盈余管理问题。

那么，结合会计准则的变更，证券监管部门对上市公司通过非经常性损益进行盈余管理的行为是否进行监管？为此我们提出：

假设3：证券监管部门对上市公司借会计准则变更之际进行盈余管理的行为实施有效监控。

三、主要变量和数据来源

本文采用异常非经常性损益比重作为衡量盈余管理的指标。非经常性损益比重的计算，我们借鉴徐磊、齐伟山和欧阳令南（2006）的模型，其计算公式为：

$$FER_i = \frac{非经常性损益}{|非经常性损益| + |扣除非经常性损益的净利润|} \tag{1}$$

在式（1）中我们使用扣除非经营性损益后的净利润的绝对值与非经常性损益的绝对值之和作为分母，而没有直接使用净利润的绝对值，这是为了避免在分母较小的情况下会出现较为极端的 FER_i 值。当 $FER_i > 0$ 时，表示上市公司通过非经常性损益将其净利润向正方向调整；当 $FER_i < 0$ 时，则表示上市公司通过非经常性损益将其净利润向负方向调整。

考虑到不同行业的差异，参照 Chen 等（20041）的做法，我们运用各个行业水平对各个公司的 FER_i 进行调整，调整后的 FER_i 为异常非经常性损益比重，计算公式为：

$$EFER_i = FER_i - \overline{EFR_{jt}} \tag{2}$$

式（2）中 j 表示与 i 公司为同行业的公司，t 表示 2005～2009 年度。

为验证在会计准则变更之际，上市公司通过非经常性损益来达到盈余管理的目的的影响因素，我们要涉及表2中的有关变量，变量含义如表2所示。

表 2　本研究涉及的变量及含义

	变量符号	变量含义及计算
被解释变量	EFER$_i$	盈余管理强度,由公式(1)计算
解释变量		
时间因素	Y07	年度属于 2007 年度为 1,否则为 0
	Y0809	年度属于 2008 年或 2009 年度为 1,否则为 0
风险警示	ST	是否被 ST 或 * ST,被 ST 或 * ST 为 1,否则为 0
控制变量		
管理层因素	LNGZ	高管前三名薪酬总额的自然对数
	JZ	董事长与总经理兼任情况,1 为兼任,否则为 0
股权因素	GBBD	股本结构是否变化,改变为 1,否则为 0
	TOP1GQXZ	第一大股东性质,若为国有股或国有法人股为 1,否则为 0
	TOP1	第一大股东持股比例
	TOP1/TOP(2 – 10)	第二大至第十大股东对第一大股东的制衡度
债权人因素	LEV	资产负债率
审计师因素	AO	审计意见情况,标准无保留意见为 1,否则为 0
规模因素	LNASSET	公司资产的自然对数

本文中所选取的数据全部来源于 CSMAR 中国财经数据库和上市公司年度报告,本文选取的样本公司为 2005 ~ 2009 年在上海和深圳证券交易所发行 A 股的上市公司,剔除了那些数据不全或数据无法获取的公司,共获得 6464 个样本公司,其中 2005 年 1292 个样本公司、2006 年 1286 个样本公司、2007 年 1311 个样本公司、2008 年 1251 个样本公司、2009 年 1324 个样本公司。数据处理采用 STATA11.0 软件。

四、实证结果与分析

(一) 假设 1 的验证

为了验证假设 1,我们对各样本年度上市公司的 EFER$_i$ 做了统计,其描述性统计如表 3 所示。

表 3　2005 ~ 2009 年各年 EFER$_i$ 的统计性描述

统计量 ＼ 年份	2005	2006	2007	2008	2009
平均	– 0.07691	– 0.01332	0.04554	– 0.00054	0.043146
中位数	– 0.14674	– 0.12098	– 0.06291	– 0.09397	– 0.05404

年份 统计量	2005	2006	2007	2008	2009
标准差	0.291859	0.314912	0.313868	0.320861	0.294579
方差	0.085182	0.09917	0.098513	0.102952	0.086777
峰度	1.704397	0.707404	0.145694	0.358153	0.095517
偏度	0.354438	0.308131	0.434153	0.373079	0.560485
最小值	-1.22793	-1.21312	-1.10009	-1.1584	-1.18644
最大值	0.791394	0.813357	0.932554	0.877459	0.861147

从表 3 中，我们不难发现，从 2005 年以来，上市公司的 $EFER_i$ 呈现上升的趋势，说明在施行新的企业会计准则前的 2006 年中国上市公司就开始有较强的盈余管理动机，2007 年达到最大值，而 2008 年的 $EFER_i$ 回落到 2006 年的水平，因而初步验证了我们的假设 1。另外，我们还对 $EFER_i$ 逐年进行了均值的 t 检验和非参数曼—惠特尼 U 检验，其结果如表 4 所示。

表 4　2005～2009 年各年的 $EFER_i$ 差异比较

年度	均值差	t 统计量	Mann - WhitneyU
$EFER_{i,2006} VEFER_{i,2005}$	0.063584	4.8021622 ***	729252 ***
$EFER_{i,2007} VEFER_{i,2006}$	0.058862	8.2714421 ***	736783 ***
$EFER_{i,2008} VEFER_{i,2007}$	-0.04608	-3.6890343 ***	743852 ***
$EFER_{i,2009} VEFER_{i,2008}$	0.043683	3.6026730 ***	749855 ***

注：*、**、***分别代表显著性水平为 10%、5% 和 1%。

表 4 中的结果反映，各年之间的 $EFER_i$ 具有显著的差异，2007 年上市公司的 $EFER_i$ 在 1% 的显著性水平上高于 2006 年和 2008 年的非经常性损益比重，进一步说明了中国上市公司会借会计准则变更之际进行盈余管理，并且由于 2006 年的非经常性损益比重在 1% 的显著性水平上高于 2005 年，也说明了 2006 年 2 月宣布将实施新会计准则这个消息，在一定程度上促使中国上市公司为实施新会计准则进行盈余管理规划，从而进一步验证了假设 1 成立。

表 5　2005～2008 年各年的会计准则和非经常性损益规制环境

年度	会计准则规制环境	非经常性损益规制环境
2005 年、2006 年	旧会计准则	2004 年规定
2007 年	新会计准则	2007 年规定
2008 年、2009 年	新会计准则	2008 年规定

表6 回归方程（3）的回归结果

变量	模型（1）	模型（2）	模型（3）
CONS_	0.3974314	0.4655332	0.4899496
	(5.70)***	(6.58)***	(6.95)***
Y07	0.0263728		0.0635325
	(2.870)***		(6.17)***
Y0809		0.0413671	0.0674486
		(5.20)***	(7.56)***
ROA	1.053582	1.084963	1.056024
	(25.09)***	(26.06)***	(25.49)***
TOP1	−0.0027661	−0.0027423	−0.0026461
	(−9.40)***	(−9.33)***	(−9.03)**
TOP1GQXZ	0.0054974	0.0095216	0.0086307
	−0.73	−1.27	−1.15
TOP1/TOP（2−10）	0.0048132	0.0047079	0.0046374
	(8.54)***	(8.34)***	(8.26)***
GBBD	0.0383016	0.033489	0.0183491
	(4.55)***	(3.97)***	(2.10)**
JZ	0.0305134	0.0209997	0.0165648
	(4.05)***	(2.71)***	(2.13)**
GLCGZ	−0.0249678	−0.0303367	−0.0333139
	(−4.82)***	(−5.75)***	(−6.31)**
AO	−0.0575572	−0.0599585	−0.0562567
	(−4.14)***	(−4.32)***	(−4.07)***
LEV	0.0414038	0.0410101	0.0381377
	(4.10)***	(4.08)***	(3.83)***
LNASSET	−0.000012	−0.0000123	−0.0000123
	(−4.84)***	(−4.98)***	(−4.98)***
行业	控制	控制	控制
观察值	6464	6464	6464
F值	35.05***	36.26***	36.82***
调整 R^2	0.0963	0.099	0.1042

注：①*、**、***分别代表显著性水平为10%、5%和1%；②括号中的数字为经过White稳健性估计后的系数 t 值；③方程回归经过 1% 的 Winsorize 处理，以防极端值的影响。

但同时，我们也发现2009年的 $EFER_i$ 再一次在显著性水平高于2008的 $EFER_i$ 水平，

EFER$_i$ 出现了反弹，几乎与 2007 年水平相当。从表 5 中我们可以看出，2007 年与 2005 年和 2006 年的会计准则和非经常性损益规制环境有较大的差异，2007 年的规制环境都是新的，并且非经常性损益规制环境主要是随着会计准则的改变而改变的，而 2008 年和 2009 年的规制环境与 2007 年的规制环境差异主要在于非经常性损益规制环境的改变，因此我们认为，2009 年的 EFER$_i$ 显著性高于 2008 年的 EFER$_i$ 水平，出现了反弹的主要原因是由于在 2008 年中国证监会出台了新的非经常性损益的规定。从表 1 中也可以看出，2008 年新的非经常性损益规定较 2007 年的规定增加了 6 个非经常性损益项目，2008 年的规定也给予上市公司更大的非经常性损益项目的自主裁量权。为了验证这种反弹的原因，我们建立回归方程（3）进行进一步验证。

$$EFER_i = \beta_{0,t} + \beta_{1,t}Y07 + \beta_{2,t}Y0809 + \beta_{3,t}ROA + \beta_{4,t}TOP1 + \beta_{5,t}TOP1GQXZ +$$
$$\beta_{6,t}TOP(1/2-10) + \beta_{7,t}GBBD + \beta_{8,t}JZ + \beta_{9,t}GLCGZ + \beta_{10,t}AO +$$
$$\beta_{11,t}LEV + \beta_{11,t}LNASSET + \beta_{12,t}IND * \tag{3}$$

回归方程（3）的回归结果如表 6 所示。

从表 6 的回归结果可以看出，Y07 和 Y0809 的系数都是正数且在 1% 的显著性水平上显著，一方面进一步验证了假设 1 的成立，另一方面也反映了在 2009 年 EFER$_i$ 显著上升的原因主要来自 2008 年新非经常性损益规定的变化。另外从控制变量来看，上市公司的经营业绩 ROA 对 EFER$_i$ 有显著的影响，而且是正向的关系，经营业绩越好的企业，EFER$_i$ 的水平也就越高；从股权因素来看，上市公司的第一大股东对 EFER$_i$ 的影响也是显著的，从 TOP1 的系数看出，第一大股东持股比例与上市公司的 EFER$_i$ 呈反向的关系，说明第一大股东对上市公司进行盈余管理具有一定的抑制作用，从 TOP1GQXZ 系数来看，不论第一大股东是国有股东还是非国有股东，对上市公司的盈余管理的抑制影响是没有显著差异的，而且从 TOP1/TOP（2-10）系数来看，其他小股东对其制衡没有发挥显著作用，但是从 GBBD 的系数来看，股本的变动对 EFER$_i$ 的影响是正向关系，说明上市公司在股权交易和股东结构调整时，上市公司的盈余管理的动机有显著的增强，而且有调高非经常性损益的趋势；从 JZ 和 GLCGZ 的两个控制变量的系数发现，管理层因素在盈余管理中的作用也是显著的，董事长和总经理的职位合二为一，权力集中，上市公司显著地调高了非经常性损益的盈余管理动机，同时对高管的薪酬激励与盈余管理动机的影响呈显著的反向关系，给予高管的工资越高，上市公司的 EFER$_i$ 水平越下降；从外部的监管和债务压力来看，审计师出具的审计意见对通过非经常性损益调高净利润有显著的抑制作用，越是通过非经常性损益调高净利润，审计师出具标准无保留意见的审计变更的可能性越会显著下降，而为了向债权人显示其较好的盈利能力，上市公司具有显著的通过非经常性损益调高净利润的盈余管理动机；从上市公司规模来看，LNASSET 系数显著为负，说明规模大的企业，其有通过非经常性损益降低净利润的盈余管理动机。

（二）假设 2 的验证

为验证假设 2a，我们在回归方程（3）的基础上，引进了 ST 变量以及 ST 与 Y07 的交叉变量 ST * Y07，构成了回归方程（4）以反映和检验 ST 公司在会计准则变更之际盈余管理的状况。

$$EFER_i = \beta_{0,t} + \beta_{1,t}Y07 + \beta_{2,t}ST + \beta_{3,t}ST \times * Y07 + \beta_{4,t}ROA + \beta_{5,t}TOP1 +$$
$$\beta_{6,t}TOP1GQXZ + \beta_{7,t}TOP(1/2 - 10) + \beta_{8,t}GBBD + \beta_{9,t}JZ + \beta_{10,t}GLCGZ +$$
$$\beta_{11,t}AO + \beta_{11,t}LNASSET + \beta_{12,t}LEV + \beta_{13,t}LNASSET + \beta_{14,t}IND * \qquad (4)$$

回归方程（4）的回归结果如表 7 所示。

表 7　回归方程（4）的回归结果

变量	模型（1）	模型（4）	模型（5）
CONS_	0.3974314	0.2990234	0.2908169
	(5.70)***	(4.23)***	(4.12)***
Y07	0.0263728		0.013181
	(2.870)***		(1.36)
ST		0.1396786	0.1159806
		(7.43)***	(5.79)***
ST * Y07			0.0953979
			(3.47)***
ROA	1.053582	1.012495	0.9881588
	(25.09)***	(24.04)***	(22.99)***
TOP1	-0.0027661	-0.0027735	-0.0027603
	(-9.40)***	(-9.48)***	(-9.45)***
TOP1GQXZ	0.0054974	0.0060126	0.005386
	(0.73)	(0.81)	(0.72)
TOP1/TOP（2-10）	0.0048132	0.0048858	0.0048757
	(8.54)***	(8.70)***	(8.72)***
GBBD	0.0383016	0.040993	0.0377871
	(4.55)***	(4.96)***	(4.51)***
JZ	0.0305134	0.0262573	0.0269014
	(4.05)***	(3.49)***	(3.58)***
GLCGZ	-0.0249678	-0.0230375	-0.0226319
	(-4.82)***	(-4.46)***	(-4.39)***
AO	-0.0575572	0.0125862	0.0149498
	(-4.14)***	(0.75)	(0.88)
LEV	0.0414038	0.0212398	0.0213996
	(4.10)***	(2.01)**	(2.04)*
LNASSET	-0.000012	-0.00000854	-0.00000856
	(-4.84)***	(-3.42)***	(-3.44)***

变量	模型（1）	模型（4）	模型（5）
行业	控制	控制	控制
观察值	6464	6464	6464
F 值	35.05 ***	38.13 ***	37.98 ***
调整 R²	0.0963	0.1044	0.1070

注：（1）*、**、***分别代表显著性水平为10%、5%和1%；（2）括号中的数字为经过 White 稳健性估计后的系数 t 值；（3）方程回归经过 1% 的 Winsorize 处理，以防极端值的影响。

从表7中，我们发现，模型（1）的 Y07 变量和模型（4）的 ST 的变量系数均在1%的显著性水平上显著为正，进一步验证了假设1的成立，并且表明在2007年上市公司有将非经常性损益调高的动机，同时，也表明了 ST 公司利用非经常性损益的手段进行盈余管理比非 ST 公司的动机显著增强，并且 ST 公司将非经常性损益调高的动机显著；在模型（5）中，ST 与 Y07 交叉变量 ST * Y07 的系数在1%的显著性水平上显著为正，初步验证了假设2a的成立，并且验证了 ST 公司在会计准则变更之际将非经常性损益调高的动机显著。从表7中也发现，除审计师的审计意见，回归方程（4）中控制变量对 EFER$_i$ 的影响与回归方程（3）的影响类似，从模型（1）可以看出，AO 系数显著为负，说明审计师对上市公司利用会计准则变更之际通过非经常性损益调高净利润有显著的抑制作用，越是通过非经常性损益调高净利润，审计师出具标准无保留意见的审计变更的可能性显著下降，说明审计师在为上市公司提供会计准则变更年度的审计意见时，保持着应有的职业谨慎，但是模型（4）和模型（5）的 AO 系数为正，且不再显著，说明审计师在对 ST 公司利用会计准则变更之际通过非经常性损益调高净利润没有显著的抑制作用。

陆建桥（1999），蒋义宏和王丽琨（2003），徐磊、齐伟山和欧阳令南（2006），张昕和杨再惠（2007），魏涛、陆正飞和单宏伟（2007）等对不同盈利状况的企业盈余管理状况做了实证研究。然而，面对会计在会计准则变更之际，不同盈利状况的上市公司将会通过什么策略来进行盈余管理呢？为此，我们根据会计准则变更前，上市公司的盈利情况，将上市公司分成三类，分别考察这些企业在会计准则变更年度的盈余管理状况，第一类是2005年和2006年连续盈利的上市公司，第二类是2005年和2006年只有一年盈利的上市公司，第三类是2005年和2006年连续亏损的上市公司，三类上市公司在会计准则变更的2007年非经常性损益状况如表8所示。

表8 会计准则变更前盈利状况对2007年 EFER 的影响对比

2005 年、2006 年连续两年盈利						
样本	940		样本	EFER$_i$ 均值	差异	t 值	M－WU 检验
EFER$_i$ 均值	－0.00037	ST 样本	7	0.07821	0.07917	0.421	2884
EFER$_i$ 中位数	－0.09165	对比样本	933	－0.00096			

2005 年、2006 年有一年亏损							
样本	274		样本	EFER$_i$ 均值	差异	t 值	M－WU 检验
EFER$_i$ 均值	0.12748	ST 样本	76	0.18408	0.08175	1.434	5654*
EFER$_i$ 中位数	0.09144	对比样本	171	0.10233			
2005 年、2006 年连续两年亏损							
样本	97		样本	EFER$_i$ 均值	差异	t 值	M－WU 检验
EFER$_i$ 均值	0.31194	ST 样本	79	0.31078	－0.00629	－0.085	662
EFER$_i$ 中位数	0.37223	对比样本	18	0.31707			

从表 8 中我们发现，连续两年亏损的上市公司、有一年亏损的上市公司和连续两年盈利的上市公司，无论 EFER$_i$ 均值还是 EFER$_i$ 中位数，都是依次降低的，通过 K－W 检验和中位数检验，这种差异都是显著的，说明连续两年亏损的上市公司比有一年亏损的上市公司更有动机通过调高非经常性损益来提高上市公司的净利润，以防止出现连续三年亏损而被监管部门停牌或退市；有一年亏损的上市公司也比连续两年盈利的上市公司也更有动机通过调高非经常性损益来提高上市公司的净利润，以防出现上市公司被 ST 或 *ST；而连续两年盈利的上市公司则通过非经常性损失来降低上市公司的利润。进一步分析可以看出，在连续两年盈利的上司公司中，ST 公司的 EFER$_i$ 虽然比对比的非 ST 公司的 EFER$_i$ 均值要高，但是统计上不显著，在其他类公司，ST 公司与对比的非 ST 公司的 EFER$_i$ 也有类似的特征。因此，我们认为，在会计准则变更的 2007 年，决定是否通过非经常性损益来进行盈余管理的主要依据主要来源于会计准则变更之前的盈利状况，而盈利状况是上市公司是否被风险警示的主要原因，由此进一步验证了假设 2a。

为了验证假设 2b，我们根据会计准则变更后，即 2008 年，各上市公司风险警示等级的变化，将上市公司分成三类，以反映通过非经常性项目进行盈余管理对风险警示等级的影响，第一类是风险警示未变的公司，保持原有的正常公司状态或原有的风险警示等级，第二类是风险警示等级提高的公司，由正常公司变成一般风险警示公司，或由正常公司、一般风险警示变成退市风险警示公司，第三类是风险警示等级降低的公司，由一般风险警示公司、正常公司、退市风险警示公司变成一般风险警示公司或由退市风险警示公司变成正常公司，各类上市公司的非经常性损益状况如表 9 所示。

从表 9－A 中，我们发现，无论 EFER$_i$ 均值还是 EFER$_i$ 中位数，风险警示下降的上市公司比风险警示等级未变的上市公司都要高，而且有强烈的通过非经常性收益来调高净利润的盈余管理动机，风险警示等级上升的上市公司会通过非经常性损失来调减公司净利润的盈余管理动机，而风险警示等级未变的上市公司的 EFER$_i$ 较小。另外，通过 K－W 检验和中位数检验，发现各类上市公司的 EFER$_i$ 的差异显著，从而验证了假设 2b。从表 9－B 中，我们进一步发现，即使在风险警示等级未变的上市公司中，ST 公司的 EFER$_i$ 也显著高于对比公司的非 ST 公司的 EFER$_i$，这一现象也再次验证了假设 2a。

表 9　非经常性损益对风险警示等级变动的影响对比

表 9 – A

风险等级变动	等级未变	等级上升	等级下降		
样本数	1196	33	82	K – W 检验 χ^2 值	
$EFER_i$ 均值	0.034202	– 0.1855	0.326858	86.316 ***	中位数检验 χ^2 值
$EFER_i$ 中位数	– 0.06851	– 0.20634	0.36337		64.933 ***

表 9 – B

	样本数	$EFER_i$ 均值	差异	t 值	Mann – WhitneyU
ST 样本	68	0.19471495	0.07916	86.316 ***	28753 ***
对比样本	1128	0.02452593			

（三）假设 3 的检验

通过以上分析我们发现，上市公司会借会计变更之际通过非经常性项目进行盈余管理，并且在 ST 公司中这一现象更为显著，作为证券市场的监管者出于对保证证券市场的健康发展和对广大投资者的利益保护，是否对这一盈余管理现象进行监管，我们通过建立回归方程（5），运用 Logistic 回归方法验证假设 3。

$$Logistic(probit = 1) = \beta_{0,t} + \beta_{1,t}Y567 + \beta_{2,t}EFER + \beta_{3,t}EFER \times * Y567 + \beta_{4,t}ROA +$$
$$\beta_{5,t}TOP1 + \beta_{6,t}TOP1GQXZ + \beta_{7,t}TOP(1/2 - 10) + \beta_{8,t}GBBD +$$
$$\beta_{9,t}JZ + \beta_{10,t}GLCGZ + \beta_{11,t}AO + \beta_{11,t}LNASSET + \beta_{12,t}LEV +$$
$$\beta_{13,t}LNASSET + \beta_{14,t}IND^* \tag{5}$$

其中，被解释变量 $probit_i$ 为虚拟变量，当上市公司在会计准则变更后的 2008 年的风险警示等级上升或保持原有 ST 警示，$probit_i$ 取值为 1，否则取为 0；解释变量中的 Y567 为虚拟变量，当上市公司在会计准则变更前的 2005 年、2006 年和 2007 年中至少被一般风险警示或退市风险警示一次，Y567 取值为 1，否则取为 0。回归方程（5）的回归结果如表 10 所示。

从表 10 中我们可以发现，模型（6）的 Y567 系数在 1% 显著性水平上显著为正，说明有风险警示记录的上市公司，在会计准则变更后被风险警示的可能性显著加大；模型（7）的 $EFER_i$ 系数在 5% 显著性水平上显著为正，说明通过非经常性项目进行盈余管理，被监管部门发现的可能性显著增加；综合考虑是否有风险警示记录和非经常性损益的因素，模型（8）的 Y567 和 $EFER_i$ 系数都显著，但对是否被风险警示的作用是相反的，并且曾有风险警示记录的因素占主导的作用。从 Y567 和 $EFER_i$ 交叉项系数我们发现，该系数在 1% 的显著性水平上显著为正，说明当被风险警示过的上市公司，如果在会计准则变更之际通过非经常性损益来调高净利润的盈余管理手段，被监管部门发现的可能性大大增

表 10 Logistic 回归方程 (5) 的回归结果

变量	模型·(6)	模型 (7)	模型 (8)
Y567	18.83137 (7.49)***		14.16532 (5.48)***
EFER	3.163722 (2.33)**		0.0660949 (-2.03)**
EFER*Y567	199.9145 (3.41)***		
ROA	0.0001619 (-3.92)***	0.0001026 (-4.13)***	0.0000345 (-5.35)***
TOP1	0.9573276 (-3.00)***	0.973042 (-2.02)**	0.959427 (-2.79)***
TOP1GQXZ	1.124988 (0.37)	1.035042 (0.37)	1.5175 (1.22)
TOP1/TOP (2-10)	1.046235 (1.55)	1.035042 (1.30)	1.037404 (1.26)
GBBD	0.3869641 (-2.64)***	0.3179667 (-3.49)***	0.380152 (-2.56)***
JZ	1.81128 (1.51)	1.935328 (1.86)*	1.632221 (1.29)
GLCGZ	0.5615978 (-2.27)*	0.5832225 (-2.45)**	0.5964352 (-1.82)*
AO	0.2483521 (-3.68)***	0.0901618 (-7.43)***	0.2707355 (-3.31)***
LEV	13.60519 (2.34)**	18.34668 (2.23)**	16.09226 (3.98)***
LNASSET	0.6483232 (-2.27)**	0..4205371 1.(-4.36)***	0.5757267 (-2.77)***
行业	控制	控制	控制
观察值	1311	1311	1311
Wald 值	250.26***	200.42***	208.77***
R^2	0.6483	0.5754	0.6770

注：(1) *、**、***分别代表显著性水平为10%、5%和1%；(2) 括号中的数字为经过 White 稳健性估计后的系数 z 值；(3) 方程回归经过 1% 的 Winsorize 处理，以防极端值的影响。

加，经测算，当会计准则变更之前被风险警示过的上市公司，如果会计准则变更使得 EF-ER$_i$ 提高 1%，在会计准则变更后被风险警示的可能性会增加 2 倍。由此，在会计准则变更之际通过调高非经常性损益的方式来进行盈余管理，被监管部门发现或警告的可能性显著增加，从而验证了假设 3 的成立。从其他控制变量来看，企业业绩、大股东的地位、股本变动、审计师的审计意见、高管的薪酬及企业规模与被风险警示的可能性呈显著反向关系；而债权人的压力被风险警示的可能性呈显著正向关系。

五、结论与建议

    本文在回顾了盈余管理、会计准则变更以及非经常性损益等相关文献的基础上，结合2007年我国新企业会计准则的实施，以非经常性损益为切入点，对我国上市公司是否会借会计准则变更之际进行盈余管理进行了实证检验。经验数据表明，从2005年以来，上市公司的EFER呈现上升的趋势，说明中国上市公司开始施行新的企业会计准则前，2006年中国上市公司就开始有较强的盈余管理动机，2007年达到最大值，但是2008年通过非经常性损益进行的盈余管理就回落到2006年的水平，说明我国上市公司在会计准则变更之际有较强的盈余管理的动机；与此同时我们也发现，2009年的盈余管理水平再一次在显著性水平高于2008年水平，出现了反弹，几乎与2007年水平相当。但是，我们通过实证发现这种现象是由于2008年实施新的非经常性损益规定，非经常性项目范围扩大导致的；在会计准则变更之际进行盈余管理的企业中，ST公司具有更强的盈余管理动机；上市公司在会计准则变更之前的盈利状况和上市公司风险警示也显著地影响会计准则变更年度的盈余管理的方向和大小，通过实证发现，连续亏损的上市公司和为降低风险警示的上市公司，通过非经常性损益进行盈余管理的动机显著。我们也发现，对于上市公司利用会计准则变更之际进行盈余管理的行为，证券部门通过进行风险警示的方法实施了有效监管。

    本文从非经常性损益的角度对上市公司盈余管理进分析，实证数据表明，非经常性损益是上市公司进行盈余管理的一项重要手段，特别是被风险警示的上市公司、连续亏损的上市公司以及急于摆脱风险警示的上市公司进行盈余管理的动机愈加强烈。因此，对于上市公司的监管部门和会计政策制定者而言，应对这些上市公司的非经常性损益给予重点关注，以保证会计信息质量的提高和证券市场的健康发展。

参考文献

  [1] 财政部会计司. 关于我国上市公司2007年执行新会计准则情况的分析报告. 会计研究，2008 (6)：3-21.

  [2] 罗婷，薛健，张海燕. 解析新会计准则对会计信息价值相关性的影响. 中国会计评论，2008，6 (2)：129-140.

  [3] 王玉涛，薛健，陈晓等. 企业会计选择与盈余管理——基于新旧会计准则变动的研究. 中国会计评论，2009，7 (3)：255-270.

  [4] 吴战篪，罗绍德，王伟. 证券投资收益的价值相关性与盈余管理研究. 会计研究，2009 (6)：42-49.

  [5] 王建新. 长期资产减值转回研究. 管理世界，2007 (3)：42-50

  [6] 张然，陆正飞，叶康涛. 会计准则变迁与长期资产减值. 管理世界，2007 (8)：77-84.

［7］谭燕．资产减值准备与非经常性损益披露管制——来自中国上市公司的经验证据．管理世界，2008（11）：129－142．

［8］步丹璐，叶建明．"资产减值"的经济后果——基于新旧会计准则比较的视角．中国会计评论，2009，7（3）：315－328．

［9］毛新述，戴德明．会计制度改革、盈余稳健性与盈余管理．会计研究，2009（12）：38－46．

［10］程书强，杨娜．新会计准则下上市公司盈余管理存在的可能性及实施途径分析．管理世界，2010（12）：178－179．

［11］沈烈，张西萍．新会计准则与盈余管理．会计研究，2007（2）：52－58．

［12］邵毅平，张健．上市公司盈余管理、市场反应与政府监管．财经论丛，2011，156（1）：77－83．

［13］谭洪涛，蔡春．新准则实施会计质量实证研究——来自 A 股上市公司的经验证据．中国会计评论，2009，7（2）：127－156．

［14］陆建桥．中国亏损上市公司盈余管理实证研究．会计研究，1999（9）：25－35．

［15］蒋义宏，王丽琨．非经常性损益缘何经常发生——来自亏损上市公司年报的证据．证券市场导报，2003（6）：9－13．

［16］徐磊，齐伟山，欧阳令南．非经常性损益、盈余操纵与股票市场定价．浙江理工大学学报，2006，23（4）：490－495．

［17］魏涛，陆正飞，单宏伟．非经常性损益盈余管理的动机、手段和作用研究——来自中国上市公司的经验证据．管理世界，2007（1）：113－121．

［18］张劲松，赵路明．ST 公司盈余管理的特点与监管．哈尔滨商业大学学报（社会科学版），2006，90（5）：30－32．

［19］张卫东．定向增发新股与盈余管理——来自中国证券市场的经验证据．管理世界，2010（1）：54－63．

［20］肖淑芳，张晨宇．股权激励计划公告前的盈余管理——来自中国上市公司的经验证据．南开管理评论，2009，12（4）：120－127．

［21］王克敏，王志超．高管控制权、报酬与盈余管理——基于中国上市公司的实证研究．管理世界，2007（7）：111－119．

［22］戴新民，曹满丹．高管持股和流通股与盈余管理的关系研究，安徽工业大学学报（社会科学版），2010，27（2）：16－18．

［23］朱星文，廖义刚，谢盛纹．高级管理人员变更、股权特征与盈余管理——来自中国上市公司的经验证据．南开管理评论，2010，13（2）：23－29．

［24］程书强．机构投资者持股与上市公司会计盈余信息关系实证研究．管理世界，2006（9）：129－136．

［25］高雷，张杰．公司治理、机构投资者与盈余管理．会计研究，2008（9）：64－72．

［26］邓可斌，唐小艳．机构投资者真的有助于降低盈余管理吗——来自中国上市公司混合与平衡面板数据的证据．产业经济研究，2010，48（5）：71－78．

［27］刘运国，麦剑青，魏哲妍．审计费用与盈余管理实证分析——来自中国证券市场的证据．审计研究，2006（2）：74－80．

［28］陆正飞，祝继高，孙便霞．盈余管理、会计信息与银行债务契约．管理世界，2008（3）：

152 – 158.

　[29] 潘越，吴超鹏，史晓康．社会资本、法律保护与 IPO 盈余管理．会计研究，2010（5）：62 – 67.

　[30] 支晓强，童盼．盈余管理、控制权转移与独立董事变更——兼论独立董事治理作用的发挥．管理世界，2005（11）：137 – 144.

　[31] 陈俊，张传明．操控性披露变更——信息环境与盈余管理．管理世界，2010（7）：181 – 183.

　[32] 叶建芳，周兰等．管理层动机、会计政策选择与盈余管理——基于新会计准则下上市公司金融资产分类的实证研究．会计研究，2009（3）：25 – 30.

　[33] 谢德仁．会计准则、资本市场监管规则与盈余管理之遏制——来自上市公司债务重组的经验证据．会计研究，2011（3）：19 – 26.

　[34] 张昕，杨再惠．中国上市公司利用盈余管理避免亏损的实证研究．管理世界，2007（9）：166 – 167.

　[35] 孟焰，王伟．我国非经常性损益信息披露管制效果研究．会计研究，2009（6）：35 – 41.

　[36] 孟焰，袁淳，吴溪．非经常性损益、监管制度化与 ST 公司摘帽的市场反应．管理世界，2008（8）：33 – 39.

　[37] 周晓苏，李向群．上市公司非经常性损益信息及其披露监管有效性研究．会计师，2007（11）：4 – 12.

　[38] Michael Jensen，William Meckling. Theory of Firm：Manage – rial Behavior，Agency Costs and Ownership Structure. Journal of Financial Economics，1976（3）：305 – 360.

　[39] Healy. P. The Effect of Bonus Schemes on Accounting Deci – sions. Journal of Accounting & Economics，1985（7）：85 – 107.

　[40] Sweeny. A. P. Debt Covenant Violation and Managers' Ac – counting Response. Journal of Accounting and Economics，1994（17）：281 – 308.

　[41] Chen，Kevin C. W.，Yuan，Hongqi. Earnings Management and Capital Resource Allocation. The Accounting Reiview，2004，79（3）：645 – 665.

Non – recurring Gains and Losses, Accounting Standards Change and Earnings Management in ST Companies

Jiang Dafu　Xiong Jian

Abstract：Accounting Department，Management School，Jinan University Abstract The paper has first analyzed the literature on earnings management，accounting standards change and non – recurring gains and losses. With the implementation of the new CAS (China Accounting Standards) in 2007, this paper offers empirical evidence on whether the listed companies would take advantage of the chance of accounting standards change to conduct earnings management on the perspective of non – recurring gains and losses. Empirical evidences in this paper show that the percentage of abnormal non – recurring gains and losses in listed companies has been increasing since 2005. It indicates that Chinese listed companies had a strong motivation to manage earnings in 2006 before the new CAS was planning to be carried out, and had reached the top in 2007; whereas the level of earning management on the per – spective of the non – recurring gains and losses had come back to that of 2006 in the year of 2008, which shows Chinese listed companies has the strong motivation to manage earnings on the time of the CAS change. But, the evidence has shown that the earnings management level has witnessed a rebound in 2009, which had significantly higher than that of 2008 and as high as that of 2007. Further empirical study has found that the rise of earnings management in 2009 was due to the implementation of new regulations of non – recurring gains and losses and increase of non – recurring items in 2008. Among the listed companies that intend to actively practice earnings management, ST (Special Treatment) companies have much stronger motivation to do so. This paper also suggests that both the profits and the risk warning before the CAS change should have a great impact on the direction and the scale of earnings management in the year of CAS change. Listed companies that suffer successive losses and tend to reduce the degree of risk warnings would have rather strong motivation to earnings management with the non – recurring gains and losses. This paper also shows that the supervision department through the method of risk warning has carried out effective supervision on the behavior which listed companies intended to manage earnings on the time of the CAS change.

Key Words: Non – recurring Gains and Losses; CAS Change; Earning Management

管理会计变革与创新的实地研究[*]

周　琳　潘　飞　刘燕军　马保州

（河南财经政法大学会计学院　450002）

【摘　要】本文在已有文献的基础上提出了管理会计变革的制度化模型，并通过我国上市公司 ABC 实施的实地研究进行理论检验和发展。该模型从一个全新的视角，即新的管理会计规则和惯例的制度化的实现来衡量管理会计变革与创新的成功；强调制度化的实现要通过一个进化式的阶段变革过程来完成，每个阶段在不同程度上要受到外部环境、个人特征、组织、技术、任务特征等因素的影响，并通过三种分类方式对制度化后果进行评价。本文研究有助于我们深刻理解管理会计变革的过程本质和后果，并为我国企业引进和实施管理会计创新提供极其宝贵的经验证据。

【关键词】管理会计变革；制度化；管理会计创新；ABC

一、引　言

为适应内外部环境的激烈变化，越来越多的中国企业，尝试将平衡计分卡、作业成本法、全面预算管理等西方先进的管理会计方法运用于企业内部管理中，尽管这些管理会计创新在理论界和实务界的认知和接受程度较高，对于推动我国管理会计的改革与发展起到了非常关键的作用（O'Connor et al.，2004；潘飞、王悦等，2008；高晨，2010），但是它们在企业的传播和推广实施过程却并不是一帆风顺的。

管理会计变革日渐成为国外管理会计研究关注的重要领域，并取得了丰富的研究成果。国外研究表明，管理会计创新在企业的采纳和实施会使得原有的管理会计规则和惯例

　　* 本文为国家自然科学基金重点项目"以价值为基础、以战略为导向的中国企业管理会计研究"（项目号71032005）的阶段性研究成果。同时，也是教育部人文社会科学重点研究基地重大项目"中国企业管理会计行为研究"（项目号10JJD630005）的阶段性成果。

发生改变，引起组织结构、企业文化、相关利益群体人员行为的变化等，这些都会使管理会计创新在具体实施过程中变得复杂和不确定（Hopwood，1987；Libby and Waterhouse，1996）。我国学术界对于管理创新在企业的实施过程、遇到的问题、影响顺利实施的因素等重要问题探讨较少。与西方企业相比，我国企业具有截然不同的制度背景和企业文化，这就给本文提供了一个很好的研究机会来考察管理会计变革过程，并赋予其丰富和独特的内容。

本文借鉴制度理论从一个全新的视角，即新的管理会计规则和惯例的"制度化"的实现来评价管理会计变革的成功（Burns and Scapens，2000）。同时，本文强调管理会计变革的成功实施要通过一个进化式的四阶段变革过程来完成，并且，每个阶段在不同程度上要受到外部环境、个人特征、组织、技术、任务特征等因素的影响。因此，本文的主要贡献在于用提出的制度化模型来检验管理会计变革过程的"黑箱"，这有助于我们深刻理解变革的过程和本质。

因此，本文的研究问题具体包括：第一，管理会计变革的制度化过程如何实现？第二，影响管理会计变革的制度化过程的因素有哪些？第三，如何全面评价管理会计变革制度化过程的后果？

本文以下部分的结构安排如下：第二部分是理论分析与文献回顾；第三部分是管理会计变革制度化模型的提出；第四部分是实地企业管理会计变革的制度化分析；第五部分是本文的研究结论与启示。

二、理论分析与文献回顾

（一）理论分析

旧制度经济学（简称 OIE）适合于解释组织层面的管理会计变革，并且解释能力显著强于绝大多数以新古典经济理论为基础的会计研究（Scapens，1994）。该理论关注的焦点是组织惯例及其变革过程，即惯例的制度化过程。它强调组织内部因素，尤其是组织内部面对一项管理会计创新的采纳和实施中的权力斗争、冲突和变革过程（Scott，2001），重点考察新的管理会计实践是如何在组织中生存和发展的，关注与变革相关的动态过程或行为者发挥的作用。

除了用于解释组织层面管理会计变革的旧制度经济学，新制度社会学理论（简称 NIS）主要考察制度因素以及传统经济因素在理解管理控制系统变革方面的重要性（Covaleski and Dirsmith，1988；Abernethy and Chua，1996；Burns and Scap－ens，2000；Collier，2001；Modell，2001）；主要关注组织外部的制度，即社会、政治、经济因素对组织会计实践的影响（Covaleski et al.，1993，1996；Carruthers，1995；Fligstein，1998）。

另外，行为网络理论（简称 ANT）主要从"供给层面"对创新技术的传播进行理论解释，尤其关注职业团体的制度化地位如何有助于他们传播新的会计实践（Meyer，1994）。例如，促使管理会计创新的使用成为一种时尚的主体，包括咨询公司、早期采纳者以及会计学术界（Abrahamson，1991；Granlund and Lukka，1998；Malmi，1999；Jones and Dugdale，2002）。该理论是一种旨在理解变革和规则的理论（Monteiro，2000）。它认为，技术可以理解为一种争权夺利的行为体，有能力被该技术领域的专家根据组织的实际情况进行设计和塑造。例如，该理论关注作业成本法（简称 ABC）作为一种实践，在实施过程中被社会化、组织化和技术化的方式（Chua，1995；Miller，1991）。

（二）管理会计变革的理论模型回顾

依据不同的理论基础和研究视角，现有管理会计变革研究者提出了不同的理论模型，可以分为路径模型、过程模型和要素模型三类。

1. 路径模型

Nelson 和 Winter（1982）认为，研究管理会计变革过程要求将新的会计实践随着时间变革的方式进行路径化。Burns 和 Scapens（2000）从旧制度经济学（OIE）角度发展了一个组织层次管理会计变革的制度化模型。在此基础上，Dillard 等（2004）提出了一个包括政治经济层次、组织行业层次以及组织层次的、递归的动态制度化模型。该模型更全面地表达了制度化过程，有助于更好地理解制度、会计实践和变革过程。这类模型的最大贡献在于将新兴的社会学和经济学理论引入管理会计研究，不仅弥补了传统管理会计研究主要以新古典经济学和新制度经济学为理论依据、只能寻找最优的"静态均衡"，却无法解释动态变革过程的不足（Scapens，2000），而且指出变革的核心在于使新的管理会计规则"制度化"，这就阐明了变革的内在机理，打开了变革过程的"黑箱"。

2. 过程模型

这类模型将变革过程划分为不同的阶段并探讨各阶段的影响因素。早期成本管理系统方面的理论文献表明需要对变革过程划分不同阶段进行研究（Anderson，1995；Gosselin，1997；Krumwiede，1998；Anderson and Young，1999）。例如，Kaplan（1990）、Cooper 和 Kaplan（1998）认为，新的成本管理系统要经历四个进化的阶段，每一阶段的确定都是关于成本管理系统与财务会计系统之间的相对整合程度而言，也就是将系统整合看作实施过程的一个关键因素。与此同时，IT 实施方面的研究发现，IT 实施的成功不只是由技术或组织决定，更是来自社会—技术因素之间的复杂交互作用。因此，Cooper 和 Zmud（1990）依据信息技术实施、组织变革理论，参考 Kwon 和 Zmud（1987）的信息技术实施模型，将企业实施某种新的管理会计技术的变革过程划分为六个阶段，即发起、采纳、适用、接受、惯例、融合，该六阶段模型虽然描述了各阶段的变革任务，但未能指出到底是哪些因素影响这些任务的完成。Anderson（1995）在以上研究成果的基础上，结合实践中影响管理创新实施的因素，提出了"阶段—因素"过程模型，以作为评价管理会计变革的理论框架。

3. 要素模型

这类模型考察了变革过程中不同要素之间如何相互结合或相互协调以促使会计变革的发生和成功实施，它力求对变革基本要素分析的完备性。Innes 和 Mitchell（1990）的研究代表了这类模型的早期成果。他们将管理会计变革的影响因素分为三类，即诱发因素，如市场竞争、组织结构和生产技术变革等；催化因素，它能够直接导致管理会计的变革，如亏损严重、市场份额下降、新产品上市等；促进因素，指的是对变革必要但不充分的因素，如会计人员配备充足性、人员素质、母公司自治程度、信息化程度等。该模型的不足之处在于，首先，它忽略了阻碍、推迟甚至阻止变革的因素，例如员工对变革的态度。其次，它重在解释外部因素（例如环境）对变革的影响，但在解释变革过程如何在组织内发生，尤其是变革过程对组织成员的影响方面能力较差。

因此，Cobb 等（1995）对 Innes 和 Itchell（1990）的变革模型进行了扩展，加入三个因素，即变革的障碍因素、变革的领导者和变革的持续推动因素。作者认为，环境压力是许多变革的主要原因，但内部因素也很重要，尤其是个人作为催化因素和领导者的双重作用对于组织中管理会计的变革过程是至关重要的。

Kasurinen（2002）进一步发展了 Cobb 等（1995）的管理会计变革模型。他们重在分析可能延缓、阻碍管理会计变革的阻力因素，将阻力因素进一步划分为认识混乱（如对项目前景不确定或观点不同）、冲突因素（试图压制变革的发生，如与现有的报告系统或组织文化不同）、推迟（常常和新的管理技术有关，如信息系统缺失或战略不清晰）。这种划分容易确认它们在变革过程中所起的作用，从而有利于解释变革过程。

三、管理会计变革实施的制度化模型的提出

已有理论模型从不同的层次和角度对管理会计变革进行考察，各有所长，但缺乏对于组织层次变革过程系统性、立体性的研究。因此，本文借鉴三类变革模型，提出了管理会计变革实施的制度化模型。

（一）现有变革模型的缺陷

路径模型中，Burns 和 Scapens（2000）的管理会计变革概念化框架提供了一个考察组织层次管理会计变革路径的通用模型（Soin et. al.，2002）。该模型的主要思想是，管理会计变革的核心问题在于能否实现"制度化"，即将变革目标由新的书面规则演化为企业持续、有效运用的新知识和新技能，进而成为所有成员共同认可的决策与控制的惯例模式。因此，管理会计变革本质上是一种制度演化，其演化路径表现为制度与行为交互作用下的渐进模式；强调变革过程的复杂性，以及需要了解变革的多个维度。

该模型的目的是描述和解释分析性的概念，例如可被用于解释管理会计变革的案例研

究，也有助于关注变革过程的基本特征。并且，为了了解制度化过程在不同时期的特征，以及管理会计规则和惯例被复制的持续积累的过程本质，需要长期考察个体组织内的管理会计变革过程。只有这样，才有可能加深我们对管理会计系统变革的理解，并更好地预测在管理会计系统变化中遇到的问题和困难。

但是，这两位作者认为，"规则"、"惯例"和"制度"是一种分析性概念，并不能作为实证变量用一些客观方法来计量，也不能进行实证观察。在该模型中，仅"行为"是可以观察的。除了"行为"，其他概念越来越抽象，甚至"规则"也很难实证观察到。因此，他们认为该模型只是将管理会计变革作为一个过程进行考察的起点，并不能用于实证研究和假说检验。

过程模型中，Anderson（1995）的"阶段—因素"六阶段模型的理论基础是信息技术实施、组织变革、创新技术传播方面的理论，也包含了行为网络理论的思想。该模型对组织成本管理会计系统变革的实施过程进行了概括；其基本思想是变革的每个阶段的任务、影响变革的关键因素以及管理变革的方法和策略要因不同的变革阶段而做出相应的调整，也就是要根据企业内外环境的变化而变化，这在本质上属于权变理论研究（于富生等，2008）。该过程模型尤其适合解释管理会计创新的采纳引起的变革过程。并且，变革过程的较高阶段，即惯例和融合阶段的任务特征符合"制度化"的本质。

这类模型虽然强调变革必须与外部环境、制度因素、组织背景等相适应，但它对不同变革阶段影响因素的关键变量识别较为零散，使其他研究者在利用过程模型进行实证检验时常常得出相互矛盾的结论（Gerdin and Greve，2004）。

要素模型重在全面分析变革的基本要素，强调各要素之间的相互关系和相互协调，只有注重系统分析和系统管理，才可能促使变革取得成功。与过程模型相比，要素模型的最大特点在于，它指明了变革是一个由若干要素在相互联系、相互影响过程中形成的动态有机整体，提供了关于变革基本要素的结构化分析框架，对于设计和实施管理会计变革具有重要意义（于富生等，2008）。

从以上阐述可以看出，现有的三类变革模型从不同的角度阐释管理会计变革，但是缺乏对于变革过程系统性、立体性的研究。如果能将路径、过程和要素三个视角整合在一个模型中，可以全方位地透视管理会计变革，更好地揭示管理创新采纳引起的变革过程，更深刻地探讨其制度化过程。只有这样，路径模型中"制度"、"行为"、"规则"、"惯例"这些分析性概念才具有可操作性，过程模型才能真正体现出"制度化"这一管理思想，要素模型才能增加对变革过程本质的了解和成功标准的衡量。

（二）本文制度化模型的提出

基于以上分析和实地企业的实际情况，本文提出了我国管理会计变革的制度化模型，如图1所示。该模型试图回答下列问题：在特定组织中，管理创新技术的实施，或管理会计变革引起的企业成本管理新规则和惯例是如何被制度化，即制度化过程是如何逐步实现的？有哪些因素影响制度化过程的不同阶段？

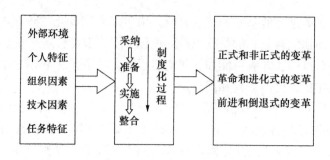

图1 管理会计变革的制度化模型

模型中的每一阶段，尽管在时间上会有重叠，但都有标志性的事件以说明创新的实施达到了这一阶段。在评价组织变革时一个重要问题是考察实施阶段的惯例化过程。这种变革是"昙花一现"，还是能够形成新的组织惯例或规则？更进一步，是否这种新的惯例实践可被推广应用到组织中更广泛的领域，即超出管理创新最初实施部门相对有限范围的惯例从而影响整个组织，以实现制度化？

一项创新被定义为一种思想或行为对拟采纳的组织而言是新的（Bolton，1993；Zaltman et al.，1973）。创新通常分为两种类型：管理创新和技术创新。管理创新影响组织结构和管理过程，这种类型的创新关注目标、战略和控制系统的变化，诸如 ABC 这样的会计创新被认为是管理创新（Clark et al.，1999；Hopwood，1974，Merchant，1981）。技术创新是关于新产品、新过程和新服务方面的思想变革（Daft，1978），它们关注产品或服务的变化以及生产产品或提供服务的方式。Evan（1966）认为，管理创新往往落后于技术创新，因为它们往往被认为与制造类企业的盈利目标联系较少。Damanpour 和 Evan（1994）认为管理创新可以导致技术创新。

因此，管理创新的实施不只是简单的"技术"问题，它会引起组织相关利益群体的态度、行为、管理理念的一系列变革。通过分析影响变革制度化过程的外部环境、个人特征、组织因素、技术因素、任务特征五大类因素的各个分支因素，我们能够有的放矢地对促进变革的因素进行有效管理，以利于创新的顺利实施和变革制度化的实现。

另外，尽管对管理创新实施引起的组织变革的后果评价不可能绝对清晰地归为一种而不是对立的另一种变革，但是我们利用这三种分类可以将管理会计创新对组织影响的方式进行深刻剖析。

四、实地企业管理会计变革的制度化分析

（一）研究方法与研究对象选择依据

本文采用实地研究方法。实地研究适合将会计实践作为一个过程进行考察，有利于深

入组织内部获得组织运作过程的第一手资料和原始的研究数据。并且，研究管理会计变革的制度化过程只有通过长期的实地研究过程才能揭示清楚（Scott，2001；Dacin et al.，2002；李志文，2003）。

本文的研究对象是国内一流的电力装备制造商和系统集成商（以下简称实地企业），选择的依据是：第一，该企业管理创新 ABC 实施的过程所经历的时间跨度比较长（本文考察期为 10 年）；第二，本文作者有机会对该企业进行深入调研和实地访谈。

作业成本法（简称 ABC）自 2001 年 6 月在实地企业发起、采纳和实施，截止本文考察的 2010 年，经历了将近 10 年的时间。依据制度化模型，本文对实地企业管理会计变革的制度化过程进行实施阶段分析、影响因素分析和后果分析。

（二）数据收集与整理过程

为了避免在收集证据过程中出现偏差，同时提供不同来源的证据进行佐证（Yin，1994），本文的数据来源包括访谈数据、书面文件、直接观察。

本文采用半结构式访谈，事先准备了不同的访谈指引，访谈对象包括实地企业中实施 ABC 的子公司和母公司的相关人员和咨询人员，并且被访谈者为来自不同职能部门、不同级别的领导和员工。绝大多数访谈是以单个面对面或多个面对面的形式进行的。

书面文件，主要包括 ABC 项目各类见证文档、公司年报（2001～2010 年）、公司组织结构图、集团公司报（半月刊，从 2008～2010 年，将近 70 份电子报纸）、公司会议通知等。其中，本文分析的 ABC 项目文档，达 100 多份，是 ABC 项目在实地企业 IC1、分公司 IC2 和销售公司 IC3 实施过程中的各类见证文档。例如，项目计划书、调研报告、会议纪要、作业成本系统操作规程、作业成本系统用户手册、作业成本法操作手册、作业成本法核算软件。

直接观察，一方面，是通过实地调研过程中与企业相应部门人员的接触，直观了解到企业不同职能部门人员在 ABC 发起、实施过程的各种情况下做了什么、说了什么，以及各自的态度如何。另一方面，是通过参与公司内部"关于 ABC 理念如何在 Oracle 信息系统中进行体现"等的交流会议和讨论。

（三）实施过程阐述

实施过程分为前期阶段（包括采纳、准备）、中期阶段（实施）、后期阶段（整合）进行阐述。

1. 前期阶段阐述

采纳阶段，从 2001 年 6 月至 2002 年 7 月。实地企业成本管理系统变革的压力，来自外部竞争威胁和内部需求，因此高层领导积极地寻找解决方案。通过对 ABC 的了解，高层领导做出了采纳 ABC 以提高公司成本核算准确性的决策。公司 2001 年年报中详细披露："引入 ABC（Activity Based Costing）成本管理方法，加大成本管理力度，建立产品线成本考核体系，同时深入开展节约挖潜活动，努力降低各项开支费用。"

"我们是生产制造企业，产品销售价格敏感，是否亏本，产品成本核算准确很重要，要为市场提供较高的信息。我们生产的某个产品，在传统成本核算体系下，成本为 800 多元，而市场上卖价仅需要 500 多元。这使得我们在对外报价时不知如何定价……领导让我们试一试这种方法。"

准备阶段，为了保障实施成功，公司从 2002 年 8 月到 12 月做了以下方面的必备工作。第一，成立了由外部专家与自身项目团队构成的 ABC 项目组。外部专家负责理论指导，构建 ABC 概念框架，设计实施方案。实地企业自身项目团队负责协调、项目推进和具体实施。

第二，实地企业 ABC 项目团队在 IC1 进行深度调研。

"当时调研规模很大，上市公司所有生产经营单位、分公司，生产、质量、供应方面的领导都参与，一起讨论生产组织形式和生产流程，以及成本核算方法、结算办法等。"（股份公司财务处处长，男性）

"IC1 是主业、代表性强。当时的目标是用 3 年时间，首先把成本核算清楚，用于决策；然后，是管理好。"（常务副总经理兼总会计师，男性）

第三，设计实施方案，确定 IC1 的作业和作业中心，选择作业动因等。

第四，与金蝶软件公司合作，进行软件编制的一系列准备工作，比如费用的分配工作、程序设计、试运行以及程序联调。

第五，对相关员工进行培训。该企业通过投入电脑、软件、咨询等各项人力、物力资源，以利于管理会计变革的实施。ABC 实施方案的定稿和 ABC 核算软件在 IC1 正式启用，并出具了第一套完整的 ABC 报表数据，标志着准备阶段的结束，实施阶段的开始。

2. 中期阶段阐述

实施阶段主要反映实施 ABC 的部门相关领导和员工对这项创新的接受过程，以及这种新的管理会计规则和惯例的常规化过程。

公司各层领导和员工对 ABC 系统的接受是一个循序渐进的过程。

"过去我们对产品合同的成本核算是一种估计。我们知道自己的产品成本是不精确的。自从开始实施 ABC 项目，第一次，我开始了解到生产过程，不仅仅是成本核算规则。"

"现在我们对 ABC 软件问题进行梳理，我能够跟踪成本发生的来源（作业中心），比较合同之间的成本动因。"（股份公司成本会计，即项目团队成员，女性，2003 年）

从 2005 年初开始，ABC 系统核算出的"生产成本"数据在分公司 IC1 对外成本核算中被采用，反映了对作业管理理念的不同程度的接受、最小限度的持续使用以及系统维持（Kwon and Zmud，1987；Cooper and Zmud，1990），也就是常规化过程的开始。该过程的主要标志是《作业成本核算制度》、《操作流程》等各项规章、制度的建立、规范，保证了 ABC 系统的顺利运行和各项管理工作的规范性；按月出具的 ABC 报表数据作为对外"生产成本"核算的依据。

这种新的管理会计"规则"和"惯例"的出现，使 ABC 系统成为分公司 IC1 日常管理常规活动的一部分。这种转变反映了实地企业管理会计变革的初步成功、制度化的初步实现（Burns and Scapens，2000）。

3. 后期阶段阐述

整合阶段，从 2010 年 11 月正式开始。2010 年初，企业开始实施 Oracle 信息系统，项目团队与信息中心、Oracle 原厂实施商讨论了将作业成本核算和管理理念融合进信息系统的可能性。经过三方的共同努力，已经上线的 IC1 财务系统初步体现了作业成本核算和管理理念，实现了初步整合（Cooper and Zmud，1990）。

"已经用到 ABC 的理念，比如说划分作业中心和动因的选取，都跟前期 ABC 的思路有关系。IC1 的 ABC 核算体现在 Oracle 信息系统中的是两个作业中心'工程设计'和'生产调试'，分别按照定额工时乘以标准费率进行核算。差异之处是用了标准费率，原来是实际成本。"（股份公司成本会计，即项目团队成员，女性）

实地企业财务处处长 B 和 IC1 财务科科长 F 也表达了同样的观点。同时，主管财务和信息化工作的高层领导，提出了实施作业预算，以及将 ABC 与公司 KPI 考核相结合的目标。

"我听了 Oracle 那次汇报，分工序，而且标准费率可以把它改成不同的分配标准，动因也可以选择，这不就是 ABC 吗？下一步打算，继续用成本预算，还是用 ABC、ABM。目前财务做的预算有两三年时间，全面预算，时间不长，做得不好，只是个大概数。"（常务副总经理兼总会计师，男性）

这些措施都有利于真正实现 ABC 和 Oracle 信息系统的无缝隙整合，ABC 实施引起的新的管理会计规则和惯例的制度化过程才会完成，管理会计变革才算真正取得了成功（Burns and Scapens，2000）。

（四）影响因素分析

实地企业变革的制度化过程五大类影响因素的分析依据是"阶段—因素"模型（Anderson，1995）、IT 实施文献（Kwon and Zmud，1987）、成本管理系统变革文献。通过因素分析，结合要素模型，本文试图探讨各个分支因素是显著促进还是阻碍实地企业各个阶段的顺利实施，也探讨这些促进或阻碍因素是如何影响 ABC 的实施效果和推广进程。

另外，本文通过与 Anderson（1995）的研究结果进行比较分析，试图更深刻地了解在我国特有的制度背景和企业文化下，西方先进的管理创新工具在实地企业实施的制度化过程中受到哪些与西方截然不同的因素影响。

1. 外部环境分析

"竞争"在采纳和准备阶段发挥了重要的促进作用，是管理会计变革的诱发因素；竞争程度的加剧、环境不确定性程度的增加，产生了降低产品成本的压力，再加上产品报价不准确，导致实地企业产品市场份额下降。因此，公司开始关注成本系统，并寻找新的成本管理方法。另外，竞争程度越大，管理层越有动机为了使产品成本更有竞争力而开发更精确的成本模型，所以，竞争在准备阶段也起了促进作用。这验证了早期影响 ABC 实施的因素研究（Bjornenak, 1997；Innes and Mitcell, 1995；Krumwiede, 1998；O'Connoretal. 2004）。

"2000 年以来，国内电力系统保护行业的企业较多，竞争加剧，市场人员总是反映公司报价高。财务报的是计划价，当时没有很好的成本核算办法，材料没问题，不知道工费是否准确。"（常务副总经理兼总会计师，男性）

明确了公司成本管理存在的问题之后，公司聘请专家进行理论指导。"外部专家"在项目实施过程中发挥了积极的促进作用。这验证了组织理论中的项目团队研究成果（Cohen, 1993；Anderson et al., 2002），以及从创新的"供给层面"验证了创新传播理论、行为网络理论（Malmi, 1999；Jones and Dugdale, 2002；Briers and Chua, 2001；Hopper and Major, 2007）。

"ABC 的实施，以外部专家的意见为主，每年有不同的进度和要求，项目组在不同阶段进行调研和访谈等。"（股份公司财务处处长，男性）

"主要是咨询作用，设计方案、理论指导。诊断很重要，方案设计好，用一段时间后要经常做分析和诊断。分析较少，比如运行一年以后，把数据分析清楚，有问题给我反映，给管理层提，通过这个分析，大家确实知道存在哪些问题，进行改正。"（常务副总经理兼总会计师，男性）

"外部交流"在实施、整合阶段发挥了一定的促进作用。实地企业可以认为是较早采纳 ABC 的创新者。并且，外部专家将实地企业 ABC 的实施作为典型案例发表了多篇学术性文章，因此，实地企业的 ABC/ABM 管理模式引起了国内外的广泛关注。周围乃至较远省份的企业专门组织人员到实地企业参观学习。因此，外部交流的增加促使实地企业不断改进、完善和持续使用作业成本系统。

"主要是向来访企业财务人员介绍公司实施的 ABC 核算系统，软件如何出具作业成本报表，探讨这种方法的优缺点等。"（财务处成本科、ABC 项目组经理，男性）

同时，比较分析发现了相似的结论，即"竞争"和"外部专家/外部交流"在 ABC 实施的早期阶段，发挥了重要作用。

2. 个人特征分析

"对待变革的态度"在采纳阶段发挥了重要的促进作用。集团公司高层领导积极倡导变革，一直致力于诸如 KPIEVA、ABC 这些先进的管理创新技术的采纳和效益回报。2001年，集团公司董事长通过学习《哈佛商业评论》中关于 ABC 的文章，认为这种管理创新工具可能会对提升公司的成本管理水平有所帮助，亲自安排主管财务工作的总会计师 A 进行研究和实践。因此，该领导是公司成本管理系统变革的积极倡导者和催化因素，直接导致了公司管理会计的变革。"角色参与"在采纳、准备阶段发挥了重要的促进作用。"过程知识"在实施的整个过程中发挥了积极的促进作用，这是管理会计变革的重要促进因素。制度化实现和变革可以看作成功的重要条件就是 ABC 系统实施所形成的新的规则和惯例，在长期的实施过程中被企业成员真正接受，变革的核心理念能够真正灌输到员工的头脑中（Burns and Scapens, 2000；Dambrin et al., 2007）。但其重要前提就是需要企业成员对 ABC、经营流程等"过程知识"的掌握，才能谈得上逐步了解和接受。否则，"形式上采纳"的现象就会发生，并影响变革的实施效果。这可以解释为什么有的企业变革比较顺利、有的企业变革容易出现变故且难以达到预期目标。

同时，比较分析也发现了一致的结论。

3. 组织因素分析

"集权化"在采纳、准备阶段发挥了重要的促进作用，而在实施阶段，其负面作用阻碍了项目的预期效果，成为变革的阻力因素。

从 ABC 实施的采纳阶段，我们可以看出这是由公司高层领导发起的有组织、有目标、正式的、统一的大型管理创新项目。因此，集权化在 ABC 实施的采纳阶段起了关键作用。但是，集权化在实施阶段成为一种阻碍因素，体现在项目团队经理 D 认为自己不是独立的决策者，自主性不够，自视为接受命令的下级，降低了项目团队成员的工作热情。然而，自主性和工作热情在实施阶段，即 ABC 系统的持续使用、维护、升级更新和推广中，显得尤其重要。

"职能专业化"在准备、整合阶段发挥了积极的促进作用。实施管理创新（例如 ABC）通常涉及项目和开发团队（Cohen，1993）。这种跨职能团队具有较高的执行力，能够以一种有效的方式解决冲突（Hackman，1987；Anderson et al.，2002；高晨，2010）。然而，在实施阶段没有很好地发挥其积极作用，阻碍了项目的实施效果。

"开发人员已经解散，各自承担了新的工作，在深圳金蝶第一期的 ABC 程序目前处于无人过问的状况，出现问题总是推来推去找不到人解决。一个好的程序要经过几个版本的修订才能趋于完善，ABC 经过了五年的时间，没有进行过版本修订，出现一个问题，解决一个问题，从未从根本上解决问题，对程序没有进行过整体优化。"（股份公司财务处成本科，女性）

此外，操作、维护和更新 ABC 系统的实地企业 ABC 项目团队人员较少。目前，只有项目经理和使用 ABC 软件出具报表的一名项目组成员。

"与自身有关，财务人员被日常核算量占了很多精力，没有太多的时间和精力专门做这件事，没有足够人数和水平的团队来做这件事。如果真的要把 ABC 做好的话，需要大概至少 10 人的团队，而且要对成本非常了解，向别的车间不断地推广。"（股份公司财务处处长，男性）

"高管的支持"在整个实施过程中发挥了重要的持续推动作用。高层领导对创新的追求是中国国有企业一个明显的现象。为了在市场经济的激烈竞争中占有一席之地，必须要有先进的管理理念。以总会计师为首的公司高层领导，是变革的领导者和持续推动因素。如果没有他们的领导作用，变革过程可能由于面临较大的障碍而不能持续下去。

"培训"和"内部交流"在采纳、准备阶段发挥了积极的促进作用，在实施阶段"培训"和"内部交流"比较少，没有很好地发挥其积极作用，阻碍了项目的实施效果。但是，在整合阶段，"内部交流"发挥了关键的促进作用。

"培训很重要，要经常给用的人讲……主要还是公司人员对 ABC 的理念理解不深入，培训的少。他们不懂这一理念。因此，我们要让他们懂，知道是怎么回事，然后才能激发出他们的需求。效果出来，才会觉得有用处。高层不需要，但是中层需要详细的管理信息……财务缺乏沟通能力。应该把 ABC 的理念给业务人员讲透，然后在实施效果上能够看到。很难做。好处是给业务人员讲过后，能够促使业务人员迫切需要这方面的信息才行。"（常务副总兼总会计师，男性）

"没有推广好，没有宣传好，各项制度不完善。"（股份公司项目团队经理，男性）

"组织结构"对 ABC 系统成本核算的准确性有一定的阻碍作用，影响了企业成员的接受程度；"企业文化"在 IC1 和推广实施的另一家分公司（以下简称 IC2）的采纳、准备阶段发挥了重要的促进作用，但是在推广实施的销售公司（以下简称 IC3）的早期阶段，其特有的子文化氛围阻碍了项目的采纳决策。

比较分析结果中一致的结论是"职能专业化"、"高管的支持"、"培训"、"内部交流"在 ABC 项目实施的采纳、准备、实施阶段发挥了积极的促进作用。

比较分析比较大的差异因素是"集权化"和"企业文化"，体现出了中国国有企业在引进和实施西方先进管理会计创新时与西方企业截然不同的地方。差异原因在于，美国通用汽车公司 ABC 的采纳和实施，是由公司各个分厂自主选择是否实施、自主设计 ABC 模型，然后分厂之间进行讨论，有多个 ABC 项目团队。然而，在本文考察的实地企业，ABC 的采纳实施完全是由公司高层领导发起的有组织、有目标、正式的、统一管理的大型管理创新项目。因此，实施特征表现为一种自上而下的贯彻实施，并由财务最高领导挂帅、财务处成本科具体负责组织实施，只有一个项目实施团队。

4. 技术因素分析

"对使用者而言的复杂性"在采纳阶段并没有考虑，在准备和实施阶段，ABC 核算系统出现了两个方面的问题：一是由于 ABC 软件功能的不完善，导致对动因、资源消耗情况等的输入比较复杂；二是软件的操作权限界定不清，会导致数据重复输入，数据混乱，期末汇总报表时经常需要重新核对数据。因此，加大了操作者的工作量，复杂性较高，对 ABC 的顺利实施有一定的阻碍作用。

"与现有系统的兼容性"在采纳和准备阶段并没有考虑，由于 ABC 不能与其他系统兼容（2010 年才与现有信息系统实现了初步融合），影响了员工对其的接受程度，推迟了变革的进程，因此，在实施阶段有一定的阻碍。

"模型精确性"和"决策相关性"是采纳阶段公司决策层考虑的重要技术因素，在实施阶段，由于模型中一些动因选取的不理想，造成精确度不高，影响了员工对其的接受程度，推迟了变革的进程。

"最初的目的就是把成本核算准确。在实施过程中逐渐产生了另外两个目标，即提高公司的管理水平、提高参与人员的思想和认识。"（股份公司财务处处长，男性）

"对现有系统的相对提升"在实施的整个过程中发挥了积极的促进作用。

"20 世纪 90 年代公司成本核算很粗，通过实施 ABC，使得公司的成本核算清晰和准确了很多，也提高了成本管理水平。这是最大的功劳。这种转变和理念的提高很重要。"

（股份公司项目团队经理，男性）

技术因素分析的结果，极大程度上验证了管理创新传播的动因理论之一，即效率选择观。中国的国有企业，尽管带有国企的特色，与政府有着千丝万缕的联系。但是，为了在市场经济的激烈竞争中占有一席之地，或者即使为了实现政绩，也必须具备先进的管理理念，注重投资回报。

比较分析出现的较大差异体现在两个方面：第一，在美国通用汽车实施 ABC 的采纳阶段，"与现有系统的兼容性"，是高层领导评价可行性和做出采纳与否决策的关键因素。在准备阶段，也是确保 ABC 进一步发展的关键技术因素。然而，在实地企业 ABC 的采纳阶段，并没有考虑这一因素。这说明，我国国有企业高层领导的首要目标和迫切任务是提升成本核算水平，摆脱国有企业使用计划价等落后和错误的成本核算模式的局面。

第二，"对现有系统的相对提升"在实地企业实施的整个过程中都发挥了重要的积极作用，而不只是在 Anderson（1995）所研究的采纳阶段。这反映出中西方企业成本核算和管理水平的较大差异。我国国有企业成本核算和成本管理水平仍然比较落后，基础比较差，为了顺利实施 ABC，会花费很长的时间做很多前期的基础工作，提升的效果就特别明显。因此，西方先进管理会计方法的引入对推动和提升我国管理会计的改革与发展确实起到了非常关键的作用（潘飞、王悦等，2008）。

5. 任务特征分析

"目标清晰度"是采纳、准备阶段考虑的重要因素；"员工自主性"没有明显影响；"员工责任感"在采纳、准备、整合阶段发挥了重要的促进作用。

比较分析中出现的较大差异体现在"目标清晰度"在通用汽车公司实施的采纳阶段有阻碍作用，但在实地企业的相应阶段发挥了重要的促进作用；"员工自主性"在通用汽车公司实施的采纳阶段有阻碍作用，但在实地企业并没有明显的影响作用。

这些差异体现出 ABC 实施和管理的方式手段以及企业文化的差异。在美国通用汽车公司，首先是各个工厂的生产人员等自主设计 ABC 模型，这种自由、自主性使得高层领导认为各个工厂在 ABC 设计中的主观性增强，对标准模式的建立产生负面影响，进而降低了高层领导做出采纳的可能性。然而，如上文所分析，实地企业 ABC 的实施是自上而下贯彻进行，只有一个主体项目实施团队，在实施之前都会有清晰、明确的预期目标，在项目结束之后还会与预期目标进行比较，查找存在差距的原因。"员工责任感"与实地企业"团结、贡献、求实、创新"的企业精神相吻合，也体现出了传统国有企业的本色。

（五）制度化后果分析

从以上分析可以看出，管理创新的实施不单是"技术"问题，更是反映了企业内部一系列组织、个人、行为等方面的变革。为了更深入地评价这种变革对企业的影响，本文进行了三种分类方式的后果评价。

1. 正式或非正式的变革

通过有目的的设计，通常通过引进新的规则或有权势的个人或团体的行为，正式的变革发生（Rutherford，1994）。对实地企业 ABC 项目发起和采纳阶段的分析，可以看出它是经过一系列可行性和必要性分析论证之后，预期能够改善成本核算落后现状，在满足更精确、更全面的信息需求的情况下，由集团董事长和财务总监正式发起和采纳的。这种自上而下，或公司统一领导实施的变革对企业的成本管理方法等正式规则有更直接的影响。因此，实地企业 ABC 项目的实施是正式变革。

随着实地企业最初实施 ABC 的分公司 IC1 进入接受和惯例化阶段，作业管理核算和作业管理理念潜移默化地逐渐在公司领导和员工的经营管理中得到接受和持续使用，正式变革才得以成功实施。

2. 革命或进化式的变革

对于分析任何类型的管理会计变革，这种分类都是很重要的（Nelson and Winter，1982）。革命式的变革使现有惯例和制度发生根本性的改变，而不断进化的变革是逐渐进行的，仅仅对现有惯例和制度有较小的破坏。

实地企业在最初引进和实施 ABC 时，由于认识到这是一个新鲜事物，处于尝试和实践阶段，考虑到平衡现有惯例和发展需要，采取的策略是先局部实施，总结经验后再推广应用；并且，为谨慎起见，与原有的核算模式并存。实地企业 ABC 10 年实施历程也确实证明了这一点。

管理会计新知识、新技能的积累和应用在很大程度上受管理者、会计师个体特质以及企业已有管理传统、风格等惯例的影响，这就决定了管理会计新知识的转化只能是一个螺旋式的反复上升过程（于富生、张林，2008）。随着 ABC 项目的逐步实施和成熟完善，该企业制定了关于 ABC 系统如何操作和维护的规则，作业成本核算和作业管理理念随着时间推移在公司高层和员工中被逐步广泛接受，并能够熟练运用于经营管理活动中，从而成为一种无异议的管理会计控制形式和惯例。从以上分析可以看出，实地企业这种有意识的正式变革，根源于现有的惯例和制度，是逐步进行的、不断演化的变革，仅仅对现有的惯例和制度有较小的破坏。因此，这是一种进化式的变革。

3. 前进或倒退式的变革

前进或倒退式的管理会计变革，即价值上或形式上的变革。这种分类有助于我们对企业现有的管理会计惯例和制度提出质疑：一个组织的管理会计惯例是否大部分是形式上的，从而保护既定利益团体的权力和利益，并潜在阻碍新的实践活动的发展，包括新技术的引进和应用？因此，这种分类方法也为研究企业内管理会计的制度化特征和变革过程中权力的不同层次体现提供了有价值的参考（Burns，1999）。

随着实地企业 ABC 项目实施进入接受、惯例化阶段，该系统不仅提供了准确的成本信息，满足了各种管理需求，如产品定价、成本控制和管理，而且提升了公司的价值管理水平，提高了会计人员的威信。因此，作业管理理念被公司领导、项目团队成员以及实施部门员工所理解和接受的程度逐步加深，进而在公司传播的范围也越来越广。这些都直接促使目前 ABC 的实施进入初步融合阶段。并且，高层领导所提出的实施作业预算的目标，不仅可以将 ABC 与公司 KPI 考核相结合，而且可以真正实现系统之间的无缝隙融合。从以上分析可以看出，实地企业 ABC 的实施引起的管理会计变革是前进式的变革。

五、研究结论与启示

依据本文提出的管理会计变革制度化模型，笔者对实地企业实施 ABC 引起的变革制度化过程进行理论检验和发展，得出以下主要研究结论：

第一，我们提供了有力的外部和内部证据以说明 ABC 实施的每个阶段的主要任务和特征，进而支持管理会计变革制度化过程可以用这四个阶段来反映。

第二，对实地企业变革过程的分析发现了促进或阻碍制度化过程各个阶段的影响因素。重要的促进因素促使管理会计变革不断地从一个阶段进展到下一个阶段，最终达到初步融合阶段。例如，"外部专家"、"高管的支持"、"过程知识"、"培训"在变革的制度化过程中发挥了重要的促进作用。差异分析结果表明，差异较大的影响因素主要是"企业文化"、"员工自主性"、"员工责任感"。同时，本文实地企业发扬了传统国有企业的奉献精神，有助于 ABC 项目的顺利实施。例如，"员工责任感"与"团结、贡献、求实、创新"的企业精神相吻合，在采纳和适用阶段发挥了积极的促进作用。

第三，制度化过程的三类后果分析发现，ABC 项目实施引起的管理会计变革是正式的、进化式的、前进式的变革。本文的研究结论对于未来管理会计变革理论研究具有以下启示：首先，管理会计变革及其制度化不是飞跃性的一跳，而是持续的、循序渐进的、不断进化的过程。其次，与以往研究判断管理创新实施效果的标准不同，本文从"制度化的实现"来考察管理会计变革成功的标准。最后，管理会计变革及其制度化过程的每个阶段都有其主要的任务和关键影响因素。

参考文献

［1］高晨. 管理会计变革：过程与效果——基于某公司引入和实施战略成本管理的单案例研究. 2010 年管理会计学术年会工作论文，2010.

［2］潘飞，王悦等. 改革开放 30 年中国管理会计的发展与创新. 会计研究，2008，9.

［3］于富生，张林. 企业管理会计变革理论模型研究综述. 山西财经大学学报，2008，11（30）.

［4］Abrahamson E. . Managerial Fads and Fashions：The Diffusion and Rejection of Innovations. Academy of Management Review，1991，16：586 - 612.

［5］Anderson S. W. ，Young，S. M. . The Impact of Contextual and Process Factors on the Evaluation of Activity – based Costing Systems. Accounting，Organizations and Society，1999，24：525 – 559.

［6］Anderson S. W. . A Framework for Assessing Cost Management System Changes：the Case of Activity – based Costing im – plementation at General Motors 1986 – 1993. Journal of Management Accounting Research，1995，7：1 – 51.

［7］Barley S. R. ，Tolbert，P. S. Institutionalization and Structuration：Studying the Links between Action and institution. Organization Studies, 1997, 18 (1): 93 – 117.

[8] Briers M. , Chua, W. F. The Role of Actor – networks and Boundary Objects in Management Accounting Change: A Field Study of an Implementation of Activity – based Costing. Accounting, Organizations and Society, 2001, 237 – 269.

[9] Burns J. , Scapens, R. W. Conceptualizing Management Ccounting Change: An Institutional Framework. Management Accounting Research, 2000, 11: 3 – 25.

[10] Cobb J. , Innes, J. and Mitchell, F. Activity – based Costing: Problems in Practice. London, UK: Chartered Institute of Management Accountants, 1992.

[11] Cooper R. B. , Zmud, R. W. Information Technology Implementation Research: A Technological Diffusion Approach. Management Science, 1990, 36: 123 – 139.

[12] Covaleski M. A. , Dirsmith, M. W. and Michelman, J. E. An Institutional Theory Perspective on the DRG Framework, Case – mix Accounting Systems and Health – care Organizations. Accounting, Organizations and Society, 1993, 18: 65 – 80.

[13] Foster G. , Swenson, D. Measuring the Success of Activity – based Costing Management and Its Determinants. Journal of Management Accounting Research, 1997, 9: 109 – 141.

[14] Gosselin M. The Effect of Strategy and Organizational Structure on the Adoption and Implementation of activity – based cos – ting. Accounting, Organizations and Society, 1997, 22: 105 – 122.

[15] Hopper T. , Major, M. Extending Institutional Analysis through Theoretical Triangulation: Regulation and Activity – Based Costing in Portuguese Telecommunications. European Accounting Review, 2007, 16: 59 – 97.

[16] Hopwood A. G. The Archaedology of Accounting Systems. Accounting, Organizations and Society, 207 – 234 Innes, 1987.

[17] Mitchell F. . A Survey of Activity – based Costing in the U. K. 's Largest Companies. Management Accounting Research, 1995, 6: 137 – 153.

[18] Jones C. T. , Dugdale, D. The ABC Bandwagon and the Juggernaut of Modernity. Accounting, Organizations and Society, 2002, 27: 121 – 163.

[19] Krumwiede K. P. The Implementation Stages of Activity – based Costing and the Impact of Contextual and Organizational Factors. Journal of Management Accounting Research, 1998, 10: 239 – 277.

[20] Kwon T. H. , Zmud R. W. Unifying the Fragmented Models of Information Systems Implementation. In: R. J. Bo – land & R. Hirscheim (Eds), Critical Issues in Information Systems Research. New York, NY: Wiley, 1987, 227 – 251.

[21] Libby T. , Waterhouse, J. H. Predicting Change in Management Accounting Systems. Journal of Management Account – ing Research, 1996, 137 – 150.

[22] Liu L. Y. J. , Pan F. The Implementation of Activity – Based Costing in China: An Innovation Action Research Ap – proach. The British Accounting Review, 2007, 39: 249 – 264.

[23] Malmi T. . "Activity – based Costing Diffusion Across Organizations: An Exploratory Empirical Analysis of Finnish Firms. Accounting, Organizations andSociety, 1999, 24, 649 – 672.

[24] McGowan A. S. , Klammer, P. Satisfaction with Activity – based Cost Management Implementation. Journal of Manage – ment Accounting Research, 1997, 9: 217 – 237.

[25] O' Connor N. G. , Chow C. W. and Wu, A. The Adoption of Western Management Accounting/con-

trols in China's state – owned Enterprises During Economic Transition. Accounting, Organizations and Society, 2004, 29: 349 – 375.

[26] Quattrone P. , Hopper, T. M. What Does Organizational Change Mean? Speculations on a Taken for Granted Category. Management Accounting Research, 2001, 12 (4): 403 – 436.

[27] Yin R. K. "Case Study Research: Design and Methods. 2nd edition, Thousand Oaks, CA: Sage Publications, 1994.

Field Study of Management Accounting Change and Innovation

Zhou lin et al.

Abstract: Through a typical field study of ABC implementation in China's listed companies, this paper tests and develops a theoretical model of the proposed management accounting change institutionalization based on existed literatures. This model evaluates the change success from a new perspective, that is, institutionalization of management accounting rules and routines; and emphasizes that realization of institutionalization is equal to a six – stage evoluationary change process; there are some factors about external environment, organization, technology, enterprise culture to influence these stages. In addition, the consequence of institutionalization process may be evaluated through three classifications. This paper helps us deeply understand the nature and consequences of management accounting change, and provides us with important and valuable empirical evidence for the introduction and implementation of management innovation in China.

Key Words: Management Accounting Change; Institutionalization; Management Accounting Innovation; ABC

财务报告质量评价研究：
文献回顾、述评与未来展望[*]

孙光国　　杨金凤

（东北财经大学会计学院/中国内部控制研究中心　116025）

【摘　要】信息不对称和不确定性的广泛存在，使高质量的财务报告对其使用者具有重要意义。同时，对财务报告质量的客观评价也对财务报告使用者具有重要意义。因此，国内外许多专家学者和权威机构都从不同角度对财务报告质量评价进行了探索和研究。本文主要从财务报告质量标准、财务报告质量的衡量方法及财务报告质量评价指标三方面对财务报告质量评价的相关文献进行回顾，着重论述了关于财务报告质量衡量方法的研究，即从财务报告总体质量衡量方法、财务报告质量特征的衡量方法、财务报告透明度及披露质量的衡量方法三个方面对财务报告质量的衡量方法进行归纳，分析了财务报告质量评价研究的现状与不足，并在此基础上，提出进一步研究的方向：建立一套行之有效的财务报告质量评价指数。

【关键词】财务报告质量；评价；衡量方法；财务报告质量评价指数

财务报告质量应如何评价，一直以来都是国内外专家学者探索和研究的焦点问题。目前，有很多关于财务报告质量评价方面的理论和经验研究成果。本文旨在回顾前人在财务报告质量评价方面的研究成果，分析财务报告质量评价的现状与不足，并对财务报告质量评价的研究提出自己的思路。

欲评价财务报告质量，首先需要一个财务报告质量评价的标准。在给定标准的条件下，还需要一个能将既定标准与财务报告所蕴含的信息相比较的技术方法。这种应用某种方法对财务报告质量进行衡量的过程就是对财务报告质量展开评价的过程。由此我们不难看出，财务报告质量的衡量问题是解决财务报告质量评价问题的关键。现有的一系列衡量财务报告质量的方法中，几乎所有的方法都是从财务报告质量的总体衡量、财务报告质量

　*　本文系辽宁省社会科学规划基金项目（编号：L10DGL013）和辽宁省教育厅创新团队项目（编号：2009T027）的部分研究成果。感谢东北财经大学会计学重点学科建设学术骨干项目的资助。

特征的衡量和财务报告透明度及披露质量的衡量三个角度进行的，而构建财务报告质量评价指标是衡量方法的一个实践与应用。因此，本文将从财务报告质量特征、财务报告质量的衡量方法、财务报告质量评价指标三方面进行文献梳理与回顾，并着重论述财务报告质量的衡量方法。本文的思路如图 1 所示。

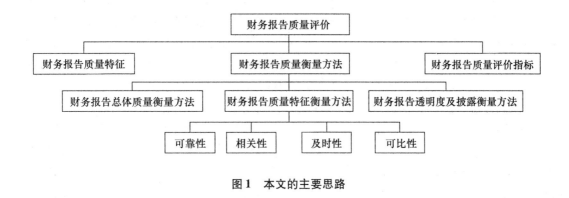

图 1　本文的主要思路

一、关于财务报告质量特征的研究

对于财务报告使用者来说，财务报告质量具有重要意义。根据我国会计准则的规定，财务报告具有决策有用、受托责任双重目标和公共产品的特征，提供高质量的财务报告，属于企业对社会承担的法律责任（刘玉廷，2010）。欲对财务报告质量的高低进行衡量，首先要明确财务报告具备哪些质量特征。财务报告的质量特征也可以称为财务报告质量特性，是指财务报告提供的信息对使用者有用的那些性质。关于这方面的研究很多，研究成果最终体现在财务会计概念框架中，富有代表性的有各个国际会计组织或各国会计准则制定机构对于财务报告质量特征①的研究。

以 FASB、IASB 为例，美国财务会计准则委员会（FASB）公布的财务会计概念公告第 2 号《会计信息的质量特征》提出了以"决策有用性"为最高质量，以相关性和可靠性为主要质量特征，以重要性和可比性为次要质量特征的会计信息质量分级体系。进一步而言，相关性包括预测价值、反馈价值和及时性，可靠性包括可核性、真实性和中立性。国际会计准则理事会（IASB）发布的《关于编制和提供财务报表的框架》中，认为会计信息由可理解性、相关性、可靠性和可比性四项主要质量特征组成，并认为相关性包括预测作用、证实作用和重要性，可靠性包括如实表述、实质重于形式、中立性、谨慎和完整

---

① 由于会计信息的载体即财务报告，所以财务报告质量和会计信息质量是可以通用的，本文未做区分。

性等。

在我国《企业会计准则——基本准则》中提出了会计信息质量要求，包括可靠性、相关性、可理解性、可比性、实质重于形式、重要性、谨慎性和及时性。从排列顺序上看，我国的会计信息质量特征也强调可靠性和相关性，而且把可靠性放在第一位。

但是，对于会计信息质量特征的研究，从来就没有停止过。近几年来，FASB、IASB 开展了联合研究。在其最新发布的"联合概念框架"中将财务报告的质量特征分为基本的质量特征和增进的质量特征两类，其中基本的质量特征包括相关性和如实反映。增进的质量特征包括可比性、可稽核性、及时性和可理解性。相关性包括两个子质量：预测价值、确定价值。如实反映包括三个子质量：完整的、中立的、无重大差错。在财务报告的约束条件方面，意见稿考虑了重要性与成本两个方面。

从现有各个会计准则制定机构的研究成果来看，确定会计信息质量特征究竟包括哪些内容取决于财务报告目标，而确定目标的出发点是财务报告使用者，所以以上会计信息质量特征都是从财务报告使用者需求的角度入手的。当然，也有提出其他目标的，如美国证券交易委员会（SEC）前主席 Levitt 提出了以保护投资人的利益为目标的另一种思路，形成了投资者保护观。这种思路下主要的质量要求有诚信、透明、公允、可比和充分披露等特征。其中，透明和充分披露是 FASB 的质量特征中所没有的，这也是 SEC 站在投资人的角度思考以保护投资人的利益为目标的体现。

二、关于财务报告质量衡量方法的研究

如前文所述，财务报告质量评价往往与财务报告质量衡量如影随形，对财务报告质量进行衡量的过程就是对财务报告质量展开评价的过程。目前，关于财务报告质量衡量方法的研究主要集中于三方面：第一方面是对财务报告总体质量的衡量方法的研究；第二方面是对财务报告质量特征的衡量方法的研究；第三方面是对财务报告透明度及披露质量的研究。

（一）关于财务报告总体质量衡量方法的研究

经验研究中，许多学者选取盈余质量作为财务报告质量的替代变量进行研究。盈余质量可以说是财务报告质量经验研究中研究最多、最具热点的一个分支。

关于盈余质量的定义，学术界至今未能形成一致的观点。根据吴德军（2009）的归纳，目前学术界从五个角度诠释盈余质量：①经济收益观下的盈余质量。经济收益观下，只有反映真实收益的信息才是高质量的。因此，会计收益与经济收益的一致程度即是盈余质量高低的体现。②决策有用观下的盈余质量。这种角度下，盈余质量被认为是盈余在评价公司绩效时的相关性。③现金流观下的盈余质量。在现金流观下，盈余质量是指盈余与

现金流的匹配程度。④盈余管理观下的盈余质量。这种观点下的盈余质量用盈余生成过程中的盈余管理程度来衡量。⑤盈余特征观下的盈余质量。认为高质量的盈余应该具有持续性、变动性等会计盈余的特有特征。由此我们发现，盈余质量与财务报告质量之间具有高度的相关性，盈余质量对信息使用者的决策能产生重要影响，从而它能成为衡量财务报告质量的一种替代。

至于对盈余质量的衡量，根据 Schipper 和 Vincent（2003）的归纳，大多学者围绕三个方面展开研究：

（1）盈余的时间序列特性的思路。其中，持续性、变动性和可预测性均为反映盈余的时间序列特性的重要指标。Sloan（1996）设计出了能够检验盈余及盈余中不同项目的持续性的模型。关于可预测性，Francis 等（2005）构造出了以 10 年为时窗检验可预测性的模型。

（2）从收益与应计额、现金流量之间的关联看盈余质量。一方面，从收益与应计额的角度。由于盈余包括现金和应计项目，而应计项目又可以分为非操纵性应计项目和操纵性应计项目，许多研究都使用了应计项目或是操控性应计项目衡量盈余质量，进而衡量财务报告质量。王庆文（2005）将会计盈余与经营现金流量的差值除以总资产定义为应计项目，以应计项目作为衡量会计盈余质量的标准，研究了应计项目对公司下一年度的会计盈余及未来两年内股票收益的影响。Jones 等（1991）提出的 Jones 模型摒弃了先前模型中非操纵性应计利润每期不变的假设，考虑销货变动与折旧性资产总额对非操纵性应计利润的影响。该模型在得到非操控性应计利润后，由估计期总应计利润减去非操控性应计利润得出估计的操控性应计利润。而 Dechow、Sloan 和 Sweeney（1995）认为 Jones 模型只考虑了销货收入这一变量，无法测量公司以赊销为手段的盈余管理。因此，他们在 Jones 模型的基础上，增加了应收账款的变动变量，消除了赊销对销货收入的影响，该模型被称为修正 Jones 模型。考虑到上述两个模型均忽略了无形资产和其他长期资产对非操纵性应计利润的影响，陆建桥（1999）在 Jones 模型的基础上提出了扩展的 Jones 模型，他在自变量中又增加了无形资产和其他长期资产变量。

另一方面，从收益与现金流量的角度。从这个角度考虑，以权责发生制和以收付实现制计量的利润从长期来看应该是相同的，所以应计利润与经营现金流越相近盈余质量越高。基于这种思想，有学者设计出了用应计利润和经营现金流之间的差异来衡量盈余质量的应计质量模型，该模型线性回归获取的残值，即流动应计项目与前期、当期和下期现金流不匹配的程度，是对应计项目质量的逆向计量，匹配程度越低，盈余质量越差（Dechow and Dichev，2002）。然而，上述线性应计模型无法确认会计应计过程中的非线性因素。因此，Ball 和 Shivakumar（2005）在 Dechow 和 Dichev 的基础上进行了改进，引入虚拟变量，提出了分段线性应计模型，这一模型在其后的研究中得到了广泛的应用。

（3）从财务报告编报者、审计师专业胜任和激励机制等角度看盈余质量。这一方面，很多经验研究成果表明有效的审计对财务报告质量有提升作用。如有的研究结果表明，四大审计的上市公司会计信息透明度显著高于非四大审计的上市公司（王艳艳、陈汉文，

2006）；有的研究证实了内部审计水平越高，越有助于减少代理人的逆向选择与道德风险，越能有效地侦查和抑制管理层过激的会计政策，财务报告质量越高（王守海等，2010）。

盈余质量除体现在应计利润、持续性、可预测性、平稳性外，还体现在价值相关性方面（Francis et al.，2004）。在价值相关性方面，经典的度量模型有收益模型（Return Model）和价格模型（Price Model）。收益模型是研究收益与剩余收益对市场调整后股票报酬率解释能力的模型。这一模型是基于股票价格反映了公司经济价值的假设建立的，认为现期的会计盈余会影响预期的盈余，而预期的盈余将影响预期股利从而对现期的股价产生影响（Euston and Harris，1991）。Ohlson（1995）设计的价格模型是另一具有代表性的价值相关性模型。这一模型研究的是会计盈余与净资产对股票价格的解释能力，将企业的市场价值与财务会计信息直接地联系起来。将两个模型相比较可以发现，价格模型即使不能计量当期发生的新信息的影响，也具有两大优点：第一，如果股票市场对会计盈余的任何成分有所预期并反映在期初的股价上，那么应用收益模型得出的结论将产生偏差，而价格模型依然能证明会计信息对决策是有用的。第二，价格模型建立起了会计盈余、净资产与企业市场价值的联系，将会计信息有用性的评价范围由利润表拓展到资产负债表（王跃堂，2003）。在相关研究中，价格模型或收益模型都得到了广泛的应用（孙世攀等，2010；王建新，2010）。但经过上述比较，也有许多学者认为价格模型优于收益模型，价格模型的应用呈现增长的趋势。当然，也有许多学者同时使用这两种模型来评价会计信息的有用性（王跃堂等，2001；齐伟山、欧阳令，2005）。

基于假设"预期股利的现值决定市场价值并且会计数据符合净剩余关系"，Feltham和Ohlson（1995）提出了剩余收益定价模型（Residual Income Valuation Model），他们认为公司的价值是公司已获得的资产与该公司未来盈余的期望值之和，即股东权益的账面价值与预期剩余收益的折现之和。这一模型在其后的研究中得到了广泛的运用，如有的学者将剩余收益定价模型扩展，引入规模和流通股比率等新的解释变量，考察了从 1995 ~ 1997 年在上交所上市的公司的会计信息的价值相关性（陈信元等，2002）；有的学者在剩余收益定价模型的基础上，将会计信息细分为经营利润率和股东收益，进一步探讨细分后的会计信息与股价的价值相关性（张腾文、黄友，2008）。

我们可以看出，盈余质量及盈余质量相关模型经过多年发展已相对成熟，由此也引发了一系列后续研究和扩展研究，内容十分丰富，盈余质量及相关模型无疑成为资本市场经验研究的重要基础。它们不仅是将会计信息与资本市场直接相连的纽带，而且从另一角度，在经验研究中，它们更成为财务报告质量量化研究最常见的一种方法。虽然盈余质量与财务报告质量有一定相关性，但我们仍不禁怀疑这种相关是否真的强到可以用盈余质量替代财务报告质量，盈余质量究竟是财务报告质量的一种不得已而为之的替代还是一种有效替代？如果抛去在经验研究中研究相关因素对财务报告质量的影响这一背景不提，单纯从评价财务报告质量角度，恐怕盈余质量的高低不足以反映财务报告质量的高低。因为影响财务报告质量的因素有很多，具体的作用方式与作用机理也各有不同，而盈余质量的衡量多是注重衡量盈余的结果，如果用盈余的衡量结果直接替代财务报告质量，难免会给人以偏概全的印象。

（二）关于财务报告质量特征衡量方法的研究

由本文第一部分可知，高质量的财务报告往往具备某些财务报告质量特征，因而也有许多学者从衡量某一财务报告质量特征的角度展开研究，如对可靠性等质量特征进行衡量。毋庸置疑的是，某一财务报告质量特征的衡量是一件非常难的事情，有很多特征无法量化，甚至也无法从财务报告中找到蛛丝马迹来验证，只有在财务报告的形成过程中才能有所体现，如实质重于形式、谨慎性等质量特征。而有些质量特征尽管本身不能量化，但可以寻找到替代变量来进行衡量。本文选取可靠性、相关性、可比性、及时性等质量特征进行评述。

1. 关于可靠性衡量方法的研究

可靠性是指会计信息能够如实表述所要反映的对象，不偏不倚地表述经济活动的过程和结果，避免倾向于预定的结果或某一特定利益集团的需要（葛家澎等，2006）。

由于衡量可靠性存在天然的难度，目前学术界对可靠性衡量方法的研究较少，视角也较为局限。在搜寻到的文献中，对可靠性的衡量可分成三个角度：第一个角度是从可靠性的定义出发，直接构建衡量可靠性的模型；第二个角度是针对具体行业的特点，定义出可靠性的具体衡量方法；第三个角度是从实务中表现出的现象归纳出可靠性的衡量方法。

从第一个角度衡量可靠性的典型代表是井尻雄士、朱迪克（1972）和陈关华（2006），井尻雄士和朱迪克用多次独立计量得出数据的离散程度来衡量财务报告可靠性，认为如果多个人对同一项经济事项进行计量，得出的结果越相近则意味着财务报告的可靠性越高。具体模型为：

$$V = \sum (x_i - \bar{x})^2 / n$$

式中，V 代表可靠性，V 值越小越可靠；n 代表重复计量次数；x 代表第 i 次计量值；x 代表多次计量结果的期望值。由以上模型可知，他们主要是从真实性的角度来衡量财务报告的可靠性。

在井尻雄士和朱迪克研究的基础上，陈关华将可靠性的测度分成两个步骤。第一步，对所测量数值的真实程度进行测量，具体模型如下：

$$V_t = \left[\sum (x_i - \bar{x})^2 / n \right] + (x - x^*)^2$$

式中，$(x - x^*)^2$ 表示被测值与期望值之间的偏差；V 表示调整均方差，它的值越小代表信息越真实。

第二步，结合信息使用者可容忍误差，提出用于计量可靠性的模型：

$$R = 100\% - V_t / (x^* p)$$

式中，R 表示可靠性程度，P 表示可容忍误差。由模型可知，它在考虑信息真实性的基础上又考虑了可容忍误差，认为在一定的容忍程度范围内，财务报告反映的会计信息都是可靠的。这一模型是井尻雄士和朱迪克设计模型的改进，但这两种模型在实务操作中均存在着较大难度。

从第二个角度衡量可靠性的典型代表是王波和胡海边（2008），他们在研究制造类企业财务报告的可靠性时，选取了应收账款/其他应收款、主营业务收入/预收账款、销售商品提供劳务收到的现金/收到的其他与经营活动有关的现金、主营业务收入/应收账款、销售商品提供劳务收到的现金/应收账款等指标，并用层级分析法来确定各项指标的权重，认为得分越多，财务报告的可靠性越高。

从第三个角度衡量可靠性的典型代表是刘建勇和朱学义（2008），他们以上市公司在年报披露之后，有无对年报的各类补充公告或更正公告（实务界称为"打补丁"）为标准来判断财务报告可靠与否。补丁的出现意味着原来的年报中可能存在着错误或者缺失，会降低年报的可靠性。

财务报告质量的可靠性一直是一个易于定性而难以定量的质量特征，第一个角度对可靠性的衡量虽然紧扣可靠性概念，但实际上难以操作；第二个角度的衡量虽然容易操作，但考虑的是特定的企业类型、小范围的衡量，难以推广成为适合普遍意义上的财务报告可靠性的衡量；第三个角度从可靠性的反面角度入手（哪些指标会降低可靠性）来判断财务报告是否具有可靠性。这无疑是一种很好的思路，给可靠性的衡量提供了一个视角。

2. 关于相关性衡量方法的研究

相关性是指企业提供的会计信息应当与财务报表使用者的经济决策相关，有助于财务报表使用者对企业过去、现在或者未来的情况作出评价或预测。现有的关于相关性的研究大多与证券市场的反应相联系，集中于对股价变动等市场反应的解释和预测上，与前面提到的盈余质量的价值相关性研究有高度重叠。目前，与价值相关性有关的模型主要有价格模型、收益模型、剩余收益定价模型等。

也有学者用财务指标对股价的解释能力来衡量价值相关性。潘立生、李华（2010）就是运用传统的财务指标，构建了股票价格、每股净资产和每股收益的线性回归模型，以此来对比研究新、旧会计准则的价值相关性。不同于单纯地选取财务指标，蒋义宏、陈高才（2006）选取了综合性指标衡量财务报告所蕴含的会计信息质量。他们考虑了盈余数据及财务管理指标，用非参数检验的方法对会计信息的预测价值进行检验。

由于投资者进行投资决策时往往会考虑企业产生的现金流量，即投资决策与企业的现金流量相关，因此也有一些学者以未来现金流量的可预测性作为财务报告质量的衡量标准。李青原（2008）在研究公司财务报告质量的决定因素时，运用了 Lang 和 Lundholm 的分析框架，以未来现金流量的可预测性定义财务报告质量，认为未来现金流量的可预测性越强，公司财务报告质量越高。王化成等（2003）在研究历史现金流量信息对预测公司未来现金流量方面的相关性问题时，以扩展后的 DKW 模型（DKW 模型是基于本期盈余是下期现金流的最佳估计的思想建立起来的现金流量预测模型）为基础，设计出检验历史现金流量的增量预测价值模型，检验中国资本市场披露现金流量信息是否具有决策有用性。

无论是盈余质量、传统财务指标、综合性指标的价值相关性研究，还是未来现金流量的可预测性研究，这些相关的经验研究都是基于大样本统计得出的结论，是从统计学意义上验证某些指标具有价值相关性，因此难以应用到单个财务报告的质量评价中。

3. 关于及时性衡量方法的研究

及时性包括及时确认计量、按时编报财务报告、及时披露等。关于及时性的衡量，国外文献中存在三种衡量标准：初步时滞（Preliminary Lag）、审计师签字时滞（Opinion Signature Lag）与总时滞（Total Log）。初步时滞指上一会计年度结束日与年报预告日之间的间隔；审计师签字时滞指上一会计年度结束日与审计师签署审计报告日的时间间隔；总时滞指上一会计年度结束日与年报实际披露日的时间间隔（Dyer 等，1975；Whittred，1980；Whittred 等，1984）。由 Chamber 和 Pen - man（1984）提出的报告时滞（Reporting Lag）与总时滞相同，也被定义成上一会计年度结束日与年报实际披露日的时间间隔。因此，报告时滞与总时滞具有相同含义。在国内，多数研究使用总时滞（报告时滞）衡量年报披露的及时性。

使用总时滞（报告时滞）衡量及时性还涉及一个关键问题——计算报告时滞时，是否将公告期间的节假日包括在时滞期内。一种方法是将年报公告日与该报告所属的会计年度结束日之间的日历天数作为滞后变量，即计算时滞期时考虑公告期间的节假日。有很多研究采用这种方法（伍利娜、束晓晖，2006；蒋义宏、湛瑞锋，2007；杜兴强、雷宇，2009；修宗峰，2009）。另一种方法是将年度结束日与年报公告日之间的交易天数作为滞后变量，即计算时滞期时不考虑公告期间的节假日。也有的研究采用这种衡量方法（朱晓婷、杨世忠，2006）。除采用总时滞衡量绝对及时性外，蒋义宏、湛瑞锋（2007）又选用了年报实际披露日与年报预约披露日之间的时间间隔衡量相对及时性。与他们相同，王雄元等（2008）在研究年报及时性的信号效应时，也选用了实际披露日与预约披露日之间的时间间隔作为及时性的替代变量。程小可（2004）等在报告时滞这一衡量方法的基础上，用基于随机游走模型的定义标准，以年度盈余公告披露时间的滞后天数（公司盈余公告时间与预期数之间的差，差值为正说明不及时，反之说明及时；公司盈余公告时间为盈余公告日与上一会计量期间结束日之间的交易天数，预期数为上年度盈余公告时间）作为年报披露及时性的替代变量。

除上述方法外，也有学者提出用反算时滞衡量及时性。反算时滞即年报申报截止日与公司申报日之间的间隔（林有志等，2007；汪方军，2008）。还有学者认为在 3 个月以内披露年报的上市公司及时性较好，在第 4 个月及以后披露年报的公司则及时性较差（刘建勇、朱学义，2008）。

4. 关于可比性衡量方法的研究

可比性体现在纵向可比和横向可比两个方面。纵向可比指同一企业不同时期发生的相同或者相似的交易或者事项应当采用一致的会计政策。横向可比指不同企业发生的相同或者相似的交易或者事项，应确保会计信息口径一致。由于可比性受会计准则及会计制度的更改、企业行业特点、不同企业的组织形式等方面的影响，衡量可比性有一定难度，关于可比性衡量方法的研究也比较少。

根据魏明海（2005）的归纳，有的学者认为不同时期的盈余与应计额倍数差异、账面价值与市场价值倍数差异、现金流量与应计额相关性差异等变化都能在一定程度上反映可比性。除上述指标外，魏明海（2005）认为现金流量与应计收益的相关性也能在一定程度上反映会计信息的可比性。从以上研究中可以看出，可比性在一定程度上可以通过盈余质量来反映，但是这种间接替代究竟替代效果如何，不同的质量特征（包括上文提到的相关性和财务报告质量本身）均用盈余质量反映究竟有多少说服力，都是耐人寻味的问题。

（三）关于财务报告透明度及披露质量衡量方法的研究

目前，关于透明度尚无一个明确的定义。葛家澍（2001）提出透明度有两种理解，"狭义的解释把透明度同充分披露视为同义语；广义的理解，则将之视同为高质量的全部含义"。从狭义理解来看，透明度和充分披露关系紧密，并且它们同为投资者保护观下要求的质量特征，因此本文将财务报告透明度及披露质量一起论述。

现有的关于财务报告透明度及披露质量衡量方法的研究既包括许多权威机构设计的测评方法，也包括学者们构建的指标体系或应用模型。与对透明度含义的两种理解相对应，学者们对透明度的衡量也包括两方面：对信息披露透明度的衡量和对会计信息透明度的衡量。本文认为对信息披露透明度的衡量也就是对信息披露质量的衡量，在这部分的文献梳理中，本文没有严格区分信息披露是否为年报所含信息。

1. 对信息披露质量（信息披露透明度）的衡量

目前，从权威机构测评的角度，比较权威的信息披露评级指数包括国际财务分析和研究中心（Center for International Financial Analysis and Research）所发布的 CIFAR 指数，标准普尔公司（S&P）发布的"透明度和披露评价体系"（以下简称 T&D 评级），普华永道（PWC）发布的"不透明指数"，我国深圳证券交易所进行的深市上市公司的年度评级等。

CIFAR 指数共选取了 90 个重要的披露项目，并以这些项目在公司年报中被披露的数量多寡作为透明度的衡量标准，披露数量越多，CIFAR 指数越大，透明度就越高。T&D 评级也是通过考察各公司相关内容的披露数量对其透明度进行评价，评价指标具体包含所有权透明度与投资者关系透明度，财务透明度，董事会、管理层结构及程序的披露程度三个层面，共计由 98 项指标构成。CIFAR、T&D 披露指数主要用于国家之间各公司的信息透明度的衡量与比较；"不透明指数"则主要从腐败、法律、财经政策、会计准则与实务、政府管制五个方面对国家整体的会计透明度进行评价，反映的是各个国家之间会计透明度的差异。

2001 年开始，我国深圳证券交易所（以下简称深交所）根据《深圳证券交易所上市公司信息披露工作考核办法》对深市上市公司的信息披露情况进行年度评级。深交所主要从真实性、准确性、完整性、及时性、合法合规性和公平性六个方面考核上市公司的信息披露工作，将上市公司的信息披露质量从高到低依次划分为优秀、良好、及格和不及格四个等级，并在深交所网站上发布评级结果。经验研究中，许多学者直接运用了深圳证券交易所发布的评级结果衡量透明度（方军雄，2007；谭劲松等，2010）。

从学者构建指标体系或模型的角度，有的学者以上市公司披露的临时报告数量作为信息披露透明度的替代，其所构建的公司信息透明度指数为公司的临时公告数量和季报数量的加总（汪炜、蒋高峰，2004）；有的学者用企业自愿性信息披露的数量作为企业透明度的替代变量（崔学刚，2004）；有的学者借鉴了 Botosan 自愿披露指标的细分项目和归类的思路，将各类自愿披露明细项目归到五大类信息中，分别为这些明细项目赋分并加总，从而建立了公司自愿披露的评级体系（钟伟强、张天西，2006）。

此外，南开大学公司治理研究中心推出的南开治理指数（CCGINK）在对上市公司的治理情况进行排名时综合考虑了 6 个维度，其中包括信息披露。该指数从完整性、真实性、及时性三个方面对公司信息披露进行评价。

以上不论从权威机构测评还是从学者衡量的角度，绝大多数研究都采用了披露指数研究法。披露指数研究法是半客观法的一种，它事先列出一些项目，并仅评价这些项目的内容而忽略其他方面。与半客观法相对的是主观等级法，这种方法主要利用分析师评分的方法进行衡量，应用这种方法的典型代表是 AIMR 机构，但该机构已于 1997 年停止了等级评定（Beanie，2004）。

2. 对会计信息透明度的度量

从收益不透明的角度，Bhattacharya、Daouk 和 Welker（2003）提出用盈余激进度、损失规避度和盈余平滑度以及三个指标的联合——总盈余不透明度作为透明度的替代变量。这里提到的盈余激进度是指上市公司倾向于延迟确认损失或费用却加快确认收入的行为，在财务报告中会体现为应计利润的增加。盈余平滑度是指一定时期内上市公司盈余和现金流的相关程度。因此，Bhattacharya 等用操控性应计利润来反映盈余激进度，用应计项目的变化与相应年度现金流变化的相关系数反映盈余平滑度。其后许多学者都在 Bhattacharya、Daouk 和 Welker（2003）的基础上，对会计信息透明度的衡量进行了研究。杨之曙、彭倩（2004）及周中胜、陈汉文（2008）均以盈余激进度和盈余平滑度作为上市公司会计信息透明度的衡量指标。王艳艳、陈汉文（2006）则用稳健性、及时性和盈余激进度作为会计信息透明度的替代变量。

从上文论述中可以看出，现有的关于透明度的研究主要集中于两方面，一方面是信息的披露，另一方面是信息内容本身。前者注重形式上的充分性，即注重披露形式、披露数量，而后者主要是从透明的反面——信息的不透明角度进行衡量。对财务报告质量评价而言，信息内容的透明度涉及范围过于广泛，涵盖了许多诸如可靠性、及时性等质量特征的含义。信息的披露则给财务报告质量评价提供了一个较为合适的切入点，是除对会计信息内容要求外，对会计信息表现形式的衡量。

三、关于财务报告质量评价指标的研究

目前，对财务报告质量的衡量，多数仅用于学术研究而难以应用到实践中。本文认为要将财务报告质量的衡量方法应用于实践，建立一套财务质量评价指标体系是必要的，即给予一定的赋值办法，以确定财务报告质量的总体状况和个体状况，为财务报告使用者提供一些依据。现有的关于财务报告质量评价指标的研究比较少且大多处于探索阶段，多数研究仅提出了财务报告质量评价的初步框架。

形成较为完整的评价体系的研究包括李丽青、师萍（2005）构建的评价指标体系。他们认为会计信息质量应包含会计信息披露的质量和会计信息内容的质量两个方面。因此，他们构建了一个二层结构的评价指标体系。具体包括充分披露程度、会计政策一致程度、现金流量质量度和收入资产质量度四个一级测评指标体系，每个一级指标下设若干二级指标，二级指标为定量数据或直接可判断的定性数据，根据问卷来设置每一指标的权重。该套评价指标体系基本能够反映企业会计信息质量的内涵，既可用于对会计信息质量的事后评价，也可用于对会计信息质量的预测。

也有学者提出了会计信息利用程度系数和会计信息有用程度系数两项指标作为会计信息的质量标准（罗云芳，2006）。其中，会计信息利用程度系数是基于会计信息使用的质量标准，会计信息有用程度系数是基于会计信息提供的质量标准。但考虑到这两种指标在实际操作中的诸多困难，又提出了适合操作的会计信息衡量标准，即从特定会计信息使用人的满意程度、注册会计师的审计意见、符合会计核算规范的程度三方面进行衡量。将这三方面的要素经过计算得出了会计信息符合程度系数，依据系数接近 1 的程度判断所提供的会计信息是否优质。

李丽青、师萍（2005）的研究是一项有益的探索，他们构建的一级指标是较为科学与全面的，不仅包括了会计信息内容的质量还包括了会计信息披露的质量，当然，其二级指标及权重的确定还有进一步完善的空间。虽然评价是一种主观行为，但科学的评价毕竟要基于客观的评价标准，诸如会计信息使用人的满意程度一类的评价标准是较难把握与衡量的。在财务报告质量评价中，尽量使用客观的、易于判断的标准是一种明智的选择。

四、现有研究评述

财务报告质量评价无论是对理论研究者和还是对财务报告使用者来说，都是一个非常重要的话题。从某种意义上说，绝大多数的会计经验研究都离不开信息质量问题（魏明海，2005），都直接或间接地涉及财务报告质量或财务报告质量特征的衡量问题。

围绕财务报告质量进行的规范研究主要集中于财务报告质量特征的论述，而经验研究主要研究某些因素对财务报告质量的影响。由于缺少直接衡量的相关研究并且直接衡量也确实存在着诸多困难，这些研究大都采用替代变量的方法——或是用盈余质量做财务报告质量的替代变量，或是用各种指标做各项财务报告质量特征的替代变量予以解决。在替代变量的选取方面，通常有几种来源：第一种是来自权威机构；第二种是研究者自建指标；第三种是直接引用其他学者建立的模型或是在已有的模型上进行改进。然而，这些替代容易存在以下问题：

权威机构的评级往往仅针对某一特定方面，不能满足研究者在其他方面或者是多方面的衡量要求；自建指标往往在实践中缺乏可操作性，或虽简单易行但缺乏理论支撑与论证，或是有严格的前提条件导致缺乏普遍适用性；直接引用或改进其他学者的模型可能存在着前提条件考虑不全面、模型不适用因而得出相互矛盾的结论的问题。

并且，正如前文所述，经验研究都是建立在大样本统计之上得出的结论，揭示的大多是某一方面或是某几方面因素对财务报告质量的影响，是统计学意义上的一般规律。对评价个别财务报告而言，这些经验成果不一定能够直接使用。因此，经过充分论证建立起财务报告质量评价指标体系无疑为一个有益的探索与尝试，对学术研究和实务应用都具有重大意义。

五、财务报告质量评价进一步研究的展望

通过对现有的财务报告质量评价的文献进行回顾，我们发现关于财务报告质量评价标准的研究较为成熟，而关于财务报告质量评价指标方面的研究较少，对其展开研究有重要的理论和实际意义。因此，我们将对财务报告质量评价指标方面进行深入研究。

作为财务报告质量评价的指导与前提，我们应首先构建财务报告质量评价的理论框架。如图2所示，财务报告质量评价一共需要三大模块，第一个模块是财务报告质量的主体因素，包括财务报告质量评价的需求方、执行者和监管者。第二个模块是财务报告质量评价的目标。第三个模块是财务报告质量的运行机制，包括财务报告质量评价标准、财务报告质量评价指标体系、财务报告质量评价程序与方法、财务报告质量考评分数。具体来讲，财务报告质量的理论框架旨在解决以下问题。

第一，财务报告质量评价的需求，这是评价得以发展的原动力。财务报告质量评价有需求方，这些利益相关者需要财务报告质量评价的结果，这就使得财务报告质量评价具有实用价值。

第二，财务报告质量评价需要有执行者来完成这项工作。这里要求执行者为独立第三方，与财务报告质量评价无直接利益关系，他们还要严格遵守职业道德，本着公平公正客

观的态度进行工作。

第三，明确财务报告质量评价的目标，目标将指引工作规范进行。

第四，确定哪些因素应成为财务报告质量的评价标准，即财务报告质量评价指标体系应从哪些方面构建与权衡。

第五，每个评价标准都对应着具体的评价指标，以此组建财务报告质量评价指标体系。

第六，经过必要的程序与方法，对财务报告质量评价指标体系综合运用后，我们的目的是要得到财务报告质量评价指数，这个指数将成为需求方决策的重要参考与依据。

第七，需要注意的是，有执行必然要有监管，财务报告质量评价监管者既对评价工作进行监管，同时也利用评价结果对上市公司进行更为有效的监管。

当然，财务报告质量评价将是一个不断改进与修正的过程，我们将以财务报告质量评价理论框架为指引，不断将评价工作向前推进。

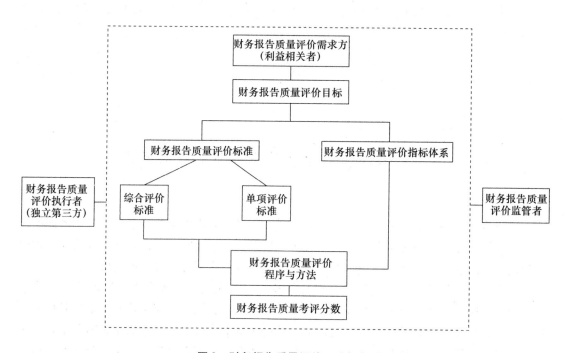

图 2　财务报告质量评价理论框架

参考文献

［1］陈关华．关于会计信息可靠性的衡量与评价．财会通讯（学术版），2006，5：80－83.

［2］陈信元，陈冬华，朱红军．净资产、剩余收益与市场定价——会计信息的价值相关性．金融研究，2002，4：59－70.

［3］程小可，王化成，刘雪辉．年度盈余披露的及时性与市场反应——来自沪市的证据．审计研

究，2004，2：48－53.

[4] 崔学刚. 公司治理机制对公司透明度的影响——来自中国上市公司的经验数据. 会计研究，2004，8：72－80.

[5] 杜兴强，雷宇. 上市公司年报披露的及时性：公司业绩与审计意见的影响. 财贸研究，2009，1：133－139.

[6] 方军雄. 我国上市公司信息披露透明度与证券分析师预测. 金融研究，2007，6：136－148.

[7] 葛家澍，林志军. 现代西方会计理论（第2版）. 厦门：厦门大学出版社，2006.

[8] 国际会计准则委员会. 国际财务报告准则. 北京：中国财政经济出版社，2008：79－82.

[9] 蒋义宏，陈高才. 会计信息相关性研究——来自年报的证据. 当代财经，2006，4：113－122.

[10] 蒋义宏，湛瑞锋. 未预期盈余、审计意见与年报披露及时性——来自上海证券交易所上市公司年报的证据. 上海立信会计学院学报，2008，1：46－57.

[11] 李丽青，师萍. 企业会计信息质量测度指标体系及综合评价. 太原理工大学学报（社会科学版），2005，9：52－56.

[12] 李青原. 会计信息质量、审计监督与公司投资效率——来自我国上市公司的经验证据. 审计研究，2009，4：65－73.

[13] 林有志，黄韵彦，辛有呈，施志成. 我国上市公司半年报申报时间落差特性之研究. 当代会计，2007，8（1）：85－112.

[14] 刘建勇，朱学义. 信息披露及时性与可靠性关系实证研究. 中南财经政法大学学报，2008，6：94－98.

[15] 刘玉廷. 提高财务报告质量认真履行社会责任. 财务与会计，2010，2：7－10.

[16] 陆建桥. 中国亏损上市公司盈余管理实证研究. 会计研究，1999，9：25－35.

[17] 南开大学公司治理研究中心公司治理评价课题组. 中国上市公司治理指数与治理绩效的实证分析. 管理世界，2004，2：63－74.

[18] 潘立生，李华. 会计信息的价值相关性研究. 经济研究导刊，2010，11：134－137.

[19] 齐伟山，欧阳令南. 超额应计项目的反转特征与市场价值评估. 管理科学，2005，18（1）：74－78.

[20] 孙世攀，孙文刚，徐霞. 新会计准则下会计信息相关性的实证研究——来自新会计准则实施后的初步证据. 财会通讯·综合，2010，7：74－78.

[21] 宋德亮. 公允价值的相关性和可靠性分析. 上海会计，2002，4：44－46.

[22] 谭劲松，宋顺林，吴立扬. 公司透明度的决定因素——基于代理理论和信号理论的经验研究. 会计研究，2010，4：26－33.

[23] 汪方军，常华，罗祯. 公司绩效、财务风险与年报披露及时性的相关性研究——来自我国能源类上市公司的证据. 管理学报，2008，5：769－772.

[24] 汪炜，蒋高峰. 信息披露、透明度与资本成本. 经济研究，2004，7：107－114.

[25] 王波，胡海边. 会计信息可靠性质量特征的模糊综合分析. 财会通讯（学术版），2008，11：56－59.

[26] 王化成，程小可，刘雪辉. 中国资本市场披露现金流量信息的有用性. 经济理论与经济管理，2003，10：29－35.

[27] 王建新，赵君双. 新会计准则对会计信息价值相关性的影响分析——基于我国A股上市公司

的经验证据．财政研究，2010，4：77－80．

[28] 王庆文．会计盈余质量对未来会计盈余及股票收益的影响——基于中国股票市场的实证研究．金融研究，2005，10：141－152．

[29] 王雄元，陈文娜，顾俊．年报及时性的信号效应——基于2004～2006 A股上市公司年报的实证检验．会计研究，2008，12：47－55．

[30] 王艳艳，陈汉文．审计质量与会计信息透明度——来自中国上市公司的经验数据．会计研究，2006，4：9－15．

[31] 王跃堂．会计改革与会计信息质量：来自中国证券市场的经验证据．会计研究，2001，7：16－26．

[32] 王跃堂．中国的资本市场能判断盈余质量吗？——对"盈余质量的市场反应"一文的述评中国．会计评论，2003，1（1）：214－216．

[33] 魏明海．会计信息质量经验研究的完善与运用．会计研究，2005，3：28－35．

[34] 吴德军．盈余管理、盈余操纵与盈余质量．财会月刊，2009，12：86－87．

[35] 伍利娜，束晓晖．审计师更换时机对年报及时性和审计质量的影响．会计研究，2006，11：37－44．

[36] 修宗峰．所有权结构与年报披露的及时性．审计与经济研究，2009，5：99－105．

[37] 杨之曙，彭倩．中国上市公司收益透明度实证研究．会计研究，2004，11：2－70．

[38] 张腾文，黄友．经营利润率、股东收益与股票价格的价值相关性研究．会计研究，2008，4：79－82．

[39] 中华人民共和国财政部．企业会计准则．北京：经济科学出版社，2006．

[40] 钟伟强，张天西．公司治理状况对自愿披露水平的影响中南财经政法大学学报，2006，1：62－68．

[41] 周中胜，陈汉文．会计信息透明度与资源配置效率会计研究，2008，12：56－62．

[42] 朱晓婷，杨世忠．会计信息披露及时性的信息含量分析——基于2002—2004年中国上市公司年报数据的实证研究，会计研究，2006，11：16－23．

[43] Arthur Levitt. The Importance of High Quality Standards. Accounting Horizons，1998，12（1）：79－82．

[44] Ball R. L. ，Shivakumar. Earnings Quality in UK Private Firms Comparative Loss Recognition Timeliness. Journal of Accounting and Economic，2005，39（1）：83－128．

[45] Beanie V. ，Mclnnes B. ，Feamley S. A Methodology for Analyzing and Evaluating Narratives in Annual Reports a c；Omprehensive Descriptive Profile and Metric，for Disclosure Quality Attributes. Accounting Forum，1984，28（3）：20－236．

[46] Chambers A. ，S. Penman. Timeliness of Reporting and the Stock Price Reaction to Earnings Announcements. Journal of Accounting Research，1984，22（1）：21－47．

[47] Dechow P. ，Dichev I. The Quality of Accruals and Earnings：The Role of Accrual Estimation Errors. The Accounting Review，2002，77：35－59．

[48] Dechow P. ，Sloan R. ，Sweeney A. Detecting Earnings Management. The Accounting Review，1995，70（2）：193－225．

[49] Dyer J. C. ，Mchugh A. J. The Timeliness of the Australian Annual Report. Journal of Accounting Re-

search, 1975, 13 (2): 204 - 219.

［50］ Euston P. , T. Harris. Earnings as an Explanatory Variable for Returns. Journal of Accounting Research, 1991, 29 (1): 19 - 36.

［51］ FASB. SFAC No. 2: Qualitative Characteristic of Accounting Information Feltham G. , J. Ohlson. Valuation and Clean Surplus Accounting for Operating and Financial Activities. Contemporary Accounting Research, 1995, 11 (2): 689 - 731.

［52］ Francis J. , R. La Fond, P. Olsson, K. Schipper. The Market Pricing of Accruals Quality. Journal of Accounting and Economics, 2005, 39: 295 - 327.

［53］ IASB/FASB. Exposure Draft (ed) . The Objective of Financial Reporting and Qualitative c; harac; Teristic, and Constraints of Decision - useful Financial Reporting Information, 2008.

［54］ Jones J. Earnings Management During Import Relief Investigations, J. Journal of Accounting Research, 1991, 29 (2): 193 - 228.

［55］ Katherine Schipper, Linda Vincent. Earning Quality. Accounting Horizons, 1990, 77: 35 - 59.

［56］ Ohlson J. Earnings Book Value and Dividends in Equity Valuation. Contemporary Accounting Research, 1995, 11 (2): 661 - 687.

［57］ Sloan R. Do Stock Fully Reflect Information in Accruals and Crash Flows About Future Earning? The Accounting Review, 1996, 71 (3): 289 - 315.

［58］ Uptal Bhattac; Harya, Hazem Daouk, Michael Welker. 2003. The World Price of Earnings Opacity. The Accounting Review, 2003, 78 (3): 641 - 678.

［59］ Whittred G. P. Audit Qualification and the Timeliness of Corporate Annual Reports. The Accounting Review, 1980, 55 (4): 563 - 577.

［60］ Whittred G. P. Zimmer IR. Timeliness of Financial Reporting and Financial Distress The Accounting Review, 1984, 59 (2): 287 - 295.

Study of Financial Reporting Quality Assessment: Review, Comment and Prospect

Sun Guangguo   Yang Jinfeng

Abstract: Because of the widespread information asymmetry and uncertainty, financial reports with high quality have great significance to their users, so do objective assessments of financial reporting quality. Therefore, many domestic and foreign experts as well as authorities carried out explorations and researches on financial reporting quality assessment from different perspectives. "this paper reviews financial reporting quality from three aspects, including characteristics of financial reporting quality, measurements of financial reporting quality and evaluation indexes of financial reporting quality. It focuses on researches of measurement on the financial reporting quality, from overall measurements on financial reporting quality, measurements on the characteristics of financial reporting quality to measurements on the transparency and disclosure quality of financial reports. The paper then analyzes the status of financial reporting quality assessment and shortcomings. On the basis of the analysis, it proposes the direction of the further research: to establish an effective evaluation indexes" system of financial reporting quality.

Key Words: Financial Reporting Quality (FRQ); Evaluation; Measurement; Index of FRQ

审计师声誉研究：述评与展望

王　帆[1]　张龙平[2]

（1 浙江工商大学财务与会计学院　310018；

2 中南财经政法大学会计学院　430073）

【摘　要】审计师声誉是审计师保持独立性的动机，对审计师声誉的研究在 2001 年"安然事件"后逐渐增多并引发了广泛关注。现有文献主要从审计师声誉的形成、作用、毁损与修复机制等方面展开。具体而言，监管、行业专门化、审计质量、媒体及法律等是审计师声誉形成的重要影响因素，审计师声誉的建立有助于审计师保持独立、提高审计质量和收费等，而审计师声誉的毁损将会导致市场反应和溢出效应，同时也催生了相应的声誉修复问题。本文的综述有助于全面了解审计师声誉的现状并对其未来发展方向提供建议。

【关键词】审计师声誉；声誉机制；安然事件

早在美国职业审计发展初期审计界就开始关注声誉问题。1890 年普华在美国纽约百老汇成立分所，路易斯·大卫·琼斯被任命为经理，虽然琼斯具有丰富经验且做事认真，但远在英国伦敦的合伙人仍不希望该事务所的声誉与琼斯个人声誉产生混淆，甚至担心未来他的个人行为会影响事务所声誉，所以不准他对外公开使用事务所的名字执业，只能以他自己的名义执行审计业务。然而，随着事务所规模的扩张与审计业务的复杂化发展，声誉毁损事件不断发生并受到社会公众的普遍关注，如 2011 年发生的中国东南融通财务欺诈事件就使德勤的声誉受到损害，甚至 Oppenheimer 和 Co. 的分析师格林在一份报告中提出对德勤审计的财务报表不太信任，因此下调了德勤审计过的其他两家中国 IT 服务企业的投资评级。但这两家公司没有被指控有任何过错，也没人指控德勤有错（陈丽红、张龙平，2010）。近年来，审计师声誉也引起了我国审计实务界的高度重视，2007 年的"做大做强"战略为我国事务所建立品牌声誉提供了潜在可能，2011 年 9 月中注协发布的《中国注册会计师行业发展规划》（2011～2015 年）更是明确指出我国事务所应"大力创建自主知名品牌"但国内理论界对这一问题研究较少。基于此，本文对国内外审计师声誉的研究进行系统回顾，并对未来的研究进行展望，以期为事务所通过建立自主品牌实现"做大做强"提供理论支持。

一、审计师声誉研究框架

根据国际审计准则，审计师的概念有广义和狭义之分。

狭义的审计师指审计师个人，广义的审计师既包括审计师个人又包括事务所，而从学者们的研究来看，与声誉有关的审计师主要指广义概念。因此，审计师声誉是社会公众及利益相关者对事务所与审计师个人保护投资者利益和维护职业道德规范活动的整体认知与评价。首先，审计师声誉是一种认知和评价，属于主观范畴，做出这种认知和评价的主体是社会公众和利益相关者（即客户、股东、债权人等）。其次，认知和评价的客体是事务所与审计师个人履行投资者利益保护和维护道德规范的活动。声誉的概念在不同的场合有不同的表述方式，如商誉、名誉、品牌等。其中在管理学领域与声誉含义最接近的是"品牌"但品牌与声誉并不完全相同。声誉通常被看作是对驱动品牌权益贡献的"有差别回应"资产之一，并且品牌的范畴比声誉要窄，它支持并与一个单一的利益相关者群体（即顾客）发生互动，而声誉是与多样的利益相关者之间的互动（Aaker，1996）。但品牌建设与声誉形成密不可分，声誉是建立品牌的必要条件，而品牌是声誉的外在表现，因此与审计师创建品牌有关的研究必然会溯源到声誉形成的问题上来。

国内外对于审计师声誉的研究文献比较丰富，在具体介绍文献之前，我们对其所涉及的领域进行总体性概述，具体体现在图1的框架之中。如图1所示，本文将从审计师声誉在时间维度上经历的动态过程分如下三个部分进行梳理：审计师声誉形成机制、审计师声誉作用机制、审计师声誉毁损与修复机制。

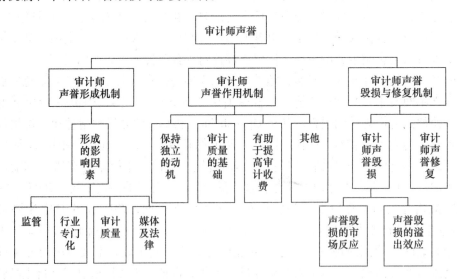

图1 审计师声誉研究框架

二、审计师声誉形成机制研究

审计师声誉能够增加审计服务供需双方的价值，掌握其形成规律将有助于事务所建立较高知名度的品牌。从现有文献来看，对审计师声誉形成规律的研究主要集中在影响因素上。影响因素存在于审计师声誉形成的各个方面，它是事务所建立品牌声誉的关键内容。然而直到最近几十年，学者们才开始重视影响因素的研究，其研究主要集中在监管、行业专门化、审计质量、媒体及法律等方面。

一般认为受到监管方惩罚的审计师将会遭受声誉破坏，从而引起经济损失（Firth，1990；Rollins and Bremser，1997；方军雄，2010），该规律扩展了先前关于"审计师声誉有品牌价值"的研究范围。而张奇峰（2005）从加强监管对声誉影响的角度进行研究却得到了相反的结论，他采用公司市场价值与盈利能力的相关系数对声誉进行衡量后发现在首次获得IPO专项复核资格的事务所中，投资者并不认为本土事务所审计的公司盈利更可信，相反他们更相信声誉较高的"四大"即他们认为仅靠政府对供给方的管制并不能提高审计师声誉。

事务所行业专门化是影响审计质量和资本市场会计信息质量的重要因素（陈丽红和张龙平，2010），也是提高审计师声誉的原因之一。Francis 等（2005）把行业专长分为国家性和地区性专长后，发现只有"五大"同时具有国家性和地区性专长才能获得19%的声誉溢价，这表明国家性和地区性专长共同影响了审计师声誉和价格。此外，一些研究从审计师选聘的角度证实了行业专门化对声誉的重要性。GAO 的一份报告曾经声称80%的企业认为行业专门化是他们选聘审计师时重点考虑的内容，这是因为行业专门化代表了审计质量和审计师声誉（GAO，2003）。随后的实证研究也证实了这一观点，如 Lee 等（2004）与 Hertz（2006）在分别研究独立审计委员会对审计师选聘的影响与 SOX 法案对审计师选聘和解雇的影响时，均发现具有行业专门化的审计师更容易被聘请，且具有行业专门化比不具有行业专门化的审计师更可能采用辞职的方式来保护他们的声誉。

声誉是一种市场机制，但它依赖于消费者考虑到的产品不可观测特性（质量）的可获得信息（Toth，2008）。Toth 采用模拟安达信灭亡的实验证实了上述假说，他发现安达信客户依据审计质量（以财务重述为替代变量）成功地选择了具有高声誉的审计师。另外，Skinner 和 Srinivasan（2010）研究了普华永道日本分所（Chuo Aoyama）对嘉宝公司的审计失败事件，发现 Chuo Aoyama 的审计客户在其审计质量的问题日益凸显之时更换了审计师。他们认为，在法律不起主要作用的环境中，审计质量对审计师声誉更为重要。

此外，有研究显示媒体和诉讼也影响了审计师声誉。Peursem 和 Hauriasi（2000）通过在大众媒体上查找与专业审计师有关的文章，发现在重大事件中媒体根据事件进行的报道加强了审计师客户的市场反应。而 Mc Cracken（2003）采用实验法发现诉讼不仅会给审计师带来诸如损害赔偿、防御等直接成本，也会带来损害声誉等间接成本，但为了避免更进一步诉讼，有声誉的审计师仍会采取诉讼而不是庭外和解的战略。

三、审计师声誉作用机制研究

声誉给予审计师保持独立的动机（Bengtson，1975），树立一种发现和报告违约行为的业绩与声誉需要高昂的代价。但一旦树立起来，这种声誉就可增加对审计服务的需求和审计师的服务报酬（Watts and Zimmerman，1986）。Krish‐namurthy 等（2006）以安达信的全部客户为研究样本，调查了在 2002 年 3 月 14 日安达信被起诉后的声誉恶化是否对客户感知的独立性产生不利影响。他们发现，当市场认识到审计师的独立性被威胁时，起诉期的异常报酬率更加显著为负，这一结果支持了审计师声誉对独立性有重要影响的观点。也就是说，如果利益相关者发现审计师的独立性比预期的要差，审计师的声誉就会遭到破坏，其客户的市场价值将会遭受损失，随后便会导致客户的流失或收费的降低。

审计师声誉是审计质量的基础。漆江娜等（2004）以经审计的盈余质量作为审计质量的替代变量，直接检验了审计师声誉对审计质量的影响，结果表明具有较高声誉的"四大"审计的公司可操控性应计略低于本土事务所审计的公司。此外，Bugera（2006）使用事务所规模作为审计质量的替代变量，研究了市场对高声誉审计师审计质量的认可程度，他发现在年初宣布收购且目标公司由声誉较高的"四大"审计时，股东将获得更高的收购溢价。随后 Weber 等（2008）与 Gao（2010）分别以 ComROAD 公司的会计丑闻及科隆案件为背景，从反面验证了市场认同声誉是审计质量的基础。研究发现，毕马威的客户维持 3% 的负异常报酬率，而德勤的客户遭受了 4.4% 的负异常收益，且审计质量要求更高的公司有更多的负报酬率，可见市场降低了对声誉受损审计师审计质量的认可程度，他们的结论均证明了市场可以通过观察审计师声誉来了解审计质量，并对客户股价产生影响。因此，为了保持客户并获得未来的"准租"，大事务所（声誉相对较高）具有更多的动力出具较高质量的报告（DeAngelo，1981）。

审计师声誉有助于提高审计收费。Allen 等（1996）与 Bandyopadhyay 和 Kao（2001）分别以澳大利亚审计市场由于广告和营销专业化规则的调整，以及审计招标的广泛引入导致的价格竞争加剧和以 1991 年安大略省修订第 86 条与审计师任命条件有关的法案为背景，研究了在没有垄断或寡头垄断租金的情况下，"六大"（或"八大"）事务所比非"六大"（或非"八大"）事务所仍然存在审计费用溢价的现象，他们认为"六大"（或"八大"）的审计费用溢价是由品牌声誉引起的。类似地，李连军和薛云奎（2007）以我国分散的审计服务市场为基础研究了声誉溢价现象，研究发现相对于中国本土除前"五（四）大"以外的事务所，"四大"在中国分所的声誉溢价达到 23.12%；相对于本土其他所，本土"五（四）大"事务所溢价幅度达到 7.57%，他们认为，我国本土事务所的声誉机制正在形成。然而审计费用的声誉溢价并不是无止境增加的，McLennan 和 Park（2004）用实验法构建了两种技术相同但声誉不同的审计师模型。他们发现，虽然声誉好的审计师收取较高的费用，但当声誉好的审计师数量增加时，其收取的溢价最终会降低，这削弱了他们拒绝贿赂的动机。那么产生声誉溢价的原因是什么呢？研究表明聘请知名度较高的审计师能使公布的会计信息更可靠，从而减少代理成本（Jensen and Meckling，1976）；并且高声誉的审计师能够在诉讼中给投资人提供更多额外担保，他们还能够解决民事诉讼中的审计师民事赔偿责任（Dye，1993）。随后的实证研究也发现，高声誉的审计师的确能够减少信息不对称（Godbey and Mahar，2005；Hakimand Omri，2009；Kanagaretnam et al.，2010）、降低会计信息不确定性（Autore et al et al.，2009）、削减代理成本（Uang et al.，2006；Numata et al.）和增加保险价值（Asthana et al.，2003），因此声誉越高的审计师越能够获得溢价。

除此之外，一些研究表明审计师声誉有助于提高 IPO（Beatty，1989；Fang，2008；Batniniand Khalfallah，2009）、降低诉讼成本（Datarand Alles，1999）、提高信息披露透明度（Fargher et al.，2001）、加强债务融资（Rodriguez et al.，2009）、促进公司业绩（Siala et al.，2009）及限制盈余管理（Kanagaretnam et al. 2010）等，但仍有某些问题学界尚存争议。如从与 IPO 有关的文献来看，学者们就很难在审计师声誉是否对 IPO 初始回报产生影响的问题上达成一致意见。Beatty（1989）检验了审计师声誉与 IPO 初始回报的关系，结果显示聘请高声誉审计师的企业比聘请低声誉审计师的企业获取了更低的抑价率，从而降低了投资者的初始回报。与 Beatty 的结果相似，胡旭阳（2002）与王兵等（2009）分别以我国股权分置改革前后为背景研究了审计师声誉与发行抑价的关系，结果发现审计师声誉能够显著降低 IPO 抑价率，即使投资者获取了较低的初始回报。然而，Batnini 和 Khalfallah（2009）却提出高声誉审计师能够帮助投资者获得较高的初始回报，他们以风险投资公司这一特定主体为样本，发现金融市场通过价格贬值来惩罚 IPO 的信息不对称，而风险投资者为了解决信息不对称问题，试图通过聚集其他投资人的股份或聘请高声誉的审计师来增强他们的初始回报。但 Fang（2008）分别采用分位数回归与最小二乘回归对台湾审计市场进行检验，却发现审计师声誉的不同替代变量对 IPO 初始回报的影响不同，且两种方法的回归结果差异很大。

四、审计师声誉毁损与修复机制研究

利益相关者只有在某一特定事件爆发时才认识到声誉毁损的确存在。以 2001 年的安达信倒塌为契机，国内外理论界开始采用事件法对声誉毁损进行大量研究，这些研究多从声誉毁损的市场反应及其溢出效应两个角度出发。同时与声誉毁损研究相对应的是声誉修复研究，这同样是从安达信倒塌事件开始逐步发展起来的，该事件的巨大轰动效应启发了理论界对审计师声誉毁损与修复的重新认识和进一步思考。

（一）审计师声誉毁损机制研究

1. 审计师声誉毁损的市场反应

审计师声誉受损往往会带来负面的市场反应。当安然事件发生后，学者们主要围绕着 2002 年 1 月 10 日安达信宣布其销毁了与安然有关的资料并于 2002 年 2 月 4 日遭到美国司法部的刑事指控等事件（Chaney and Philipich, 2002; Krishnamurthy et al., 2006; Nelson et al., 2008）研究了安达信声誉受损后的市场反应，但学者们的研究结果差异较大。Chaney 和 Philipich（2002）研究发现在安达信承认销毁安然文件 3 天后，它的其他客户经历了显著的负市场反应，这表明投资者降低了对其审计质量的期望。他们还发现由安达信休斯敦分所审计的公司在这一日遭受了更严重的负异常报酬率，但安达信遭受美国司法部指控后市场没有显著反应。随后 Krishnamurthy 等（2006）通过 3 个窗口检验了安达信 662 个客户的异常收益，其中两个窗口的研究结论与 Chaney 和 Philipich 一致，即安达信客户遭受了显著的价值损失。但在第三个与安然遭受巨大市价损失有关的窗口，安达信的客户却没有遭受价值损失。此外他们还发现安达信遭受美国司法部指控后市场反应是负面的，这又与 Chaney 和 Philipich 的研究冲突。他们将此归因为样本差异和事件期间的不同。然而 Nelson 等（2008）与上述几位学者的观点完全不同，他们发现在安达信销毁安然档案时，新闻媒体披露了很多的行业负面新闻，特别是安然所在的能源行业。研究发现安达信能源行业客户的异常报酬率虽然是其他行业的近 2 倍，但与其他"四大"能源客户的异常报酬率相比并没有显著差异。进一步研究发现，在 90% 的行业中，安达信客户的异常报酬率都与其他"四大"客户未有显著差异。因此，他们认为安达信客户股价的下跌不仅与声誉毁损有关，更可能是由于综合原因导致的。由此可见，西方的研究只能在一定程度上证实安达信声誉受损对客户股价的负面影响，这是因为大多数研究都是从客户股价的角度出发推断审计师声誉效应的，但是股价的波动受到很多综合因素的影响（王兵、刘峰，2010）。

在安达信事件之后，国际社会更加关注审计师声誉，诸多事件得到学者们的广泛研究。如 Weber 等（2008）研究了德国的 ComROAD 公司的会计丑闻对毕马威客户的市场反应；Numata 和 Takeda（2010）验证了日本嘉宝会计欺诈案对普华永道日本分公司客户的市场反应；方军雄等（2006）与朱红军等（2008）分别以"银广夏"和"科龙电器"作为切入点研究了中天勤与德勤客户的市场反应。他们的研究结果均表明当事件发生时市场对这些公司产生了负面影响，审计师声誉受损的负面效应在许多国家得到了验证。

2. 审计师声誉毁损的溢出效应

上述研究发现当审计师声誉受损时，往往会引起人们对其审计质量的质疑而引起客户损失。继而很多学者对此进行扩展研究，思考具有相似审计质量的其他审计师是否也会受到"牵连"，其客户是否也存在类似损失。Hecker（2006）和 Cahan 等（2009）从安达信的全球网络角度检验了声誉的溢出效应。Hecker 选择 Berardino（前安达信首席执行官）

在美国国会承认安然审计中的判断错误这一事件进行研究，发现安达信的德国客户股票价格受到了该事件的负面影响，且对其他"四大"的客户股价也产生了较小的负面影响。而 Cahan 等的研究仍围绕着销毁安然有关资料事件和美国司法部的犯罪指控事件，结果发现安达信的其他国家客户在这两个窗口的累计异常收益显著为负，这表明安达信的声誉毁损对美国之外的其他分所均存在溢出效应。

此外，一些学者将声誉溢出效应的范围从安达信扩展到其他"四大"。Doogar（2006）对此问题的研究较早，他发现在安然事件中，安达信及其他"四大"审计师声誉削弱的时机与幅度均不同，因此他认为"五大"事务所的声誉之间存在较大的关联，但不存在必然关系。然而随后的研究结论却与 Doogar 不同，Autore 等（2009）研究了安达信宣布销毁与安然有关的档案时，其他"四大"客户的股价也存在下跌。他们认为，安达信倒塌的市场反应为检验"五大"客户声誉的溢出效应提供了证据。Huang 和 Li（2009）进一步扩展了 Autore 等的研究，结果发现在安达信销毁档案期间，它的其他客户和其他"四大"客户都遭受了损失，但损失的程度有很大差别，其中休斯敦地区和能源行业所遭受的损失最大。

（二）审计师声誉修复机制

本杰明·富兰克林曾告诫人们："玻璃、陶瓷和声誉都很容易破裂，而且永远无法弥补得完美如初。"富兰克林的话只有部分是正确的，的确声誉具有与生俱来的脆弱性，会在毫无预警的前提下一夜颠覆。然而自18世纪以来，声誉的修复过程已经有了巨大改善，像安达信这样如此令人惊惧的覆灭是个特例，如今大多数丢掉声誉的公司都有机会修复他们的声誉（刘希平，2009）。他们的修复方法多种多样，如麦克林公司遭受财务审计欺诈行为后采取建立一种以价值为中心的企业文化，用以重建利益相关者对公司管理层及内部文化的信心；皇家壳牌公司在声誉受损后，通过任命声誉卓越的范德伟为首席执行官改进了决策工作及责任制重获声誉；网络泡沫破灭后花旗集团的声誉受挫，该集团分析师成为华尔街利益冲突和可疑交易的反面教材，随后公司通过让第三方参与进来的方法重获了声誉，即投资2亿美元用于全球财政教育计划。

尽管实务中声誉修复方法多种多样，但其理论研究并不丰富，也很少有人专门从修复角度对审计师声誉进行研究，这或许是因为声誉修复本来就是声誉形成的一部分。从现有文献来看，仅有 Krishnan（2004）的研究涉及这个问题，他以2002年更换审计师到"四大"的安达信客户为样本，从盈余稳健性的角度考察了大事务所对审计师声誉的修复。研究发现与非安达信客户的盈余相比，更换审计师的安达信客户的盈余对与未来现金流量有关的坏消息不敏感，且在2002年安达信和非安达信客户的盈余稳健性都有所增加。进一步研究发现，安达信休斯敦分所客户盈余稳健性增加得更显著。该结果表明高声誉审计师试图通过一种及时的方式来劝说其客户识别坏消息，从而减轻其诉讼风险。因此，他认为审计师可以采取减轻诉讼风险和增强其客户盈余稳健性的战略来重建声誉。

五、审计师声誉的研究展望

自安然事件以来，审计师声誉的研究在国内外理论界得到了前所未有的重视，特别是与声誉作用机制及毁损机制有关的研究。但由于缺乏实证研究数据，声誉形成与修复机制研究较少，尚未形成成熟的理论框架。综合上述研究成果，可以得到以下启示：

第一，尝试建立审计师声誉研究的统一理论框架。当前理论界对审计师声誉的研究并未形成统一框架，如审计师声誉形成的影响因素研究就很不全面，形成条件也不明确，作用机制及毁损与修复机制的研究更不系统。未来可按照声誉机制的各个部分分别建立理论框架，即先尝试建立声誉形成机制的理论框架，而后继续探索作用机制及毁损与修复机制的理论框架构建。具体方法在审计师声誉形成方面可采用企业声誉研究常用的问卷调查等方法全面了解影响因素，并可从合谋角度出发进行理论分析与实验研究以了解声誉形成的条件，等等。

第二，努力发掘不同审计市场与不同审计师的声誉影响因素或其集合。国内外学者对此问题进行了初步研究，但他们的结论不能直接用于指导审计师建立声誉，这是由于：①不同国家和地区的经济发展水平、法律环境、文化环境以及审计师个体特征都导致声誉影响因素存在较大差异，不能统一定论，应根据审计市场环境进行具体分析。②学者们的实证研究多数仅涉及影响因素的几个方面，一些重要因素并未考虑，如内部治理、环境状况、社会责任及战略与领导力等。③从现阶段的研究来看"审计师"一词主要指事务所，仅少数实验研究中涉及审计师个人，但学者们未对"审计师"这一概念进行区分，这使得研究对象指代不明确，从而引发了理论界与实务界的认识偏差。所以未来可以结合调查问卷、案例分析及模拟实验等方法，并区分各种审计市场与各类审计师来分别分析其声誉影响因素及形成路径，并在今后的研究中厘清这一概念的内涵与外延。

第三，未来宜从多个角度对审计师声誉毁损进行研究。大多数学者采用事件法来检验审计师声誉毁损的市场反应，但由于研究所采用同一案例的不同事件及同一事件的不同窗口范围存在差异，因此实证研究的结论也存在差异，而过大的差异往往会削弱研究结论的普适性价值，今后可考虑从市场份额、收费、审计质量等角度进行实证研究并发掘其共性。

第四，今后应加强审计师声誉修复阶段的研究。声誉修复是公司声誉研究领域最重要的问题之一，应将声誉修复作为全新环节置于整个声誉塑造过程的突出地位（Ross，2009）。但鲜有学者对该问题进行研究，为了避免安达信的悲剧再次发生，未来可通过案例研究法从内部与外部双重视角分析并借鉴世界著名企业的声誉修复步骤及内部治理经验，同时可通过对市场反应的实证研究结果来观测审计师声誉的修复状况。

参考文献

［1］陈丽红，张龙平．事务所行业专门化研究述评及展望．会计研究，2010（11）：81－86.

［2］李连军，薛云奎．中国证券市场审计师声誉溢价与审计质量的经验研究．中国会计评论，2007（11）：401－413.

［3］王兵，刘峰．安达信倒塌：研究发现了什么．会计研究，2010（7）：73－78.

［4］王兵，辛清泉，杨德明．审计师声誉影响股票定价吗？来自 IPO 定价市场化的证据．会计研究，2009（11）：73－96.

［5］张奇峰．政府管制提高会计师事务所声誉吗？——来自中国证券市场的经验证据．管理世界，2005（12）：14－23.

［6］朱红军，何贤杰，孙跃，吕伟．市场在关注审计师的职业声誉吗？基于"科龙电器事件"的经验与启示．审计研究，2008（4）：44－52.

［7］Brian W. Mayhew. Auditor Reputation Building. Journal of Accounting Research, 2001, 39（3）：599－617.

［8］Don M. Autore, Randall S. Billingsley, Meir I. Schneller. Information Uncertainty and Auditor Reputation. Journal of Banking & Finance, 2009, 33（2）：183－192.

［9］Douglas J. Skinner, Suraj Srinivasan. Audit Quality and Auditor Reputation I Evidence from Japan. Chicago Booth School of Business Research Paper Series, 2010.

［10］Jere R. Francis, Kenneth. Francis, Dechun Wang. The Pricing of National and City－Specific Reputations for Industry Expertise in the U. S. Audit Market. The Accounting Review, 2005, 80（1）：113－136.

［11］Joseph Weber, Michael Willen Borg, Jieying Zhang. Does Auditor Reputation Matter? The case of KPMG Germany and ComROAD AG. Journal of Accounting Research, 2008, 46（4）：941－972.

［12］Karen K. Nelson, Richard A. Price, Brian R. Rooftree. The Market Reaction to Arthur Andersen's Shredding of Documents：Loss of Reputation or Confounding Effects? Journal of Accounting and Economics, 2008, 46（2）：279－293.

［13］Kiridaran Kanagaretnam, Chee Yeow Lim, Gerald J. Lo－bo. Auditor Reputation and Earnings Management：International Evidence from the Banking Industry. Journal of Banking & Finance, 2010, 34（10）：2318－2327.

［14］Paul K. Chaney, Kirk L. Philipich. Shredded Reputation I The Cost of Audit Failure. Journal of Accounting Research, 2002, 40（4）：1221－1245.

［15］Roger D. Huang, Hang Li. Does the Market Dole Out Collective Punishment? An Empirical Analysis of Industry, Geography, and Arthur Andersen's Reputation. Journal of Banking & Finance, 2009, 33（7）：1255－1265.

［16］Shingo Numata, Fumiko Takeda. Stock Market Reactions to Audit Failure in Japan：The Case of Kanebo and ChuoAoyama. The International Journal of Accounting, 2010, 45（2）：175－199.

［17］Srinivasan Krishnamurthy, Jian Zhou, Nan Zhou. Auditor Reputation, Auditor Independence, and the Stock Market Impact of Andersen's Indictmenton Its Client Firms. Contemporary Accounting Research, 20006, 23（2）：465－490.

［18］Steven F. Cahan, David Emanuel, Jerry Sun. Are the Reputations of the Large Accounting Firms Really International? Evidence from the Andersen Enron Affair. Auditing I A Journal of Practice & Theory, 2009, 28 (2): 199 –226.

[19] Yan min Gao, Karim Jamal, Qiliang Liu, Le Luo. Does Reputation Discipline Big 4 Audit Firms? in: CAAA, CAAA Annual Conference, 2011.

On Auditor Reputation: Review and Prospects

Wang Fan   Zhang Longping

Abstract: Auditor's reputation is the motivation for auditors to maintain independent. The study on auditor reputation gradually increased after Enron in 2001 which led to widespread concern. Existing literatures in such field mainly study it from the perspective of the formation, role, damaging and recovering mechanisms of auditor reputation. Specifically, regulation, industry specialization, audit quality, media and law are important factors which influence the formation of anditor reputation. And the auditors reputation can help auditors to remain independent, improve audit quality and fees. The damage of auditor reputation will lead to some corresponding market reaction and spillover effects, but also give birth to the corresponding recover problems. This review helps to fully understand the status of the auditor's reputation and could provide recommendations on its future development.

Key Words: Auditor Reputation; Reputation Mechanism; Enron Event

现金分布、公司治理与过度投资[*]
——基于我国上市公司及其子公司的现金持有状况的考察

张会丽[1]　陆正飞[2]

（1 北京师范大学经济与工商管理学院　100875；

2 北京大学光华管理学院　100871）

【摘　要】 本文以我国 A 股上市公司子公司的现金持有状况为考察对象，实证检验了集团型上市公司内部现金在母子公司间的分布状况对公司总体过度投资水平的影响。结果表明，在公司总体持现水平一定的条件下，现金在母子公司间的分布越分散，即子公司持现比率越高，集团公司整体的过度投资越严重。进一步的研究显示，完善的公司治理机制能够在一定程度上降低子公司高持现对集团公司整体过度投资水平的影响。

【关键词】 现金持有；现金分布；过度投资；公司治理

一、引　言

代理成本是影响企业自由现金流投资效率的重要根源[①]。根据传统的自由现金流代理成本假说，经理人为构建自己的企业帝国常常具有强烈的投资扩张冲动，进而导致企业的投资超出最优水平，并严重损害了股东利益（Jensen，1986）。相应地，企业内部自由现金流的投资效率或现金持有效率成为世界各国学术界关注的焦点问题之一（Richardson，2006；Pinkowitz et al.，2006；Dittmar and Mahrt－Smith，2007；Biddle et al.，2009；Fre-

----

　　* 本文选自《管理世界》2012 年第 3 期。

　　感谢教育部人文社会科学研究规划基金项目（项目批准号：09YJA630012）、国家自然科学基金重点项目（项目批准号 71132004）以及面上项目（项目批准号 70972011）对本文的资助。

　　① 已有研究回答了影响企业持现的以下几种动机假说：（1）谨慎性假说；（2）代理成本；（3）其他企业内部特征如税收、工会力量、多元化等；（4）宏观环境影响假说。

sard and Salva，2010；王彦超，2009；俞红海等，2010）。受财务报告披露条件的限制，现有文献在实证研究中通常以母子公司的汇总财务数字——合并报表现金余额，来考察集团内部所有法人主体的现金持有总量对总体投资效率的影响。其隐含的假定是，现金在企业控制链上下游的分布状况对总体使用效率的影响无显著差异，亦即假定在母子公司制的企业集团中，现金由母公司或子公司持有对总体投资效率具有同质影响。然而，在现实世界里，上述假定是否成立？现金在企业集团母子公司间的分布状况如何影响企业总体的投资效率？本文拟对此问题进行专门考察。

近年来，世界各国的企业现金持有水平均在不断提高（Dittmar and Mahrt – Smith，2007；Bates et al.，2009）。Bates 等（2009）指出，美国 2006 年的企业持现水平已接近公司权益市值的 1/10，现金占账面资产的比重也高达 23.2%，这一数字比 20 世纪 80 年代翻了一番。据笔者统计，2009 年末，就中国 A 股上市公司而言，现金占账面总资产的比重均值（中位数）也已高达 19.4%（15.5%），这意味着在我国企业中，接近 1/5 的账面资产以现金形式存在。更值得注意的是，在我国高达 95.3% 的上市公司以企业集团形式运营的制度背景下（张会丽和陆正飞，2010），上市公司平均有 44.7% 的现金并非由母公司直接调度和持有，而是由其下级子公司分散持有。基于此，关注现金在企业集团内部上下级企业间的分布状况对企业总体投资效率的影响，无疑将具有重要的现实意义。

本文以 2001~2009 年我国 A 股上市公司为研究样本，以上市公司子公司的现金持有状况为考察对象，实证检验了企业集团内部现金在母子公司间的分布状况对公司总体过度投资水平的影响。结果表明，在企业的总体持现水平一定的条件下，现金在母子公司间的分布越分散，即子公司持现比率越高，集团整体的过度投资水平越严重。进一步的研究显示，完善的公司治理机制能够在一定程度上降低子公司持现对企业整体过度投资的影响。上述研究结论表明，企业集团内部的现金管理与控制，即现金在母子公司间的分布状态将对企业投资效率产生重要影响，而公司内部治理机制的改善可以有效降低下级控制链上的多重代理成本，进而抑制过度投资的发生。

本文的研究可能将在以下三个方面具有一定贡献。

第一，本文在母子公司组织结构的框架下扩展和丰富了有关自由现金流代理成本的相关文献。本文的结论表明，企业集团内部自由现金流的过度投资问题远比学术界假定的单个法人企业面临的问题更为复杂。现有文献在研究自由现金流的代理成本时，往往关注企业整体的现金持有水平或自由现金流总量对投资效率的影响，而现金在控制链上下游的分布状况对企业整体现金使用效率的影响如何？对此学术界尚知之甚少。其原因在于，以美、英为代表的发达市场国家的信息披露均采用"单一披露制"，即只披露合并报表，不披露母公司报表，导致集团内部母子公司信息无法获取。陆正飞和张会丽（2010）利用我国的"双重披露制"分解出上市公司整体子公司的现金持有状况，研究发现集团内部的现金越分散在子公司，则企业整体的现金持有价值越低。我们的研究则在此基础上进一步给出了直接证据。

第二，本文的研究结论深化和拓展了公司治理机制影响企业运营效率与股东财富最大化目标的作用机制和影响渠道。公司治理的现有研究文献大多关注企业内部各方利益激励兼容的制度安排对股东财富最大化的影响，而本文的结论则进一步表明，完善的公司治理机制对于整合企业内部资源、提高企业下游的资源使用效率以及降低控制链上的代理成本同样具有重要意义。我们的研究表明，完善的公司内部治理机制能够通过有效降低企业内部财务资源的效率损失，确保股东财富最大化目标的实现。

第三，本文的研究结论对于我国上市公司加强对子公司的财务控制具有重要的启示意义。如何加强对子公司的监控或财务控制、如何规范下游企业的利润分配机制以及如何改善集团公司治理机制并进而提高企业内部资源配置与流转的效率，是未来我国企业集团努力的方向。本文的结论对于我国上市公司中的外部投资者保护以及内外部资本市场效率的提高，具有重要的启示意义。

本文其余部分的研究结构安排如下：第二部分为文献综述与研究假说的提出；第三部分为研究设计、样本选取与描述性统计；第四部分为实证结果；第五部分为研究结论。

二、文献综述与研究假说的提出

（一）文献综述

根据 Jensen（1986）的代理理论，管理层作为外部股东的代理人，为了获取更多的私人利益，他们宁愿将企业内部的自由现金流投向净现值为负的项目，也不愿通过分红将现金返还给股东，从而损害了股东财富最大化目标的实现。由于企业内部自由现金流的使用效率与股东财富最大化目标密切相关，相应地，自由现金流的投资效率问题也成为财务学界所探讨的核心问题之一（Jensen and Meckling，1976；Blanchard et al.，1994；Harford，1999；Richardson，2006；Dittmarand Mahrt – Smith，2007）。

一类研究文献以企业内部自由现金流为考察对象，研究自由现金流的代理成本以及可能的影响因素。如 Richardson（2006）发现，在 1988～2002 年，美国的非金融类上市公司平均有 20% 的自由现金流被用于过度投资；企业内部的自由现金流越高，则企业越可能发生过度投资，或者过度投资水平越高；而公司治理机制的完善，如机构投资者的引入则可以有效缓解企业的过度投资行为。后续文献还针对可能的影响因素对此展开了多角度的研究，如 Biddle 等（2009）、McNichols 和 Stubben（2008）等的研究表明盈余质量是影响企业自由现金流的投资效率的重要因素之一。

另一类相关研究则以企业所持现金为考察对象，考察了企业持现的动机和经济后果。现有研究文献表明，预防性动机、税收考虑、代理成本等均被认为是企业内部的自由现金不断攀升的重要原因，企业总体的持现水平与企业的融资、税务、劳工报酬等方面的战略安排密切相关（Hanand Qiu，2007；Foley et al.，2007；Klasa et al.，2009；Harford，

Mansi and Maxwell, 2008; Masulis, Wang and Xie, 2009; Bates et al., 2009; Subramaniam et al., 2011)。企业所持现金的市场价值因公司治理水平、财务约束程度等方面的不同而存在显著差异 (Pinkowitz and Williamson, 2004; Pinkowitz et al., 2006; Dittmar and Mahrt – Smith, 2007)。其中,Pinkowitz 等 (2006) 研究发现,在投资保护较弱或公司治理程度较差的国家,随着企业现金持有量的增加,每增加 1 元现金的边际价值小于 1 元,从而揭示了自由现金流中代理成本与效率损失的存在。Kal – cheva 和 Lins (2007) 研究发现在外部股东保护程度较弱的国家,管理层发放股利比持有现金更有利于提升企业价值。

在我国,已有文献研究表明企业的自由现金流越高,企业内部的投资效率越低,过度投资越为严重。杨华军、胡奕明 (2007) 的研究表明我国上市公司存在显著的自由现金流的过度投资行为,地方政府控制和干预行为显著加剧了自由现金流的过度投资,他们同时发现金融发展水平有助于降低自由现金流的过度投资。钟海燕等 (2010) 实证考察了国有控股类别和金字塔层级对自由现金流过度投资的影响,研究发现国有企业受政府行政干预越强,则其整体过度投资水平越低。俞红海等 (2010) 发现,股权集中、控股股东的存在会导致公司过度投资,控股股东控制权与现金流权的分离进一步加剧了这一行为,同时自由现金流水平也对过度投资有正向影响;而现金流权水平的提高、公司外部治理环境的完善,则可以有效抑制过度投资。杨兴全、张照南 (2008) 等的研究表明我国的现金持有价值只有 0.3 ~ 0.4 元,表明企业内部存在严重的效率损失。陆正飞和张会丽 (2010) 的研究结果表明,企业所持有的现金存在显著折价,且集团内部子公司持现比重越高,企业整体的现金持有价值越低,从而推测得出子公司内部代理成本的存在。上述国内相关文献的结论与 Pinkowitz 等 (2006) 的跨国研究相一致,我国企业的现金持有价值远远低于其账面价值,从而表明我国公司治理水平的低下以及现金投资效率损失的普遍存在。

总结以上文献,代理成本是企业内部自由现金流或现金持有效率损失的重要根源。在新兴市场国家,如我国,代理成本甚至更为严重。受财务报告披露制度的限制,尤其在美、英等发达市场国家,学术界惯常采用合并报表数据,仅限于从总体上考察现金状况对投资效率的影响,这其实隐含假定母子公司所持现金具有相同的投资效率。然而,企业集团在新兴市场国家的普遍存在 (陈文婷, 2010),使母子公司制的集团企业成为经济发展的支柱力量。经济实体内部多个法人主体的存在为企业运营带来更多的交易摩擦,加强企业内部的资源配置与管理控制也由此显得尤为重要。李艳荣 (2008) 指出,在我国,子公司为了自身利益与集团总部不协作的现象普遍存在,使得许多企业集团陷入集而不团的境地。潘红波和余明桂 (2010) 的研究发现,集团化会导致公司的过度投资行为。陆正飞和张会丽 (2010) 也在研究中指出,子公司持现显著降低了上市公司的现金持有价值。基于此,加强对现金的监管与控制就成了企业所面临的重要课题。其中,探索效率损失的具体环节,从而找出监控重点就成为解决问题的关键所在。

综上,本文研究现金在企业集团内部母子公司间的分布状况对投资效率的影响,丰富和发展了有关自由现金流与投资效率之间关系的文献,并为上市公司中的子公司过度持现的效率损失提供了较为直接的证据,同时也将对我国上市公司的内部管理以及投资者的相关决策具有一定的启示性意义。

（二）研究假说的提出

作为一种稀缺和极易被代理人随意使用的资源（Myers and Rajan，1998；Dittmar and Mahrt-Smith，2007；Fresard and Salva，2010），现金成为企业集团内部资源配置中各级代理方的重要"寻租"目标。钟海燕等（2010）指出，企业集团的金字塔层级越长，由内部人控制而引发的代理问题越严重。这意味着，在控股形式的集团企业中，下级企业可能存在更高的代理成本。陆正飞和张会丽（2010）的研究指出，在我国的制度背景下，上市公司内部存在子公司对母公司资金较为严重的非经营性占用，且发现子公司持现比例越高，外部股东给予现金价值的折价也越高。上述研究均表明，资源在母公司控制链中的位置越靠近末端，则现金资源配置的效率损失可能越严重。

如上所述，多个独立法人主体和内部上下级企业间多层委托—代理关系的存在，使集团型企业往往面临更高的代理成本。就集团投资决策而言，无论母公司实施集权抑或分权的投资战略，作为次级代理人，子公司管理层难免通过各种方式追求扩张自己的"商业帝国"，以尽可能谋求自身利益最大化。比如，当子公司产生现金流能力较强或拥有较多闲置资金时，即便不存在净现值为正的投资项目，它们也有动机利用各种借口或游说活动向母公司管理层夸大投资需求，进而从中谋取显性或隐性福利。

基于上述分析，我们预期当企业内部的现金在母子公司间越分散时，企业内部的过度投资行为将越为严重。由此，提出本文的假说1。

假说1：企业内部的现金越分散在下级子公司，则集团整体的投资水平越可能过度。

公司内部的治理机制是督促、制约和监督代理人行动与股东财富最大化目标相一致的一系列机制。公司治理的主要目的，是在维持公司所有参与主体利益基本平衡或不失衡的前提下，追求股东利益最大化。通过在委托—代理方之间建立一系列激励兼容的制度安排，良好的公司治理机制可以有效监督公司的运营效率，并激励利益相关者为公司的整体利益而一致努力（陈伟，2010）。而健全的公司治理机制，不仅是管理层与外部股东利益一致性的保证，而且也是企业内部监管与控制的保证。广义的公司治理机制，不仅在于制约代理人自身的谋取私人利益，同时也应具备减少企业内部各个级别代理链上效率损失的能力。因此，当公司治理的机制越好时，企业内部的现金分散程度对企业投资效率损失的影响将越低。具体而言，当公司治理机制较为完善时，管理层与外部股东之间以及集团内部上下级企业间存在良好的激励相容机制，这将一方面促使母公司管理层对集团的整体运作效率实施更加严格的监控和管理，进而确保集团内部资本市场资源配置效率和投资效率的提高；另一方面使得各级管理层有足够激励去努力工作、注重受托责任的真实达成情况和长远业绩的提高，从而客观上降低现金在下级企业中的分布对投资效率的负向影响。由此，提出本文的研究假说2。

假说2：公司治理机制的完善能够显著降低子公司高持现对企业整体过度投资的不利影响。

三、研究设计、样本选取与描述性统计

（一）研究设计

1. 过度投资的估计

借鉴研究投资效率的同类研究文献（如 Richardson，2006；辛清泉等，2007；王彦超，2009；姜付秀等，2009；钟海燕等，2010），本文将估计企业正常投资水平的模型设定如下：

$$\ln v_{i,t} = \alpha_0 + \beta_1 Asset_{i,t-1} + \beta_2 Lev_{i,t-1} + \beta_3 Growth_{i,t-1} + \beta_4 Ret_{i,t} + \beta_5 Age_{i,t} + \beta_6 Cash_{i,t-1} + \beta_7 \ln vi_{i,t-} + \varepsilon_{i,t} \tag{1}$$

式中，因变量 $Inv_{i,t}$ 表示公司 i 第 t 年的实际新增投资支出；自变量为代表公司期初规模（Asset）、杠杆（Lev）、成长性（Growth）、市场业绩（Ret）、公司年龄（Age）、现金持有水平（Cash）以及滞后一期投资水平（Invi）的变量。以上变量的具体计算与定义可详见表 1。回归估计得到的企业投资水平的估计值，即为企业的正常投资水平，由此得到的残差大小即代表企业的过度投资程度，定义为 Overinv。由于我们的研究重点关注现金管理中的效率损失，即过度投资问题，出于稳健性考虑，我们在研究中将对过度投资变量赋予以下几种不同的定义。

表 1　变量定义说明

变量名	含义	计算方式
Asset	资产规模	总资产的自然对数
Lev	杠杆水平	总负债/总资产
Growth	成长性	销售收入增长率
Ret	市场回报	第 t 年 5 月至第 t+1 年 4 月的累计回报率
Age	上市年限	财务报告年度与 IPO 年度之间的年限
Cash	现金持有水平	（现金 + 短期投资或交易性金融资产）/总资产
Adcash	超额现金持有水平	经当期经营性现金支出调整后的现金持有水平
Inv	投资水平	（构建固定资产、无形资产和其他长期资产支付的现金 - 处置固定资产、无形资产和其他长期资产收回的现金净额）/总资产
Overinv1	过度投资水平 1	以公式（1）估计得到的残差值直接衡量企业过度投资水平的高低
Overinv2	过度投资水平 2	只选择残差大于 0 的样本组，以正的残差大小衡量过度投资水平
Overinv3	过度投资哑变量 3	按照估计得到的残差大小按照四分位数分组，将最大组观测定义为过度投资组，并赋值为 1，删除残差最小的组后，将中间两组作为对照组，取值为 0

变量名	含义	计算方式
Cashdis	未经调整的子公司持现比率	（合并报表现金－母公司报表现金）/合并报表现金
Cashdis1	调整后的子公司持现比率	具体计算请详见公式（2）及相关说明
Cashdis2	调整后的子公司持现比率	具体计算请详见公式（2）及相关说明
Cashdis3	子公司期初持现占子公司经营性现金支出的比例	具体计算请详见公式（3）及相关说明
Cashdis4	子公司期末持现占子公司经营性现金支出的比例	具体计算请详见公式（3）及相关说明
Salary	高管薪酬	经行业中位数调整后的前三位高管人员薪酬的自然对数
Fcf	自由现金流	对经营性现金净流量与正常投资水平估计值的差取自然对数
Otac	大股东占款比例	其他应收款/总资产
Exp	管理费用率	管理费用/总资产
Mino	少数股权占比	少数股东权益/股东权益
Gov	公司治理水平	由公司治理指数中位数分组得到的哑变量

（1）残差的水平值（Overinv1）。即以回归估计得到的残差值直接衡量企业过度投资水平的高低。同类研究如王彦超（2009）也使用了同样的度量方法。

（2）只选择残差大于0的样本组，以残差大小衡量过度投资水平（Overinv2）。与辛清泉等（2007）、钟海燕等（2010）对过度投资的定义相一致，我们按照残差正负号分组，大于0的观测值组定义为过度投资，并只对过度投资组进行专门考察。

（3）以残差四分位数分组，设置代表过度投资的哑变量（Overinv3）。借鉴Biddle等（2009），我们将残差大小按照四分位数分成四组，将最大组的观测定义为过度投资组，并赋值为1，然后删除残差最小的组，将中间两组作为对照组，取值为0。

2. 子公司持现比率（Cashdis）的估计

企业财务报告中合并报表与母公司报表的现金余额大小（现金＋短期投资/交易性金融资产），反映了现金在上市公司母子公司间的分布状况①。具体而言，合并报表与母公司报表现金的差额，反映了子公司的现金持有水平。

若要考察现金的分布状况对企业投资效率的影响，首先需将子公司的正常（经营性）持现需求予以剔除。我们将经营性现金支出作为子公司正常现金需求的估计值，其中：

经营性现金支出＝购买商品、接受劳务支付的现金＋支付给职工以及为职工支付的现金＋支付的各项税费＋支付的其他与经营活动有关的现金

子公司经营性现金支出＝合并报表经营性现金支出－母公司报表经营性现金支出

出于稳健性考虑，本文同时使用了下述几种指标用以衡量子公司持现比率。

---

① 在本文的研究中，我们将子公司作为一个整体来考察。

（1）以扣除子公司经营性现金支出占比后的调整值表示子公司持现比率。其表达式如式（2）所示：

子公司持现比率 =（合并报表现金 – 母公司报表现金）/合并报表现金 –（合并报表经营性现金支出 – 母公司报表经营性现金支出）/合并报表经营性现金支出　　　　　（2）

等式右边子公司实际持现占比与其经营性现金需求比例的差额用以衡量子公司超额持现比率的高低；由于计算中的现金支出占比为流量值，所以，出于稳健性考虑，我们对实际持现占比中的相关变量同时采用了期末值和期初值两种形式①，相应得到了 Cashdis1 和 Cashdis2 两个变量。子公司持现比率越高，则表明现金在母子公司间越分散，母公司对现金的控制越松散。

（2）以子公司持现占子公司经营性现金支出的比例衡量子公司持现比率。其表达式如式（3）所示：

子公司持现比率 =（合并报表现金 – 母公司报表现金）/（合并报表经营性现金支出 – 母公司报表经营性现金支出）　　　　　（3）

等式右边为子公司持现占当期子公司经营性现金支出的比例。与上文的方法相一致，我们对分子同时采用了子公司持现水平的期初值和期末值两种形式，分别计算得到 Cashdis3 和 Cashdis4。该方法计算的指标值越大，则表明母公司对子公司整体意义上的控制越松散，相应现金在母子公司间的分布也可能越分散。

3. 公司治理指数

由于公司治理是一系列监督协调各方利益的制度安排，故仅关注某一指标并不能很好地反映公司的整体治理状况。基于此，学术界往往通过主成分分析法，构建反映公司综合治理状况的公司治理指数，如蒋琰（2009）、白重恩等（2005）、靳庆鲁和原红旗（2008）等均采用了这一做法。本文借鉴蒋琰（2009）和白重恩等（2005）等同类构建公司治理指数的相关研究，选用第一大股东持股比例（Topratio）、第二大股东至第十大股东的股权集中程度（Cstr2_ 10）②、高管持股比例（Mana）、控股权性质（State，国有控股取 1，否则为 0）、总经理与董事长是否合一（Dual，两职合一取 1，否则取 0）、独立董事比例（Indratio）、是否在 A 股与 B 股或 H 股同时上市（HB_ share，如果同时在 A 股与 B 股或 H 股上市取值为 1，否则为 0）、是否拥有母公司（Parent，拥有母公司取值为 1，否则为 0）8 个变量，运用主成分分析法构建公司治理指数。我们将从主成分分析法中得到的第一主成分定义为反映公司治理水平的指标 Gov_ index。在第一主成分中，8 个变量 Topratio、Cstr2_ 10、Mana、State、Dual、Indratio、HB_ share 以及 Parent 的载荷系数分别为 – 0.714、0.698、0.568、– 0.635、– 0.030、0.392、– 0.083 以及 – 0.366，除 HB_ share 外，其余载荷系数的符号均与理论相符③。从上述载荷系数的大小来看，在所构建的

---

① 使用期末与期初的均值，本文的主要结论保持一致。
② 定义为第二大股东至第十大股东持股平方和的对数。
③ 与蒋琰（2009）得到的符号相一致。

公司治理指数中，股权结构（Topratio、Cstr2_10）、公司性质（State、Parent）、高管激励（Mana）以及外部监督（Indratio）等占据重要地位[1]。

4. 研究模型

为了检验本文所提出的两个研究假说，我们建立了如下研究模型：

$$\text{Overinv } Overinv_{i,t} = \alpha_0 + \beta_1 Salary_{i,t} + \beta_2 Otac_{i,t} + \beta_3 Exp_{i,t} + \beta_4 Mino_{i,t} + \beta_5 Adcash_{i,t-1} + \beta_6 cashis_{i,t} + \varepsilon_{i,t} \tag{4}$$

$$\text{Overinv } Overinv_{i,t} = \alpha_0 + \beta_1 Salary_{i,t} + \beta_2 Otac_{i,t} + \beta_3 Exp_{i,t} + \beta_4 Mino_{i,t} + \beta_5 Adcash_{i,t-1} + \beta_6 Gov \times Adcash_{i,t-1} + \beta_7 cashis_{i,t} + \beta_8 Gov_{i,t} + \beta_9 Gov \times CASHDIS_{i,t} + \varepsilon_{i,t} \tag{5}$$

在上述两个模型中，因变量为由公式（1）估计得到的代表企业过度投资水平的变量，自变量为表示子公司持现比率的变量 Cashdis。参考辛清泉（2007）的研究，我们在文章中控制了高管薪酬（Salary）、其他应收款（Otac）以及管理费用（Exp）等变量，用以控制企业内部来自高管、大股东等方面的代理成本。为了控制自由现金流水平对企业总体投资的影响，参考同类研究文献，我们用下述两种方法代理自由现金流：①经当期经营性现金支出调整后的企业期初现金持有水平（Adcash）[2]；②企业当期的自由现金流（Fcf），等于经营现金净流量与由公式（1）估计得到的正常投资水平的差，然后取自然对数（辛清泉等，2007）；另外，陆正飞和张会丽（2010）发现少数股权占比是影响现金在母子公司间分布的重要因素，因此，本文将其影响一并加以控制。结合我们的研究假说1，我们预期公式（4）中的 β_6 的符号显著为正。在公式（5）中，我们将利用主成分分析计算得到的公司治理指数按照中位数分组，得到表示公司治理机制完善程度的哑变量（Gov），大于中位数取值为1，表示公司治理状况较好，否则为0，表示公司治理状况较差。我们设置了 Gov 与子公司持现比率的哑变量，结合研究假说2，我们预期交叉项的系数 β_9 显著为负。另外，由于 Richardson（2006）的研究表明机构投资者、外部董事等公司治理机制的改善可以降低自由现金流水平对过度投资的影响，本文将公司治理对自由现金流影响投资效率的效应一并加以控制。

（二）样本选取与描述性统计

本文的研究样本选取我国证券市场中2001～2009年的上市公司，母公司报表财务数据和财务报表附注数据、合并报表财务数据以及公司治理数据分别来自 Wind 数据库、CSMAR 数据库以及 CCER 数据库[3]。与同类研究的做法相一致，我们剔除了以下样本观测：①金融类公司；②IPO 当年的观测；③存在相关变量缺失值及异常值的观测。最后，共得到8645个样本观测值[4]。同时，为了剔除极端值的影响，我们对所有连续变量进行

---

[1] 具体变量设置与描述性统计，请详见附录。

[2] 在稳健性测试中，我们使用行业均值调整，得到了一致的研究结论。

[3] 本文之所以将样本的起始年度选定为2001年，是因为本文研究用到高管薪酬做控制变量，而我国上市公司从2001年起开始较为普遍地披露高管薪酬。任意改变样本区间长度，并不改变本文的研究结论。

[4] 具体地，异常值是指如净资产≤0以及子公司经营性现金支出占比<0的观测。

了 1% ~99% 水平的 Winsorize 处理。另外，我们对所有数据的准确性进行了抽样核对与更正。

表 2 给出了本文计算用到的主要变量的描述性统计结果。其中，总体来看，我国上市公司的子公司持现比率由 0 ~1 不等，平均而言，约 44.7% 的现金分布在子公司。上述结果表明，我国上市公司的持有现金其中接近一半比重的现金由下级子公司分散持有，学术界以合并报表现金作为企业持有现金水平的度量，可能忽略了现金结构的影响，这进一步凸显了本文对现金在母子公司间分布状况的经济后果予以关注的重要意义。

表 2　描述性统计结果

变量	均值	中位数	最小值	P25	P75	最大值	标准偏差
Inv	0.054	0.037	-0.365	0.012	0.078	0.297	0.059
Cashdis	0.447	0.403	0.000	0.154	0.715	1.000	0.324
Adcash	-0.541	-0.414	-3.000	-0.723	-0.210	0.314	0.511
Fcf	0.054	0.052	-0.543	0.011	0.096	1.019	0.083
Cashdis1	-0.022	0.000	-0.802	-0.148	0.098	0.721	0.243
Cashdis2	-0.038	-0.013	-0.932	-0.189	0.079	1.000	0.286
Cashdis3	0.627	0.191	0.001	0.092	0.413	28.616	1.969
Cashdis4	0.734	0.164	0.000	0.077	0.366	59.654	3.260
Asset	21.312	21.204	18.895	20.639	21.886	25.317	0.998
Lev	0.488	0.497	0.072	0.361	0.620	1.016	0.181
Growth	0.216	0.137	-0.719	-0.020	0.321	6.373	0.553
Ret	0.258	-0.117	-0.715	-0.287	0.252	7.559	1.075
Age	7.865	8.000	1.000	5.000	11.000	19.000	3.652
Cash	0.158	0.132	0.000	0.078	0.213	0.561	0.111
Salary	13.164	13.218	9.952	12.582	13.775	15.575	0.878
Otac	0.049	0.020	0.000	0.007	0.055	0.547	0.076
Exp	0.107	0.074	-0.024	0.044	0.118	1.421	0.132
Mino	0.085	0.049	-0.008	0.009	0.121	0.593	0.104

表 3 给出了本文所要考察的主要变量之间的相关系数。我们所要考察的变量 Overinv 与 Cashdis 之间的相关系数为 0.061[①]，且在 1% 水平下显著异于 0，初步验证了本文的研究假说，即子公司对现金的过度持有与企业的过度投资水平之间呈显著的正相关关系。过度投资水平与自由现金流之间的相关系数为 0.132，同样在 1% 水平下显著，与传统的自

---

① 该表中的 Overinv 为连续变量表示的过度投资水平（Overinv），Cashdis 仅以 Cashdis1 为例，其他形式得到类似的结果，未在表格中全部给出。

由现金流的代理成本假说相一致。另外，Salary、Otac、Exp、Mino 等控制变量与过度投资水平之间的相关系数均十分显著，表明我们在研究中控制上述因素影响的必要性。上述变量之间的相关系数符号基本与同类文献相一致。如少数股权占比 Mino 与过度投资水平 Overinv 呈显著正相关关系，验证了陆正飞和张会丽（2010）研究中少数股东力量对企业经营效率可能造成的负面影响。

表3　主要变量相关系数

	Overinv1	Inv	Cashdis1	Adcash	Salary	Fcf	Otac	Exp	Mino
Overinv1	1								
Inv	0.801 ***	1							
Cashdis1	0.061 ***	0.069 ***	1						
Adcash	0.021 *	0.073 ***	−0.015	1					
Salary	0.037 ***	0.095 ***	0.000	−0.168 ***	1				
Fcf	0.132 ***	−0.035 ***	−0.007	−0.105 ***	0.084 ***	1			
Otac	−0.095 ***	−0.241 ***	−0.005	0.062 ***	−0.238 ***	−0.081 ***	1		
Exp	0.037 ***	0.095 ***	0.001	−0.168 ***	1.000 ***	0.084 ***	−0.239 ***	1	
Mino	0.045 ***	0.020 *	0.035 ***	−0.058 ***	0.099 ***	0.024 **	0.055 ***	0.099 ***	1

注：＊＊＊、＊＊、＊分别表示在1%、5%和10%水平上显著，下同。

四、实 证 结 果

表4～表7 报告了本文主要回归模型的 OLS（Probit）回归结果，由于我们的样本年度采用了2001～2009 年较长的样本区间，借鉴 Peterson（2009）、Gow 等（2010）的研究，我们在回归中在公司一年度两个维度上同时做了聚类异方差调整。

（一）正常投资水平的估计

从表4 报告的结果来看，公司的投资水平与其资产规模、成长性、现金持有水平以及期初投资规模显著正相关，与负债水平、上市年限显著负相关。表4 的回归结果中，除市场回报与投资水平之间的关系不显著异于0 以外，其他变量与投资水平之间的关系均与理论相吻合，且与同类研究如辛清泉等（2007）、姜付秀等（2009）、王彦超（2009）以及钟海燕等（2010）的研究结果基本一致。

表4 正常投资水平的估计

Variables	Coefficients	t - value	P > ∣ t ∣
Asseti, t - 1	0.005***	6.76	0.000
Levi, t - 1	- 0.018***	- 3.53	0.000
Growthi, t - 1	0.004***	4.82	0.007
Reti, t - 1	0.004	1.12	0.261
Agei, t - 1	0.001***	- 4.63	0.000
Cashi, t - 1	0.039***	4.63	0.000
Invi, t - 1	0.476***	23.59	0.000
Constant	0.087***	- 5.93	0.000
Year	Control		
Industry	Control		
Observations	8645		
Adj. R - squared	0.3588		
F	127.45		

（二）假设1的实证检验结果

表5报告了使用不同的方法表示的过度投资水平变量 Overinv1、Overinv2 和 Overinv3 与子公司现金持有（Cashdis1、Cashdis2、Cashdis3、Cashdis4）之间的回归结果。表中无论以 Overinv1、Overinv2 为因变量的 OLS 回归结果，还是以 Overinv3 为因变量的 Probit 回归结果，Cashdis 均与过度投资呈显著的正相关关系，且在 1% 或 5% 水平下显著异于 0，表明子公司持现比率（水平）越高，企业越可能过度投资，从而验证了本文的研究假说 1。

就控制变量的符号来看，企业整体的持现水平与过度投资呈显著正相关关系，验证了传统自由现金流的代理理论。其他控制变量如 Salary、Otac 以及 Exp 等变量与过度投资的关系均与同类文献保持一致。Mino 与过度投资呈显著正相关关系，与陆正飞和张会丽（2010）的研究结论相一致，企业内部少数股东为子公司管理层创造了较大的"寻租"空间，并给企业的投资效率带来较大的负向影响。

表5　现金分布与过度投资

Variables	Overinv1 – OLS 回归 (1)	(2)	(3)	(4)	Overinv2 – OLS 回归 (1)	(2)	(3)	(4)	Overinv3 – Probit 回归 (1)	(2)	(3)	(4)
Salary	-0.001 (-0.93)	-0.001 (-0.84)	-0.001 (-1.03)	-0.001 (-1.07)	-0.003 (-1.58)	-0.003 (-1.58)	-0.003* (-1.88)	-0.003* (-1.89)	-0.068** (-2.00)	-0.067* (-1.84)	-0.074* (-2.05)	-0.076** (-2.14)
Otac	-0.067*** (-5.07)	-0.066*** (-5.05)	-0.064*** (-9.80)	-0.063*** (-9.72)	-0.084*** (-6.52)	-0.084*** (-6.57)	-0.081*** (-7.63)	-0.080*** (-7.57)	-2.925*** (-7.04)	-2.922*** (-8.40)	-2.865*** (-6.70)	-2.858*** (-6.78)
Exp	0.003 (1.63)	0.003 (1.59)	0.003** (2.30)	0.003** (2.30)	0.002 (1.29)	0.002 (1.31)	0.003 (1.62)	0.003 (1.59)	0.100** (2.00)	0.101*** (2.72)	0.104** (2.01)	0.103** (1.97)
Mino	0.023*** (3.92)	0.026*** (4.44)	0.026*** (4.95)	0.025*** (4.89)	0.004 (0.51)	0.006 (0.74)	0.007 (1.08)	0.007 (1.02)	0.436** (2.51)	0.481*** (2.74)	0.497*** (2.97)	0.472*** (2.82)
Adcash	0.004*** (3.06)	0.004*** (3.24)	0.003*** (3.23)	0.003*** (3.09)	0.012*** (7.71)	0.012*** (7.62)	0.011*** (7.98)	0.011*** (7.87)	0.210*** (4.56)	0.212*** (4.47)	0.193*** (4.17)	0.194*** (4.34)
Cashdis1	0.012*** (4.62)				0.012*** (5.30)				0.252*** (3.73)			
Cashdis2		0.008*** (2.82)				0.005* (1.86)				0.170** (2.57)		
Cashdis3			0.001** (2.36)				0.001** (2.41)				0.025** (2.28)	
Cashdis4				0.001** (2.25)				0.001** (2.14)				0.022** (2.43)
Constant	-0.034 (-1.46)	-0.033 (-1.43)	-0.037** (-2.17)	-0.038** (-2.19)	-0.001 (-0.05)	-0.001 (-0.05)	-0.008 (-0.35)	-0.008 (-0.35)	-1.801*** (-2.60)	-1.811*** (-3.47)	-1.880*** (-2.65)	-1.865*** (-2.60)
Year	Control	Control	Control	Control	Control	Control	Control	Control	Control	Control	Control	Control
Industry	Control	Control	Control	Control	Control	Control	Control	Control	Control	Control	Control	Control
Observations	8554	8554	8445	8445	4276	4276	4229	4229	6419	6419	6346	6346
Adj. R^2/Pseudo R^2	0.0183	0.0167	0.0151	0.0150	0.0701	0.0671	0.0672	0.0668	0.0435	0.0429	0.0439	0.042

（三）假设 2 的验证结果

表6报告了加入公司治理变量的交互影响后，即对假设2进行检验的回归结果①。Cashdis1 的符号仍显著为正，Gov × Cashdis1 的符号显著为负，且在 1% 水平上显著。具体而言，以表6的模型（2）为例，对于公司治理差的公司组，子公司持现对企业整体过度投资水平的影响为 0.019，而对于公司治理好的公司组，子公司超额持现对企业整体过度投资水平的影响则大大降低，为 0.007（= 0.019 − 0.012）。上述结论表明公司治理机制的改善能够显著降低子公司高持现对企业投资效率的负向影响。

表6　现金分布、公司治理与过度投资

Variables	(1)	(2)	(3)	(4)
Salary		− 0.001		− 0.001
		(− 0.93)		(0.50)
Otac		− 0.067 ***		− 0.060 ***
		(− 4.99)		(− 5.03)
Exp		0.003		0.002
		(1.64)		(1.03)
Mino		0.024 ***		0.022 ***
		(4.07)		(3.49)
Adcash	0.003 *	0.004 **		
	(1.65)	(2.09)		
Fcf			0.075 ***	0.070 ***
			(6.37)	(6.09)
Gov	− 0.002	− 0.001	− 0.001	− 0.001
	(− 1.04)	(− 0.38)	(− 0.96)	(− 0.45)
Gov × Adcash	− 0.001	0.000		
	(− 0.49)	(0.09)		
Gov × fcf			0.013	0.012
			(1.08)	(0.86)
Gov × Cashdis1	− 0.010 ***	− 0.012 ***	− 0.009 ***	− 0.011 ***
	(− 2.78)	(− 3.23)	(− 2.76)	(− 3.27)
Cashdis1	0.018 ***	0.019 ***	0.018 ***	0.019 ***
	(4.50)	(4.72)	(4.64)	(4.88)
Constant	0.003	− 0.033	− 0.000	− 0.022
	(1.37)	(− 1.41)	(− 0.05)	(− 0.98)
Observations	8645	8554	8645	8554
Adj. R − squared	0.0052	0.0191	0.0228	0.0334

---

① 正文只以 Cashdis1 为例分析回归结果，使用其他 3 个表示子公司持现比率的指标得到的回归系数的符号不变。

（四）稳健性检验

为了保证文章的可靠性，我们对本文的研究，实施了多重稳健性测试。

首先，为了保证研究结论不受过度投资估计方法的影响，我们借鉴 Biddle 等（2009）以及 Chen 等（2010）的研究改用以下方法估计企业的正常投资水平：将企业的投资水平表示为企业期初成长性的函数，然后分年度和行业回归，估计出每家公司的正常投资水平。

表 7 报告了采用上述方法得到的研究结果，Cashdis1 的系数为 0.016 且在 1% 水平下显著异于 0，第 2 栏和第 3 栏的 Gov × Cashdis1 同样显著为负，表明本文的研究结论不受过度投资估计方法的影响。

其次，为了保证本文的研究结论不受子公司超额持现比率计算方法的影响，我们改用（期末）子公司营业收入占比来调整计算子公司超额持现比率，重复了上文的样本回归。表 8 以 Overinv 因变量为例给出了该方法下的实证结果。可以看出，本文的研究结论并未发生显著改变。

最后，为避免母公司为纯粹投资控股型的集团样本对结论的可能影响，我们将母公司报表主营业务收入为 0 的观测剔除，实证结果表明，本文的研究结论并未受到显著影响。我们还以单一公司治理指标如高管持股比例替代综合治理指数做了稳健性测试，文章的结论亦未发生实质性改变。

表 7 稳健性检验

Variables	（1）	（2）	（3）
Salary	0.003 ** （2.40）		0.003 ** （2.41）
Otac	0.172 *** （−13.52）		0.170 *** （−13.11）
Exp	0.005 *** （3.07）		0.005 *** （3.08）
Mino	0.022 ** （2.39）		0.023 ** （2.53）
Adcash	0.011 *** （6.49）	0.008 *** （3.74）	0.011 *** （5.18）
Cashdis1	0.016 *** （5.16）	0.021 *** （3.86）	0.024 *** （4.55）
Gov		0.007 ** （−2.14）	−0.004 （−1.18）
Gov × Adcash		−0.003 （−0.99）	−0.001 （−0.24）

续表

Variables	(1)	(2)	(3)
Gov × Cashdis1		-0.011* (-1.81)	0.013** (-2.32)
Constant	-0.057** (-2.49)	0.009*** (2.76)	0.054** (-2.35)
Observations	8554	8645	8554
Adj. R - squared	0.0760	0.0093	0.0775
F	31.80	3.158	28.61

表8 稳健性检验

Variables	(1)	(2)	(3)
Salary	0.001 (0.89)		0.001 (0.90)
Otac	0.064*** (-8.84)		0.064*** (-8.84)
Exp	0.003** (2.33)		0.003** (2.33)
Mino	0.025*** (4.96)		0.025*** (5.01)
Adcash	0.004*** (3.66)	0.003** (2.26)	0.004*** (2.78)
Cashdis	0.011*** (5.35)	0.019*** (6.24)	0.019*** (6.11)
Gov		-0.002 (-1.56)	-0.001 (-0.74)
Gov × Adcash		-0.001 (-0.57)	0.000 (0.07)
Gov × Cashdis		0.012*** (-2.98)	0.014*** (-3.37)
Constant	-0.034** (-2.06)	0.005* (1.67)	0.033** (-2.02)
Observations	8554	8645	8554
Adj. R - square	0.018	0.0057	0.0192
F	6.21	2.05	5.97

五、研究结论

本文考察了企业集团内部的现金在母子公司间的分布状况对企业过度投资的影响。研究结论表明，上市公司的现金越分散，公司内部自由现金流的代理问题越严重。

这意味着，企业投资的代理成本不仅与整体自由现金流水平密切相关，而且还受现金在母子公司间分布的显著影响。这表明当今母子公司制的集团组织结构，虽然节约了企业的交易费用和契约成本，但也加重了企业内部的效率损失和代理成本。另外，完善的公司治理机制能够显著降低子公司过度持现所导致的效率损失，表明完善的公司治理机制可以在一定程度上降低子公司由于代理问题所导致的效率损失。

本文的研究深化和拓展了关于现金持有或现金流过度投资的相关文献，并对公司治理对企业运营效率的影响提供了新的可能机制或解释途径。

本文的研究结论将对我国企业集团的财务控制政策具有一定的启示性意义，同时也对投资者的相关决策具有一定的参考价值。

需要指出的是，出于研究需要，本文从代理成本角度重点关注子公司高持现对过度投资的可能影响，而未对可能出现的投资不足问题进行专门讨论，这将是未来进一步研究的方向。

参考文献

[1] 白重恩，刘俏，陆洲，宋敏，张俊喜. 中国上市公司治理结构的实证研究. 经济研究，2005（2）.

[2] 陈伟. 资本运营与公司治理需两翼齐飞. 董事会，2010（8）.

[3] 陈文婷. 新兴市场的企业集团：是典范还是寄生虫？（上）（译文）. 管理世界，2010（5）.

[4] 姜付秀，伊志宏，苏飞，黄磊. 管理者背景特征与企业过度投资. 管理世界，2009（1）.

[5] 蒋琰. 权益成本、债务成本与公司治理：影响差异性研究. 管理世界，2009（11）.

[6] 靳庆鲁，原红旗. 公司治理与股改对价的确定. 经济学（季刊），2008，8（1）.

[7] 李艳荣. 基于内部资本市场视角的企业集团内部治理研究 [M]. 北京：经济科学出版社，2008.

[8] 陆正飞，张会丽. 所有权安排、寻租空间与现金分布——来自中国A股市场的经验证据. 管理世界，2010（5）.

[9] 潘红波，余明桂. 集团化、银行贷款与资金配置效率. 金融研究，2010（10）.

[10] 王彦超. 融资约束、现金持有与过度投资. 金融研究，2009（7）.

[11] 辛清泉，林斌，王彦超. 政府控制、经理薪酬与资本投资. 经济研究，2007（8）.

[12] 杨华军，胡奕明. 制度环境与自由现金流的过度投资. 管理世界，2007（9）.

[13] 杨兴全，张照南. 制度背景、股权性质与公司持有现金价值. 经济研究，2008（12）.

[14] 俞红海，徐龙炳，陈百助. 终极控股股东控制权与自由现金流过度投资. 经济研究，2010（8）.

[15] 张会丽，陆正飞. 控制水平、负债主体与资本结构适度性 [R]. 北京大学工作论文，2010.

［16］张会丽，吴有红．企业集团财务资源配置、集中程度与经营绩效．管理世界，2011（2）．

［17］钟海燕，冉茂盛，文守逊．征服干预、内部人控制与公司投资．管理世界，2010（7）．

［18］Bates T. W．，Kahle，K. M．，R. M. Stulz. Why Do U. S. Firms Hold So Much More Cash Than They Used to？．Journal of Finance，2009（64）：1985 – 2021.

［19］Biddle G. C．，G．，Hilary and R. S. Verdi. How Does Financial Reporting Quality Relate to Investment Efficiency？．Journal of Accounting and Economics，2009（48）：112 – 131.

［20］Blanchard O. J．，F. Lopez – de – Silanes，and A. Shleifer. What Do Firms Do With Cash Wind falls？．Journal of Financial Economics，1994（36）：337 – 360.

［21］Chen F．，O. Hope，Q. Liand X. Wang. Financial Reporting Quality and Investment Efficiency of Private Firms In Emerging Markets. Working Paper，University of Toronto，2010.

［22］Dittmar A. and J. Marhrt – Smith. Corporate Governance and the Value of Cash Holdings. Journal of Financial Economics，2007（83）：599 – 634.

［23］Fresard L. and C. Salva. The Value of Excess Cash and Corporate Governance：Evidence from US Cross – Listing. Journal of Financial Economics，2010（98）：359 – 384.

［24］Foley，C. F．，J. C. Hartzell，S. Titman and G. Twite. Why Do Firms Hold So Much Cash？ A Tax – Based Explanation. Journal of Financial Economics，2007（86）：579 – 607.

［25］Gow I. D．，G. Ormazabal，D. J. Taylor. Correcting for Cross – Sectional and Time – Series Dependence in Accounting Research. Accounting Review，2010（85）：483 – 512.

［26］Han S. and J. Qiu. Corporate Precautionary Cash Holdings. Journal of Corporate Finance，2007（13）：43 – 57.

［27］Harford J．，S. A. Mansi，W. F. Maxwell. Corporate Governance and Firm Cash Holdings in the US. Journal of Financial Economics，2008（87）：535 – 555.

［28］Jensen M. C．. Agency Cost of Free Cash Flow，Corporate Finance and Takeovers. American Economic Review，1986（76）：323 – 329.

［29］Jensen M. C. and W. H. Meckling. Theory of the Firm，Managerial Behavior，Agency Costs and Ownership Structure. Journal of Financial Economics，1976（3）：305 – 360.

［30］Kalcheva，I. and K. V. Lins. International Evidence on Cash Holdings and Expected Managerial Agency Problems Review of Financial Studies，2007（20）：1087 – 1112.

［31］Klasa S．，W. F. Maxwell，H. Ortiz – Molina. The Strategic Use of Corporate Cash Holdings in Collective Bargaining with Labor Unions. Journal of Financial Economics，2009（92）：421 – 442.

［32］Masulis R. W．，C. Wang，F. E. I. Xie. Agency Problem sat Dual – Class Companies. Journal of Finance，2009（64）：1697 – 1727.

［33］Myers S. C．，R. Rajan. The Paradox of Liquidity. Quarterly Journal of Economics，1998（13）：733 – 771.

［34］McNichols M. F. and S. R. Stubben. Does Earnings Management Affect Firms' Investment Decisions？．The Accounting Review，2008（3）：1571 – 1603.

［35］Petersen M. A．. Estimating Standard Errors in Finance Panel Data Sets：Comparing Approaches. Review of Financial Studies，2009（22）：435 – 480.

［36］Pinkowitz L．，R. Stulz，R. Williamson. Does the Contribution of Corporate Cash Holdings and Divi –

dends to Firm Value Depend on Governance? A Cross – country Analysis. Journal of Finance, 2006 (61): 2725 – 2751.

[37] Pinkowitz L. F. , R. Williamson. What is a Dollar Worth? The Market Value of Cash Holdings [R]. Working paper, Georgetown University, 2004.

[38] Richardson S. . Over – investment of Free Cash Flow. Review of Accounting Studies, 2006, 11 (2 – 3): 159 – 189.

[39] Subramaniam V. , T. T. , Tang, H. Yue, X. Zhou. Firm Structure and Corporate Cash Holdings. Journal of Corporate Finance, 2011 (17): 759 – 773.

附录：公司治理指数构建中的相关变量

在构建本文研究中用到的公司治理指数时，我们参考了白重恩等（2005）、蒋琰（2009）等同类研究的做法。现将相关变量的描述性统计结果附表如下：

附表 1			公司治理指数计算相关变量的描述性统计				
变量	均值	中位数	最小值	P25	P75	最大值	标准偏差
Topratio	0.404	0.387	0.004	0.27	0.532	0.989	0.17
Cstr2_ 10	− 5.516	− 5.012	− 14.434	− 6.965	− 3.568	− 0.798	2.385
Mana	0.018	0	0	0	0	0.97	0.089
State	0.697	1	0	0	1	1	0.46
Dual	0.102	0	0	0	0	1	0.302
Indratio	0.26	0.333	0	0.154	0.364	1	0.159
HB_ share	0.086	0	0	0	0	1	0.281
Parent	0.89	1	0	1	1	1	0.312

The Cash Distribution, the Corporate Governance, and the Over – investment: an Investigation Based on the State of the Cash Holdings of China's Listed Companies and their Subsidiaries

Zhang Huili   Lu Zhengfei

Abstract: Taking as the object of our survey the state of the cash holdings of listed firms and their subsidiaries, we have made a case study on the impact of the state of the distribution, between the parent company and its subsidiaries, of the internal cash of listed companies of the group type on the level of the over investment of the whole company. The results of our survey indicate that, given the amount of group's total cash holdings, the more cash holdings distributed in the parent company and its subsidiaries, that is to say, the higher the ratio of the subsidiaries holding cash, the more severe the over investment of the whole group. Our further study shows that perfecting the mechanism of the corporate management can, in certain degree, decrease the effect of subsidiaries' high level of cash holding on the level of the over investment of the whole group.

Key Words: Cash Holdings; Cash Distribution; Overinvestment; Corporate Government

市场集中、控制权特征与内部控制鉴证报告披露[*]

佟 岩 冯红卿 吕 栋

（北京理工大学管理与经济学院 100081）

【摘 要】企业披露自愿信息可以获取部分竞争优势。在相对集中的市场中企业间互相依存的程度更强，此时企业需要在充分披露信息以吸引投资者和酌情披露信息以避免泄露商业秘密之间进行权衡。内部控制鉴证报告包含的专有信息比较有限，且作为自愿信息可以向市场传递积极信息：整体上内部控制鉴证报告披露的概率随着市场集中程度的变化呈倒 U 形关系；当市场从极度分散向相对集中变化时，非国有企业更倾向于披露内部控制鉴证报告获取一定优势；但如果金字塔层级较多，非国有企业的内部控制鉴证报告披露动机会减弱。

【关键词】市场集中；内部控制鉴证报告；控制权

一、引 言

相比财务状况，企业内部控制的优劣更难以由外部的信息使用者做出合理判断。因此，萨班斯法案不但要求企业管理层对内部控制作出有效评估，而且同时要求披露注册会计师对该评估报告的鉴证意见（以下简称内部控制鉴证报告）。我国从 2006 年起在有关文件中规定所有上市公司都需要披露内部控制自我评估报告和内部控制鉴证报告，使内部控制信息从自愿披露发展为强制性披露。但在实际操作中，这种强制并没有完全实施。上海证券交易所 2007 年和 2008 年只要求特定公司披露内部控制自我评估报告，深圳证券交

* 本文是国家自然科学基金项目（项目批准号 70902012、71172171）、教育部人文社会科学研究基金项目（项目批准号 09YJC790016）的阶段性成果，同时亦受到北京理工大学基础研究基金（项目批准号 20082142007、20092140003）资助。感谢匿名审稿专家、邓路博士、李思飞博士的宝贵意见，当然文责由作者自负。

易所虽然要求公司必须披露内部控制自我评估报告，但两市均只是鼓励有条件的上市公司披露内部控制鉴证报告。因此，我国的内部控制鉴证报告仍属于自愿披露的信息。与强制性披露不同，自愿披露决策是上市公司根据具体情况综合权衡专有信息的披露收益与成本而做出的相机决策（杨华荣等，2008）。2007 年，内部控制鉴证报告的披露比例约为15.13%（林斌、饶静，2009），2008 年和 2009 年，在可找到信息的上市公司中，披露了内部控制鉴证报告的分别有 319 家和 537 家，披露比例约为 20.05% 和 31.57%。披露或未披露内部控制鉴证报告的上市公司是基于怎样的收益与成本权衡做出的决策呢？已有学者研究了上市年限、财务健康状况、是否违规等因素对内部控制质量，进而对内部控制信息披露的影响进行研究（Doyle et al.，2007；林斌、饶静，2009），这些研究集中考虑了公司内部层面因素。本文拟从公司外部层面因素入手，研究市场集中程度在相同的市场集中背景下不同的控制权关系对内部控制鉴证报告披露的影响。市场集中带来了企业间的相互依存，带来了竞争差异，这使得上市公司的自愿性信息披露决策必须考虑所在行业企业间的依存关系和公司个体竞争能力，因此，是否披露内部控制鉴证报告与公司所在行业的集中程度密切相关。更近一步来看，外部环境的作用需要通过内部的权力配置与行使来实现，在我国当前的市场环境中，控制权关系是内部权力配置的重要方面，如股东属性、金字塔结构等。即使外部环境相同，如果这些内部控制权关系不同仍然会带来差异化的内部控制鉴证报告披露结果。

本文的主要贡献在于：第一，从外部环境入手分析内部控制鉴证报告的披露动机。已有研究更多考虑公司内部因素对内部控制鉴证报告披露的影响，本文选择外部环境中的市场因素作为观察视角，分析内部控制鉴证报告披露行为的差异。第二，观察多因素交互作用下的内部控制鉴证报告披露差异。本文将市场集中情况与公司控制权特征相结合，分析结果将更接近于现实中多因素共同作用的复杂情况，而不同于已有研究的两两单因素间关系的研究。

二、文献回顾与假设展开

（一）内部控制质量与内部控制鉴证报告披露的影响因素

以美国为代表的西方国家对于内部控制质量的度量主要是观察内部控制报告中包含的重大缺陷（Ogneva et al.，2007；Bedard and Graham，2011）。我国现有研究仍以定性描述为主（朱荣恩等，2003；陈汉文、张宜霞，2008）。在定量研究方面，骆良彬、王河流（2008）采用层次分析法建立了内部控制质量的模糊综合评价模型。李小燕、田也壮（2008）在组织循环理论的基础上确定了内部财务控制有效性的定量评估指标。这些研究都需要关注哪些因素影响了内部控制的建设和运行，企业规模、财务状况、审计意见等都受到了学者们的关注（Doyle et al.，2007；林斌、饶静，2009；Ferry，2011；张继勋等，2011）。

显然，内控质量越好的公司越有动力披露鉴证报告（林斌、饶静，2009），所以目前研究中关于内部控制鉴证报告披露的影响因素也往往与内控质量的影响因素近似。蔡吉甫（2005）发现，上市公司内部控制信息披露受到公司盈利能力、财务报告质量以及财务状况是否异常的影响。Doyle 等（2007）对内控缺陷（质量）进行实证检验，发现内控资源充裕、上市年限长、财务健康状况好的公司内控质量高。林斌、饶静（2009）基于信号传递理论证实，内控资源充裕、成长快、设置了内审部门的公司更愿意披露鉴证报告，同时，上市年限长、财务状况差、组织变革程度高及存在违规的公司更不愿意披露鉴证报告。这也从一个侧面说明内部控制鉴证报告具有辨别公司特质的能力，具有信息含量（于忠泊、田高良，2009）。

以上研究基本都围绕企业自身的情况展开。但是，经济行为仅仅是社会行为的一种表现形式，无论在内容和表现方式上都会受到其所在的社会环境的重大影响（Granovetter，1985），当今经济生活中已经没有哪一个企业可以游离于其他企业的影响独立存在，进一步研究企业外部因素的影响同样具有重要的现实意义。本文选择了市场集中情况作为切入点。

（二）市场集中影响下的企业依存与内部控制鉴证报告披露

传统的把企业当作"市场海洋中的孤岛"的古典经济学分析方法已不再合适（Klein et al.，1994）。企业绝不是孤立存在的个体，而是与其他企业及各种情境因素之间发生种种联系的系统中的一个部分（Goodman，2000，于海峰等，2004）。因此，考察企业的行动时，更需要关注系统中各部分之间的相互依存。

对于企业来说，其所在的系统范围可大可小。王化成等（2011）站在企业的角度将企业的财务管理环境分为外部环境和内部环境。他们认为，外部环境包括宏观环境和市场环境，其中宏观环境包括政治环境、经济政策等，市场环境则包括与企业经营密切相关的各要素市场和产品市场的发展。本文中所关注的市场集中即是市场环境的一个考察角度。市场集中的程度不同，表明其中的竞争强度不同，该市场中企业之间的相互依存关系将存在差异，进而对企业的各种活动产生影响。那么具体对内部控制鉴证报告的披露会有什么影响呢？

在信息不对称的情况下，信息披露规范、透明度高的公司往往更容易得到外部投资者认可，公司股价相对较高（Madhavan，1995）。尤其当"柠檬市场"效应存在导致业绩优良的上市公司价值被低估时，为降低外部投资者与经理层之间的信息不对称，实施自愿性信息披露以增强与外部投资者的信息沟通就成了许多公司的理性选择（Healy and Palepu，2001）。但为什么大部分上市公司选择不披露内部控制鉴证报告呢？Verrecchia（1983）发现不是所有企业都会选择充分披露信息。由于市场是相互连接紧密的企业通过彼此观察对方行为进而产生交易的社会结构（White，1981），所以企业进行信息披露带来的专有成本越高，就会越倾向于选择有所保留的披露政策。特别是在一些相对集中的行业，公司间的投资策略相互依存，专有成本带来的影响更加明显。由此我们看到，面临不同程度的市场竞争时，企业需要在充分披露信息以吸引投资者和酌情披露信息以避免泄露专有信息之间进行权衡。本文认为，处于不同市场竞争环境中的企业将在是否披露内部控制鉴证报告上呈现差异化，两者的关系可以用图1表示如下：

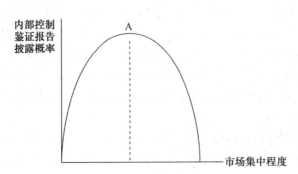

图 1 市场集中程度与内部控制鉴证报告披露的关系

根据图 1，当市场较分散时，参与市场的企业数量众多，虽然存在竞争但任何一个企业都无法对市场产生明显影响，企业竞争更多地表现在产品差异化和不同的市场地域开拓等方面。此时企业间的独立性较强，各自的发展策略对其他市场参与者的影响有限。所以公司通过自愿性信息披露获取竞争优势的积极性不高，内部控制鉴证报告的披露也不例外。

随着市场逐渐集中，企业间的互相依存程度也在不断提高，某一企业的竞争策略对其他市场参与者影响较大。根据 Verrecchia（1983）的观点，此时的企业既希望通过自愿信息披露传递积极信号，又不愿意承担较大的专有信息泄露成本，内部控制鉴证报告成为一个较好选择，所以处于相对集中市场中的企业更愿意披露内部控制鉴证报告。这一关系在A 点达到顶点，即内部控制鉴证报告披露带来的竞争优势达到最大，企业之间的依存呈现均衡状态。

此后，当市场集中程度继续提高时，企业形成的垄断态势逐渐明显，互相依存的程度开始降低，内部控制鉴证报告的信号传递作用也在降低。其极端情况是市场完全垄断，不存在竞争，显然行业中只有一家企业时是否披露内部控制鉴证报告变得无关紧要。因此，我们得到假设 1[①]：公司披露内部控制鉴证报告的可能性与市场集中程度呈现倒 U 形关系。

（三）市场集中与控制权关系共同作用时的内部控制鉴证报告披露

在我国当前的市场环境和企业发展中，企业的控制者往往表现为大股东及其代表，他

---

① 当市场集中发展到极端状态形成绝对垄断时，内部控制的信息优势将会消失。但由于上市公司中不存在绝对垄断，故而本文暂不考虑此特殊情况。

们在公司治理中居于主导地位（Dyck and Zingales，2004；刘志远、李海英，2010）。而且，由于差异化的控制权特征决定了企业的利益诉求和行为策略存在差异，所以即使面对相同的市场环境，企业也会在包括内部控制鉴证报告披露在内的各方面表现出行为差异。

1. 控制权属性的角度

在图 1 中的 A 点左侧，随着市场集中程度提高，企业间相互依存程度逐渐增强。但是由于内部控制鉴证报告属于自愿披露，而且国有企业受到的监管较多，所以企业首先考虑的是披露强制要求的内控自我评估报告。据我们统计，国有企业的该报告披露比例在 2008 年已达到 80% 以上，但内部控制鉴证报告的披露比例只有不到 30%。进一步来看，国有企业依靠与中央和地方政府的联系往往可以获得超额竞争优势，所以通过披露内部控制鉴证报告来增加优势的意图并不明显。以融资为例，在国有银行主导的金融市场上，国有企业更容易获得信贷支持（简泽，2011），甚至获得直接的政府补助，因此其他条件相同时国有企业比非国有企业处于更为有利的地位（渡边真理子，2011）。相反，非国有企业迫切需要向外部传递良好信号以争取主动。所以，非国有企业的内部控制鉴证报告披露主要是从提高竞争优势的角度出发，而不是考虑监管问题。数据显示非国有企业的内部控制鉴证报告披露比例接近 50%。

当进入 A 点右侧时，市场逐渐趋于垄断，内部控制鉴证报告带来的信号优势逐渐降低，国有企业和非国有企业披露这一报告获取竞争优势的动机都不断下降。但与此同时，市场集中程度越高的环境中，居于垄断地位的国有企业越多。此类国有企业往往规模较大，受到中央、地方国资委的监督管理，其披露内部控制鉴证报告提升企业形象的目的逐渐明显。

所以我们得到假设 2：在均衡点左侧，市场集中相似的情况下非国有企业比国有企业更倾向于披露内部控制鉴证报告；在均衡点右侧则相反。

2. 金字塔层级的角度

从上市公司追溯至最终控制权持有人的金字塔层级一定程度上体现了公司治理的复杂程度。无论市场集中程度如何，随着这一复杂程度的提高，公司都将难以快速随着其他企业的策略变化来改变自己的竞争策略，而且也不愿意进行内部控制报告的鉴证来暴露缺点。

金字塔层级还与公司的控制权属性密切相关。当公司为非国有企业时，金字塔层级增多带来的管理问题越多，其原本相对于国有企业的产权关系清晰等优势（李寿喜，2007；张兆国等，2008）越被弱化。而且相对于国有企业，非国有企业更倾向于通过增加金字塔层级来构建内部资本市场（张宏亮、崔学刚，2009），进而攫取控制权私利（杨棉之，2006；刘启亮等，2008），已有数据也显示非国有企业的金字塔层数确实大大多于国有企业（渡边真理子，2011）。所以，金字塔层级的增加会使非国有企业披露内部控制鉴证报告的动机发生偏移。

由此我们得到假设 3：不论何种市场集中程度，公司为非国有企业且金字塔层级越多时，越倾向于不披露内部控制鉴证报告。

三、模型与数据

本文选择 2007～2009 年深沪两市的 A 股上市公司为研究对象，删除金融行业、数据不全的样本后，最终研究样本共计 4131 个。论文所用财务、市场等数据来自 CCER 色诺芬数据库，内部控制鉴证报告披露、金字塔层级等信息来自手工收集的上市公司年报。为了验证假设 1，我们以市场集中程度为主自变量，并参考已有文献的有益结论，将企业规模、资产负债水平、是否发生亏损、第一大股东持股比例、独立董事比例、是否为四大事务所审计客户、审计报告意见类型等对内部控制质量和鉴证报告披露有较为重要影响的因素作为控制变量构建了模型 1[①]：

$$\ln\left[\frac{P(\text{Report}=1)}{1-P(\text{Report}=1)}\right]$$

$$= \alpha_0 + \alpha_1 \text{HHI} + \alpha_2 \text{HHI} + \alpha_3 \text{Lev} + \alpha_4 \text{Size} + \alpha_5 \text{P/L} + \alpha_6 \text{First} +$$

$$\alpha_7 \text{IB} + \alpha_8 \text{Big4} + \alpha_9 \text{Audit} + \sum \text{Year} + \sum \text{Industry} + \varepsilon \tag{1}$$

模型 1 中的产品市场集中程度采用 HHI 指数（Herfindahl – HirschmanIndex）加以度量[②]。在产业组织理论中，如何界定市场集中程度、市场竞争程度等仍然没有定论（姜付秀等，2009）。从我国的具体情况来看，HHI 指数在有关研究中应用较为广泛（王雄元、刘焱，2008）。该指数是一种测量产业集中度的综合指数，它是指一个行业中各市场竞争主体所占行业总收入或总资产百分比的平方和，用来计量市场份额的变化，即市场中厂商规模的离散度。

为了验证假设 2、假设 3，我们以 HHI 的中位数[③]为分界点将样本分为两组，观察相似市场集中情况下的控制权特征给内部控制鉴证报告披露带来的影响，所使用的基本模型为模型 2：

$$\ln\left[\frac{P(\text{Report}=1)}{1-P(\text{Report}=1)}\right]$$

$$= \alpha_0 + \alpha_1 \text{HHI} + \alpha_2 \text{HHI} \times \text{Ultimate} + \alpha_3 \text{HHI} \times \text{Ultimate} \times \text{Pyramid} + \alpha_4 \text{Ler} +$$

$$\alpha_5 \text{Size} + \alpha_6 \text{P/L} + \alpha_7 \text{First} + \alpha_8 \text{IB} + \alpha_9 \text{Big4} + \alpha_{10} \text{Audit} + \sum \text{Year} + \sum \text{Industry} + \varepsilon \tag{2}$$

---

① 已有文献中内部控制鉴证报告披露（或内部控制质量）的影响因素较多，为了避免因素间的包含关系以及矛盾结论的不良作用，本文选取了文献中应用较多且结论较为一致的部分因素作为控制变量。

② 这种方法能够比较有效地度量行业总体的集中程度，但无法给出行业中某一具体企业的竞争地位。而且，HHI 指数需要掌握行业中所有企业的情况，而以上市公司为样本的研究很难将某行业中的全部企业囊括在内。故而，本文将在稳健性检验中以其他指标替代 HHI 指数，对其缺陷进行修正。

③ 市场集中程度与内部控制鉴证报告披露的均衡点理论上存在，但现实中的准确估计较为困难。本文选择 HHI 的中位数作为近似替代。由于这里的分析并不是要找到均衡点，而是希望观察相近的市场竞争环境下不同控制权特征对内部控制鉴证报告披露行为的影响，所以这种近似替代不会从本质上影响结论的可靠性。

模型中各变量的定义如表 1 所示：

表 1　各变量定义

变量名	含义	度量
Report	内部控制鉴证报告是否披露	披露取 1，未披露取 0
HHI	赫芬达尔—赫希曼指数	某行业①的集中程度，以行业中各公司的年度营业收入分别除以行业收入总和，之后分别平方再加总
Ultimate	最终控制人属性	最终控制人为非国有企业取 1，为国有企业取 0
Pyramid	金字塔层级	从上市公司追溯至最终控制人的股权层级数
Lev	债务资本比	债务除以权益
Size	企业规模	总资产的自然对数
P/L	财务健康状况	当年盈利则取 1，亏损则取 0
First	大股东控制力	第一大股东持股比例
IB	董事会构成	独立董事比例
Big4	审计师事务所类型	四大会计师事务所取值为 1，其他为 0
Audit	审计意见类型	标准无保留意见为 1，其他为 0
Year	样本所在年份	虚拟变量
Industry	样本所处行业	虚拟变量

四、实证分析结果

（一）描述性统计

主要变量的描述性统计如表 2 所示。

表 2　主要变量的描述性统计

变量	均值	标准差	最小值	最大值
Panel A Report ＝1				
HHI	0.1443	0.1375	0.0174	0.9400
Ultimate	0.4203	0.4939	0	1
Pyramid	2.3624	0.9749	1	9

---

①　以证监会 2001 年发布的行业分类指引为参考，将行业细化到行业代码前两位。综合类行业仍为一位数代码。共得到 70 个行业分类。由于上市公司并不代表某行业所有企业的情况，理想的做法应该是以某行业所有企业的数据进行计算，但受到数据获取的限制，本文仍以上市公司为考察对象。考虑到上市公司作为资本市场的参与主体整体上具有较好的行业代表性，该指标的计量误差不会从根本上影响文章的研究结论。

续表

变量	均值	标准差	最小值	最大值
Panel A Report = 1				
Lev	1.2070	1.0923	0.0146	13.8381
Size	21.7350	1.3346	19.0456	28.0031
P/L	0.9465	0.2251	0	1
First	0.3959	0.1546	0.0355	0.8642
IB	0.3757	0.0742	0	0.8000
Big4	0.0480	0.2140	0	1
Audit	0.9913	0.0931	0	1
Panel B Report = 0				
HHI	0.1318	0.1275	0.0174	0.9400
Ultimate	0.3770	0.4847	0	1
Pyramid	2.4659	0.9713	1	9
Lev	1.5561	2.4670	0.0001	49.2752
Size	21.5275	1.3193	16.3402	27.6251
P/L	0.8871	0.3165	0	1
First	0.3594	0.1533	0.0355	0.9000
IB	0.3681	0.0630	0	0.8333
Big4	0.6847	0.2526	0	1
Audit	0.9651	0.1834	0	1

从表 2 中我们发现，以是否披露内部控制鉴证报告作为标准分组后，上市公司各方面特征均具有较大差异。未披露内部控制鉴证报告的上市公司金字塔层级显著多于披露组，最终控制人为非国有企业的比例显著低于披露组，HHI 指数也显著低于披露组①，与前文的理论分析基本一致。其他涉及公司特征的变量在两组间也都有较为明显的差异。

（二）模型检验结果

1. 假设 1 的检验结果

模型 1 的检验结果如表 3 所示。

根据表 3，市场集中程度与是否披露内部控制鉴证报告呈现显著的倒 U 形关系，验证了假设 1。处于相对集中市场中的企业乐于通过披露内部控制鉴证报告来佐证企业运行良好，获取竞争优势。极度分散市场和垄断市场中，企业的相互影响较弱，也就并不积极披

---

① 当均值差异 = 未披露内部控制鉴证报告组均值 − 披露组均值时，t 检验结果分别为 2.8499***、−2.3805***、−2.5821***。

露这一信息。控制变量显示负债水平越低、规模越大、营利性越好、第一大股东持股比例越高、审计意见越标准的企业越倾向于披露鉴证报告，但是独立董事比例这一变量在统计上不显著。与以往研究不同的是，四大会计师事务所的客户反而倾向于不披露内部控制鉴证报告①。

表3　基于模型1的假设检验结果

项目	预期符号	系数	LRchi^2	Pseudo R^2
截距		-5.8761^{***}（-6.80）		
HHI	+	2.0769^{***}（2.94）		
HHI^2	$-$	-1.9804^{*}（-1.96）		
Lev	$-$	-0.1563^{***}（-4.11）		
Size	+	0.1405^{***}（3.74）		
P/L	+	0.6275^{***}（3.80）	311.04^{***}	0.0712
First	+	1.1472^{***}（4.43）		
IB		0.7678（1.34）		
Big4		-0.8320^{***}（-4.30）		
Audit		0.8748^{**}（2.29）		
Year、Industry		控制		

注：＊表示在0.1的统计水平上显著（双尾），＊＊表示在0.05的统计水平上显著（双尾），＊＊＊表示在0.01的统计水平上显著（双尾）。

2. 假设2、3的检验结果

模型2的检验结果如表4所示。

表4的检验结果显示HHI指数的系数符号仍然符合前文预期，但由于模型中加入了交乘项，抵减了该变量本身的部分效用，所以该变量的系数统计上并不显著。

在A点左侧时HHI×Ultimate的系数显著为正，说明面对相似的市场集中度，最终控制人为非国有企业时公司有更强的内部控制鉴证报告披露倾向，与假设2一致。但是在A点右侧时，该系数仍然显著为正，并没有出现我们预期的负相关结果。这可能与监管部门的要求有关。因为鉴证报告不同于内部控制报告本身，属于自愿披露信息，国有企业在对取得竞争优势没有更多需求的时候，又没有监管部门的强制要求，披露动机没有明显增强。

———————————

① 这一结果值得我们进一步去探讨国外事务所与国内事务所的差异。不过由于本文的核心问题不在此，所以后文中没有专门展开讨论。

表 4　基于模型 2 的假设检验结果

项目	A 点左侧样本	A 点右侧样本
截距	- 8. 6876 *** （- 5. 44）	- 5. 0130 *** （- 4. 29）
HHI	2. 9011 （1. 05）	- 0. 1962 （- 0. 48）
HHI × Ultimate	14. 2651 *** （3. 52）	3. 5572 *** （3. 78）
HHI × Ultimate × Pyramid	- 4. 7347 *** （- 3. 16）	- 1. 3041 *** （- 3. 23）
Lev	- 0. 2635 *** （- 3. 99）	- 0. 0883 ** （- 2. 04）
Size	0. 2290 *** （3. 78）	0. 1299 ** （2. 47）
P/L	0. 5510 ** （2. 51）	0. 6179 *** （2. 82）
First	1. 2524 *** （3. 41）	1. 3237 *** （3. 51）
IB	0. 1297 （0. 16）	0. 8843 （1. 03）
Big4	- 1. 0938 *** （- 3. 29）	- 0. 6864 *** （- 2. 82）
Audit	2. 0397 ** （2. 00）/	0. 3710 （0. 87）
Year、Industry	控制	控制
LRchi^2	171. 02 ***	177. 91 ***
Pseudo R^2	0. 0830	0. 0772

　　注：＊表示在 0. 1 的统计水平上显著（双尾），＊＊表示在 0. 05 的统计水平上显著（双尾），＊＊＊表示在 0. 01 的统计水平上显著（双尾）。

　　加入金字塔层级的考虑后 HHI × Ultimate × Pyramid 的系数在两阶段均显著为负，说明面对同样的市场集中环境，非国有企业在金字塔层级更多时会倾向于不披露内部控制鉴证报告。但在 A 点右侧时，该系数明显变小，说明当市场趋于垄断时企业对决策所带来的外部影响关注程度下降。假设 3 基本得到验证。

（三）稳健性检验

　　HHI 指数表达了一个行业的整体市场集中程度，并不能有效度量每个公司的竞争实力，相关学科中通常通过构建企业的竞争力指标体系来评价企业的整体竞争水平。本文以主营业务利润率（OP）、净资产收益率（ROE）近似替代企业个体的竞争实力进行稳健性检验。这是因为在一个正常同行业环境中，可以合理预期主营业务利润率高、净资产收益率高的企业其竞争能力也越强，反之亦然。由于这两个指标均是企业盈余情况的体现，所以删除了模型中的控制变量 P/L，保留其他控制变量。回归结果显示的结论都与前文的分析基本一致①。

---

　　① 由于篇幅所限，稳健性检验的结果没有详细披露。如有需要请与作者联系。

五、结论与局限性

不仅企业自身的各方面因素会影响企业的经济活动和结果，而且企业所处的外部环境也会产生重要影响。本文分析了市场集中这一外部因素对企业内部控制鉴证报告披露的影响。通过理论分析与实证检验，本文发现：

第一，市场集中程度与内部控制鉴证报告披露的概率呈现倒 U 形关系。其原因可能是相对集中的市场能比分散市场和垄断市场给企业带来更多的策略依存，因此企业会通过各种手段提高其竞争力，带有一定专有信息同时又不会泄露商业秘密的内部控制鉴证报告是公司选择的信号传递手段之一。

第二，市场集中程度会与控制权特征共同作用影响内部控制鉴证报告披露。通过分析我们发现，即使在面对相同市场环境时，控制权特征的差异也会带来不同的内部控制鉴证报告披露结果。市场集中程度逐渐增加时，非国有企业由于需要通过各种方式获取竞争优势，而且策略调整更便利，所以会更愿意通过披露内部控制鉴证报告来向外部传递有利信号。但如果此时非国有企业的金字塔层级偏多，则会降低披露内部控制鉴证报告的动机，以使外部无法了解公司的复杂内部治理问题。

本文的局限性在于以下两点：第一，由于受到数据限制，非上市公司的有关资料无法取得，所以 HHI 指数的计算没有涵盖行业中所有企业；第二，图 1 中的均衡点 A 虽然在理论上存在，但目前尚无法准确测算其具体位置。

参考文献

[1] 蔡吉甫. 我国上市公司内部控制信息披露的实证研究. 审计研究，2005（2）：85 - 88.

[2] 陈汉文，张宜霞. 企业内部控制的有效性及其评价方法. 审计研究，2008（3）：48 - 54.

[3] 渡边真理子. 国有控股上市公司的控制权、金字塔式结构和侵占行为——来自中国股权分置改革的证据. 金融研究，2011（6）150 - 167.

[4] 简泽. 市场扭曲、跨企业的资源配置与制造业部门的生产率. 中国工业经济，2011（1）：58 - 68.

[5] 姜付秀，黄磊，张敏. 产品市场竞争、公司治理与代理成本. 世界经济，2009（10）：46 - 59.

[6] 李寿喜. 产权、代理成本和代理效率. 经济研究，2007（1）：102 - 113.

[7] 李小燕，田也壮. 持续改进的企业内部财务控制有效性标准的研究——基于组织循环理论的分析. 会计研究，2008（5）：46 - 52.

[8] 林斌，饶静. 上市公司为什么自愿披露内部控制鉴证报告？——基于信号传递理论的实证研究. 会计研究，2009（2）：45 - 52.

[9] 刘志远，李海英. 理财目标、股东权利配置与投资者保护. 会计研究，2010（7）：40 - 45.

[10] 骆良彬，王河流. 基于 AHP 的上市公司内部控制质量模糊评价. 审计研究，2008（6）：84 -

90.

　　［11］王化成，张伟华，佟岩. 广义财务管理理论结构研究——以财务管理环境为起点的研究框架回顾与拓展. 科学决策，2011（6）：1－32.

　　［12］王雄元，刘焱. 产品市场竞争与信息披露质量的实证研究. 经济科学，2008（1）：92－103.

　　［13］杨华荣，陈军，陈金贤. 产品市场竞争度对上市公司自愿性信息披露影响研究. 预测，2008，27（1）：41－45.

　　［14］于忠泊，田高良. 内部控制评价报告真的有用吗？——基于会计信息质量、资源配置效率视角的研究. 山西财经大学学报，2009，31（10）：110－118.

　　［15］张继勋，周冉，孙鹏. 内部控制披露、审计意见、投资者的风险感知和投资决策：一项实验证据. 会计研究，2011（9）：66－73.

　　［16］朱荣恩，应唯，袁敏. 美国财务报告内部控制评价的发展及对我国的启示. 会计研究，2003（8）：48－53.

　　［17］Bedard J. C. , L. Graham. Detection and Severity Classifications of Sarbanes－Oxley Section 404 Internal Control Deficiencies. The Accounting Review, 2011, 86（3）: 825－855.

　　［18］Doyle J, W. Ge, S. McVay. Accruals Quality and Internal Control over Financial Reporting. The Accounting Review, 2007, 82（5）: 1141－1170.

　　［19］Dyck A. , L. Zingales. Private Benefits of Control: An International Comparison. The Journal of Finance, 2004, 59（2）: 537－600.

　　［20］Ferry L. Managing Organizational Culture for Effective Internal Control: From Practice to Theory. The British Accounting Review, 2011, 43（2）: 147－148

　　［21］Granovetter M. Economic Action and Social Structure: The Problem of Embeddedness. American Journal of Sociology, 1985（91）: 481－510.

　　［22］Klein K. , F. Dansereau, R. Hall. Levels Issues in Theory Development, Data Collection, and Analysis. The Academy of Management Review, 1994, 19（2）: 195－229.

　　［23］Madhavan A. Consolidation, Fragmentation, and the Disclosure of Trading Information. Review of Financial Studies, 1995, 8（3）: 579－603.

　　［24］Ogneva M. , K. R. Subramanyam, K. Raghunandan. Internal Control Weakness and Cost of Equity: Evidence from SOX Section 404 Disclosures. The Accounting Review, 2007, 82（5）: 1255－1297.

　　［25］Verrecchia R. E. Discretionary Disclosure. Journal of Accounting & Economics, 1983, 5（3）: 179－194.

　　［26］White H. Where do Markets Come from？. The American Journal of Sociology, 1981, 87（3）: 517－547.

Market Concentration, Control Rights and Disclosure of Auditor's Internal Control Report

Tong Yan et al.

Abstract: Corporations try to acquire competitive advantages via voluntary information disclosure. Because corporations have closer interdependent relationship in a relatively concentrated market, they must tradeoff between adequate disclosure which could attract investors and discretionary disclosure which aims to avoid information leakage. Firms prefer to make the auditor's internal control reports public due to their good signaling effect and little special information. We get a sample composed by 4131 data from 2007 to 2009 and find three points: the disclosure of auditor's internal control reports has a significantly reversed U relationship with market concentration; when the HHI index increases, private enterprises prefer to disclose auditor's internal control report than SOEs do; but if they have more pyramid levels, the probability of disclosing auditor's internal control report gets lower.

Key Words: Market Concentration; Auditor's Internal Control Report; Control Rights

管理层权力、机会主义动机与
股权激励计划设计[*]

王　烨[1]　叶　玲[2]　盛明泉[1]

（1 安徽财经大学会计学院　233030　2 南京大学会计系　210093）

【摘　要】 本文以 2005～2011 年公告或实施股权激励计划的上市公司为样本，利用股权激励预案公告日前一天公司股价与前一个月公司平均股价的较高者减去股权激励预案中设定的初始行权价格以后的差额数据，对管理层权力与股权激励计划制订中的管理层机会主义行为之间的关系进行了实证研究。本文发现，管理层权力越大，股权激励计划中所设定的初始行权价格就相对越低，即在当前公司内部治理机制弱化的背景下，管理层可能会利用其对公司的控制权影响股权激励方案的制订，使其与己有利。研究还发现，相对于非国资控股公司，国资控股公司推出的股权激励计划所设定的行权价格更低。这表明，要想使得股权激励真正成为解决代理问题的有效手段，必须重视其设计有效性。

【关键词】 管理层权力；机会主义；行权价格；股权激励计划

一、引　言

以 2006 年《上市公司股权激励管理办法》和《国有控股上市公司（境内）实施股权激励试行办法》（以下简称《办法》）两个文件的颁布为标志的股权激励改革，是我国国有企业高管薪酬改革进程中继年薪制后又一重大举措。基于我国国资控股公司一直存在的高管长期激励不足问题，股权激励改革被市场各方视作完善公司激励机制、提高公司价值

---

*　本文选自《会计研究》2012 年第 10 期。

本文系教育部人文社科研究规划基金项目"国资控股公司股权激励计划选择中在职消费替代效应及其影响因素研究（11YJA790155）"和安徽高校省级人文社科研究重点项目"国资控股与股权激励有效性——基于我国上市公司的实证研究（2010sk207zd）"的阶段性成果。

的重要之举。并且，这次股权激励改革是在股权分置这一根本性市场制度环境发生革命性变革的基础上推进的，因此，其实施效果备受关注。

国外的理论研究和实践经验表明，股权激励的必要性源自所有权与经营权分离下因信息不对称而产生的经营者道德风险问题，股权激励有效性则取决于各种公司治理机制和制度环境的配套和完善。与西方成熟市场不同，我国证券市场是一个转型经济中的新兴市场，行政干预下的内部人控制是转型经济中的我国国资控股公司的基本治理特征。内部人控制使得股权激励成为必要，但股权激励也可能会由于"内部人权力"和"内部人寻租"问题而难以有效。同样，管理层与创业所有者身份的合二为一，使我国民营上市公司管理层权力问题也相当突出（卢锐等，2008）。管理层权力对上司公司股权激励计划设计有何影响？上市公司股权激励计划制订过程是否存在管理层机会主义行为？如何从制度上保证股权激励成为解决代理问题的机制，而不会沦为代理问题的一部分？是摆在监管层、学术界和实务界面前的重要课题。本文以2006年股权激励制度改革以来截至2011年6月30日期间已公布或实施股权激励计划的上市公司为研究样本，从股权激励计划设计角度，对管理层权力与股权激励计划制订中的管理层机会主义行为之间的关系进行实证研究，以期丰富既有文献，并为完善我国国资控股公司股权激励制度提供政策参考。

二、文献回顾

西方有关股权激励的研究兴起于20世纪80年代，早期的文献主要以最优契约论为主导，集中于检验股权激励与公司业绩的关系。但研究大都发现，股权激励并没有起到应有的激励作用（Jensen and Murphy，1990；et al.）。针对美国20世纪90年代后期公司高管（股权）薪酬支付过度的弊端，近期的文献开始关注股权激励中的代理问题。综合这类文献，股权激励中的代理问题主要表现在：①经理薪酬中的"过度支付"问题（Perez and Fontela，2007；Cyert et al.，2002；Benz et al.，2001；Hartzell and Starks，2003；Garvey and Milbourn，2006；et al.）；②股权激励诱发的盈余管理问题（Kanagaretnam et al.，2009；Coles et al.，2006；Johnson et al.，2009；Harris and Bromiley，2007；Efendi et al.，2007；et al.）；③股权激励引发的择机行为和信息披露问题（Yermack，1997；Choudhary et al.，2009；Aboody and Kasznik，2000；Chauvin and Shenoy，2001；Cal-laghan et al.，2002；et al.）。

管理层权力论（Bebchuk and Fried，2003）被主要用来对上述股权激励中的代理问题进行解释。根据管理层权力论，由于不完善的公司治理结构，管理者实质上成为其薪酬制定的控制者，从而旨在降低代理成本的股权激励机制实际上成为管理层"寻租"的工具。一方面，为了掩盖"寻租"行为，管理层通常会进行盈余管理或操纵信息披露或其他伪装（Camouflage），甚至会采取一些低效的薪酬方案，弱化和扭曲管理层激励。但同样有研究指出（Aboody et al.，2009；Core et al.，2003；Balsam and Miharjo，2007；Becker，2006；Brisley，2006；et al.），遗漏变量或内生性等方法论上的缺陷是导致相关文献发现上述管理层权力理论所预期的非理性现象的原因，认为传统的最优契约论仍可对上述现象作出解释。另一方面，虽然大量经验证据表明股权激励往往会诱发管理层的机会主义行为，但正如管理层权力论也承认的那样，只有在公司治理结构无法对管理层实施有效监督时，股权激励诱发管理层机会主义行为的可能性才会变成现实（Laux and Laux，2009）；管理层有影响自己薪酬的权力，但权力会受到股东、董事会和各种市场机制的约束，有时还会受到薪酬方案所带来的"公愤"（Outrage）的影响（Bebchuk and Fried，2005）。

国内对高管股权薪酬的关注也由来已久。由于以股票期权和限制性股票等为主要形式的正式的股权激励2006年才在上市公司中展开，因此既有的实证文献大多是从高管持股的角度进行，也有很少的文献讨论了2006年以前企业自行探索试行的股权激励的效应问题。大多数研究结果表明，我国上市公司股权激励效应较弱，或基本不存在，并认为其原因在于治理结构的不健全和制度环境的限制（魏刚，2000；李增泉，2000；俞鸿琳，2006；王华、黄之俊，2006；夏纪军、张晏，2008；顾斌、周立烨，2007；等）。随着2006年股权激励改革的推进，一些学者开始关注这次股权激励改革的效果（程仲鸣和夏银桂，2008；张宏敏等，2009；吕长江等，2009；苏冬蔚、林大庞，2010；等）。由于样本期间处于股权激励改革的初期，样本规模的限制使上述研究只能为本次股权激励改革效果提供初步证据。而且，大多数研究都基于传统的最优契约论框架，聚焦股权激励实施环节的价值效应，少有研究关注股权激励计划设计中可能的代理问题，而这正是本文试图研究的目标所在。

三、理论分析与研究假说

理性经济人是经济学的一个基本假设。置于公司治理领域，则经理人与股东一样都是追求自身利益最大化的理性经济人，因此，即使有公司这一契约的联结，也难以避免由于目标函数的不一致而导致的经理人与股东之间的代理冲突（Jensen and Meckling，1976），而信息不对称所导致的约束机制弱化则使得经理人最大化自身效用的机会主义行为成为可能。股权激励计划将经理人薪酬与公司价值挂钩，给予了经理人最大化公司价值的动力，但也为经理人利用股权激励计划的制订和实施来进行最大化自己私利的机会主义行为打开了方便之门。特别是，在公司内部和外部治理机制不完善的情况下，经理人利用自己的管理层权力影响股权激励方案的设计以实现自身利益最大化，往往难以避免。

在我国，由于公司治理内部机制的不健全，上市公司高管利用管理层权力影响自身激励性薪酬契约的制定完全可能。"一股独大"是我国上市公司最基本的所有权特征，理论上，这种集中的所有权结构应该能够强化对经理层的监督作用，抑制其在薪酬契约制订中可能的机会主义行为，然而，这种监督效应在我国的具体情境下往往并不存在。对于国资控股公司而言，所有者"缺位"使公司控制权不可避免地转移到管理层手中，而相关公司治理机制的弱化，则致使管理层拥有对公司的实质控制权，从而形成严重的内部人控制。内部人利用对公司的控制权影响股权激励方案的制订，显然既容易也可能。实际上，由于老的薪酬管理体制正在逐步瓦解，但新的薪酬管理体制尚未健全，我国大多数国有企业负责人的薪酬采取企业自报、国资委审核备案的方式。由于信息不对称以及官员的"廉价投票权"，处于多层代理链条末端的上级主管部门往往缺乏监督的动力，造成薪酬方案的审批"流于形式"，加之，包括独立董事在内的薪酬委员会成员独立性不高，这使国资控股公司股权激励计划的制订更可能沦为代理问题的一部分。对于民营控股公司，由于经营者往往就是民营企业的创业者，在"一股独大"的股权结构特征下，管理层权力体现为大股东的权力，管理层权力在民营企业内部则更为强大（卢锐等，2008）。因此，资本市场上中小股东的"用手投票"机制往往无法约束高管在股权激励计划设计中的机会主义行为。所有这些因素，都使我国上市公司的高管能够在很大程度上影响自己的薪酬制定，而理性经济人的自利本性决定了管理层会利用各种可能获取对自己最有利的薪酬契约条款。因此，我们预期，管理层权力越大，公司推出的股权激励计划条款就越可能对管理层有利。初始行权价的设定是股票期权激励计划的一个基本要素，设定较合理的初始行权价格是保证股权激励契约有效性的关键。显然，设定较低的行权价格对激励对象管理层有利，而较高的行权价格是管理层所不愿接受的[①]。所以，不难预期，管理层权力越大，公司推出的股权激励计划中设定的行权价格就会相对越低。据此，我们提出研究假设：

假设1：管理层权力越大，公司推出的股权激励计划所设定的行权价格就会相对越低。

如前所述，由于"所有者缺位"，国资控股公司存在严重的内部人控制，因而，在国资控股公司，内部管理层拥有更大、更广泛的权力，薪酬契约的制定更可能沦为管理层攫取私利的渠道，股权激励往往会演变成管理层的福利（吕长江等，2009）。因此，我们预期，相对于非国资控股公司，国资控股公司推出的股权激励计划所设定的行权价格会更低。据此，提出如下假说：

假设2：相对于非国资控股公司，国资控股公司推出的股权激励计划所设定的行权价格更低。

---

① 为了防止股权激励计划制订中行权价格设定得过低，监管层对行权价格的最低标准作了限定。根据《上市公司股权激励管理办法（试行）》（2006）第24条和《国有控股上市公司（境内）实施股权激励试行办法》（2006）第18条，行权价格（或授予价格）不应低于下列价格较高者：股权激励计划草案摘要公布前一个交易日的公司标的股票收盘价；股权激励计划草案摘要公布前30个交易日内的公司标的股票平均收盘价。

四、实证检验

（一）样本选择与数据来源

1. 样本选择

本文实证检验以沪深 A 股上市公司为样本，研究期间为 2005 年 7 月 1 日至 2011 年 6 月 30 日，在此期间，共有 298 家公司公布或实施了股权激励方案，占 2010 年上市公司全体①的 15.5%，从时间分布上看，2005 年有 7 家，2006 年有 40 家，2007 年有 10 家，2008 年有 70 家，2009 年有 15 家，2010 年有 73 家，2011 年有 83 家②，由此可见，方案公布在时间分布上不均衡。剔除金融类公司、数据缺失的公司等，最终得到 256 个回归样本。

2. 数据来源

本文采用的公布股权激励方案的公司、期权初始行权价格、股票转让价格、方案进度、激励方式及相关公告日期等数据来自 Wind 数据库。股权激励计划预案公告日前一天公司股价和公告日前一个月公司平均股价数据来自 Resset 数据库，手工计算了股权激励计划预案公告日前一个月公司平均股价。总经理在职时间长短和董事长与总经理是否兼任的数据来自 Resset 数据库，手工计算了总经理在职年限长短。

本文使用的地区市场化指数是根据樊纲、王小鲁和朱恒鹏（2006）编制的中国市场化指数——各地区市场化相对进程的数据构建而成。上市公司最终控制人类型及其对上市公司的控制权比例数据系根据上市公司年度报告中"股本变动及股东情况"进行逐一整理得到。本文使用的其他数据如公司财务指标、行业类型、公司注册地等数据来自 Wind 数据库③。数据处理使用的是 Stata 8.0 计量分析软件。

（二）检验模型与变量设定

1. 检验模型

本文使用以下基本回归模型分别检验所提出的两个研究假设：

$$Difference = \beta0 + \beta1 Tenureceo + \beta2 Duality + \beta3 Insider + \beta4 Mngrhd + \beta5 Stateown + \beta6 Lastvote + \beta7 Dbastrt + \beta8 Validity + \beta9 Dstd + \beta10 Indxmrk + \beta11 Option + \beta12 Size + \beta13 Growth + \beta14 EPS + \beta15 Year + \beta16 Indu + \varepsilon$$

---

① 根据 Wind 数据库，截至 2010 年上市 A 股总数为 1922。

② 2011 年的统计截止日期是 6 月 30 日。

③ 2011 年的财务数据（如 Size、Growth、EPS、Dbastrt）来自公司 2011 年中期报告，其他公司治理方面的数据采用的是 2010 年的数据。

2. 变量定义

（1）被解释变量。Difference：股权激励计划预案公告日前一天公司股价与预案公告日前一个月，公司平均股价的较高者减去预案中设定的初始行权价格（或股票转让价格）以后的差额。该变量数值越大，表明股权激励计划预案中设定的初始行权价格（或股票转让价格）相对于股权激励计划预案公告日前一天，公司股价与公告日前一个月，公司平均股价的较高者就越低。由于股权激励计划预案公告日前一天公司股价与公告日前一个月公司平均股价的较高者是中国证监会和国务院国资委所规定的初始行权价格的下限，因此，该变量数值越大，说明股权激励计划中所设定的初始行权价格相对而言就越低，就越有利于管理层。

（2）观测变量。根据既有文献（Grinstei and Hribar，2004；Albuquerque and Miao，2007；Fanetal.，2009；卢锐等，2008；权小峰等，2010），我们选择以下四个变量衡量管理层权力大小。Tenureceo：总经理在职时间。总经理在位时间越长，其权力就越大。Duality：哑变量，董事长与总经理是否兼任。董事长同时兼任总经理职位，往往意味着其有较大权力。Insider：内部董事比例。内部董事比例越高，意味着管理层权力就越大。Mngrhd：管理层持股比例。管理层拥有的公司股权比例越高，往往其权力就越大。

Stateown：哑变量，是否被国家最终控股。如果上市公司最终控制人是政府有关机构（如国资委、财政部门等）、国有资产经营公司、大专院校及科研机构等，则取值为1；否则为0。

（3）控制变量。Lastvote：最终控制人对上市公司的控制权比例。用来反映最终控制人对上市公司的控制力和上市公司所有权结构的集中程度。理论上，集中的所有权结构能够强化对管理层的监督，限制管理层的权力，然而，在我国公司治理的具体情境下，情况却可能完全不同。对于国资控股公司来说，由于所有者缺位，最终控制人的控制权比例越高，意味着管理层受股权所有者的约束就越小，管理层权力就越大。对于非国资控股公司而言，由于管理者往往就是创业的所有者，所以，更高的控制权比例，常常意味着更大的管理层权力。因此，我们预期最终控制人的控制权比例与股权激励计划中的管理层机会主义行为呈正相关关系。Dbastrt：资产负债率，用来衡量债权人的治理效应。实施股权激励将会减少股权代理成本，使得管理层与股东的利益趋于一致，但会引致债权代理成本激化债权人与管理层（及股东）之间的代理冲突（Jensen and Meckling，1976）。资产负债率越高，股权激励所引致的债权代理成本就越大，同时，债权人介入公司治理的激励就越大，其产生的治理作用就可能越大，从而管理层的机会主义行为越可能受到约束。因此，我们预期该变量的符号为负。Validity：股权激励计划的有效期。股权激励计划的有效期越长，股权激励效应就越强，管理层实现其股权激励预期收益的难度就越大。因此，为了平衡管理层的预期收益与风险，有效期越长，股权激励计划中设定的行权价格就应越低，故该变量的符号预期为正。Dstd：股权激励预案公告日前一天股票收益的标准差（20日移动加权平均），用来衡量股价的波动率。股票价格的波动率越大，管理层实现其股权激励预期收益的风险就越大，为了平衡管理层的预期收益与风险，股权激励计划中设定的行权价格就应该越低。故我们预期该变量的符号为正。Indxmrk：各地区市场化指数，用来衡量各地区市场化程度。该变量数值越大，表明市场化程度就越高。市场化程度越高，公司所面临的产品和要素市场竞争就越激烈（樊纲等，2006），经理人实现其股权激励预期收益的风险就越大，为了平衡管理层的预期收益与风险，股权激励计划中设定的行权价格就应该越低。因此，我们预期该变量的符号为正。Option：哑变量，激励标的物是否是股票期权。激励标的物是股票期权的，取值为 1，否则为 0。用来控制股票期权、限制性股票和股票增值权等不同激励方式对初始行权价格的影响。

Size：公司规模，为公司期末总资产的自然对数，用来控制公司规模的影响。Growth：营业收入增长率，用来表示公司成长性。EPS：每股收益，用来控制公司盈利能力的影响。Year：年度哑变量。按样本涉及的时间跨度，设置 7 个年度哑变量，用来控制年度差异。Indu：行业哑变量。按证监会的分类标准（除制造业按次大类划分，其他以大类为准），共有 22 个行业。剔除金融行业，最后设置 20 个行业哑变量。

（三）描述性统计

从表 2 的描述性统计结果看，Difference 变量的均值为 5.468025，标准差是 9.871261，最大值为 63，最小值是 −14.1323，可见，股权激励计划预案公告日前一天公司股价与公告日前一个月公司平均股价的较高者，减去上市公司推出的股权激励计划预案中所设定的初始行权价格之间的差额，其离散程度较大。是什么原因导致了 Difference 变量数值如此大的差异呢？Tenureceo 的均值为 2.578789，即总经理的在位时间平均 2.6 年；最大值是 12.4，最小值为 0.01，变异较大，这意味着管理层权力在不同样本公司之间存在较大差异。Insider 的均值为 0.6339668，标准差是 0.0875908；Mngrhd 的均值是 0.1329999，标准差为 0.1919476，两个变量均呈现出较大离散程度。此外，256 个样本中，有 30.86% 的样本公司其董事长与总经理是兼任的，通常这样的公司管理层拥有较大的权力。

表 1 虚拟变量描述统计

Variable	N	取值 1 的数量	占总样本比重（%）
Stateown	256	56	21.88
Duality	256	79	30.86
Option	256	206	80.47

表 2 连续变量描述统计

Variable	N	Mean	Std. Dev	Median	Min	Max
Difference	256	5.468025	9.871261	0.3530002	−14.1323	63
Tenureceo	256	2.578789	1.923475	2	0.01	12.4
Insider	256	0.6339668	0.0875908	0.6364	0.375	0.9167

Variable	N	Mean	Std. Dev	Median	Min	Max
Mngrhd	256	0. 1329999	0. 1919476	0. 003556	0	0. 7404068
Lastvote	256	39. 09535	16. 77797	37. 81	8. 4	83. 23
Dbastrt	256	40. 09957	20. 35779	41. 6829	2. 6242	90. 4111
Validity	256	5. 029297	1. 339491	5	1	10
Dstd	256	0. 0309717	0. 0112802	0. 0287635	0. 010476	0. 067611
Indxmrk	256	9. 622813	1. 686602	9. 97	5. 31	11. 71
EPS	256	0. 3996258	0. 3404022	0. 3296	− 0. 0762	2. 1611
Growth	256	35. 48705	44. 54675	28. 9165	− 36. 5217	425. 2641
Size	256	21. 61594	1. 145875	21. 36005	19. 41569	26. 09687

（四）基本回归分析

表 3 是基本回归分析的结果，表中所有回归模型中变量的方差膨胀因子（VIF）值均不超过 3（基于省略未报告），所以，变量间不存在共线性问题。表 3 中模型一的回归结果显示，衡量管理层权力的四个变量的系数均通过了显著性水平检验。变量 Tenureceo 的系数符号在 10% 的水平上显著为正，表明总经理在位时间越长，因变量 Difference 就越大，即公司推出的股权激励计划中设定的初始行权价格就相对越低。变量 Insider 的系数在 10% 的水平上显著为正，表明内部董事比率越高，Difference 就越大，公司推出的股权激励计划中设定的初始行权价格就相对越低。变量 Mngrhd 的系数在 5% 的水平上显著为正，说明管理层持股比例与因变量 Difference 呈正相关关系，管理层持股比例越高，公司推出的股权激励计划中设定的初始行权价格就相对越低。变量 Duality 的回归系数符号也显著为正（单尾检验 10% 水平显著），意味着，相对于董事长与总经理两职不兼任的公司，两职兼任的公司推出的股权激励计划中设定的初始行权价格相对更低。因此，模型一的回归结果表明，管理层权力越大，公司推出的股权激励计划中设定的初始行权价格就相对越低。假设 1 得以验证。

表 3 中的模型二是在模型一的基础上加入国资控股变量 Stateown 后的回归结果。与模型一相似，衡量管理层权力的四个变量的系数均通过了显著性水平检验，表明，管理层权力越大，公司推出的股权激励计划中设定的初始行权价格就相对越低。同时，变量 Stateown 的回归系数在 10% 水平上显著为正，说明国资控股公司推出的股权激励计划中设定的初始行权价格比非国资控股公司的相对更低。这印证了本文所提的研究假设 2。由于"所有者缺位"，国资控股公司存在严重的内部人控制，在相关治理机制弱化的情况下，国资控股公司管理层更可能在股权激励计划制订中实施机会主义的自利行为。

从其他控制变量的情况来看，变量 Lastvote 的回归系数均显著为正，表明最终控制人的控制权比例越高，公司推出的股权激励计划中设定的初始行权价格就相对越低。如前所述，对于国资控股公司来说，由于所有者缺位，最终控制人的控制权比例越高，意味着管理层受股权所有者的约束就越小，管理层权力就越大；而对于非国资控股公司而言，由于管理者往往就是创业的所有者，更高的控制权比例，常常意味着更大的管理层权力。因此，变量 Lastvote 的回归结果不仅与预期相符，而且进一步支持了研究假设 1 和假设 2。变量 Dbastrt 的回归系数均显著为负，表明随着资产负债率的提高，公司推出的股权激励计划中设定的初始行权价格趋于增高。这在一定程度上说明债权人对股权激励计划制订中的管理层机会主义行为具有一定的治理作用。变量 Dstd 的回归系数均显著为正（单尾检验），表明公司股价波动率越大，公司推出的股权激励计划中设定的初始行权价格就相对越低。这与预期相符。股权激励契约要想获得预期激励作用，应该激励相容，适当平衡激励对象的预期收益与风险。

此外，变量 Option 的回归系数均在 1% 水平上显著为负，意味着采取股票期权方式的公司所推出的股权激励计划中设定的初始行权价格比采取其他激励方式的公司相对更高。变量 EPS 和 Growth 的回归系数显著为正，表明业绩好、成长性高的公司，推出的股权激励计划中设定的初始行权价格相对较低。

表3　基本回归分析结果

变量	预期符号	模型一	模型二
Tenureceo	+	0.5603685（1.89）*	0.4914955（1.65）*
Duality	+	1.526689（1.29）+	1.598356（1.36）+
Insider	+	10.3913（1.64）*	10.79005（1.70）*
Mngrhd	+	9.736938（3.06）***	10.64592（3.32）***
Stateown	+		2.681001（1.84）*
Lastvote	+	0.0887587（2.57）**	0.0932764（2.71）***
Dbastrt	−	−0.0865517（−2.28）**	−0.0866871（−2.29）**
Validity	+	0.1504881（0.35）	0.0584609（0.14）
Dstd	+	90.96707（1.48）+	87.98539（1.43）+
Indxmrk	+	0.3312662（1.01）	0.3792735（1.15）
Option	?	−10.65842（−7.53）***	−10.51391（−7.46）***
EPS	?	4.101936（2.06）**	4.19393（2.11）**
Growth	?	0.0199994（1.70）*	0.0190788（1.63）+
Size	?	0.4750729（0.70）	0.1836608（0.26）
Year	?	控制	控制
Indu	?	控制	控制
Cons	?	−12.38354（−0.80）	−6.876515（−0.44）
N		256	256
F		4.85***	4.87***
Adj R−sq		0.3648	0.3717

注：上行数据为回归系数，下行数据为 T 值。***、**、*分别表示在 1%、5% 和 10% 水平上显著（双尾检验），+表示单尾检验显著。

（五）稳健性检验

在基本回归分析部分，回归模型的被解释变量是股权激励计划预案公告日前一天公司股价与公告日前一个月，公司平均股价的较高者减去预案中设定的初始行权价格（或股票转让价格）的差额。根据《办法》，股权激励计划预案中设定的初始行权价格（或股票转让价格）不得低于预案公告日前一天公司股价与公告日前一个月公司平均股价的较高者。以预案公告日前一天公司股价与前一个月公司平均股价的较高者为标准，可以衡量出股权激励计划预案中设定的初始行权价格（或股票转让价格）的相对高低程度。为了使研究结论更加稳健，有必要分别以预案公告日前一天公司股价和公告日前一个月公司平均股价为标准，来衡量股权激励计划预案中设定的初始行权价格（或股票转让价格）的相对高低程度。表4是改变被解释变量度量的进一步回归结果，其中，模型三的被解释变量是预案公告日前一天公司股价减去预案中设定的初始行权价格（或股票转让价格）的差额。模型四的被解释变量为预案公告日前一个月公司平均股价的较高者减去预案中设定的初始行权价格（或股票转让价格）的差额。结果显示，除了模型三中的变量 Duality 外，衡量管理层权力的四个变量的系数均通过了显著性水平检验，这进一步印证了研究假设1，即管理层权力越大，公司推出的股权激励计划中设定的初始行权价格就相对越低。变量 Stateown 的回归系数均显著为正，这进一步支持了研究假设2，即相对于非国资控股公司，国资控股公司推出的股权激励计划所设定的行权价格更低。此外，其他变量的回归结果也与基本回归部分相一致。

表4　改变被解释变量度量的进一步稳健性检验结果

变量	预期符号	模型三	模型四
Tenureceo	+	0.561521（1.89）*	0.5524507（1.95）*
Duality	+	1.277766（1.09）	1.438125（1.29）+
Insider	+	10.71889（1.69）*	10.19692（1.69）*
grhd	+	9.696889（3.03）***	9.917727（3.25）***
Stateown	+	2.478541（1.70）*	2.757251（1.98）**
Lastvote	+	0.1116523（3.24）***	0.084627（2.58）**
Dbastrt	−	−0.0772726（−2.05）**	−0.0774233（−2.15）**
Validity	+	0.0788907（0.18）	0.0447768（0.11）
Dstd	+	78.37907（1.29）+	83.45913（1.43）+
Indxmrk	+	0.3844751（1.17）	0.3964007（1.28）+
Option	？	−10.31004（−7.33）***	−10.37389（−7.73）***
EPS	？	3.624853（1.83）*	2.648534（1.40）+
Growth	？	0.0176087（1.50）+	0.0179344（1.60）+

变量	预期符号	模型三	模型四
Size	?	0.1394726（0.20）	0.190464（0.29）
Year	?	控制	控制
Indu	?	控制	控制
Cons	?	−7.739717（−0.49）	−8.078199（−0.54）
N		256	256
F		4.72***	4.55***
AdjR − sq		0.3623	0.3519

注：上行数据为回归系数，下行数据为 T 值。***、**、*分别表示在 1%、5% 和 10% 水平上显著（双尾检验），+表示单尾检验显著。

五、研 究 结 论

以 2005 年 7 月 1 日至 2011 年 6 月 30 日期间公告或实施股权激励计划的上市公司为样本，利用股权激励计划预案公告日前一天公司股价与公告日前一个月公司平均股价的较高者减去预案中设定的初始行权价格（或股票转让价格）的差额数据，本文对管理层权力与股权激励计划制订中的管理层机会主义行为之间的关系进行了理论分析与实证检验。研究发现，管理层权力越大，上市公司推出的股权激励计划中所设定的初始行权价格就相对越低。也就是说，在当前公司内部治理机制弱化的背景下，管理层可能会利用其对公司的控制权影响股权激励方案的制订，使其与己有利，致使股权激励契约不能成为解决代理冲突的有效手段，而沦为代理问题的一部分。研究同时发现，相对于非国资控股公司，国资控股公司推出的股权激励计划所设定的行权价格更低。这一结果再一次支持了国有产权低效率的论断。由于"所有者缺位"，国资控股公司存在严重的内部人控制，在相关治理机制尚欠配套和完善的情形下，国资控股公司的股权激励计划制订更可能成为内部人攫取私利的渠道和工具。研究结果表明，股权激励有效性不仅取决于实施环节，还取决于初始设计环节。只有进一步完善各项公司内外部治理机制，约束股权激励计划制订中的管理层机会主义行为，才能最大限度地发挥股权激励的作用，使股权激励真正成为解决代理问题的有效手段。

本文旨在从管理层权力的视角研究股权激励计划中初始行权价格设定的影响因素，没有涉及股权激励计划除了行权价格以外的其他一些要素，这使本文的研究结论存在一定的局限性。此外，由于样本期间以后不断有公司推出股权激励计划，将更多推出股权激励计划的公司纳入研究对象不仅能够得出更加符合实际的结论，而且还可能会有新的发现。这将成为本文后续进一步研究的方向。

参考文献

［1］吕长江，郑慧莲，严明珠，许静静．上市公司股权激励制度设计：是激励还是福利？．管理世界，2009（9）：133－147．

［2］卢锐，魏明海，黎文靖．管理层权力、在职消费与产权效率——来自中国上市公司的证据．南开管理评论，2008（5）：85－92．

［3］苏冬蔚，林大庞．股权激励、盈余管理与公司治理．经济研究，2010（11）：88－100．

［4］权小锋，吴世农，文芳．管理层权力、私有收益与薪酬操纵．经济研究，2010（11）：73－87．

［5］Bebchuk L. A., J. M. Fried. Executive compensation as an agency problem. Journal of Economic Perspectives, 2003（17）：71－92．

［6］Choudhary P., S. Rajgopal, M. Venkatachalam. Accelerated Vesting of Employee Stock Options in Anticipation of FAS 123－R. Journal of Accounting Research, 2009, 47（1）：105－146．

［7］Coles J. L., M. Hertzel, S. Kalpathy. Earnings management around employee stock option reissues. Journal of Accounting and Economics, 2006（41）：173－200．

［8］Johnson S. A., H. E. Ryan, Y. S. Tian. Managerial Incentives and Corporate Fraud：The Sources of Incentives Matters. Review of Finance, 2009（13）：115－45．

［9］Laux C., V. Laux. Board Committees, CEO Compensation, and Earnings Management. The Accounting Review, 2009, 84（3）：869~891．

［10］Pérez D. lvarez, E. N. Fontela. CEO Power and CEO Stock Options Design［R］. Working Paper, University of Santiago de Compostela, Spain, 2007．

［11］Yermack D. Good timing：CEO Stock Option awards and Company News Announcements. Journal of Finance, 1997（52）：449－476．

Managerial Power，Opportunism Motivation and Equity Incentive Plan Design

Wang Ye et al.

Abstract：Using the samples of listed companies which announced equity incentive program during the 2005－2011，this paper investigates the relationship between managerial power and managerial opportunism in the equity incentive plan formulation process based on the data of the variance which is the higher one between the stock price on the first day and the average share price during a month before the equity incentive plan is announced minus the initial exercise price set in the equity incentive plan. This paper finds that: The greater the managerial power is, the relatively lower the initial exercise price in the equity incentive plan is. Compared with the non state – owned holding company, the initial exercise price in the equity incentive plan being implemented by state – owned holding company is lower.

Key Words: Managerial Power; Opportunism Motivation; Strike Price; Equity Incentive Plan Design

资本结构与企业绩效的互动关系研究[*]

——基于创业板上市公司的实证检验

陈德萍　曾智海

（广东外语外贸大学财经学院　510420）

【摘　要】中小企业在我国经济中具有重要地位，随着我国创业板市场的推出，中小企业的融资问题将会得到有效缓解。本文通过建立资本结构与企业绩效的联立方程模型，应用广义矩估计法（GMM）对联立方程进行估计研究，考察创业板上市企业资本结构与企业绩效之间的互动关系。研究结果表明，资本结构与企业绩效确实存在互动关系，在企业绩效中资本结构、成长能力、股权集中度、董事会兼任经理人和企业规模都对其有显著影响，而在资本结构中营利性、成长能力、偿债能力、资产担保价值和企业规模五个因素对企业资本结构选择具有显著影响。

【关键词】创业板；资本结构；企业绩效；互动关系

一、引　言

中小企业作为我国国民经济中最活跃的部分，它不仅在创造就业、稳定经济和国民经济结构布局等方面具有重要作用，而且也是技术创新的重要源泉。根据《中国工业经济统计年鉴》（2011）的数据，在2010年，我国规模以上工业企业单位比重中，中小企业规模的企业数量就占到了99.17%，而中小企业提供了近80%的城镇居民就业，70%的创新来自中小企业，特别是大批高新技术企业在其科研成果上的突出成绩，更是展现了惊人的经济推动和科技创新的能力。2009年中国证监会发布的《首次公开发行股票并在创业板上市管理暂行办法》，标志着我国创业板市场正式推出。作为对主板市场的有效补充，

---

*　本文选自《会计研究》2012年第8期。

创业板对提高资本的流动性和使用效率具有重要作用，对解决中小企业的融资难问题更是具有重要意义。

但一方面，我国创业板市场推出时间不长，现阶段制度尚未成熟，在运作过程中，也逐渐暴露出发行价高、市盈率高、超募比例高的"三高"问题，"三高"问题亟待解决；另一方面，在创业板中，高管套现的现象日益严重，根据 Wind 统计数据显示，2012 年以来，创业板中关键持股人发生了股权变动的一共有 848 件，其中涉及的公司数目达到 158 家，而在这些股权变动中，减持股权的占到 83.5%，减持总金额达到 53.2 亿元，而同期增持股权的金额仅为 2.3 亿元，这就说明现行创业板制度还不够完善，对公司高管辞退套现缺乏有效约束机制，创业板上市公司资本结构并不合理。

具有高成长性的中小企业通过创业板进行上市融资，其资本结构的选择具有独特的规律，资本结构的选择将会如何影响企业绩效，而企业绩效是否又会影响资本结构，这些问题都需要结合我国创业板上市公司的实际情况进行相关的研究，从以往对资本结构和企业绩效的相关研究中，我们可以发现资本结构是影响企业绩效的重要因素，但是国内外关于此类研究并没有统一的结论，而且在我国大多数的研究是针对主板上市的企业，而专门针对创业板上市的研究还是比较缺乏的，本文通过对我国创业板上市公司进行相关研究，建立资本结构与企业绩效的联立方程模型，应用广义矩估计法（GMM）对联立方程进行估计研究，考察创业板上市企业资本结构与企业绩效之间的互动关系，以期对改进公司融资效率和提高管理者融资决策的有效性以及提高上市公司企业绩效提出参考意见。

二、文献综述

（一）资本结构与企业绩效理论研究综述

对于企业资本结构与企业绩效关系的理论研究，早在 1952 年美国经济学家杜兰德发表的《企业债务和股东权益成本：趋势和计量问题》一文中就系统地总结了公司资本结构的三种理论：净收益理论、净经营收益理论和传统折中理论。之后，莫迪利亚尼和米勒在 1958 年发表的《资本成本、公司财务与投资理论》中提出了著名的 MM 定理，其认为最优资本结构并不存在，如果资本市场完全有效，资本结构与公司价值是没有关系的，该定理为现代资本结构的理论研究开了先河，MM 理论提出了资本结构与企业价值之间的问题。自 MM 理论以来，许多经济学家不断对资本结构进行深入的研究，探讨资本结构的影响因素，以及最优资本结构等问题，并且先后提出了权衡理论、委托代理理论、信号理论、优序融资理论和控制权理论等，这些理论分别从不同的角度分析了资本结构与企业价值的关系，提出了最优资本结构的存在，以及对应的优化策略。

在现实中，MM 理论的诸多假设是不成立或根本不可能存在的，Myers 在 MM 理论的基础上提出了静态权衡理论，该理论考虑负债的破产成本和代理成本的因素，通过负债融资虽然可以达到避税的作用，但是也会带来成本、风险的增加，当通过负债融资而避税的增加量大于其增加的成本风险之和时，应该增加负债融资以达到最优资本结构；而在避税收益增加量小于负债成本风险之和时，应该减少负债，因为此时企业负债规模过大。因此，最优资本结构应该是避税收益等于负债融资的成本风险之和。

权衡理论在 MM 理论的基础上，考虑了破产成本和避税收益，但是其过分注重对外部因素的研究，对于内部因素的影响并没有考虑到，这就不能够对资本结构问题进行充分的解释。在信号传递理论中，认为由于内部管理者与外部投资者存在信息的不对称性，企业经理在选择融资结构的同时，通过资本结构或者鼓励政策的选择向投资者传递信号，投资者对传递的信息进行分析和研究，并判断企业的价值。Ross（1977）在其研究中认为，资产负债率是反映企业发展的一个良好信号，因此资产负债率与企业价值是正相关关系。在 Leland 和 Pyle（1977）的研究中，认为由于信息不对称的存在，企业为了投资新项目而进行的筹资行为中，投资者并不知道新项目的质量，因此，企业管理者的持股比例是投资者参考的一个重要指标，其持股比例就会越大，企业价值也会越大。Masulis、Cornett 和 Travol（1991）的研究表明，企业的股票价格会随着债务转化为权益而上涨，而在权益转化为债务时下降。Shah（1994）认为当财务杠杆增加时，在企业宣布资本结构变化的当日，股价会上升，而当财务杠杆减少时则相反，因此财务杠杆与企业股价呈正相关关系。

Myers 和 Majluf（1984）在权衡理论、委托代理理论和信号传递理论的基础上提出了优序融资理论：由于企业的经营权与所有权分离，导致信息不对称，在这种情况下，企业内部人员比外部投资者更加了解企业经营的真实情况，为了传递企业经营状况的有利信息，最为稳妥的融资方式是通过内部融资，这样不仅可以保障原有股东的利益，还能够避免因为外部融资而导致的市值下跌。权益融资会传递企业经营不佳的信息，而外部融资需要支付成本，因此企业融资的顺序一般是内部融资、债务融资，最后才是权益融资。而在其较早的研究中认为企业的成长速度与负债率是负相关的，因为企业的成长性越高，则获取的投资机会就越多，但是为了避免债权人获取其成长利益，较少甚至不会发行长期债券，而 Smith 和 Watts（1992）、Bradley 和 Smith（1995）、Groyal（2001）等的研究中都证实了企业成长机会与企业负债水平具有显著的负相关关系。但是优序融资理论是建立在理性行为上的，在琼·赫尔维奇与内莉·梁（1996）的研究中发现，上市公司并没有按照优序融资理论进行，而是选择债权进行优先融资，所以其认为公司融资并非都是理性的，资本结构的选择还会受到管理层的行为偏好、风险回避度和知识水平的影响。

詹森和麦克林沿着 MM 理论探讨企业资本结构，提出了资本结构契约理论，该理论认为资本结构不仅规定着剩余索取权的分配，如对债权人的负债利息、股东的利益，同时还规定企业控制权的分配。委托代理理论和信号传递理论解释了剩余索取权的分配问题，控制权理论则是对企业控制权的分配问题进行研究的。阿洪和博尔顿（1993）在模型中运用了不完全合同理论，对管理者和投资者之间的控制权进行了研究，其认为负债融资与权益融资是两种不同的控制权分配，企业一旦破产，债权人享有优先受偿权，其控制权将由股东持有转为债权人持有，从而损害股东的利益。因此，最优资本结构应该是在企业破产时，股东所承受的最小损失的负债水平。

（二）国内外相关实证研究综述

国内外关于企业资本结构与企业绩效关系的实证研究是比较丰富的，一般来说，企业资本结构的影响因素包括外部因素和内部因素。相比内部因素的研究，外部因素研究较少，外部因素包括宏观经济状况、行业、经济政策等，Korajczyk 和 Levy（2003）研究宏观经济对企业资本结构的影响，依据企业是否受到融资约束分为两组样本，研究发现，如果企业没有受到融资约束，那么在经济扩展时期，更偏向于权益融资，而在经济收缩期，更偏向于债务融资，而对于受到融资约束的企业则相反，因此宏观经济是影响企业资本结构的一个重要因素（Hackbarth and Miao，2006）。苏东蔚和曾海舰（2009）在国外相关理论研究的基础上，通过宏观因素对我国资本结构进行分析，研究发现，我国资本结构与经济周期存在反向作用，在经济上升时期，企业负债率下降，而在经济衰退期，负债率则上升。在行业影响因素的研究中，孔庆辉（2010）将 712 家样本公司分为防守型行业和周期型行业，研究发现在经济衰退时，周期型行业会降低债务比率，而防守型行业虽然也会降低债务比率，但是降幅远低于周期型行业。从内部因素角度进行研究的文章相对较多，肖作平（2004）从动态特征因素研究资本结构，认为交易成本是一个重要影响因素，资产有形性、规模与财务杠杆正相关，而成长性、资产流动性与其负相关。Berger（2006）认为企业负债率的提高能够减少与外部股权相关的代理成本。Margaritis 和 Psillaki（2010）研究认为，资产负债率与企业绩效并不是简单线性关系，而是呈现倒 U 形。Minnick 和 Noga（2010）从合理避税的角度研究发现，如果企业高管薪酬敏感度高，就会注重长期的合理避税，从而对企业绩效有积极作用。企业绩效还会受到公司治理结构因素的影响，Yermack（1996）和 Eisenberg（1998）认为董事会成员数与企业绩效是存在显著负相关的。也有分析认为，董事会成员数是需要分情况而言的，董事会成员数与企业绩效并不是简单的线性关系，当董事会人数少于 6 人时，企业绩效与之无显著关系；当大于 6 人时，企业绩效与之显著负相关（Bennedsen，2008）。Margaritis 和 Psillaki（2010）认为股权集中度对企业绩效有积极作用。

国内关于创业板企业资本结构分析的实证分析研究相对较少，这主要是因为创业板上市公司刚上市不久，尚不成熟，而且企业样本研究数据较少。陈斌（2004）对中小企业板块的资本结构进行研究，其主要分析企业上市融资对资本结构的影响，而王竞达、赵景文（2004）通过对只发行在 A 股且在 1996 年底之前上市的 208 家公司的面板数据进行研究，认为对资本结构有正向作用的因素包括企业规模、成长速度、资产的抵押价值，而存在负向作用的因素包括公司营利性、公司整体风险，而非债务税盾、管理层持股比例以及国家股比例并没有显著影响。张兆国等（2007）认为由于资本结构的不同，导致民营上市公司的企业绩效好于国有控股上市公司，但企业绩效无论是资产负债率、商业信用比例、银行借款比例、流动负债比率还是长期借款比例都呈负相关关系，而股权集中度的提高并不有利于企业绩效的提高（邵国良，2007），我国中小企业的资本结构并不合理（陈春霞、应佳，2009）。刘春和孙亮（2010）认为，薪酬差距对于企业绩效有积极影响。陈德萍和陈永圣（2011）研究发现公司资本结构和盈利能力、资产担保价值有正相关关系，而与偿债能力、非债务税盾呈负相关关系。

通过国内外相关文献可以发现，现阶段国内外对企业绩效与资本结构的关系并没有形成一致的结论，而我国相关研究与国外相比结论有较大不同，同时我们发现，以上研究大都采用单方程模型，在模型中并没有考虑企业绩效与资本结构之间的互动关系，这可能会导致回归系数的估计出现有偏和不一致的现象。因此，本文将通过联立方程对企业绩效和资本结构的关系进行分析，以期能够对企业绩效和资本结构的关系研究提供参考意见。

三、研究设计与实证结果

（一）样本选择

本文选取的样本是在2011年已经在创业板上市的公司，本文排除在2011年之后上市的公司，是因为中小企业在上市的当年，普遍存在通过盈余管理对利润操控的现象（甘欢、刘益平，2012），所以为了研究结果的准确性，只选取了2011年前上市的公司，同时剔除有异常值和空缺值的公司，最终选取了187家创业板上市公司作为研究样本。所有的统计数据都取自这187家公司对外公布的2011年年度财务报表数据资料，并对其原始数据进行加工处理而得出。研究所用数据均来自国泰安信息技术有限公司提供的CSMAR数据库，所用统计软件为Eviews 6.0。

（二）实证模型的建立

根据以上文献回顾可知，企业绩效受资本结构、成长能力、股权集中度、企业规模、董事会规模与结构等因素的影响，而影响资本结构的因素包括企业绩效、成长能力、股权集中度、资产结构、非债务税盾、企业规模、偿债能力。因此，本文模型中设立的内生变量为资本结构与企业绩效，而外生变量包括成长能力、股权集中度、企业规模、董事会规模与结构、非债务税盾、企业规模、偿债能力等因素。各变量含义如表1所示。

表1　变量定义与计量

变量	变量名称	变量符号	变量定义
内生变量	企业绩效	ROE	净利润/股东权益
	资本结构	DAR	负债总额/资产总额

变量	变量名称	变量符号	变量定义
外生变量	成长能力	GROW	主营业务收入增长率
	第一股东持股比例	TOP1	第一大股东持股数/总股数
	第一股东持股比例的平方	TOP1. sq	第一股东持股比例×第一股东持股比例
	企业规模	SIZE	总资产的自然对数
	偿债能力	DEBT	流动资产/流动负债
	资产担保价值	TAR	（存货＋固定资产）/总资产
	非债务税盾	TAX	（折旧＋摊销）/总资产
	董事会规模	BOARD	董事会人数的自然对数
	董事长是否兼任总经理	CONCUR	当董事长兼任总经理时取值1，否则为0

由此可见，有些因素既能够影响企业绩效又能够影响企业的资本结构，企业绩效与企业的资本结构可能存在互动关系，如果单靠一个方程并不能完整描述现象，因此需要建立一组方程加以说明，即使用联立方程模型。联立性问题之所以出现，是因为内生性问题的存在，一些回归因素很可能与干扰项或误差项相关，因此，本文需要先检查企业绩效与资本结构之间是否存在联立性问题，才能进行下一步的分析，本文采用豪斯曼设定进行检验，其结果如下（括号内为 T 检验值）：

$$\text{ROE}_i = \underset{(25.17673)}{0.086990} - \underset{(-4.930422)}{0.087868} \widetilde{\text{DAR}}_i + \underset{(7.775350)}{0.151618} \widetilde{\theta}_i$$

从结果看，θ_i 的系数通过 T 检验显著，因此企业绩效与资本结构之间确实存在互动关系，所以不能简单采用普通最小二乘法估计参数，否则会出现有偏和不一致的结果。因此，本文采用广义矩估计法（GMM）对联立方程进行估计，以消除随机变量中受干扰项对结果的影响，联立方程为：

$$\text{ROE}_i = c_0 + c_1\text{DAR}_i + c_2\text{GROW}_i + c_3\text{TOP1}_i + c_4\text{TOP1. sq}_i + c_5\text{SIZE}_{it} + c_6\text{BOARD}_{it} +$$
$$c_7\text{CONCUR}_i + c_8\text{ROE}_{i,t-1} + U_i$$

$$\text{DAR}_i = c_9 + c_{10}\text{ROE}_i + c_{11}\text{GROW}_i + c_{12}\text{TOP1}_i + c_{13}\text{TAR}_i + c_{14}\text{TAX}_i + c_{15}\text{SIZE}_i + c_{16}\text{DEBT}_i +$$
$$c_{17}\text{DAR}_{i,t-1} + V_i$$

在该联立方程中，为了控制内生变量的相互影响的滞后性，每个方程中加入了内生变量的一阶滞后变量 $\text{ROE}_{i,-1}$ 和 $\text{DAR}_{i,-1}$，分别代表 2010 年的 ROE 和 DAR，其他变量中，下标 i 代表第 i 家企业，c_0 和 c_9 为截距项，$c_2 \sim c_8$，$c_{10} \sim c_{17}$ 为回归系数，U_i 和 V_i 为随机项。

（三）变量描述性统计

通过样本描述性统计表 2，可以看到我国创业板的平均净资产收益率为 7.39%，这对于有着高成长性的创业板来说是较低的，并且最大值与最小值之间相差 20%，说明创业板上市的公司其盈利能力还是有较大区别的；资产负债率平均为 16.57%，说明我国创业板上市的企业其负债率并不高，由于我国采用更多的内部盈余的方法来进行融资，导致负债率偏低，并且由于我国创业板普遍存在高股价、高市盈率、高募集资的"三高"现象，根据资本结构市场时机理论，当企业的股价被高估时，相对负债融资而言，企业会偏好于股权融资；企业成长能力平均值为 30.07%，表明我国创业板上市公司主营业务收入增长率较高，其最大值为 155%，最小值为 -22.42%，说明我国创业板上市的企业其成长能力相差较大；第一大股东持股比例平均值为 33.32%，表明创业板上市企业的股权集中度较高，其最大值为 65.17%，存在"一股独大"的现象；偿债能力平均值为 8.85，说明创业板上市公司偿债能力较强，最大值为 54.34，最小值为 0.873；资产担保价值平均值为 21.19%，表明我国通过担保资产进行负债融资的能力并不强，其最大值为 55.32%，最小值为 0.73%，说明各上市公司的资产担保价值的能力存在较大差异；董事长是否兼任总经理的平均值为 47.59%，说明创业板上市企业中有将近一半的企业董事长有兼任总经理的现象。

表2　变量描述性统计

变量名称	变量符号	最小值	最大值	平均值	标准差
企业绩效	ROE	0.0019	0.2021	0.0739	0.0341
资本结构	DAR	0.0203	0.7469	0.1657	0.1211
成长能力	GROW	-0.2242	1.5540	0.3007	0.2908
第一股东持股比例	TOP1	0.0877	0.6517	0.3332	0.1297
企业规模	SIZE	19.7601	22.4975	20.8371	0.5183
偿债能力	DEBT	0.8730	54.3440	8.8573	8.0743
资产担保价值	TAR	0.0073	0.5532	0.2119	0.1185
非债务税盾	TAX	0.0010	0.0924	0.0122	0.0107
董事会规模	BOARD	1.6094	2.5649	2.1160	0.1857
董事长是否兼任总经理	CONCUR	0	1	0.4759	0.5008

（四）实证结果及分析

1. 当被解释变量为 ROE，即方程（1）的 GMM 回归结果如表3所示

从表3可见，我国创业板上市公司资本结构与企业绩效存在显著负相关关系，这可能是由于我国创业板存在的"高超募率"现象所导致，我国创业板实行集中审核、集中发行的制度，这就导致了创业板超募资金的现象，必然会造成大量资金的闲置，同时导致企业的负债率下降，这也说明资本结构信号传递理论并不适用于我国创业板市场，该理论认为，由于信息的不对称，企业经理在选择融资结构的同时，通过资本结构的选择向投资者传递信号，企业绩效好的公司通过举借更多的负债向市场传递其经营良好的信息；成长能

力与企业绩效存在显著正相关关系, 说明主营业务收入增长率高的企业往往企业绩效会较高; 第一大股东的持股量对企业绩效的影响是非线性的, 这表现在回归方程 TOP1. sq (见表1) 中, 可以看出 TOP1. sq 的回归系数为负, 并且具有统计显著性, 这就意味着创业板上市公司的企业绩效和公司第一大股东持股比例之间存在倒 U 形的关系, 这说明第一大股东持股量能够推动企业绩效的提高, 但是当第一股东持股量过大时, 往往会存在大股东与小股东利益不一致的现象, 这就会影响企业绩效的提高, 这与肖作平 (2005) 研究的我国主板上市公司的相关结果一致; 企业规模与企业绩效存在显著正相关关系, 说明企业规模对提高企业绩效具有一定的积极作用; 董事会规模与企业绩效存在正相关关系, 但是并不显著; 董事长是否兼任总经理与企业绩效负相关, 说明兼任总经理对企业绩效的提高并不能够起到很好的作用。回归结果的 R^2 为 0.306044, 调整后 R^2 为 0.274855, 模型拟合度较低, DW 检验值为 1.722652, 说明残差序列自相关性并不严重。

表 3　GMM 结果 (被解释变量为 ROE)

Variable	Coefficient	Prob.	显著水平
C	− 0. 2489	0. 0094	***
DAR	− 0. 0708	0. 0256	**
GROW	0. 0647	0. 0000	***
TOP1	0. 1410	0. 058	*
TOP1. sq	− 0. 2062	0. 0449	**
SIZE	0. 0130	0. 0089	***
BOARD	0. 0082	0. 4575	不显著
CONCUR	− 0. 0080	0. 0686	*
ROE_{-1}	0. 0858	0. 0000	***
R − squared	0. 306044	DW 检验值	1. 722652
Adjusted R − squared	0. 274855		

注: *** 表示系数在1%水平上显著, ** 表示系数在5%水平上显著, * 表示系数在10%水平上显著。

2. 当被解释变量为 DAR, 即方程 (2) 的 GMM 回归结果如表4所示

从表4可见, 企业的盈利能力和资产负债率呈显著负相关关系, 这说明经营绩效较好的企业较少使用负债融资, 这一结果符合优序融资理论, 由于企业的经理人比外部投资者更加了解企业经营的真实情况, 为了传递企业经营状况的有利信息, 最为稳妥的融资方式是通过内部融资, 这样不仅可以保障原有股东的利益, 还能够避免因为外部融资而导致的市值下跌, 而且我国创业板市场由于存在高超募集率的现象, 所以在内部融资无法满足时, 在权益融资与债务融资中, 更偏向于权益融资, 因此创业板上市的企业融资的顺序一般是内部融资、权益融资, 最后才是债务融资。成长性与资本结构为显著正相关关系, 这可能是因为成长性较高的企业, 需要更多资金进行进一步扩展。股权集中程度与公司的资

本结构的负相关关系并不显著，这可能是因为一方面在创业板上市的公司中，经营管理者对企业的控制权非常重视，在需要融资的时候，更倾向于负债融资，而且这对于抵御被兼并的危机存在一定作用；但是另一方面，通过债务融资会形成一定的财务成本，甚至是破产风险，这对于大股东而言，更倾向于股权融资，而这两种思想可能是导致股权集中程度对公司的资本结构并无显著影响的原因。资产担保价值与企业的债务融资显著正相关，抵押担保在我国债务融资方式中作为一种常见的方式，担保的资产价值能够影响企业的债务融资，能够用于债务融资的担保资产越多，企业的信用越强，银行放贷的可能性越大，获得的负债越多（Crier and Zychowize，1994）。非债务税盾与企业的负债水平存在正相关关系但是并不显著，非债务税盾是指除了债务利息以外的其他费用。目前，我国企业非债务税盾主要是指固定资产折旧额、无形资产摊销和长期待摊费用的总和。企业规模与企业资本结构显著正相关，说明企业规模越大，其外部融资规模也越大、偿债能力与资本结构呈负相关，这可能是因为中小企业虽然具有高回报性，但是也存在一定的高风险性，而且银行更倾向于借贷给国有企业。回归结果的 R^2 为 0.268139，调整后的 R^2 为 0.230752，模型拟合度较低。

表4　GMM 结果（被解释变量为 DAR）

Variable	Coefficient	Prob.	显著水平
C	− 1.1548	0.0037	***
ROE	− 2.9048	0.0070	***
GROW	0.1997	0.0064	***
TOP1	− 0.0733	0.2671	不显著
TAR	0.1469	0.0844	*
TAX	0.3228	0.7003	不显著
SIZE	0.0704	0.0008	***
DEBT	− 0.0056	0.0000	***
Dar_{-1}	0.2502	0.0033	***
R − squared	0.268139	DW 检验值	1.61809
Adjusted R − squared	0.230752		

注：*** 表示系数在 1% 水平上显著，** 表示系数在 5% 水平上显著，* 表示系数在 10% 水平上显著。

（五）研究结论

本文研究发现我国创业板企业资本结构与企业绩效确实存在互动关系，因此不能运用单一方程进行解释，只有运用联立方程才能完整描述现象。创业板上市企业在企业绩效中，资本结构、成长能力、股权集中度、董事会兼任经理人和企业规模都对其有显著影响。在资本结构中营利性、成长能力、偿债能力、资产担保价值和企业规模对企业资本结构选择具有显著影响，而第一股东股权集中度和非债务税盾等因素对资本结构选择影响不显著。由于我国创业板推出时间并不长，制度并不成熟，在运作过程中也逐渐暴露出发行价高、市盈率高、超募比例高"三高"问题，在优序融资理论中，我国创业板公司更倾向于内部融资、权益融资，最后才是债务融资，所以在分析我国创业板市场时并不能够简单直接套用国外相关理论，应该结合我国创业板具体情况展开分析。

四、政策建议

创业板作为主板市场的重要补充，是一个孵化科技型、成长型企业的摇篮，在资本市场中有着重要的地位，而高新技术企业和高成长性企业是市场经济中最活跃、发展前景良好的企业类型，对我国经济发展贡献巨大。因此，我国应该努力保障创业板企业的健康成长，通过建立合理制度，帮助优良中小企业实现融资，充分发挥中小企业在经济发展中的作用。

（一）创建合理创业板制度，保障中小企业成功融资

创业板相对主板市场而言，其上市门槛较低，对于具有发展潜力又确实需要融资的中小企业而言是十分重要的，如果上市的条件过于严格，就不能充分发挥"创业板"原先的作用，合理的上市制度显得尤为重要，同时，退市制度能够对一些不符合条件的公司进行合理筛选。深交所于2012年4月20日正式发布了《深圳证券交易所创业板股票上市规则》（以下简称《规则》），并自2012年5月1日起施行，该规则能够在一定程度上对创业板上市公司起到优胜劣汰的作用，但此新规则依旧过于空泛，难以起到实效，风险警示形同虚设，该规则能否控制创业板的"三高"现象，真正为具有发展潜力的企业提供融资平台，还需要今后进一步的观察。只有科学、合理的创业板制度，为企业提供融资保障，充分发挥"创业板"的作用，才能为更多的企业创造更好的融资环境。

（二）提高创业板市场信息透明度，探索创业板监管新模式

创业板市场为中小企业提供融资平台，信息披露无疑成为创业板监管的关键，进一步完善信息披露制度，监管机构加大对信息披露的监管力度，才能保证信息披露的及时性和准确性，并为创业板市场的发展提供保证。因此，我国必须建立健全的信息披露制度，要求上市公司依照法律和相关规定及时、准确地向投资者披露各种信息，监管机构根据创业板市场的特点探索合理监管模式，保证创业板市场的健康发展。

（三）加强企业内部控制，提高上市公司整体质量

创业板市场为中小企业提供了融资途径和成长空间，只有保证上市公司的整体质量，

才能维持创业板市场的稳定持续发展，但是我国中小企业内部控制管理并不完善，组织结构简单，管理水平不高，这对于中小企业的长期发展并不利。中小企业应该加强企业内部控制，完善内控管理，才能增强企业竞争力，提高自身信誉，从而有利于融资能力的提升，提高公司整体质量，保证在创业板市场中的持续发展。

经过近几年来的快速发展，虽然我国创业板依然存在制度不健全、不成熟等诸多问题亟须研究解决，但是作为一个新兴市场，其发展前景还是很明朗的。通过不断完善创业板机制，提高资本市场对创业板企业的支持力度，相信我国创业板制度将日趋完善。

参考文献

［1］崔学刚，杨艳艳. 我国中小企业融资需求与资本结构选择研究——基于中小上市公司的实证检验［J］. 北京工商大学学报（社会科学版），2008（23）.

［2］洪锡熙，沈艺峰. 我国上市公司资本结构影响因素的实证分析［J］. 厦门大学学报（社会科学版），2000（3）.

［3］吕长江，韩慧博. 上市公司资本结构特点的实证分析［J］. 南开管理评论，2001（5）.

［4］唐清泉，罗党论. 董事会效能、效率的实证分析［J］. 经济管理·新管理，2005（1）.

［5］万平，陈共荣. 中小板上市公司资本结构的治理效应研究［J］. 管理世界，2008（12）.

［6］王娟，杨凤林. 中国上市公司资本结构影响因素的最新研究［J］. 国际金融研究，2002（8）.

［7］王满四，邵国良. 民营上市公司大股东机制的公司治理效应实证分析［J］. 金融研究，2007（2）.

［8］肖作平. 上市公司资本结构与公司绩效互动关系实证研究［J］. 管理科学，2005（6）.

［9］张益明，张志华. 中小上市公司资本结构、公司治理与企业绩效. 山西财经大学学报，2011（11）.

［10］A. N. Berger, E. Bonaccorsi di Patti. Capital Structure and Firm Performance：A New Approach to Testing Agency Theory and an Application to the Banking Industry［J］. Journal of Banking & Finance, 2006（4）.

［11］D. Margaritis and M. Psillaki. Capital Structure, Equity Ownership and Firm Performance［J］. Journal of Banking & Finance, 2010（3）.

［12］K. Shah. The Nature of Information Conveyed by Pure Capital Structure Chances［J］. Journal of Financial Economics, 1994（36）.

［13］McConnell J. and Servaes, H. Equity Ownership and the Two Faces of Debt［J］. Journal of Financial Economics, 1995（39）.

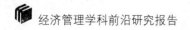
The Interactive Relation between Capital Structure and Corporate Performance

—Empirical Test Based on the Listed Companies on the Growth Enterprise Market

Chen Deping   Zeng Zhihai

Abstract: Small and medium enterprises (SME) has an important position in China's economy, with the launch of the Growth Enterprise Market (GEM), the financing problems of SME will be effectively alleviated. This paper investigates the interactive relation between capital structure and corporate performance by constructing simultaneous equation models of capital structure and corporate performance, applying Generalized Method of Moments (GMM) to estimate the equations. The result indicates that, there is an interactive relation between capital structure and corporate performance; Capital structure, growth ability, ownership concentration, chairman acting concurrently as general manager and enterprise scale have a great impact on corporate performance while earning power, growth ability, debt – paying ability, collateral value of assets and enterprise scale have a great impact on capital structure.

Key Words: Growth Enterprise Market; Capital Structure; Firm Performance; Interaction

企业家政治关联、竞争战略选择与企业价值[*]
——基于上市公司动态面板数据的实证研究

李　健[1]　陈传明[2]　孙俊华[2]

（1 南京师范大学商学院　210023　2 南京大学商学院教育研究院　210093）

【摘　要】基于社会资本互惠交换理论，本文提出企业家对不同层级政治关联的回报形成了企业在竞争战略层面提升企业价值的具体路径差异。在实证研究中，以上市公司动态面板数据对理论假设进行检验，实证结果表明，企业家中央政治关联与地方政治关联都能正向显著影响企业价值，其中差异化战略在企业家中央政治关联与企业价值关系中的中介效应、低成本战略在企业家地方政治关联与企业价值关系中的中介效应得到支持。这表明，在以 GDP 增长为核心的晋升激励下，地方政府期望的企业发展目标与中央政府可能存在差异，并直接影响了与其存在政治关联的企业家行为。本文结论为产业结构升级和地方官员晋升的锦标赛模式改革提供了参考依据。

【关键词】政治关联；互惠回报；竞争战略；企业价值

一、引　言

　　国内外一系列研究表明，企业家政治关联已经同股权结构、人力资本一样成为企业的重要特性，对企业运营有重要影响。对于转型时期的中国企业而言，越来越多的企业家或者自己争取人大代表、政协委员的政治身份，或者聘请前任或现任政府官员、人大代表、

　　＊　本文选自《南开管理评论》2012 年第 6 期。
　　本文受国家自然科学基金面上项目（71172058）和国家自然科学基金青年项目（71003047）资助。
　　李健，南京师范大学商学院讲师、博士，研究方向为企业战略与组织理论；陈传明，南京大学商学院教授、博士生导师，研究方向为企业战略与组织理论；孙俊华，南京大学教育研究院讲师、博士，研究方向为战略管理与社会网络。

政协委员担任企业董事，以期获得税收优惠、银行贷款、减少政府干预等好处。

然而，在一部分学者证实企业家政治关联对企业价值有显著正向影响的同时，也有学者发现，笼统来看，企业家政治关联对企业价值的影响并不显著，甚至会损害企业价值。他们认为可能的原因在于：一方面，企业家与政府关系越紧密，越有可能导致政府过多干预，不仅推荐的董事缺乏经营企业的专业才能，也使得企业承担了过多的社会功能，从而对企业价值产生负面影响；另一方面，随着企业所在行业的成熟度提高、企业管理水平提高、市场机制日趋完善，企业家对政治联系的惯性投资可能超过政治联系所带来的收益，从而造成企业价值下滑。

在现有研究基础上，我们认为仍然可能存在以下两方面值得进一步探索：第一，我们认为当前对企业家政治关联与企业价值关系研究结论不一致的原因在于，企业家政治关联与企业价值的内在机制缺乏研究，它们之间的关系仍然是一个"黑箱"。通过细分政治关联的维度、探索企业家政治关联与企业价值关系的内在作用机制，可以进一步对企业家政治关联与企业价值关系的研究起到深化和补充作用。第二，当前研究主要聚焦于政治关联的"资本"视角，即企业家政治关联如何给企业带来资源利益从而影响企业价值。然而社会资本理论认为，社会连带运行的基础，是连带双方拥有对方所需的资源进行互动，在此过程中的互惠交换是社会连带发挥"资本"作用的前提，这也是社会连带生产和再生产的基本原则。因此，企业家政治关联在发挥"资本"作用的同时，也必然需要承担对连带对象——政府的回报责任。在现有研究中，已经初现企业家对政府回报探讨的端倪——如具有政治关联的企业家需要承担更多政府摊派下的社会责任、更有可能进行无效率的并购重组以提高当地 GDP、雇用更多的员工减轻当地政府的就业压力。因此，从企业家回报政府角度出发，剖析企业家政治关联与企业价值内在作用机制，具有一定程度的理论视角创新。

本文基于社会资本互惠交换理论提出，一方面，企业家政治关联在作为社会资本给企业带来制度性资源的同时，也对企业造成了干预，不仅推荐的董事缺乏经营企业的专业才能，也使企业承担了过多的社会功能，从而对企业价值产生负面影响；另一方面，随着企业所在行业的成熟度提高、企业管理水平提高、市场机制日趋完善，企业家对政治联系的惯性投资可能超过政治联系所带来的收益，从而造成企业价值下滑。企业家政治关联在作为社会资本给企业带来制度性资源的同时，也因为回报中央政府、地方政府对企业经营的不同期望，形成了企业在竞争战略层面提升企业价值的具体路径差异。通过 2001～2008 年上市公司的动态面板数据对理论假设进行实证检验，发现企业家中央政治关联与地方政治关联均对企业价值有正向显著影响，但是两者对提升企业价值的作用路径存在差异：具有中央政治关联的企业家通过差异化战略提升企业价值的中介效应得到证实，而低成本战略则在企业家地方政治关联与企业价值关系中发挥了中介桥梁作用。本文对企业家政治关联与企业价值关系的研究不仅具有理论视角上的创新，基于微观企业运营的分析和结论也对当前我国宏观产业结构升级的实施提供了参考，并对当前地方政府官员晋升的锦标赛模式提供了警示证据。

二、理论分析与研究假设

随着社会资本理论在中国本土研究中的兴起，企业家政治关联作为社会资本可以帮助企业获取制度性资源，已经成为学术界的共识。然而，无论是个体还是群体层次的社会资本分析，互惠交换都是社会资本分析的基础组成部分。因此，企业家政治关联在获取制度性资源、发挥"资本"作用的同时，企业家需要对连带对象——政府进行互惠回报，对社会连带进行维护。对此，本文使用社会资本互惠交换理论作为本文的理论依据，结合当前中央政府、地方政府对企业经营目标期望的差异，探讨具有不同类型政治关联的企业家在回报政府动机下，实现企业价值内在作用机制的路径。为了检验企业家政治关联和企业价值的因果关系以及它们之间的内在作用机制，我们选择建立中介效应理论模型进行分析。

（一）企业家政治关联对企业价值的影响

在中国经济转型过程中，企业家政治关联提升企业价值的作用主要体现在以下两个方面：

（1）企业家政治关联对企业的保护。在市场机制尚未完全建立时期，缺乏法律保护和政府侵害产权是转型经济国家中企业经营的两大障碍。而企业家与政府建立的社会联系则为企业提供了一种权力庇护，有利于减少政府和执法部门的检查频率和刁难、避免政府部门对企业的"乱摊派、乱收费"，或者向企业索取贿赂等腐败行为，从而最终有利于企业得到保护或避免麻烦。因此，企业家政治关联有利于降低企业运营成本，从而提高企业价值。

（2）企业家政治关联有利于企业获取制度性资源。与政府关系获得的制度性资源主要表现在企业获得税收、贷款、进入管制行业等方面的利益。在获取贷款方面，国外研究者发现具有政治关联的企业比其他企业获得最多超过45%的银行贷款，相比其他企业可以有50%的利率优惠，也更容易以较少的抵押物获得较多的长期贷款。余明桂和潘红波对中国企业的研究也发现，具有政治联系的企业能够获得更多的银行贷款和更长的贷款期限；在税收方面，具有政治联系的企业在税率方面比没有政治联系的企业更低；在进入管制行业方面，胡旭阳（2006）的研究发现，在中国金融业进入受到政府管制的情况下，民营企业家的政治身份通过传递民营企业质量信号，降低了企业进入金融业的壁垒。因此，企业家政治关联可以帮助企业进入资金门槛较高、市场准入限制较多，而盈利空间较大的行业，从而提高企业价值。

因此，在现阶段中国制度建设不完全、政府掌握着众多制度资源的情况下，企业家与中央政府或者地方政府建立的联系都有利于提高企业价值。据此，本文提出以下假设：

假设1：企业家中央政治关联与企业价值正相关。

假设2：企业家地方政治关联与企业价值正相关。

（二）竞争战略选择的中介作用

1. 中介变量的选择

根据富兰克·奈特的定义，企业家是在不确定环境下承担风险的战略决策者。战略选择理论也发现，企业家作为企业战略决策的人格代表，通过对企业内外部环境变化的感知、理解来制定和调整企业的经营战略。因此，我们认为具有政治关联的企业家回报政府的行为及对企业的影响首先表现在企业战略选择上。

相比企业家政治关联与多元化战略的研究，企业家政治关联与企业商业层面竞争战略之间的关系仍然研究较少。因此，本文以商业层面的竞争战略作为中介变量，在剖析企业家政治关联与企业价值内在机制的同时，也拓展了企业家政治关联与企业战略选择关系的研究领域。具体而言，我们选择了Poter（1980）的竞争战略作为研究对象，这种战略类型的划分在其诞生之后为众多战略研究者所接受。同时，由于聚焦战略本身不具有竞争优势，并且纯粹竞争战略类型之间的活动相互排斥，企业只有选择差异化或者低成本某一纯粹竞争战略时才能获得竞争优势。因此在本文中，我们仅研究低成本战略和差异化战略的中介作用。

2. 企业竞争战略选择的中介作用

（1）企业家中央政治关联与企业价值的中介路径分析差异化战略强调企业通过品牌塑造、技术创新、服务创新等手段，达到提供的产品或服务与竞争对手相区别的目的。产品或服务的独特性可以建立顾客对其品牌的忠诚，由此产生的低价格敏感性帮助企业避开竞争对手的竞争，为企业带来持久竞争优势。

对于具有中央政治联系的企业家而言，企业更容易选择差异化战略提高企业价值。首先，中国在过去30年取得举世瞩目的经济成就的同时，传统的大规模、低成本、高能耗的增长方式也引起了学术界的批评和质疑。作为全国经济发展目标的制定者，中共中央在十六届五中全会提出了建设创新型国家的战略目标，力图以企业自主创新能力的提升作为调整我国产业结构、转变增长方式的中心环节。鼓励具有品牌效应、自主知识产品和较强国际竞争力的优势企业进行具有自主知识产权的研发活动，中央政府为此制定了相应的财政政策、税收政策以及政府采购政策对企业进行引导和支持。[①] 根据社会资本的互惠交换原则，企业家要想长期维持与中央政府的联系，并在政治联系中获取中央政府提供的各项制度性资源，企业家就更有可能在互惠、回报的规范下响应中央政府号召，在微观企业运营决策中加大探索型研发投入和品牌建设，选择差异化战略进行市场竞争。

其次，企业家与中央政府的政治关联更容易在市场机制配置资源功能尚未完全建立的

---

① 详见"国务院关于实施'国家中长期科学和技术发展规划纲要（2006～2020年）'若干配套政策的通知"（国发2006年6号文件）。

情况下，帮助企业获得必要的信息资源、知识资源和制度性资源实施差异化战略：第一，差异化战略的实施要求企业有足够信息第一时间应对变化的市场条件，需要频繁、迅速地调整它的产品、服务和市场。企业家与中央政府的政治关联有利于帮助企业获得产业内信息（如相关技术标准）、产业外信息（如出口退税率调整），相对于竞争对手具有更广泛的认知结构，对市场变化越能做出快速反应。第二，从学习模式上讲，差异化战略更注重与搜索、创新和实验等活动相关的探索式学习，企业需要从外部获得丰富的异质性知识资源。在中国，当前大部分最优质的知识资源仍然掌握在与中央政府密切关联的部属大学和"国字头"科研机构手中。企业家中央政治关联有利于企业通过中央政府"牵线搭桥"，与高校、科研机构建立合作关系从而获取企业相对于竞争对手更强的技术创新能力。第三，差异化战略所强调的技术创新、市场创新，相对于低成本战略强调的工艺流程创新更容易遭到竞争对手的模仿，因此实施差异化战略的企业产品生命周期更短，需要企业持续对产品技术研发、市场营销进行投资。在当前市场经济体制建设尚不完全的情况下，企业获得资金的渠道仍然主要依靠银行贷款，特别是国有银行的贷款。企业家与中央政府的社会联系，有利于企业获得银行贷款，可以对企业持续技术改造和创新提供充足的财务资源，支持企业差异化战略的实施。

基于以上分析，本文认为，具有中央政治关联的企业家更有可能通过回报与其联系的中央政府期望，在提升企业价值路径中选择差异化战略作为中介桥梁，并提出以下假设：

假设3.1：企业家中央政治关联通过差异化战略的中介作用间接正向影响企业价值。

本文以上分析，基于社会资本互惠理论提出了具有中央政治关联的企业有可能通过差异化战略提升企业价值的设想。然而，具有政治关联的企业家从中央政府处获得的信息、技术、资金等资源也有可能在企业购买先进设备、改进生产流程工艺方面等发挥作用。从资源基础理论视角而言，具有中央政治关联的企业所获得的资源也有可能有利于企业低成本战略的实施。因此，低成本战略在资源基础理论视角下也有可能成为企业家中央政治关联与企业价值的中介桥梁之一。为了保证本文社会资本互惠理论所提出假设的可靠性，有必要基于资源基础理论提出以下竞争性假设，并在实证分析中对两种理论下的观点进行检验：

假设3.2：企业家中央政治关联通过低成本战略的中介作用间接正向影响企业价值。

（2）企业家地方政治关联与企业价值中介路径分析。

尽管学术界和中央政府正在倡导中国优势企业进行品牌建设、自主研发等活动推动产业升级，但是低成本优势作为产业升级的基础目前仍然是中国产业集群的主要竞争优势。因此，对于现阶段的中国企业而言，低成本战略同样能够提高企业价值。

与具有中央政治关联的企业家不同的是，具有地方政治关联的企业家更倾向选择低成本战略提高企业价值。这是因为，地方政府和中央政府需要的企业互惠回报内容可能存在差异。20世纪80年代以来，通过行政分权和财政分权改革，地方政府获得了更多的经济决策权和财政收益，极大地推动了地方经济增长。然而，随之产生的以GDP增长为单一考核指标的地方官员晋升锦标赛模式，使地方政府官员通过政治干预企业活动来推动自己在"官场"上晋升成为普遍现象。

在地方政府与企业关系中，地方政府在向企业家提供税收、审批、资金资助、政府"绿色通道"等制度性资源的同时，作为回报需要企业承担对地方经济、市政建设、就业和税收的贡献，因此更容易偏好企业避免风险、扩大规模、稳定发展。在互惠规范下，企业家对地方政府期望的回报在企业运营中表现为：与地方政府有政治联系的企业家通过政治关联获取政策、信息、资金等资源配置后，往往表现为不愿意从事风险高、研发周期长、市场不确定的探索型创新，而更愿意选择回报周期短且规避风险的渐进型创新；通过学习效应在已有知识基础上进行渐进式研发活动，为企业降低成本、提高生产效率、实施低成本战略提供了必要的技术支持。企业更容易在地方政府的引导下，进行并购重组以提高当地 GDP，通过雇用更多的员工以减轻地方政府的就业压力，这种基于政治回报而非效率的企业规模扩大，也迫使企业需要通过流程改进等手段降低企业运营成本，通过低成本战略实施提高企业价值。在当前地方政府官员晋升锦标赛模式下，地方政府对企业提供的支持有利于企业实施低成本战略，如压低土地转让价格，降低企业土地成本；提供利率更低的贷款降低企业的资金成本；对企业劳动保障和社会福利不健全采取漠视态度以降低企业劳动力成本；忽视中央政府制定的环境保护政策降低企业运营的环境成本等。

基于以上分析，本文认为，具有地方政治关联的企业家更有可能通过回报与其联系的地方政府期望，在提升企业价值路径中选择低成本战略作为中介桥梁，并提出以下假设：

假设 4.1：企业家地方政治关联通过低成本战略的中介作用间接正向影响企业价值。

以上假设基于企业回报地方政府增加 GDP、保持就业、避免风险等期望所可能选择低成本战略提升企业价值的观点。尽管与当前学术界对地方政府对待自主创新、科研投入的调查相一致，但是当地方政府在本地产业发展遇到"瓶颈"和升级压力时，地方政府往往也有足够的动机介入企业的创新活动，如深圳市 2006 年颁布"关于实施自主创新战略建设国家创新型城市的决定"在全国首先提出建设国家创新型城市，到 2010 年带来深圳市专利申请居全国第三的效果。此后，长沙、苏州、大连、杭州等 16 个城市相继开展创新型城市的建设。因此，地方政府也有可能出于产业升级、突出政绩的目的，推动企业创新和走特色发展之路，传导至企业也有可能引导企业走差异化战略道路提升企业价值。考虑到不同地方政府在本地经济发展所处不同阶段对企业的期望差异，本文也进一步提出与假设 4.1 相对的竞争性假设：

假设 4.2：企业家地方政治关联通过差异化战略的中介作用间接正向影响企业价值。

三、研究设计

（一）样本选择与数据来源

本研究根据 Wind 数据库中的"上市公司实际控制人"数据库对企业家政治关联进行

编码，对于该数据库报告不完全的部分，通过巨潮咨询网和上市公司网站进行补充。研究所使用的财务数据则主要来自 CSMAR 数据库，采用的数据类型为合并报表数据。在上市公司所有行业分类中，制造业样本数量不仅相对较多，而且制造业上市时间最久，公司年报数据更成熟、更可信，因此本文选择上市公司中的制造业为本研究的样本。我们按照以下标准对原始样本进行筛选：①剔除 B 股或 H 股上市公司，这些公司面临境内外双重监管环境，与其他上市公司不同；②剔除 2001～2008 年曾被 ST 和 PT 的样本；③剔除资产负债率超过 100% 的样本；④剔除总资产回报率在（-50%，50%）之外的，被认为是经营异常的样本；⑤剔除企业家简历介绍缺失或者不详细的样本。最终，我们的样本是样本期为 2001～2008 年中国制造业 A 股上市公司，截面企业数量为 592，观测值为 4415 的非平衡面板数据集。

（二）研究方法

1. 模型设定

首先，本研究为企业家政治关联、企业竞争战略与企业价值的中介效应模型，参照 Baron 和 Kenny（1986）的回归方法依次建立三个回归模型，并进一步进行 Sobel 检验以避免依次回归检验所可能发生的第二类错误；其次，考虑到企业发展过程中的路径依赖所产生的惯性，前期的企业价值和企业战略很有可能会影响当期的企业价值和企业战略，为了解决这种相关性，我们需要在解释变量中加入被解释变量的滞后项进行控制，从而形成动态面板数据结构。因此，本文中介效应回归方程为：

$$Value_{i,t} = a_0 + a_1 \times Value_{i,t-1} + \beta \times Political_{i,t} + \gamma \times Control_{i,t} + \mu_i + \varepsilon_{i,t} \tag{1}$$

$$Strategy_{i,t} = a_0 + a_1 \times Strategy_{i,t-1} + \beta_1 \times Political_{i,t} + \gamma \times Control_{i,t} + \mu_i + \varepsilon_{i,t} \tag{2}$$

$$Value_{i,t} = a_0 + a_1 \times Value_{i,t-1} + \beta_0 \times Political_{i,t} + \beta_1 \times Strategy_{i,t} + \gamma \times Control_{i,t} + \mu_i + \varepsilon_{i,t}$$

$$\tag{3}$$

式中，$Value_{i,t}$ 代表企业价值作为被解释变量，代表企业家政治关联作为解释变量；$Political_{i,t}$ 代表企业竞争战略作为中介变量，代表其他影响企业价值或企业战略的控制变量集合；$Stategy_{i,t}$ 代表个体特质效应，它不随时间发生变化；$Control_{i,t}$ 代表随机扰动项。

2. 变量选择和说明

（1）被解释变量——企业价值（Value），采用 Tobin's Q 进行测量。

（2）解释变量——企业家政治关联（Political）。本文主要借鉴巫景飞等对企业家政治联系的分类和测量方法，采用对公开发布的董事长信息进行编码。[①] 对企业家政治关联的编码所参考的问题如表 1 所示，在该董事长简历中，如果认为董事长符合该条目则编码确认为 1，否则编码为 0，然后逐项相加，编码分值越高越说明该董事长政治关联规模越

---

① 相较于国外研究者对企业家的研究多选择企业 CEO 不同，国内学者的研究发现，对于中国上市公司而言其法人代表都是董事长，董事长是事实上的企业家和最重要的决策者，在企业中拥有更多的决策权力，企业董事长往往是公司管理的实际控制人，因此选取董事长作为履行战略选择职能的"企业家"较为符合中国现实。

大。并且按照吴文锋等（2008）对企业家政治关联进行中央、地方区分的思想，我们分别形成了企业家中央政治关联（Cgsn）和企业家地方政治关联（Lgsn）。

表1　企业家简历内容分析问题汇总

概念	维度	编码条目
企业家政治关联（Political）	企业家地方政治关联（Lgsn）	是否有地方政府部门工作经验（军队）
		是否在地方政府部门担任过处级以上领导岗位（军队为团职干部以上）
		是否担任过地方"两会"代表、政协委员
		是否获得过以下地方政府颁发的奖项（省市县级劳模、先进个人、优秀企业家等）
	企业家中央政治关联（Cgsn）	是否有中央政府部门工作经验（含军队，如总政等）
		是否在中央政府部门担任过处级以上领导岗位（军队为团职以上）
		是否担任过全国"两会"代表、政协委员
		是否获得过以下中央政府颁发的奖项（全国劳模、先进个人、优秀企业家等）

注：相关测量指标主要来源于巫景飞等的研究。

（3）中介变量——企业竞争战略（Strategy）。相对于问卷测量企业竞争战略，采用公开的财务指标测量企业竞争战略更能反映企业已经实施或者正在实施的战略。所以，当我们关注战略对企业价值的影响时，采用财务指标测量企业竞争战略更加合理。在国内外学者对企业竞争战略研究的基础上，结合国内上市公司财务指标，我们采用如下方式测量企业竞争战略：第一，差异化战略（Differ）。我们主要采用毛利率和营业费用收入率测量企业差异化战略程度。通过对这两个指标做主成分因子分析后，发现这两个指标都归于一个单一因子，且特征向量也类似（因子载荷均为0.89），于是取这两个指标的平均值作为差异化战略的指标。第二，低成本战略（Lowcost）。本文采用总资产周转率测量低成本战略的资产节约维度，采用销售收入与销售成本的比率测量低成本战略的成本效率维度。类似的，在主成分分析后，我们发现这两个指标也都归于一个单一因子，具有相似的特征向量（因子载荷为0.77），我们同样取这两个指标的平均值作为低成本战略测量的指标。

（4）其他控制变量。第一，企业规模（Size）。使用公司总资产测量企业规模，控制对企业价值的影响。第二，资本结构（Dtar）。我们用企业资产负债率测量影响企业价值的资本结构。第三，组织冗余（Slack）。我们用流动比率、资产负债率和销售、管理及一般费用对销售收入的比率三个指标对组织冗余进行测量，在主成分分析后取平均值生成组织冗余指标。第四，产品市场竞争（Mcop）。我们选用主营业务销售利润率、存货周转率和应收账款周转率三个指标，取其倒数然后利用主成分分析法将主成分因子特征根大于1的前两个主成分因子合成一个指标，该指标越大说明企业所在具体行业中的产品市场竞争越激烈。第五，企业年龄（Yom）。控制企业成立时间对企业价值的影响，计算公式为：企业年龄＝样本年份－企业成立年份。第六，盈利能力（ROE）。选取净资产收益率对影响企业价值的盈利能力进行控制。第七，企业性质（State）。如果企业实际控制人为国有企业、国有机构、开发区、事业单位等则赋值为1；如果企业实际控制人为民营企业、港澳台公民、外国公民、无国籍人士等则赋值为0。第八，所在地域（Pom）。我们按照樊纲等编制的《中国市场化指数——各地区市场化相对进程2009年度报告》，选择上海、广东、浙江、江苏、福建、北京、天津、山东八个省区为市场化进程发达地区，并编码为1；① 而其他地区则为不发达地区，编码为0。第九，年度虚拟变量（YearDummy）。考虑到我国股票市场高波动性的特点，不同年份市场行情差别较大，可能影响企业价值，因此加入年度虚拟变量以控制年度固定效应。②

为防止面板数据中可能存在的非线性关系、非平稳序列等计量问题，我们对以上变量除虚拟变量外都采取自然对数形式。因为对数值的变化是相对变化，不仅使结果更容易解释而使数据分布更接近正态分布。考虑到在中国越是成功的企业，企业家受到政府奖励、获取政治身份的可能性越大，企业价值同样会影响企业存续时间、企业拥有的冗余资源等，因此在进行回归分析时，按照赵文哲和周业安（2009）的做法，将相关解释变量作为内生变量处理，使用内生变量的滞后值作为工具变量。

四、估计方法和实证结果

（一）估计方法

由于本文模型中被解释变量企业价值与其滞后变量、其他解释变量之间可能存在相互影响的内生性问题，最小二乘法（OLS）不再能一致和无偏地估计参数，本文选择系统广义矩估计法（SYS - GMM）来估计本文的动态模型。首先，对回归方程进行一阶差分变换以消除个体效应 μ_i；其次，将滞后变量作为差分方程中相应内生变量的工具变量来估计差分方程，从而得到一阶差分广义矩估计量；最后，在一阶差分广义矩估计量的基础上进一步使用水平方程的矩条件，将内生变量的一阶差分作为水平方程中相应的水平变量的工具变量。系统 GMM 估计克服了弱工具变量和小样本偏误的影响，提高了估计效率，因此本文下面的估计结果中将报告 SYS - GMM 估计值，所用的软件是 Stata 11，根据命令 Xtdpdsys 进行回归。在估计中，为避免滞后期太长导致弱工具变量问题，我们在估计时限定使用二阶滞后值作为相应内生变量的工具变量。③

---

① 在樊纲等编著的《中国市场化指数——各地区市场化相对进程2009年度报告》中，这些地区在市场化指数总得分排名中，稳定处于前十位。

② 为避免多重共线性，年度虚拟变量个数为样本年数减1。

③ 虽然本文原模型仅包括内生变量的当期变量，但在差分方程中则包含内生变量的一阶滞后值，因此需要使用2阶滞后值作为工具变量。

（二）样本描述性统计

表 2 提供了主要变量的描述性统计分析，从表 2 可以看到，企业家中央政治关联和企业家地方政治关联最小为 0，最大为 1.38 和 1.39，说明不同企业间企业家政治关联差异较大。与此同时，企业在差异化战略和低成本战略上的选择也有较大差异，其中差异化战略最小值为 -7.39，最大值为 1.54，而低成本战略最小值为 -0.92，最大值为 1.68。表 2 也给出了其他变量的描述性统计情况。

表 2　相关变量描述性统计结果

变量名	均值	标准差	最小值	最大值
企业价值（Value）	0.26	0.33	-0.54	2.33
中央政治关联（Cgsn）	0.36	0.41	0	1.39
地方政治关联（Lgsn）	0.20	0.33	0	1.38
差异化战略（Differ）	-1.83	0.79	-7.39	1.54
低成本战略（Lowcost）	0.19	0.23	-0.92	1.68
盈利能力（ROE）	-2.85	0.99	-8.11	-0.29
企业年龄（Yom）	2.07	0.50	0	3.14
企业性质（State）	0.76	0.42	0	1
企业所在区域（Pom）	0.46	0.49	0	1
企业规模（Size）	21.33	0.96	18.98	26.02
资本结构（Dtar）	-0.85	0.45	-4.00	-0.01
组织冗余（Slack）	-0.36	0.36	-1.38	2.54
产品市场竞争（Mcop）	-3.13	1.35	-13.07	1.43

（三）实证结果

1. 模型总体分析

本文分别报告了企业家中央政治关联与企业价值中介效应检验结果（见表 3）、企业家地方政治关联与企业价值中介效应检验结果（见表 4）。首先，从整体上来看，如表 3、表 4 第 1 行所示，前期战略与前期价值作为自变量各自对作为因变量的当期战略、当期价值都具有显著正向影响，由此可见本文选择动态面板模型具有合理性，对企业价值和企业战略的研究应当重视其路径效应；其次，表 3 和表 4 倒数第 2~3 行的回归扰动项的二阶自相关检验 [AR（2）] 表明，扰动项的差分存在一阶自相关，但不存在二阶自相关，①这表明我们可以使用系统 GMM 估计法对回归方程进行估计；最后，表 3 和表 4 最后 1 行

---

① GMM 估计允许出现一阶序列相关，只要求扰动项不存在二阶序列相关性。

的工具变量有效性检验（Sargan Test）则表明，我们所选择的将2阶滞后值作为内生变量的工具变量是有效的，它们与扰动项不相关。以上检验说明，我们设定的模型以及选择的估计方法是合适的。下面，我们按照 Baron 和 Kenny（1986）检验中介效应的方法报告依次回归结果，并防止该方法可能出现的第二类错误，同时进行 Sobel 检验。

2. 企业家中央政治关联与企业价值中介效应检验

在表3中，我们按照 Baron 和 Kenny（1986）检验中介效应的方法报告依次回归结果。模型（1）报告了只放入其他控制变量的基准模型结果，模型（2）反映了控制主要影响企业价值的控制变量后，企业家中央政治关联对企业价值的影响。实证结果显示，企业家中央政治关联与企业价值的回归系数为0.09，p值为0.001，在1%的显著性水平上显著。这表明，对于中国企业而言，通过增加企业家个体与中央政府的政治联系可以带来企业价值的增加，企业家中央政治关联对企业价值具有正向促进作用，本文提出的假设1得到证实。

表3　企业家中央政治关联与企业绩效中介效应回归结果

解释变量	被解释变量：Yi, t − Yi, t − 1				
	企业价值	企业价值	差异化战略	企业价值	低成本战略
	模型（1）	模型（2）	模型（3）	模型（4）	模型（5）
前期价值/ 前期战略	0.37 *** (0.000)	0.59 *** (0.000)	0.62 *** (0.000)	0.46 *** (0.000)	0.85 *** (0.000)
企业规模	− 0.07 *** (0.000)	− 0.06 *** (0.000)	− 0.11 *** (0.000)	− 0.06 *** (0.000)	− 0.03 *** (0.000)
资本结构	0.03 (0.666)	− 0.20 *** (0.000)	− 0.66 *** (0.000)	− 0.07 (0.12)	− 0.07 *** (0.003)
组织冗余	− 0.05 (0.593)	− 0.26 *** (0.000)	− 0.66 *** (0.000)	− 0.17 *** (0.000)	− 0.10 *** (0.000)
市场竞争	0.002 (0.982)	− 0.002 (0.798)	0.03 (0.143)	0.002 (0.813)	0.02 *** (0.000)
盈利能力	0.05 *** (0.000)	0.12 *** (0.000)	0.14 *** (0.000)	0.07 *** (0.000)	0.04 *** (0.000)
企业年龄	− 0.11 ** (0.041)	0.03 (0.169)	0.20 ** (0.000)	− 0.02 (0.463)	0.07 *** (0.000)
企业性质	0.05 * (0.087)	0.14 *** (0.000)	0.02 (0.558)	0.16 *** (0.000)	0.04 *** (0.000)
所在地区	− 0.08 * (0.077)	− 0.08 *** (0.001)	0.22 *** (0.000)	− 0.04 * (0.052)	0.01 (0.329)
年度变量	yes	yes	yes	yes	yes

续表

解释变量	被解释变量：Yi，t−Yi，t−1				
	企业价值	企业价值	差异化战略	企业价值	低成本战略
	模型（1）	模型（2）	模型（3）	模型（4）	模型（5）
中央政治关联		0.09 ***	0.17 ***	0.06 *	−0.06 ***
		(0.001)	(0.002)	(0.06)	(0.000)
差异化战略				0.14 ***	
				(0.000)	
低成本战略					
AR（1）检验	0.00	0.03	0.002	0.02	0.01
AR（2）检验	0.23	0.57	0.30	0.70	0.67
Sargan Test	0.13	0.75	0.84	0.99	0.97

注：①*、** 和 *** 分布表示 10%、5% 和 1% 的显著性水平；②括号内为具体 p 值；③Sargan Test 报告了工具变量过度识别检验的 p 值；④AR（1）和 AR（2）检验分别报告了一阶和二阶序列相关检验的 p 值；⑤年度变量一栏报告了联合显著性检验结果，后同。

模型（3）显示了在控制了影响企业战略的主要变量后，企业家中央政治关联对企业差异化战略的影响。实证结果显示两者之间存在显著正相关，回归系数为 0.17，p 值为 0.002，在 1% 的显著性水平上显著。企业家中央政治关联与差异化战略的回归结果对中介效应检验模型〔模型（4）〕起到了有力支持。在模型（4）中，对企业价值的回归加入了差异化战略变量。回归结果显示，差异化战略与企业价值显著正相关，回归系数为 0.14，p 值为 0.000，在 1% 的显著水平上显著。同时，差异化战略这一变量的加入使得企业家中央政治关联对企业价值的正向作用有所降低，回归系数从 0.1 降低为 0.06，p 值由 0.001 上升为 0.06。由于此时企业家中央政治关联回归系数的 p 值仍然显著，为防止依次回归方法可能出现的第二类错误，我们同时进行了 Sobel 检验，计算出的 z 值为 2.15，p 值为 0.03，在 5% 的显著性水平上显著。以上检验结果表明，差异化战略在企业家中央政治关联与企业价值的关系中的中介效应得到证实，中介效应占总效应的比例为 0.17×0.14/0.09＝26.4%。也就是说，企业家中央政治关联与差异化战略正相关，差异化战略与企业价值正相关，企业家中央政治关联通过差异化战略影响了企业价值，假设 3.1 得到了支持。

为检验低成本战略是否在企业家中央政治关联与企业价值之间同样发挥中介效应的竞争性假设，我们对企业家中央政治关联与企业低成本战略关系进行了回归。模型（5）显示，企业家中央政治关联与企业低成本战略显著负相关，回归系数为 −0.06，在 1% 的显著性水平上显著。由此可见，我们所提出的企业家中央政治关联也有可能帮助企业选择低成本战略提高企业价值的竞争性假设 3.2 并不成立。

企业家中央政治关联与企业价值的中介效应检验结果表明，对于具有中央政治关联的企业家而言，提高企业价值的路径，在竞争战略层面上主要是通过在企业运营中选择并实施差异化战略进行。

3. 企业家地方政治关联与企业价值中介效应检验

表4报告了企业家地方政治关联与企业价值的中介效应检验结果。模型（6）反映了控制主要影响企业价值的控制变量后，企业家地方政治关联对企业价值的影响。实证结果显示，企业家地方政治关联与企业价值的回归系数为0.11，p值为0.000，在1%的显著性水平上显著。这表明，增加企业家个体与地方政府的政治联系也可以带来企业价值的增加，企业家地方政治关联对企业价值具有正向促进作用，本文提出的假设2得到了证实。这一实证结果和模型（2）的实证结果共同表明，在中国市场机制尚未完全建立时期，企业家通过各种途径建立政治关联对提升企业价值而言是一种理性行为。

模型（7）和模型（8）检验了低成本战略在企业家地方政治关联与企业价值间的中介效应。模型（7）显示，在控制了影响企业战略的主要变量后，企业家地方政治关联对企业低成本战略存在显著正相关，回归系数为0.09，p值为0.000，在1%的显著性水平上显著。在模型（7）得以证实的基础上，模型（8）报告了加入低成本战略之后，企业家地方政治关联与企业价值的关系。实证结果显示，低成本战略与企业价值显著正相关，回归系数为0.43，p值为0.000，在1%的水平上显著。同时，随着成本战略变量的加入使得企业家地方政治关联对企业价值的正向作用有所变化，回归系数从0.11降低为0.05，p值由0.000上升为0.001。由于此时企业家地方政治关联回归系数的p值仍然很高，为防止依次回归方法可能出现的第二类错误，我们同样进行了Sobel检验，计算出的z值为4.23，p值为0.000，在1%的显著性水平上显著。以上检验结果表明，低成本战略在企业家地方政治关联与企业价值的关系中的中介效应得到了证实，中介效应占总效应的比例为$0.09 \times 0.43/0.11 = 35.18\%$。也就是说，企业家地方政治关联与低成本战略正相关，低成本战略与企业价值正相关，企业家地方政治关联通过低成本战略影响了企业价值。假设4.1得到了支持。

模型（9）和模型（10）报告了差异化战略是否在企业家地方政治关联与企业价值关系中发挥了中介作用的竞争性假设结果。模型（9）显示，企业家地方政治关联与企业价值显著正相关，回归系数为0.21，p值为0.000，在1%的水平上显著。模型（10）报告了加入差异化战略后，企业家地方政治关联与企业价值的关系。实证结果显示，差异化战略与企业价值显著正相关，回归系数为0.18，在1%水平上显著。同时，企业家地方政治关联与企业价值的系数为0.07，p值为0.001。由于加入差异化战略之后，企业家地方政治关联与企业价值回归系数的显著性程度都很高。为防止依次回归方法可能出现的第二类错误，我们同样进行了Sobel检验，计算出的z值为0.49，p值为0.62，即使在10%的水平上也不显著。因此，差异化战略在企业家地方政治关联与企业价值关系中的中介效应并没有得到支持，竞争性假设4.2被拒绝。

表4 企业家地方政治关联与企业绩效中介效应回归结果

解释变量	被解释变量：Yi，t - Yi，t-1				
	企业价值	低成本战略	企业价值	差异化战略	企业价值
	模型（6）	模型（7）	模型（8）	模型（9）	模型（10）
前期价值/前期战略	0.45 ***	0.61 ***	0.26 ***	0.60 ***	0.27 ***
	（0.000）	（0.000）	（0.000）	（0.000）	（0.000）
企业规模	-0.07 ***	-0.07 ***	-0.06 ***	-0.16 ***	-0.03 ***
	（0.000）	（0.000）	（0.000）	（0.000）	（0.000）
资本结构	-0.17 ***	-0.04 ***	-0.12 ***	-0.12 ***	-0.17 ***
	（0.000）	（0.001）	（0.000）	（0.003）	（0.000）
组织冗余	-0.23 ***	-0.03 ***	-0.17 ***	-0.13 ***	-0.24 ***
	（0.000）	（0.003）	（0.000）	（0.001）	（0.000）
市场竞争	0.03 ***	0.02 ***	0.02 ***	0.11 ***	0.02 ***
	（0.000）	（0.000）	（0.000）	（0.000）	（0.000）
盈利能力	0.10 ***	0.05 ***	0.04 ***	0.09 ***	0.06 ***
	（0.000）	（0.000）	（0.000）	（0.000）	（0.000）
企业年龄	-0.05	-0.04 *	-0.11 ***	-0.07	-0.07 **
	（0.187）	（0.054）	（0.000）	（0.206）	（0.04）
企业性质	0.12 ***	-0.02 ***	0.11 ***	-0.07 ***	0.15 ***
	（0.000）	（0.000）	（0.000）	（0.003）	（0.000）
所在地区	0.10 ***	0.02	0.04 ***	0.17 ***	0.06 ***
	（0.000）	（0.17）	（0.012）	（0.001）	（0.000）
年度变量	yes	yes	yes	yes	yes
地方政治关联	0.11 ***	0.09 ***	0.05 ***	0.21 ***	0.07 ***
	（0.000）	（0.000）	（0.001）	（0.000）	（0.001）
低成本战略			0.43 ***		
			（0.000）		
差异化战略					0.18 ***
					（0.000）
AR（1）检验	0.01	0.009	0.02	0.001	0.02
AR（2）检验	0.75	0.23	0.76	0.49	0.79
Sargan Test	0.59	0.58	0.42	0.71	0.79

　　企业家地方政治关联与企业价值的中介效应检验结果表明，对于具有地方政治关联的企业家而言，尽管既有可能选择低成本战略，也有可能选择差异化战略，但是，只有低成本战略在企业家地方政治关联与企业价值关系中起到了中介作用，也就是说在竞争战略层

面，具有地方政治关联的企业家只有通过在企业运营中选择并实施低成本战略才能提高企业价值。

（四）稳健性分析

我们使用了 ROA（资产收益率）来代替 ROE 表示公司盈利能力，对上述验证的企业家政治关联与企业价值路径进行验证，结论没有变化（见表5）。

表5　稳健性检验

解释变量	被解释变量：Yi，t－Yi，t－1					
	企业价值	企业价值	差异化战略	低成本战略	企业价值	企业价值
	模型（11）	模型（12）	模型（13）	模型（14）	模型（15）	模型（16）
前期价值/ 前期战略	0.53 ***	0.36 ***	0.60 ***	0.60 ***	0.46 ***	0.24 ***
	(0.000)	(0.000)	(0.000)	(0.000)	(0.000)	(0.000)
企业规模	－0.09 ***	－0.10 ***	－0.08 ***	－0.07 ***	－0.07 ***	－0.07 ***
	(0.000)	(0.000)	(0.004)	(0.000)	(0.000)	(0.000)
资本结构	－0.14 **	－0.01	－0.61 ***	0.003	－0.12 **	－0.08 ***
	(0.039)	(0.695)	(0.000)	(0.797)	(0.039)	(0.000)
组织冗余	－0.27 ***	－0.17 ***	－0.71 ***	－0.01	－0.27 ***	－0.16 ***
	(0.000)	(0.000)	(0.000)	(0.204)	(0.000)	(0.000)
市场竞争	0.01	0.04 ***	0.04 *	0.02 ***	0.01	0.02 ***
	(0.199)	(0.000)	(0.064)	(0.000)	(0.314)	(0.000)
盈利能力	0.15 ***	0.12 ***	0.11 ***	0.06 ***	0.10 ***	0.06 ***
	(0.000)	(0.000)	(0.000)	(0.000)	(0.000)	(0.000)
企业年龄	0.01	0.004	0.17 **	－0.01	－0.02	－0.09 ***
	(0.877)	(0.907)	(0.039)	(0.712)	(0.583)	(0.000)
企业性质	0.15 ***	0.14 ***	－0.03	－0.03 ***	0.15 ***	0.09 ***
	(0.000)	(0.000)	(0.424)	(0.000)	(0.000)	(0.000)
所在地区	－0.12 ***	0.09 ***	0.28 ***	0.03 * *	－0.06 ***	0.05 ***
	(0.000)	(0.000)	(0.000)	(0.019)	(0.000)	(0.000)
年度变量	yes	yes	yes	yes	yes	yes
中央政治关联	0.10 ***		0.17 ***		0.04	
	(0.000)		(0.003)		(0.225)	
地方政治关联		0.14 ***		0.09 ***		0.08 ***
		(0.000)		(0.000)		(0.000)
差异化战略					0.12 ***	
					(0.000)	

解释变量	被解释变量：Yi，t－Yi，t－1					
	企业价值	企业价值	差异化战略	低成本战略	企业价值	企业价值
	模型（11）	模型（12）	模型（13）	模型（14）	模型（15）	模型（16）
低成本战略						0.41*** （0.000）
AR（1）检验	0.04	0.02	0.002	0.01	0.03	0.02
AR（2）检验	0.57	0.86	0.36	0.26	0.69	0.79
Sargan Test	0.84	0.51	0.95	0.79	0.995	0.37

罗胜强和姜嬿（2008）提出，仅仅从数据的统计关系上推导中介效应模型存在被数据蒙蔽的风险。中介效应模型意味着一个因果链——中介变量由自变量引起，并影响了因变量的变化，而建立因果关系的一个必要条件是原因和结果在时间上有先后次序。[①] 在本文的估计中，由于将企业家政治关联、企业竞争战略作为内生变量用其二阶滞后值作为工具变量进行估计，因此以上模型中的估计系数实际上意味着解释变量过去的历史值对当期被解释变量的影响，因而反映了因果关系。

五、分析与讨论

中国市场化改革的目标是建立完善的市场机制，由市场来分配资源。然而，在这一目标尚未达成之际，企业家政治关联对企业获取制度性资源、提升企业价值的作用受到学术界的广泛关注。在这一背景下，本文以企业竞争战略为切入点，结合相关理论对企业家政治关联与企业价值之间的关系及其作用机制进行了探讨，并以上市公司的面板数据对理论假设进行检验。实证结果发现，在企业家政治关联与企业价值的直接作用关系中，企业家中央政治关联与企业地方政治关联都与企业价值显著正相关。这表明，在中国市场机制尚未完全建立时期，政府仍然掌握着众多资源和分配权力。企业家与政府的联系有利于帮助企业克服制度约束、获取制度资源，因此企业家中央政治关联、地方政治关联规模越大，越有利于提高企业价值，本文结论也与国内相关研究一致。对企业实践而言，本文这一结论支持了企业家在成立企业之前在政府任职，企业成立之后努力获取人大代表、政协委员身份等政治行为的合理性。

---

① 罗胜强、姜嬿在《组织与管理研究的实证方法》一书中对用统计方法推导中介效应模型提出了多次警告，强调了因果关系是中介效应的前提。成熟的理论不仅是因果关系的基础，在研究方法上原因和结果的先后顺序也是因果关系得以证实的必要条件。

实证结果进一步显示了两种政治关联提升企业价值在竞争战略层面的具体路径：其中，企业家中央政治关联通过差异化战略提升企业价值的中介效应得到证实，而低成本战略则是企业家地方政治关联提升企业价值的中介桥梁。基于社会资本的互惠规范原则，本文的解释是，具有政治关联的企业家回应中央政府、地方政府不同期望的回报差异所致。对于具有中央政治关联的企业家，在企业微观竞争战略决策中选择差异化战略，更有可能因为呼应中央政府对经济转型、企业创新的期望而受到政策"嘉奖"，从而有利于企业价值的提高。而对于具有地方政治关联的企业家而言，呼应中央政府的期望（在竞争战略层面表现为选择差异化战略），并不能满足与其利益最为相关的地方政府需求从而对企业价值提升并不明显。相反，选择并实施低成本战略，更有可能因为并购重组以提高当地GDP、雇用更多员工解决当地政府就业压力而得到地方政府全力支持，有利于提高其企业价值。我们认为，中央政府与地方政府对企业经营影响的差异与我国财政分权制度改革紧密相关：一方面，地方政府获得了更多的财权和事权，对地方政府产生了强烈的财政竞争激励；但另一方面，也使GDP增长成为考核地方政府官员政绩的基础指标。出于地方财政利益和官员个人晋升的考虑，地方政府的发展目标及对企业的影响表现出更多的自利行为，如"铁本事件"反映了地方政府对固定资产重复投资的纵容、宇通客车管理层收购案例反映了地方政府与国有企业高管的"合谋"。与上述研究相一致，本文也发现在中国目前制度背景下，企业家政治关联在给企业带来制度性优势的同时，也因为中央政府与地方政府在发展目标上的差异，影响到企业提升企业价值的具体路径差异。

本文的研究结论尽管是基于微观企业行为，但对于我国宏观产业结构升级和地方政府官员治理也具有一定政策意义：首先，在实现我国从制造大国向科技强国转变的过程中，中央政府在制定鼓励企业研发创新政策的同时，给予企业家更多的参政机会和政治身份，有利于企业家在微观企业运营中回应中央政府期望，从重生产、降成本向重研发、重品牌方向转变，从而最终达到中央政府期望的产业结构升级、转变增长方式的目标，提升我国在世界市场上的竞争力。其次，尽管中央政府制定了各项有利于企业自主研发创新的产业政策，但是在地方具体实施过程中，往往表现为"雷声大、雨点小"，在地方政府优先发展目标中首先是地方财政收入增长，然后是地方GDP增长。地方政府的自利行为，导致与地方政府紧密联系的企业在企业运营上仍然具有传统经济增长方式的低成本、大规模特征。因此，实现中国产业结构升级、经济增长方式的转变，保证中央政府、地方政府对企业行为影响一致，需要改变当前地方政府官员晋升的锦标赛模式，尤其是单一的GDP增长指标考核。

本文也存在一些不足之处：首先，本文使用了社会资本互惠理论对企业回报不同层级政府的行为进行了理论演绎，但是与现有研究对社会资本的作用过程多限于理论演绎相同，受限于资料获取的现实条件，本文也并没有对这个关键观点进行变量设计和数据收集，这也是未来研究我们需要进一步完善的问题。其次，根据本文的理论逻辑推导和实证检验结果，我们仅证实了具有中央政治关联的企业在实现企业价值提升过程中，差异化战略作为内在作用机制起到了中间桥梁的作用。而具有地方政治关联的企业在实现企业价值提升过程中，低成本战略作为内在作用机制起到了中间桥梁的作用。但是，在实证结果中所没有得到支持的竞争性假设包括：企业家中央政治关联通过低成本战略提升企业价值、企业家地方政治关联通过差异化战略提升企业价值，本文所基于的社会资本互惠交换理论并不能做出很好的解释。我们也期望本文能够起到抛砖引玉的作用，可以引起其他学者采用其他理论对它们之间的关系进行后续的更为丰富的论述和证明。

参考文献

［1］吴文锋，吴冲锋，芮萌．中国上市公司高管的政府背景与税收优惠．管理世界，2009（3）：34－42.

［2］余明桂，潘红波．政治联系、制度环境与民营企业银行贷款．管理世界，2008（8）：9－21.

［3］潘红波，夏新平，余明桂．政府干预、政治关联与地方国有企业并购．经济研究，2008（4）：41－52.

［4］罗党论，黄琼宇．民营企业的政治联系与企业价值．管理科学，2008（6）：21－28.

［5］雷光勇，李书锋，王秀娟．政治关联、审计师选择与公司价值．管理世界，2009（7）：145－155.

［6］吴文峰，吴冲锋，刘晓薇．中国民营上市公司高管的政府背景与公司价值．经济研究，2008，（7）：130－141.

［7］Fan J.，Wong，T. J.，Zhang，T.．Politically Connected CEOs，Corporate Governance，and Post－IPO Performance of China's Newly Partially Privatized Firms．Journal of Financial Economics，2007，84（2）：330－357.

［8］邓建平，曾勇．政治关联能改善民营企业的经营绩效吗．中国工业经济，2009（2）：98－108.

［9］龚鹤强，林健．关系认知，关系运作，企业绩效：来自广东省私营中小企业的实证研究．南开管理评论，2007（2）：45－53.

［10］巫景飞，何大军，林暐，王云．高层管理者政治网络与企业多元化战略：社会资本视角——基于我国上市公司面板数据的实证分析．管理世界，2008（8）：107－117.

［11］梁莱歆，冯延超．民营企业政治关联、雇员规模与薪酬成本．中国工业经济，2010（10）：127－137.

［12］Mian A.，Khwaja，A. I.．Tracing the Impact of Bank Liquidity Shocks：Evidence from an Emerging Market．Working Paper，University of Chicago，2006.

［13］Khwaja A. I.，Mian，A.．Do Lenders Favor Politically Connected Firms？Rent Seeking in an Emerging Financial Market．Quarterly Journal of Economics，2005，120（4）：1371－1411.

［14］Charumilind C.，Kali，R.，Wiwattanakantang，Y.．Connected Lending：Thailand before the Financial Crisis．Journal of Business，2006，79（1）：181－218.

［15］Faccio M.．Politically Connected Firms：Can They Squeeze the State？American Economic Review，2006，96（1）：369－386.

［16］胡旭阳．民营企业家的政治身份与民营企业的融资便利——以浙江百强企业为例．管理世界，2006（5）：107－113.

［17］李新春．中国国有企业重组的企业家机制．中国社会科学，2001（4）：85－94.

［18］Child J.．Strategic Choice in the Analysis of Action，Structure，Organizations and Environment：Retrospect and Prospect. Organization Studies, 1997, 18 (1): 43 - 76.

[19] 胡旭阳, 史晋川. 民营企业的政治资源与民营企业多元化投资：以中国民营企业 500 强为例. 中国工业经济, 2008 (4): 5 - 14.

[20] Poter M. E.. Competitive Strategy: Techniques for Analyzaing Industries and Competitors. New York: Free Press, 1980.

[21] Hunt C. C.. What Have We Learned about Generic Competitive Strategy? A Meta - analysis. Strategic Management Journal, 2000, 21 (2): 127 - 154.

[22] Thornhill S., White, R. E.. Strategic Purity: A Multi - Industry Evaluation of Pure vs. Hybrid Business Strategies. Strategic Management Journal, 2007, 28 (5): 553 - 561.

[23] David J. S., Hwang, Y., Buck, K. W. P.. The Performance Effects of Congruence between Product Competitive Strategies and Purchasing Management Design. Management Science, 2002, 48 (7): 866 - 885.

[24] 陈佳贵, 王钦. 中国产业集群可持续发展与公共政策选择. 中国工业经济, 2005 (9): 5 - 10.

[25] 周黎安. 晋升博弈中政府官员的激励与合作——兼论我国地方保护主义和重复建设问题长期存在的原因. 经济研究, 2004 (6): 33 - 40.

[26] 周黎安. 中国地方官员的晋升锦标赛模式研究. 经济研究, 2007 (7): 36 - 50.

[27] 朱红军, 陈继云, 喻立勇. 中央政府、地方政府和国有企业利益分歧下的多重博弈与管制失效——宇通客车管理层收购案例研究. 管理世界, 2006 (4): 115 - 129.

[28] 陈爽英, 井润田, 龙小宁, 邵云飞. 民营企业家社会关系资本对研发投资决策影响的实证研究. 管理世界, 2010 (1): 88 - 97.

[29] 张鸿萍. 创业型企业技术创新的战略导向——CEO 社会关系网络与高层管理团队学习视角. 西南交通大学博士学位论文, 2006.

[30] 刘睿智. 竞争战略、企业绩效与持续竞争优势——来自中国上市公司的经验证据. 科研管理, 2008 (6): 36 - 43.

[31] Hambrick D. C.. Some Tests of the Effectiveness and Functional Attributes of Miles and Snow's Strategic Types. The Academy of Management Journal, 1983, 26 (1): 5 - 26.

[32] Kotha S., Nair, A.. Strategy and Environment as Determinants of Performance: Evidence from The Japanese Machine Tool Industry. Strategic Management Journal, 1995, 16 (7): 497 - 518.

[33] 蒋春燕, 赵曙明. 组织冗余与绩效的关系：中国上市公司的时间序列实证研究. 管理世界, 2004 (5): 108 - 115.

[34] 姜付秀, 屈耀辉, 陆正飞, 李焰. 产品市场竞争与资本结构动态调整. 经济研究, 2008 (4): 99 - 110.

[35] 樊纲, 王小鲁, 朱恒鹏: 中国市场化指数——各地区市场化相对进程 2009 年度报告. 北京：经济科学出版社, 2010.

[36] 赵文哲, 周业安. 基于省际面板的财政支出与通货膨胀关系研究. 经济研究, 2009 (10): 48 - 60.

[37] Blundell R., Bond S.. Initial Conditions and Moment Restrictions in Dynamic Panel Data Models. Journal of Econometrics, 1998, 87 (1): 115 - 143.

[38] Baron R. M., Kenny D. A.. The Moderator - Mediator Variable Distinction in Social Psychological Re-

search: Conceptual, Strategic, and Statistical Consideration. Journal of Personality and Social Psychology, 1986, 51 (6): 1173 – 1182.

［39］罗胜强，姜嬿. 调节变量和中介变量. 陈晓萍，徐淑英，樊景立. 组织与管理研究的实证方法. 北京：北京大学出版社，2008.

［40］曾诤. 中央政府和地方政府在固定资产投资上的行为分析——兼评铁本事件. 求实，2004 (11): 134 – 135.

The Entrepreneur's Political Connections, Choice of Competitive Strategy and Enterprise Value: An Empirical Study Based on the Dynamic Panel Data of Listed Company

Li Jian[1] Chen Chuanming[2] SunJunhua[3]

1. Business School, Nanjing Normal University; 2. Business School, Nanjing University; 3. Institute of Education, Nanjing University

Abstract: Many scholars have focused attention on the influence of the entrepreneur's political network on the enterprise value, but few researches on the mechanism between them have been made. Based on the theory of mutual return of social capital, this article proposes the path difference of competitive strategy improving the enterprise's value during the process of the entrepreneur reporting back on the different level of political network. In the empirical analysis, this paper uses dynamic panel data of public companies of manufacturing industry from 2001 to 2008 to test the hypotheses, which this paper proposes. The empirical results show that the entrepreneur's political network with central government will influence the enterprise's value positively and this conclusion also exist in the relationship of entrepreneur's political network with local government and the enterprise's value. But further study shows that the entrepreneur's political network with different level of government will influence the entrepreneur to choose different competitive strategies so as to realize the improvement of the enterprise's value. Specifically, the entrepreneur's political network with central government improves the enterprise's value through differentiation strategy and the entrepreneur's political network with local government improves the enterprise's value through cost strategy. We think the conclusions of different political network improve the enterprise's value through different competitive strategy means the affections of promotion stimulation. The core of present promotion stimulation of local officials is the growths of GDP, which cause the target of enterprise development from the local government expectation revolves around the development of local GDP and the target of enterprise development from the central government expectation revolves around the innovation of enterprise. The difference between the expectations from different level of government will influence the related entrepreneur's action directly. The conclusion of this paper provides reference for the upgrading of industrial structure and the reformation of promotion championship mode of local officials.

Key Words：Political Network；Mutual Return；Competitive Strategy；Enterprise Value

环境信息披露制度、公司治理和环境信息披露*

毕　茜　彭　珏　左永彦

（西南大学经济管理学院会计系　400716）

【摘　要】 企业环境信息披露体现了上市公司对环境信息披露制度的遵守和执行，同时增加了公众对上市公司行为的了解；反过来，这将促使上市公司改变他们的一些行为。本文在给出企业环境信息披露制度定义的基础上，采用我国重污染行业上市公司 2006～2010 年年报和独立报告中披露的环境信息进行实证研究，研究证明制度对企业环境信息披露有显著的正向关系，即环境信息披露法律法规的颁布及实施提高了企业环境信息披露水平；同时研究验证了公司治理具有增强制度对企业环境信息披露的促进作用。研究结果为《上市公司环境信息披露指南》的出台提供了证据支持、为完善企业环境信息披露制度的设计提供了经验证据。

【关键词】 环境信息披露制度；公司治理；环境信息披露

一、引　言

随着广西龙江镉污染、紫金矿业和康菲石油污染泄漏等环境污染事件频频曝光，企业的环境保护责任成为公众与媒体关注的焦点，如何履行环境保护责任成为企业不可回避的问题。政府关于环境保护的法律法规的规制强度也逐次提高。2008 年，国家环境保护总局和上交所分别公布了《关于加强上市公司环境保护监督管理工作的指导意见》、《上市公司环境信息披露指引》等政策规定。那么，这些法律法规是否发挥作用？哪些因素能够影响或促进环境信息披露制度作用的发挥？本文尝试对以上问题进行讨论。

---

* 本文选自《会计研究》2012 年第 7 期。

本文是国家社科基金项目《中国企业环境责任信息披露制度研究》（项目批准号：10XGL001）的阶段性成果。通讯作者：彭珏教授，penjue@sina.com。感谢匿名审稿人的重要意见，但文责自负。

二、文 献 综 述

（一）国内外文献回顾

1989 年 3 月，环境信息披露问题首次在国际会计和报告准则政府间专家工作组第七次会议上提出并展开讨论。其后，国内外学者进行了大量的研究，这些研究体现在以下三个方面：①环境信息披露内容和方式。联合国国际会计和报告标准政府间专家组（1998）在《环境会计和报告的立场公告》中，从四个方面归纳了环境信息披露的内容。耿建新、刘长翠（2003）认为，与环境有关的成本费用收益以及环境负债等应包含在环境信息披露的内容里面。肖淑芳等（2005）对中国上市公司环境信息披露的现状、存在的问题进行了研究，提出建立和完善中国已有的企业环境信息披露体系。Deegan Gordon（1996）在研究澳大利亚企业环境信息披露时的发现大多数都是定性披露。Cho Patten（2007）将环境信息披露的方式区分为货币性披露和非货币性披露两种。②环境信息披露行为动因的相关研究。Gray 等（1996）研究了环境信息披露的动因，其中包括立法、道德规范、个人义务、责任心、合法化等。Freedman 和 Patten（2004）发现在环境政策出台后，年报中环境信息披露多的企业市场价值较高。沈洪涛（2010）认为环境信息披露具有合法性管理的动因。③环境信息披露影响因素的相关研究。Brammer 和 Pavelin（2006）通过实证支持了这一结论：上市公司的规模与环境信息披露水平正相关。Anderson 和 Frankle（1980）发现，绩效高的公司环境信息披露水平高，即呈正相关关系；然而，Freedman 和 Jaggi（2005）却认为刚好相反。王建明（2008）认为，从行业分类看重污染行业环境信息披露水平较高，同时政府的监管制度压力大，环境信息披露水平高；肖华、张国清（2008）研究了松花江事件发生后，相关的化工行业的环境信息披露有所增加。

（二）研究文献简评

相比国外学者的研究可以发现，目前国内对企业环境信息披露的研究中规范性研究较多，并且更多地从环境会计信息披露的角度进行，对企业环境信息披露制度的研究就更少。另外，国内已有的研究存在着一些有待改进之处，例如：研究时间跨度短、研究样本少、过于侧重信息数量的研究等。因此，本文在已有研究的基础上，从四个方面进行了改进：①从制度的层面。本文研究企业环境信息披露制度对环境信息披露水平的影响。②扩大了研究样本。本文选取了国家环境保护总局《上市公司环境信息披露指南》中认定的16 个重污染行业所有 A 股上市公司作为研究样本。由此得出的结论可以较为全面地反映我国重污染行业披露环境信息的情况。③更新了数据。本文的研究对象是 2006～2010 年的重污染企业，时序较目前一般的研究长，体现了 2008 年作为环境信息披露公开元年前后环境信息披露的变化。④涵盖了年报和独立的报告。2006 年以来，随着我国企业社会责任报告的数量迅速增加，越来越多的企业不仅在年报中披露环境信息，而且通过独立的社会责任报告披露环境信息。所以，我们研究重污染上市公司环境信息披露时同时考虑了年报和独立的社会责任报告。

三、制度效应的研究假设

（一）环境信息披露制度

本文所研究的环境信息披露制度主要指环境信息披露正式制度，即环境信息披露政策、法规等。环境信息披露制度是指资本市场上有关当事人在证券发行、上市和交易等一系列过程中，依照法律、法规、证券主管部门管理规章及证券交易所等监管机构的有关规定，以一定方式向投资者和社会公众公开与公司有关的环境信息而形成的一整套行为规范和活动准则。企业环境信息披露体现了企业对环境信息披露制度的遵守和执行，同时增加了公众对上市公司行为的了解；反过来，这将促使上市公司改变他们的一些行为。广义的环境信息披露制度包括正式制度与非正式制度的综合。狭义的环境信息披露制度特指正式制度。本文中定义的是狭义的环境信息披露制度。

从 2003 年起，我国陆续出台了一系列环境法律、法规和政策，对企业环境信息披露进行了不同程度的规范和保障。但是上述环境信息披露制度比较分散，存在不系统、不规范等问题，不能满足我国社会各界对环境信息的需求，具体表现为：①缺少基础性的环境信息披露要求。我国尚未出台真正明确的规定有关企业环境信息披露制度的法律性文件，造成环境信息披露制度核心法律的缺失；②各政府监管部门颁布的相关制度尚未形成一个系统性的制度体系。但是 2008 年，国家环境保护总局发布了《关于加强上市公司环境保护监督管理工作的指导意见》，指出：当发生与环境保护相关的重大事件，该事件的发生可能对上市公司证券产生较大影响而投资者尚未得知时，上市公司应当立即披露该事件并说明原因及影响。2008 年，上交所公布了《上市公司环境信息披露指引》以指导上交所上市公司的环境信息披露。该指引规定，只要发生与环境保护有关的同时对股票价格产生影响的事件，应当自该事件发生之日起 2 日内及时披露事件情况。指引还规定，上市公司可以根据自身需要，在公司年度社会责任报告中披露或单独披露国家环境保护总局令第 35 号文件中提及的 9 类自愿公开的环境信息；被环保部门列入污染严重企业名单的上市公司，应当在环保部门公布名单后 2 日内披露主要污染物情况、环保设施情况、环境污染事故应急预案以及公司为减少污染物排放所采取的措施及今后的工作安排 4 类环境相关信息。

（二） 制度作用于环境信息披露的假设

环境问题具有明显的外部性特征，是市场失灵的典型事例，政府加强监管是消除环境外部性的重要路径。政府干预环境问题，无论是采用直接规制，制定法律法规，还是采用经济手段，征税、补贴或许可证，知晓微观企业的环境情况，掌握企业的环境信息，是政府决策和政策工具选择的基本前提条件。同时，环境规制也形成对企业的巨大压力。企业对外进行环境信息披露是主要利益相关者施压的结果，这些外部压力首先来自政府、主要客户、供应商、竞争对手、社区、公众、媒体等。其中，对企业的影响比较大的是政府压力，政府的压力是一种直接的压力。其次是来自公众与媒体的压力，前者可以制定一系列法律法规来引导企业的环保行为，后者主要通过公众舆论或企业的市场行为来施压。因此我们可以把企业的环境信息披露行为看作是企业对相关利益者压力的反应。Frost（2007）的研究表明政府颁布环境规定后，企业的环境信息披露水平上升。Clarkson 等（2008）、Aerts 和 Cormier（2009）认为，媒体的关注度会对环境信息披露程度有较大的影响，由于负面的媒体报道的鞭策作用导致企业正面的环境信息披露程度加大。Patten（1992）、Neegan（2000）认为，环境事故涉及企业及行业的环境风险的合法性，从而影响到企业环境信息披露的变化。李慧（2005）、尚会君等（2007）、朱金凤和赵红雨（2008）认为，我国上市公司环境信息披露的法律和规章的发布时间是相关联的，环境法律、法规实施后的上市公司环境信息披露更具体。肖华和张国清（2008）的研究表明：重大环境事故发生后，由于受到媒体及公众更多的关注，发生重大事故的企业及相关行业为了遵守合规性，企业的环境信息披露通常会增加。曾毅勤（2008）通过对中国重污染行业上市公司环境信息披露的现状进行的研究表明企业环境信息披露主要受法律法规的影响。

由此，本文提出如下假设：

H1：环境信息披露制度有助于企业环境信息披露水平。

（三） 公司治理对环境信息披露制度作用发挥的影响研究假设

根据代理理论，信息披露能缓解企业内外部间存在的信息不对称，从而降低代理成本。良好的公司治理能够从价值最大化的角度出发完善信息披露，特别是自愿性信息披露的质量。伴随着全球性的环境问题，环境信息成了信息披露中受关注的内容之一，本文考察公司治理是否对环境信息披露制度作用的发挥具有影响，从而为从企业内部即公司治理的角度来完善环境信息披露制度提供实证依据。公司治理主要包括股权结构、董事会特征、监事会特征和高管特征等几方面。

1. 控股股东性质

众所周知，我国上市公司中云集了我国众多的国有大型企业，而目前的重污染企业中大多都是在国民经济中占据重要地位的企业，国有企业理应在担当社会公平和社会责任中起到应有的作用。由于环境问题具有外部性，所以不可能完全用经济手段来解决，因此国有企业更应在过程中发挥它建立之初维护社会公平的宗旨。所以，本文根据上市公司控股股东的股权性质，将股权性质分为国有控股与非国有控股，重点分析国有控股性质的公司治理结构是否有利于环境制度作用的发挥。从政治经济学合法性角度来看，环境信息披露是企业战略管理的工具，公开企业环境信息可以增加公众对企业承担的环境责任的了解，反过来将促使企业更好地履行自己的社会责任，从而促进企业的整体价值提高。企业管理层认为环境信息披露是企业与各利益相关者建立良好关系的工具，有效的环境信息披露能够提升企业在环保方面的社会形象。国有股东更关注中长期的经营发展，并且将承担更多的社会责任，因此国有控股公司更有必要执行相关的环境信息披露政策与制度，披露相关的环境信息情况。

因此，本文提出如下假设：

H2a：上市公司的国有控股特征更有助于环境信息披露制度作用的发挥。

2. 董事会特征

本文研究董事会特征从董事会规模和独立董事、是否两职合一来进行分析。Simon 和 Kar（2001）研究了中国香港上市公司的自愿信息披露与独立董事比例、总经理与董事长两职合一、审计委员会、董事会中家族成员的比例等公司治理的因素发现：设立审计委员会和董事会中家族成员的比例与公司自愿性信息披露水平的关系显著。而独立董事比例和是否两职合一的影响不显著。Barako（2006）的研究表明审计委员会独立董事比例对自愿信息披露水平影响显著，只是前者是正相关显著，后者是负相关显著。阳静和张彦（2008）的研究证明，当公司希望凭借环境信息传导公司的社会责任信息时，独立董事比例越高越能促进环境信息的披露行为。沈洪涛（2010）通过研究发现，董事会规模是改善环境信息披露水平的重要因素。外部董事代表了股东之外的不同利益团体，他们更懂得如何遵守诸如环境政策等规定，以免企业遭受经济处罚以及声誉损失。基于代理理论，由于人具有有限理性和自利性，因此人的机会主义的动机是难免的，为了防止代理人的"败德行为"和"逆向选择"，董事长和总经理两职应进行分离，从而形成有效的监督机制，以维护董事会监督的独立性和有效性。

因此，本文提出如下假设：

H2b：上市公司增加独立董事有助于环境信息披露制度作用的发挥。

H2c：上市公司的两职分离有助于环境信息披露制度作用的发挥。

3. 监事会特征

在引入外部董事的同时设立监事会是我国公司治理中的一个独特的做法。对公司高管履行职责的合法性、合规性进行监督是我国公司监事会的职责。也就是说，监事会负责审查公司活动的合法性、合规性，但不负责决策以及执行。鉴于目前我国监事会人数较少，为了更好地发挥其相关利益者治理的作用，应增加监事人数。沈洪涛（2010）通过研究发现，监事会规模对社会责任信息披露的作用不显著。但监事会规模对环境信息披露水平的提高作用显著。

因此，本文提出如下假设：

H2d：上市公司扩大监事会规模有助于环境信息披露制度作用的发挥。

4. 高管特征

高管人力资本是公司治理研究中的一个热点问题，对这一问题的研究主要关注企业业绩与高管特征之间的关系。但是本文作者认为企业的环境信息披露决策是由企业管理者决定的，企业的环境信息披露制度的执行者也是企业的管理者，因此高管人力资本对环境信息披露制度作用的发挥很重要。本文之前的课题研究中作过相关的问卷调查发现，高管年龄越小越认同企业的环境信息披露责任、学历越高越认同企业的环境信息披露责任。

因此，本文提出如下假设：

H2e：上市公司高管人员的学历越高越有助于环境信息披露制度作用的发挥。

H2f：上市公司高管人员的年龄越小越有助于环境信息披露制度作用的发挥。

四、研究设计

（一）分析对象和方法

环境信息一般存在于企业的年报之中，有些企业也通过独立报告披露环境信息，我们研究重污染上市公司环境信息披露的同时考虑了年报和独立的社会责任报告。

本文主要对以 2006~2010 年在上海和深圳证券交易所上市的所有重污染行业的 A 股上市公司作为研究样本。重污染行业的选取主要依据上市公司环境信息披露指南（环办函〔2010〕78 号），重污染行业包括火电、钢铁、水泥、电解铝、煤炭、冶金、化工、石化、建材、造纸、酿造、制药、发酵、纺织、制革和采矿业，具体按照《上市公司环保核查行业分类管理名录》认定。本文选取了 20 个重污染行业进行研究，样本公司在这 5 年间披露的年报及独立报告从巨潮资讯网、企业可持续发展报告资源中心网站、上海证券交易所和深圳证券交易所网站及公司网站主页上手工收集。

本文采用"内容分析法"来定量企业的环境信息披露。该方法是对公司已公开的各类报告，通过分析来确定每一个特定项目的分值，而后得出总的评价。在社会责任和环境信息披露研究中常常采用内容分析法。因为只有这样才能把定性的描述定量化，从而便于后续的研究，很多学者均采用过内容分析法，如 Ingam 和 Frazier（1980）、Patten（1992）、Darren 和 Schwartz（1997）等。

（二）信度分析

信度是指测量无偏差的程度，是检验测量工具稳定性的一项指标。本文研究时采用了评分者间信度来测量评分者对指标体系的理解是否具有一致性。评分者间信度的检验通常采用的是肯德尔和谐系数法（Kendall's W）。该方法又称为评分者系数法，它是用来检验多位评分者评分的一致性程度的一种有效的方法。

首先，用 Excel 中的随机函数随机抽取 5 份年报，分别是 000758、600461、600585、

600197 和 600586；其中，000758 为 2010 年度有色金属行业的"中色股份"，600461 为 2006 年度供水供气行业的"洪城水业"，600585 为 2009 年度水泥行业的"海螺水泥"，600197 为 2008 年度酿酒行业的"伊力特"，600586 为 2007 年度的"金晶科技"。其次，分别找 6 个人对 5 份年报进行打分，即每份年报有 6 个评分，共计 30 个样本。然后对它们进行一致性检验。从表 1 中可以看出，样本的协和系数 W 为 0.936，卡方值为 22.462，伴随概率为 0.000，检验水平 $\alpha = 0.05$，伴随概率小于检验水平，通过了显著性检验，因此，有理由认为，6 位评分者对环境信息披露的评分的掌握具有一致性，该指数可用于相关研究。

表 1 一致性检验

N	Kendall's W	Chi – Square	df	Asymp. Sig
6	0.936	22.462	4	0.000

（三）研究样本选择及数据来源

本文的研究目的是检验环境保护部、上海证券交易所和深圳证券交易所的环境信息披露制度颁布的前后两年，上市公司环境信息披露水平是否有显著的正变化。因此选择了上交所和深交所 2006 ~ 2010 年上市的重污染行业上市公司企业作为研究对象，共得到 3419 个样本，但由于进行面板数据处理，面板数据是平衡数据，每家上市公司必须保持连续 5 年的数据，所以只剩下 2006 年以前上市的重污染行业的公司，剔除数据不全的公司，只剩 582 家，即 2910 个样本。本文的上市公司年报和社会责任报告均来自中国证监会官方网站巨潮网站。本文所用到的上市公司财务数据、公司治理数、股东数据均来自深圳国泰安 CSMAR 数据，数据处理均由 Eview 6.0、SPSS 16.0 和 Excel 软件计算完成。

（四）研究变量

根据前述理论分析，本文选择了环境信息披露制度为解释变量，选择了公司规模、盈利能力和财务杠杆三个变量作为控制变量。各个变量的衡量方法见表 2。

首先，根据《环境信息公开办法（试行）》（原国家环保总局令第 35 号），2008 年上交所公布的《上市公司环境信息披露指引》（监管〔2008〕18 号）及《上市公司环境信息披露指南》（2010 征求意见稿，环发〔2010〕78 号），本文将公司所披露的环境信息分为 7 个部分（见表 3），即披露载体、环境管理、环境成本、环境负债、环境投资、环境业绩与环境治理、政府监管与机构认证。其次，总的规则是无描述为 0 分，一般定性描述为 1 分，定量描述为 2 分；少数小项目如是否披露环境审计等，不披露为 0 分，披露为 1 分；而对披露载体部分，如果该公司在年报与社会责任报告中同时披露，则认为显著性增强，为 2 分，只在其中之一披露为 1 分。最后，对每个公司的 7 项指标进行打分并加总，由此得到单个样本公司的环境信息披露的得分（EIDI）；在得到绝对数的同时，为了便于反映不同公司环境信息披露程度，我们先计算各样本公司的环境信息披露最大可能得

表2　研究变量的说明

变量类型	变量名称	变量代码	变量定义
被解释变量	环境信息披露	EIDIS	经标准化的环境信息披露指数
解释变量	环境信息披露制度	EIDS	虚拟变量，以2008年为环境信息披露制度的实施元年，若2008年以后则制度取1，否则取0
	控股股东性质	CSP	虚拟变量，国有控股股东，若国有控股为1，非国有控股为0
	独立董事	IDR	独立董事人数
	两职合一	TDU	虚拟变量，若两职分离为1，两职合一为0
	监事会规模	BSS	监事会总人数
	高管硕士以上比例	EMR	有硕士以上学历高管的比重
	高管年龄比例	EAR	高于样本公司高管平均年龄的高管比重
控制变量	公司规模	CS	上市公司期末总资产的自然对数
	盈利能力	ROA	净利润/平均总资产
	财务杠杆	FL	负债总额/资产总额

分均为39分，然后将公司环境信息披露的实际得分除以环境信息披露的最大可能得分就得到公司环境信息披露指数。计算公式如下：$EIDIS = 100 \times (EIDI/39)$。公司信息披露除了受制度的影响外，还受众多因素的影响，其中公司特征是影响企业环境信息披露的主要内在因素。大量的实证研究表明，公司特征对自愿性信息披露有重要影响（Healy，Palepu，2001；Beyer et al.，2009），环境信息披露也不例外。本文选取了公司规模、盈利能力和财务杠杆。

表3　企业环境信息披露指标

项目	二级指标	项目	二级指标
披露载体	上市公司年报	环境投资	环境保护总投资额
	社会责任报告		研发费用支出
环境管理	重大环境问题的发生情况	环境业绩与环境治理	清洁生产实施情况
	环境教育与培训		废水排放达标率
环境成本	万元GDP能耗		工业固定废物综合利用率
	总消耗水量		综合能耗下降（标准煤）情况
	标准煤总量		SO_2、CO、COD、烟尘等减排情况
环境负债	废水排放总量		废水减排情况
	SO_2排放量		节水量情况
	CO_2排放量	政府监管与机构认证	环境认证
	烟尘和粉尘排放量		"三同时"制度执行情况
	工业固体废物产生量		是否有环境审计

（五）模型设定

假设 1 的模型设定如下：

$$EIDIS = \alpha + \beta_1 EIDS + \beta_2 CS + \beta_3 ROA + \beta_4 FL \tag{1}$$

主要通过环境信息披露制度对环境信息披露的影响，来验证制度对环境信息披露是否有效。同时分别验证了公司特征中的公司规模、盈利能力和财务杠杆对环境信息披露水平的影响。

公司治理增强制度对环境信息披露的促进作用的模型设定如下：

$$EIDIS = \alpha + \beta_1 EIDS + \beta_2 EIDS \times X_i + \beta_3 CS + \beta_4 ROA + \beta_5 FL \tag{2}$$

模型 2 中 X_i 分别为控股股东性质、独立董事、两职合一、监事会规模、高管硕士以上比例和高管年龄比例。本部分主要通过公司治理对环境信息披露制度作用的发挥来验证公司治理在环境信息披露制度建设中的作用。

五、实证检验及结果分析

（一）描述统计

表 4 为回归变量的描述性统计。上市公司环境信息披露指数（EIDIS）平均为 10.19，中位数为 5.13，表现出上市公司环境信息披露总体水平非常低（总分以 100 分考虑）。而最大为 82.05，最小为 0，表现出很大的差异。公司特征及公司治理情况也表现出一定的差异。

表 4　描述性统计

项目	BSS	CS	CSP	EAR	EIDIS	EIDS	EMR	FL	IDR	ROA	TDU
均值	4.11	21.69	0.72	0.45	10.19	0.60	0.42	0.64	3.33	0.04	0.87
中位数	3.00	21.56	1.00	0.44	5.13	1.00	0.33	0.54	3.00	0.03	1.00
最大值	13.00	27.62	1.00	1.00	82.05	1.00	4.00	0.96	8.00	1.80	1.00
最小值	0.00	16.70	0.00	0.00	0.00	0.00	0.00	0.01	0.00	-0.88	0.00
标准差	1.52	1.27	0.45	0.17	12.75	0.49	0.41	2.50	0.88	0.07	0.34
样本	2910	2910	2910	2910	2910	2910	2910	2910	2910	2910	2910

模型中主要变量的 Person 相关性分析如表 5 所示。

表5　模型中的主要变量的 Pearson 相关性分析

	BSS	CS	CSP	EAR	EIDIS	EIDS	EMR	FL	IDR	ROA	TDU
BSS	1.00										
CS	0.27	1.00									
CSP	0.17	0.21	1.00								
EAR	0.11	0.33	0.18	1.00							
EIDIS	0.13	0.43	0.11	0.22	1.00						
EIDS	-0.04	0.13	-0.06	0.08	0.33	1.00					
EMR	0.02	0.07	-0.08	-0.04	0.02	0.03	1.00				
FL	-0.02	-0.14	-0.03	-0.05	0.03	0.00	0.02	1.00			
IDR	0.45	0.26	0.09	0.12	0.09	-0.01	0.00	-0.01	1.00		
ROA	0.02	0.10	-0.07	0.03	0.07	0.00	0.04	-0.05	0.03	1.00	
TDU	0.08	0.10	0.08	0.04	0.04	0.00	-0.03	-0.04	0.09	-0.01	1.00

从表5可以看出，被解释变量 EIDIS 与主要解释变量之间存在显著的相关关系。各解释变量之间的相关系数基本小于0.2，说明各解释变量之间相关关系较弱，不存在严重的多重共线性问题。[①]

（二）制度及公司特征对环境信息披露的影响

本文采用面板数据模型，从而可以增加模型的自由度，降低解释变量之间的多重共线性程度。在比较混合回归模型、固定效应模型的基础上，我们选择固定效应的冗余变量似然比检验，可以看到 F 统计量及 LR 统计量相应的概率值都非常小，表明与固定效应变截距模型相比，混合回归是无效的，表明固定效应模型更好，所以我们采用固定效应模型。

从表6的回归结果中可以看到，无论 Panel A1 还是 Panel E1 均表明环境信息披露制度对环境信息披露水平的作用在1%上显著，系数的显著性表明环境信息披露制度对环境信息披露有显著的作用。即随着环境信息披露制度的加强和完善，企业环境信息披露水平将提高。根据模型1的回归结果，发现 Panel E1 的整体拟合显著。结果显示，公司规模、盈利能力和财务杠杆的系数估计值分别在1%、5%和10%上显著为正，说明公司环境信息披露水平会随着公司规模、盈利能力和财务杠杆的增加而显著提高。

---

① 对模型1和模型2的回归利用 SPSS 软件，分别借助方差膨胀因子对多重共线性程度进行了诊断，计算出的 VIF 均小于5。可以认为没有严重的多重共线性。由于文章篇幅有限，文中没有列示。

表6　环境信息披露制度及公司特征对环境信息披露的影响

变量	Panel A1 EIDIS	Panel B1 EIDIS	Panel C1 EIDIS	Panel D1 EIDIS	Panel E1 EIDIS
常数	5.008 *** (18.260)	10.17 *** (46.897)	−182.9 *** (−18.00)	9.72 *** (40.795)	−107.78 *** (−10.149)
EIDS	8.6415 *** (24.403)				6.9311 *** (18.1868)
FL		0.0356 (0.238)			0.250 * (1.906)
CS			8.902 *** (19.01)		5.227 *** (10.578)
ROA				11.75 *** (3.40)	6.363 ** (2.08)
样本数	2910	2910	2910	2910	2910
AdjR^2	0.5692	0.4598	0.5316	0.4616	0.5916

注：***、**、* 分别表示在1%、5%、10%水平上显著，括号内为t值。

（三）公司治理对环境信息披露制度作用发挥的影响回归结果

仍然与前述一样，在作面板数据 Panel A2、Panel B2、Panel C2、Panel D2、Panel E2、Panel F2 回归之前，我们比较了混合回归模型、固定效应模型，选择固定效应的冗余变量似然比检验，可以看到 F 统计量及 LR 统计量相应的概率值都非常小，表明与固定效应变截矩模型相比，混合回归是无效的，显示固定效应模型更好。

在表7中我们对公司治理对环境信息披露制度作用发挥的影响进行了检验。从 PanelA2 可以看到，仍然以环境信息披露水平 EIDIS 作为因变量，环境信息披露制度 EIDS 在 0.01 水平上显著为正，表明制度对环境信息披露水平有积极作用，而 EIDS×CSP 在 0.01 水平上显著为正，表明国有控股与非国有控股性质的公司相比国有控股对环境信息披露发挥的作用更大。也就是说，国有控股有助于环境信息披露制度的遵守，假设 H2a 得到验证。从 PanelB2 可以看到，环境信息披露制度 EIDS 在 0.01 水平上显著为正，而 EIDS×IDR 在 0.1 水平上显著为正，表明独立董事的比例越高越有助于环境信息披露制度的贯彻，假设 H2b 得到验证。从 PanelC2 可以看到，环境信息披露制度 EIDS 在 0.01 水平上显著为正，而 EIDS×TDU 不显著，说明董事长与总经理是否两职分离，对制度的发挥作用不明显。也就是说两职分离并无助于环境信息披露制度的遵守，假设 H2c 没有得到验证。从 PanelD2 可以看到，环境信息披露制度 EIDS 在 0.01 水平上显著为正，而 EIDS×BSS 不显著，说明监事会规模无助于环境信息披露制度的遵守，假设 H2d 没有得到验证。假设 H2c、H2d 没有得到验证，原因可能在于我们在提出假设时主要基于委托代理理论，而公司治理无论两职分离还是监事会的设立，主要是基于经济角度的考虑，较少考虑企业的环境问题及环境信息披露问题。由于环境污染具有很强的外部性，是"市场失灵"的产物，为解决市场失灵问题就需要政府介入。然而政府的介入往往以事后处罚为主，并且可能因办事效率低下以及信息不完全等原因导致"政府失灵"。在这样的背景下无论是否两职分离，监事会的规模大小都无助于环境信息披露制度的执行。从 PanelE2 可以发现，环境信息披露制度 EIDS 在 0.01 水平上显著为正，而 EIDS × EMR 不显著，说明高管的学历高低对于环境信息披露制度的遵守关系不大，假设 H2e 没有得到验证。从 PanelF2 可以发现 EIDS × EAR 在 0.01 水平上显著为正，也就是说，高管的年龄超过平均年龄的比重高有助于信息披露制度的执行，与假设 H2f 的推测相反。

表7　公司治理对环境信息披露制度的作用发挥回归结果

变量	Panel A2 EIDIS	Panel B2 EIDIS	Panel C2 EIDIS	Panel D2 EIDIS	Panel E2 EIDIS	Panel F2 EIDIS
常数	-106.701 *** (-10.066)	-105.635 *** (-9.879)	-107.19 *** (-22.554)	-107.783 ***	-104.62 *** (-9.02)	-106.05 *** (-10.027)
EIDS	5.365 *** (9.008)	5.133 *** (4.497)	6.137 *** (7.34)	6.953 *** (18.127)	4.183 *** (3.945)	6.734 *** (17.656)
EIDS × CSP	2.279 *** (3.415)					
EIDS × IDR		0.552 * (1.672)				
EIDS × TDU			0.926 (1.067)			
EIDS × BSS				0.121 (0.511)		
EIDS × EMR					2.765 (1.459)	
EIDS × EAR						10.817 *** (4.968)
FL	0.248 * (1.892)	0.244 * (1.859)	0.247 * (1.879)	0.249 * (1.897)	0.309 ** (2.269)	0.242 * (1.845)
CS	5.176 *** (10.494)	5.128 *** (10.306)	5.199 *** (10.50)	5.204 *** (10.485)	6.751 *** (9.321)	4.929 *** (9.942)
ROA	6.723 ** (2.202)	6.359 ** (1.859)	6.488 ** (-10.08)	6.384 ** (2.086)	10.389 ** (2.552)	5.749 * (1.886)
样本数	2910	2910	2910	2910	2910	2910
AdjR^2	0.594	0.592	0.5918	0.592	0.596	0.596

注：***、**、*分别表示在1%、5%、10%水平上显著，括号内为 t 值。

六、稳健性检验

由于样本为 2006～2010 期间的公司，而众所周知，我国2006年新准则颁发，2007年开始实施，新旧准则的不同带来的会计数据的可比性会受到影响。为了检验上述研究结果的稳健性，所以本部分改用 2007～2010 年的数据，对各部分分别作了回归分析。由于2007年上市的公司比2006年多，去掉数据缺失的公司，一共有634家公司，4年的面板数据有2536个样本。从表8中可以看到采用去掉2006年数据回归结果与表6的回归结果对照可以看到在 PanelA3 中环境信息披露制度对环境信息披露水平保持显著的正相关关系；在 PanelE3 中，即公司特征的总回归中，环境信息披露制度仍然与环境信息披露水平在1%水平上显著正相关。这一结果与之前的发现保持一致，说明本文的检验具有较好的稳健性。

表8 环境信息披露制度及公司特征对环境信息披露的影响的稳健性检验

变量	Panel A3 EIDIS	Panel B3 EIDIS	Panel C3 EIDIS	Panel D3 EIDIS	Panel E3 EIDIS
常数	6. 846 *** (18. 087)	11. 806 *** (5. 354)	− 40. 032 *** (− 5. 515)	11. 470 *** (44. 390)	− 22. 408 *** (− 3. 180)
EIDS	6. 6486 *** (15. 2018)				6. 373 *** (14. 261)
FL		0. 034 (0. 240)			0. 077 (0. 568)
CS			2. 3848 *** (7. 1475)		1. 330 *** (4. 064)
ROA				8. 287 ** (2. 191)	11. 345 *** (3. 167)
样本数	2536	2536	2536	2536	2536
AdjR^2	0. 6258	0. 5804	0. 5913	0. 5815	0. 6315

注：*** 、** 、* 分别表示在1%、5%、10%水平上显著，括号内为 t 值。

表9 公司治理对环境信息披露制度的作用发挥的稳健性检验

变量	Panel A4 EIDIS	Panel B4 EIDIS	Panel C4 EIDIS	Panel D4 EIDIS	Panel E4 EIDIS	Panel F4 EIDIS
常数	−22.194*** (−3.151)	−21.96*** (−3.118)	−22.702*** (−3.223)	−22.058*** (−3.13)	−22.43*** (−3.182)	−19.76*** (−2.851)
EIDS	5.422*** (8.041)	3.806*** (2.889)	4.728*** (5.068)	3.874*** (3.617)	6.129*** (11.256)	1.538 (1.46)
EIDS×CSP	1.427** (1.881)					
EIDS×IDR		0.774** (2.071)				
EIDS×TDU			1.916** (2.007)			
EIDS×BSS				0.618*** (2.566)		
EIDS×EMR					1.392 (0.799)	
EIDS×EAR						17.11*** (8.317)
FL	0.077 (0.567)	0.075 (0.551)	0.074 (0.5455)	0.073 (0.544)	0.079 (0.586)	0.085 (0.635)
CS	1.319*** (4.035)	1.310*** (4.005)	1.343*** (4.107)	1.314*** (4.022)	1.332*** (4.065)	1.211*** (3.764)
ROA	11.485*** (3.208)	11.073*** (3.092)	11.487*** (3.2093)	11.093*** (3.100)	11.289*** (3.147)	9.221*** (2.611)
样本数	2536	2536	2536	2536	2536	2536
AdjR²	0.6322	0.6325	0.6323	0.6328	0.6318	0.6446

注：***、**、*分别表示在1%、5%、10%水平上显著，括号内为t值。

表9采用去掉2006年的数据的回归结果对照，可以看到除了高管学历对环境信息披露制度的发挥不显著以外，其他的公司治理方面：国有控股股东、独立董事比例、两职合一、监事会规模等对环境信息披露制度的发挥执行均有显著作用。对照前述保持了2006年数据的回归的区别在于两职合一和监事会规模之前不显著，而去掉2006年的数据显著，其他基本一致，说明本文的检验具有较好的稳健性。同时我们发现在没有新旧准则差异的基础上进行的回归分析数据指标显示公司治理中除了高管学历一项外，均可增强制度对环境信息披露的促进作用。

七、结　论

本文在给出环境信息披露制度定义的基础上，验证了制度对企业环境信息披露有显著的正向关系，即环境信息披露的法律法规的颁布及实施提高了企业环境信息披露水平。

同时，根据本文的分析和检验得出以下结论：公司规模大、盈利能力强以及财务杠杆高的上市公司环境信息披露水平更高。在控制了上述公司规模、盈利能力及财务杠杆等公司特征的基础上，分别从股权特征、董事会特征、监事会特征和高管特征四个方面检验公司治理因素增强了制度对环境信息披露的促进作用。发现：①公司治理中的国有控股的股东增强了制度对企业环境信息披露的促进作用；②董事会特征中的独立董事能促进制度对企业环境信息披露水平的发挥。另外，本文的稳健性证明部分的发现也为后续研究有一定的提示作用，说明新会计准则实施前后的相关会计数据的运用要谨慎。因为去掉 2006 年的数据的检验结果可以发现，公司治理中除了高管学历以外，其他因素都增强了制度对环境信息披露的促进作用。

综上所述，本文的研究发现了制度对环境信息披露水平的提高有重要的作用，同时公司治理增强了制度对环境信息披露的促进作用，本项研究结果为《上市公司环境信息披露指南》的出台提供了证据支持，也为完善环境信息披露的制度设计提供了经验证据。

参考文献

［1］保罗·R. 伯特尼，罗伯特·N. 史蒂文斯. 环境保护的公共政策. 穆贤清，方志伟译，上海：上海三联书店，上海人民出版社，2004.

［2］李晚金，匡小兰，龚光明. 环境信息披露的影响因素研究——基于沪市 201 家上市公司的实证研究. 财经理论与实践，2008（3）：47 – 51.

［3］李维安. 中国上市公司治理评价与指数分析——基于 2006 年 1249 家公司. 管理世界，2007（5）：104 – 114.

［4］沈洪涛，刘江宏. 国外企业环境信息披露的特征、动因和作用. 中国人口、资源与环境，2010（3）：76 – 80.

［5］汤亚莉，陈自力，刘星等. 我国上市公司环境信息披露状况及影响因素的实证研究. 管理世界，2006（1）：158 – 159.

［6］王建明. 环境信息披露、行业差异和外部制度压力相关研究——来自我国沪市上市公司环境信息披露的经验证据. 会计研究，2008（6）：54 – 62.

［7］肖淑芳，胡伟. 我国企业环境信息披露体系建设. 会计研究，2005（3）：10 – 11.

［8］肖华，张国清. 公共压力与公司环境信息披露——基于"松花江事件"的经验研究. 会计研究，2008（5）：15 – 23.

［9］Anderson J. , Frankle. A Voluntary Social Reporting: An Iso – Beta Portfolio Analysis. The Accounting Review, 1980（7）：467 – 479.

［10］Brammer S. , Pavelin S. Voluntary Environmental Disclosures by Large UK Companies. Journal of Business Finance and Accounting, 2006, 33 (7 – 8): 1167 – 1188.

［11］Cho C. H. , Patten D. M. The Role of Environmental Disclosures as to Viols of Legitimacy: A Research Note. Accounting, Organizations and Society, 2007, 32 (7 – 8): 639 – 647.

［12］Deegan C. , Gordon B. 1996. A Study of the Environmental Disclosure and Public Policy pressure. Journal of Accounting and Public Policy, 1996, 16 (2): 125 – 154.

［13］Freedman M. , Jaggi B. Gp. Global Warming, Commitment to the Kyoto Protocol, and Accounting Disclosures by the Largest Global Public Firms from Polluting Industries. The International Journal of Accounting, 2005, 40 (3): 215 – 232.

［14］Wiseman J. An Evaluation of Environmental Disclosures Made in Corporate Annual Reports. Accounting, Organizations and Society, 1982, 7 (1): 53 – 63.

Environment Information Disclosure System, Corporate Governance and Environment Information Disclosure

Bi Qian   Peng Yu   Zuo Yongyan

Abstract: The enterprise environment information disclosure embodies that the listed companies are abided by the system of environment information disclosure, but also increase the public to understand the behavior of the listed company; In turn, this will cause the listed company to change some of their behavior. In this paper, based on the definition of system of the enterprise environment information disclosure, we studied the environment information disclosure of heavy pollution enterprise from annual report and the independent report in 2006 ~ 2010 in China. We prove that the system is significant positive relationship with of enterprise information disclosure environment. That is, the laws and regulations of the environment information disclosure improved the level of enterprise environment information disclosure. The study verified that the corporate governance could increase the promoting function of the system to enterprise environment information disclosure. The results provided the evidence for "the environment information disclosure guide on the listed company", also hope the study to provide evidence of experience for perfecting the design of enterprise environment information disclosure system.

Key Words: Environment Information Disclosure System; Corporate Governance; Environment Information Disclosure

第二节

英文期刊论文精选

文章名称：隐含的资本成本：一种新方法

期刊名称：会计学与经济学杂志

作　　者：胡可为、范迪克、张应雷

出版时间：2012 年第 3 期

内容提要：我们使用截面模型的盈余预测作为预期现金流的代理变量，对 1968 ~ 2008 年大量公司样本的隐含的资本成本（ICC）进行了估计。在覆盖范围、预测偏差和盈余反应系数方面，由截面模型产生的盈余预测优于分析师的盈余预测。除此之外，相较于基于分析师预测的隐含资本成本，基于模型的隐含资本成本是更加可信赖的预期收益的代理变量。

关键词：截面盈余模型；盈余预测；预期收益；隐含资本成本；资产定价测试

Name of Article：The Implied Cost of Capital：A New Approach

Name of Journal：Journal of Accounting & Economics

Authors：Hou K. W. ， van Dijk， M. A. ， Zhang， Y. L.

Issue：2012 （3）

Abstract：We use earnings forecasts from a cross – sectional model to proxy for cash flow expectations and estimate the implied cost of capital（ICC）for a large sample of firms over 1968 – 2008. The earnings forecasts generated by the cross – sectional model are superior to analysts' forecasts in terms of coverage， forecast bias， and earnings response coefficient. Moreover， the model – based ICC is a more reliable proxy for expected returns than the ICC based on analysts' forecasts. We present evidence on the cross – sectional relation between firm – level characteristics and exante expected returns using the model – based ICC.

Key Words：Cross – sectional Earnings Model； Earnings Forecasts； Expected Returns； Implied Cost of Capital； Asset Pricing Tests

文章名称：所得税会计的研究

期刊名称：会计与经济

作　　者：格拉哈姆·约翰、雷德·亚娜、沙克尔福德·道格拉斯

出版时间：2012 年第 1～2 期

内容提要：本文全面回顾了所得税会计的文献。我们首先识别了所得税会计的四个方面并且简洁地介绍了围绕所得税会计的法规。接下来，我们仔细地回顾了已有的文献并为未来的研究提出建议。我们强调了那些已经被提出的研究问题（其中大多数是关于所得税账户是否参与盈余管理以及所得税账户能否被资本市场投资者识别）。我们同样强调了那些还没受到足够关注的领域以及值得进一步分析的领域。

关键词：所得税会计；税会差异；盈余管理；市场定价

Name of Article：Research in Accounting for Income Taxes

Name of Journal：Journal of Accounting and Economics

Authors：John R. Graham, Jana S. Raedy, Douglas A. Shackelford

Issue：2012 （1 - 2）

Abstract：This paper comprehensively reviews the Accounting for Income Taxes (AFIT) literature. We begin by identifying four distinctive aspects of AFIT and briefly covering the rules surrounding AFIT. We then review the existing studies in detail and offer suggestions for future research. We emphasize the research questions that have been addressed (most of which relate to whether the tax accounts are used to manage earnings and whether the tax accounts are priced by equity market participants). We also highlight areas that have not received much research attention and that warrant future analysis.

Key Words：Accounting for Income Taxes; Book - tax Differences; Earnings Managements; Market Pricing

文章名称： 会计研究中的选择模型

期刊名称： 会计评论

作　　者： 伦诺克斯·克莱夫、弗朗西斯·杰雷

出版时间： 2012 年第 2 期

内容提要： 本文的研究解释了一些关于利用赫克曼（1979）程序控制自选择偏误的挑战，评估了其在会计研究中的应用质量，并对更好地实施选择模型提供了一定指导。一项涵盖主流期刊75%会计文献的调查揭示了许多研究者机械地运用了这一技术，对围绕这一技术使用的经济问题关注较少。受到已有文献的启发，我们利用经验的案例阐释了选择模型的脆弱性，其可能由于模型设定的较小改动而导致产生直观的任何可能的结果。我们在结论部分对研究者如何更好地应用选择模型给出了一些指导，以期提供关于选择偏误更确信的证据，包括证实模型设定的需要以及关于敏感性与多重共线性的敏感性分析。

关键词： 选择模型；赫克曼；选择偏误；内生性；处理效应模型

Name of Article： Selection Models in Accounting Research

Name of Journal： The Accounting Review

Authors： Clive S. Lennox，Jere R. Francis

Issue： 2012（2）

Abstract： This study explains the challenges associated with the Heckman（1979）procedure to control for selection bias，assesses the quality of its application in accounting research，and offers guidance for better implementation of selection models. A survey of 75 percent accounting articles in leading journals reveals that many researchers implement the technique in a mechanical way with relatively little appreciation of important econometric issues and problems surrounding its use. Using empirical examples motivated by prior research，we illustrate that selection models are fragile and can yield quite literally any possible outcome in response to fairly minor changes in model specification. We conclude with guidance on how researchers can better implement selection models that will provide more convincing evidence on potential selection bias，including the need to justify model specifications and careful sensitivity analyses with respect to robustness and multicollinearity.

Key Words： Selection Model；Heckman；Selection Bias；Endogeneity；Treatment Effect Model

文章名称：现金持有的价值和会计稳健性

期刊名称：当代会计研究

作　　者：路易斯、艾米·孙、乌尔坎

出版时间：2012 年第 4 期

内容提要：我们假设会计保守主义会减轻与现金持有相关的价值破坏问题。与这一猜想相一致，我们发现多持有一美元现金的市场价值在会计保守时会上升。在控制了公司治理、盈余质量、以往股票绩效、潜在的未被注意的公司异质性、会计稳健性的潜在内生变化以及其他相关变量后，这一结果依然稳健。大多数关于稳健性的文献都讨论了它减轻所有者/经理层和债务持有人之间的利益冲突以及减少债务成本的角色。我们的分析显示会计稳健性也可以通过提升经理人对现金持有的使用效率来减轻与股东和经理人之间激励冲突有关的代理成本，从而为股东提供更加直接的利益。会计稳健性的概念会降低经理参与价值破坏项目的动机。然而，我们的研究首先实证确认了会计稳健性提升了现金持有价值。鉴于近年来美国公司巨大的现金持有增长速度以及可能由现金持有所引发的巨大价值损失，这一证据显得尤为重要。

关键词：权责发生制估计错误；公司治理；可操纵性应计；投资决策；公司价值

Name of Article：Value of Cash Holdings and Accounting Conservatism

Name of Journal：Contemporary Accounting Research

Authors：Louis H. , Sun A. X. , Urcan O.

Issue：2012（4）

Abstract：We posit that accounting conservatism could mitigate the value associated with increases in cash holdings. Consistent with this conjecture, we find that the market value of an additional dollar in cash holdings increases in accounting conservatism. This result is robust to controlling for strength of corporate governance, earnings quality, past stock performance, potential unobserved firm heterogeneity, potential endogenous changes in conservatism, and other relevant variables. Most of the discussion about conservatism in the literature is about its role in mitigating conflicts of interest between owners/managers and debtholders and in reducing the cost of debt. Our analysis suggests that accounting conservatism also mitigates agency costs related to incentive conflicts between shareholders and managers by inducing a more efficient use of cash holdings by managers, thereby providing direct benefits to shareholders. The notion that accounting conservatism would reduce managers' incentives to engage in value – destroying projects has long been suggested in the literature. However, our study is the first to empirically establish that accounting conservatism increases the value of cash holdings. This evidence is particularly important in light of the tremendous growth in cash holdings in the United States in recent years and the massive value losses that can result from cash holdings.

Key Words：Accrual Estimation Errors；Corporate Governance；Discretionary Accruals；Investment Decisions；Firm Value

文章名称：经常性账户仍然重要吗？

期刊名称：美国经济评论

作　　者：奥布斯特费尔德·莫里斯

出版时间：2012 年第 3 期

内容提要：在深度发展的国际金融市场，总的双向资金流经常压缩了以经常性账户计量的净资金流。那么，全球经常性账户不平衡仍然重要吗？与完全市场或"合意成年人"的世界观不同，大额经常账户不平衡尽管很可能由基本面提供担保并且受到欢迎，也能够预示着严峻的宏观经济与资金压力，正如 20 世纪中叶讨论过的例子一样。进一步，尽管国家间的净国际投资形势中增加的大额估值变动对风险分布产生潜在重要影响，然而其并不能借此系统地抵销经常性账户所影响的国家经济健康的变动。要求密切注意全球不平衡的因素同样暗示着总的国际资金流与形势是任何资金稳定风险评估的核心。杠杆实体的资产负债表不匹配是对潜在的不稳定最直接的指示器。此外，由于经常性账户失衡可能是更深层次的资金威胁正在聚集的症状，这种不匹配又不仅仅导致了全球失衡。

关键词：可比性；国际会计准则；国际会计

Name of Article：Does the Current Account Still Matter?

Name of Journal：American Economic Review

Authors：Maurice Obstfeld

Issue：2012（3）

Abstract：Do global current account imbalances still matter in a world of deep international financial markets where gross two – way financial flows often dwarf the net flows measured in the current account? Contrary to a complete markets or "consenting adults" view of the world, large current account imbalances, while very possibly warranted by fundamentals and welcome, can also signal elevated macroeconomic and financial stresses, as was arguably the case in the mid – 2000s. Furthermore, the increasingly big valuation changes in countries' net international investment positions, while potentially important in risk allocation, cannot be relied upon systematically to offset the changes in national wealth implied by the current account. The same factors that dictate careful attention to global imbalances also imply, however, that data on gross international financial flows and positions are central to any assessment of financial stability risks. The balance sheet mismatches of leveraged entities provide the most direct indicators of potential instability, much more so than do global imbalances, though the imbalances may well be a symptom that deeper financial threats are gathering.

Key Words：Comparability；IFRS；International Accounting

文章名称： 在要求的商誉减值过程中，使用无法核实的估计的证据

期刊名称： 会计研究评论

作　　者： 拉马纳·卡辛克、瓦茨·罗丝

出版时间： 2012 年第 4 期

内容提要： 财务会计准则公告第 142 条要求管理者估计商誉的近期公允价值进而决定商誉的摊销。在准则的推广过程中，会计准则委员会预测，平均来看，管理层将利用公允价值估计去传递关于未来现金流的私人信息。商誉的近期公允价值部分依赖于管理层的未来行动（包括管理层对公司战略的概念化与执行），是无法核实的。因此，平均来讲，代理理论预测管理者将依据其私人动因利用财务会计准则公告第 142 条所赋予的自由裁量权。我们用市场预期会商誉减值的公司样本检验了这些假设。与代理理论预测的一致，我们的证据并没有支持私有信息假设。

关键词： 代理理论；商誉减值；公允价值会计；会计准则委员会；财务会计准则公告第 142 条

Name of Article： Evidence on the Use of Unverifiable Estimates in Required Goodwill Impairment

Name of Journal： Review of Accounting Studies

Authors： Karthik Ramanna, Ross L. Watts

Issue： 2012 （4）

Abstract： SFAS 142 requires managers to estimate the current fair value of goodwill to determine goodwill write – offs. In promulgating the standard, the FASB predicted managers will, on average, use the fair value estimates to convey private information on future cash flows. The current fair value of goodwill is unverifiable because it depends in part on management's future actions (including managers' conceptualization and implementation of firm strategy). Thus, agency theory predicts managers will, on average, use the discretion in SFAS 142 consistent with private incentives. We test these hypotheses in a sample of firms with market indications of goodwill impairment. Our evidence, while consistent with some agency – theory derived predictions, does not confirm the private information hypothesis.

Key Words： Agency Theory; Goodwill Impairment; Fair – value Accounting; FASB; SFAS 142

文章名称：金融危机期间银行估值和会计自由裁量权

期刊名称：会计与经济学杂志

作　　者：哈里·赫伊津哈、卢克·莱文

出版时间：2012 年第 12 期

内容提要：本文展示了美国次贷危机期间银行高估了其不良资产和监管资本的价值。在银行的资产负债表中，房地产价值被高估，特别是资产市场价值较大的银行。拥有大型按揭证券的银行对不良贷款的准备金也较低。更进一步，陷入困境的银行对按揭证券使用自由裁量来使其准备金膨胀。我们的结果表明，银行资产负债表表现了扭曲的银行财务健康，并提供了宽松的监管和不遵守会计准则的支持性证据。

关键词：会计；银行业；金融危机；经理自主权；监管宽容

Name of Article：Bank Valuation and Accounting Discretion During a Financial Crisis

Name of Journal：Journal of Financial Economics

Authors：Huizinga Harry, Laeven Luc

Issue：2012 （12）

Abstract：This paper shows that banks overstate the value of distressed assets and their regulatory capital during the US mortgage crisis. Real estate – related assets are overvalued in banks' balance sheets, especially those of bigger banks, compared to the market value of these assets. Banks with large exposure to mortgage – backed securities also provision less for bad loans. Furthermore, distressed banks use discretion over the classification of mortgage – backed securities to inflate their books. Our results indicate that banks balance sheets offer a distorted view of the financial health of the banks and provide suggestive evidence of regulatory forbearance and noncompliance with accounting rules.

Key　Words：Accounting; Banking; Financial Crisis; Managerial Discretion; Regulatory Forbearance

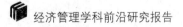

文章名称：金融困境中的政治经济：东亚金融危机与国际会计准则的推广

期刊名称：会计、组织、社会

作　　者：阿诺德·帕特丽夏

出版时间：2012 年第 1 期

内容提要：在东亚金融危机之后，西方国家建立了一个基于增强金融透明度与包括国际金融报告与审计准则在内的新的国际金融构架，以期治理一个扩张的、有危机倾向的国际金融系统。本文检验了西方对 20 世纪 90 年代后期金融危机的反应以及对综合了制度分析与政治经济理论视角的国际会计准则的提升与传播的影响。我们旨在去理解由 20 世纪末国际政治经济转变触发的会计历史的主动或被动的形成方式。其间，金融资本与金融部门的力量在资本积累的过程中起到了越来越重要的核心角色。

关键词：构架；模型

Name of Article：The Political Economy of Financial Harmonization：The East Asian Financial Crisis And the Rise of International Accounting Standards

Name of Journal：Accounting，Organizations and Society

Authors：Patricia J. Arnold

Issue：2012（1）

Abstract：In the aftermath of the East Asian financial crisis，western nations established a new international financial architecture that relied upon enhanced financial transparency and international financial standards，including international financial reporting and auditing standards，to govern an expanding and crisis – prone international financial system. This paper examines the West's response to financial crisis in the late 1990s and its implications for the rise and diffusion of international accounting standards from a theoretical perspective that blends institutional analysis and political economy. The aim is to understand how the history of accounting has both shaped and been shaped by transformations in the late 20th century international political economy where financial capital and the power of the financial sector play an increasingly central role in the process of accumulation.

Key Words：Architecture；Model

文章名称：一只方便的替罪羊：金融危机期间的商业银行公允价值会计

期刊名称：会计评论

作　　者：巴德舒·布拉德、伯克斯·杰弗里、伊斯顿·皮特

出版时间：2012 年第 1 期

内容提要：批评者认为，美国会计准则中的公允价值条款通过缩减银行监管资本抑制贷款、触发资产销售导致进一步的经济动荡，进而恶化了近期的金融危机。支持者则反驳到，公允价值条款并不必然导致批评者声称的顺周期效应。我们的证据显示公允价值条款并没有以批评者普遍声称的方式影响商业银行。首先，我们展示了公允价值损失对监管资本的影响非常小。其次，我们检查了证券机构在危机期间的销售额，发现了银行出售证券应对资本稀释指控的混合证据。然而，源于资本稀释指控的这部分销售在经济上并不显著——危机期间，缺乏行业或公司层面的证券销售显著增长。

关键词：监管资本；准则制定；非短期减值；公允价值会计；市价调整；顺周期；传染；信用危机；资产销售

Name of Article：A Convenient Scapegoat：Fair Value Accounting by Commercial Banks during the Financial Crisis

Name of Journal：The Accounting Review

Authors：Brad A. Badertscher, Jeffrey J. Burks, Peter D. Easton

Issue：2012（1）

Abstract：Critics argue that fair value provisions in U. S. accounting rules exacerbated the recent financial crisis by depleting banks' regulatory capital, which curtailed lending and triggered asset sales, leading to further economic turmoil. Defenders counter – argue that the fair value provisions were insufficient to lead to the pro – cyclical effects alleged by the critics. Our evidence indicates that these provisions did not affect the commercial banking industry in the ways commonly alleged by critics. First, we show that fair value accounting losses had minimal effect on regulatory capital. Then, we examine sales of securities during the crisis, finding mixed evidence that banks sold securities in response to capital – depleting charges. However, the sales that potentially resulted from the charges appear to be economically insignificant, as there was no industry – or firm – level increase in sales of securities during the crisis.

Key Words：Regulatory Capital；Standard Setting；Other – than – temporary Impairments；Fair Value Accounting；Mark – to – market；Pro – cyclical；Contagion；Credit Crisis；Asset Sales

文章名称： 基于国际会计准则的会计数据与基于美国公认会计准则的会计数据可比吗？

期刊名称： 会计与经济学杂志

作　　者： 巴斯·玛丽、兰兹曼·维恩、兰·马克、威廉姆斯·克里斯多夫

出版时间： 2012 年第 1 期

内容提要： 本文的研究检验了非美国公司应用国际会计准则所产出的会计数据与美国公司应用公认会计准则的公认会计准则所产出的会计数据是否可比的问题。当公司应用国际会计准则而不是应用当地会计准则时，应用国际会计准则的公司相比于应用美国公认会计准则的公司拥有更强大的会计系统与价值相关性。其中，强制采用国际会计准则、位于普通法与高强度执法国家以及近几年采用国际会计准则的公司的会计数据的可比性更好。更好的可比性潜在来源于盈余平滑、应计质量以及及时性。尽管国际会计准则的应用已经增强了财务报告与美国公司的可比性，但是显著的差异仍然存在。

关键词： 可比性；国际会计准则；国际会计

Name of Article： Are IFRS – based and US GAAP – based Accounting Amounts Comparable?

Name of Journal： Journal of Accounting and Economics

Authors： Mary E. Barth，Wayne R. Landsman，Mark Lang，Christopher Williams

Issue： 2012（1）

Abstract： This study examines whether application of IFRS by non – US firms results in accounting amounts comparable to those resulting from application of US GAAP by US firms. IFRS firms have greater accounting system and value relevance comparability with US firms when IFRS firms apply IFRS than when they applied domestic standards. Comparability is greater for firms that adopt IFRS mandatorily，firms in common law and high enforcement countries，and in more recent years. Earnings smoothing，accrual quality，and timeliness are potential sources of the greater comparability. Although application of IFRS has enhanced financial reporting comparability with US firms，significant differences remain.

Key Words： Comparability；IFRS；International Accounting

文章名称：规则导向的会计准则和诉讼

期刊名称：会计评论杂志

作　　者：多纳尔森·达因、麦金尼斯·约翰、默根瑟勒·理查德

出版时间：2012 年第 7 期

内容提要：一些人声称以规则为基础的会计准则将公司阻挡于诉讼之外，同时其他人认为违反详细的规则给了原告一个通向诉讼成功的"地图"。我们通过调查以规则为基础的会计准则是否与证券诉讼安全等级的发生及出现有关来对这一争论发表意见。整体上，研究结果表明以规则为基础的会计准则与较低的诉讼发生率有关，而与诉讼结果无关。这些结果使得从以美国 GAAP 准则为基础转变为以 IFRS 准则为基础的争论变得有趣。

关键词：原则基础的会计准则；规则基础的会计准则；安全港；证券诉讼

Name of Article：Rules – Based Accounting Standards and Litigation

Name of Journal：Accounting Review

Authors：Donelson Dain C. ，McInnis John M. ，Mergenthaler Richard D.

Issue：2012（7）

Abstract：Some claim that rules – based accounting standards shield firms from litigation, while others argue that violations of detailed rules give plaintiffs a "roadmap" to successful litigation. We inform this debate by investigating whether rules – based standards are associated with the incidence and outcome of securities class action litigation. Overall，our results suggest that rules – based standards are associated with a lower incidence of litigation but are not associated with litigation outcomes. These results are of interest in the debate regarding the switch from a more rules – based U. S. GAAP to a more principles – based IFRS.

Key Words：Principles – based Standards；Rules – based Standards；Safe Harbor；Securities Litigation

文章名称：非金融公司中的金融工具：我们知道什么？

期刊名称：会计商业研究

作　　者：格布哈特·金特

出版时间：2012 年第 3 期

内容提要：金融工具会计是最具争议的会计准则制定问题。准则制定者扩大公允价值计量范围的尝试激发了编报者们，特别是来自金融行业人士的强烈反对。来自于其他行业的反对虽然不频繁也不那么尖锐，但也客观存在。学术研究能够帮助把这些争议带到更客观的层次。现有的多数研究聚焦于金融行业以及用美国 20 世纪 90 年代以后的数据。最近的研究文献更多地采用了 IFRS 国际财务报告的识别与计量数据，同样也主要聚焦于金融行业。本文就基于 STOXX 欧洲 600 指数的非金融公司的金融工具的适当性提供了新的证据。研究结果拒绝了这样的误解：金融工具的公允价值计量是普遍的，公允价值的计量具有第三级质量问题。这个实证证据为现有的小规模的研究形成了背景，这些研究聚焦在关于金融工具的会计准则对非金融企业的影响上。这些调研覆盖了对风险管理影响的研究以及对使用者决策的研究。在实证部分与调研部分，我识别了一定量的领域，以期在进一步研究中克服当前贫乏的知识状态。

关键词：债务；契约；公允价值；会计谨慎性

Name of Article：Financial Instruments in Non – financial Firms：What Do We Know?

Name of Journal：Accounting and Business Research

Authors：Günther Gebhardt

Issue：2012 （3）

Abstract：Accounting for financial instruments is one of the most controversial standard setting issues. Attempts by standard setters to expand the scope of fair value measurement provoked fierce opposition from preparers, in particular from the financial industry but also, albeit less frequently and less scathingly, from non – financial firms. Academic research could help to bring the discussion onto a more objective level. Most of the existing research focuses on the financial industry and uses US disclosure data from the 1990s. More recent papers use recognition and measurement data from IFRS financial statements, again primarily from the financial industry. This paper provides novel evidence on the relevance of financial instruments for non – financial firms of the STOXX Europe 600 Index. The results in particular refute the myths that fair value measurement of financial instruments is pervasive and that many fair value measurements are of the problematic "level 3" quality. The empirical evidence forms the background for a survey of the small body of existing research on the effects of accounting standards relating to financial instruments on non –

financial firms. This survey covers research on the effects on risk management, on the volatility of cash flows and earnings, on earnings management and on the effects on user decisions. Both in the empirical sections and in the survey sections, I identify a number of areas for further research to overcome the poor current state of knowledge.

Key Words: Debt; Covenants; Fair Value; Accounting Conservatism

文章名称：基于 IFRS 和基于美国 GAAP 准则的会计数量可比吗？

期刊名称：会计与经济学杂志

作　　者：兰兹曼·韦恩、朗·马克、威廉姆斯·克里斯多夫、巴斯·玛丽

出版时间：2012 年第 8 期

内容提要：本文检验了运用 IFRS 准则的非美国公司是否与运用美国 GAAP 准则的美国公司得到的会计数量可比。与应用国内准则相比，当非美国公司运用 IFRS 准则时，其拥有更好的会计系统和与美国公司更高的相关价值可比性。强制采用 IFRS 的公司具有更高的可比性，这些公司最近几年分布在实施普通法和高执行力的国家中。盈余平滑性、应计利润质量以及及时性是更高可比性的潜在来源。尽管 IFRS 的盈余已经增强了财务报告与美国公司的可比性，但是仍存在一些差异。

关键词：可比性；IFRS；国际会计；M41

Name of Article：Are IFRS – based and US GAAP – based Accounting Amounts Comparable？

Name of Journal：Journal of Accounting & Economics

Authors：Landsman, Wayne R. , Lang, Mark, Williams, Christopher, Barth, Mary E.

Issue：2012（8）

This study examines whether application of IFRS by non – US firms results in accounting amounts comparable to those resulting from application of US GAAP by US firms. IFRS firms have greater accounting system and value relevance comparability with US firms when IFRS firms apply IFRS than when they applied domestic standards. Comparability is greater for firms that adopt IFRS mandatorily, firms in common law and high enforcement countries, and in more recent years. Earnings smoothing, accrual quality, and timeliness are potential sources of the greater comparability. Although application of IFRS has enhanced financial reporting comparability with US firms, significant differences remain.

Key Words：Comparability；IFRS；International Accounting；M41

文章名称：管理会计系统对精益生产影响的比较分析

期刊名称：国际技术管理

作　　者：威利斯·肯尼思、斯卡尔帕·里卡尔多、阿克于特·梅林达

出版时间：2012 年第 18 期

内容提要：自 20 世纪 90 年代以来，精益原则与实践已经被许多公司广泛运用。这些公司现在开始明白传统的成本会计方法可能阻止他们正在实施的精益生产的积极性。这来自一个重要的问题：哪一种成本管理与会计方法最好地支持新实施的精益原则与实践？本文通过单一业绩度量（净利润）的仿真模型检验了三种不同的管理会计系统对精益生产实施的相关影响。本文研究中的管理会计备选方案包括传统管理会计（TMA）、作业成本法（ABC）与价值流成本（VSC）。本文通过过程模拟与统计设计的试验方法比较了这三种管理会计备选方案。结果显示 VSC 加强了从销售端到管理端的信息转换，看上去在精益生产的运营观点与财务观点之间架设了一座桥梁。

关键词：英语语言的熟练程度；会计教育；国际学生

Name of Article： A Comparative Analysis of Management Accounting Systems' Impact on Lean Implementation

Name of Journal： International Journal of Technology Management

Authors： Kenneth G. Willis, Riccardo Scarpa, Melinda Acutt

Issue： 2012 （18）

Abstract： Lean principles and practices have been widely adopted by many companies since the early 1990s. These companies are now beginning to realise that traditional costing and accounting methods may hinder the lean initiatives that they are implementing. This raises an important question："Which cost management and accounting approaches best support the newly implemented lean principles and practices?" This paper examines the relative impact of three different management accounting systems on lean manufacturing implementation through simulation modelling with a single performance metric—net income. Three management accounting alternatives included in this study：traditional management accounting（TMA）, activity – based costing（ABC）, and value stream costing（VSC）. This study compares these three management accounting alternatives using process simulation and statistically designed experimental methods. The results demonstrate that VSC appears to provide a bridge between operational views and financial views of lean, which enhances the transfer of information from shop level to management level.

Key Words： English Language Proficiency；Accounting Education；International Students

文章名称：在供应链中基于价值的业绩、风险管理：一个稳健的最优路径

期刊名称：国际生产经济

作　　者：哈恩、库恩

出版时间：2012 年第 1 期

内容提要：整合业绩与风险管理是全面增加股东价值的关键杠杆。在本文中，我们在供应链中为基于价值的业绩风险最优化发展了一个相应的框架。作为一个度量基于价值的业绩的流行方式，经济增加值（EVA）被应用于期中销售和运营计划当中。由于预期事件的不确定性，稳健的最优方法被用来处理实物以及财务供应链管理中的运营风险。通过案例式的数量分析，我们强调了这个框架在多方面的稳健性以及普遍的寓意。

关键词：供应链管理；销售与运营计划；稳健最优化；基于价值的管理；风险管理

Name of Article：Value – based Performance and Risk Management in Supply Chains：A Robust Optimization Approach

Name of Journal：International Journal of Production Economics

Authors：Hahn G. J. , Kuhn H.

Issue：2012（1）

Abstract：Integrated performance and risk management is the key lever to increase shareholder value holistically. In this paper, we develop a corresponding framework for value – based performance and risk optimization in supply chains. Economic Value Added (EVA) as a prevalent metric of value – based performance is applied to mid – term sales and operations planning (S&OP). Robust optimization methods are utilized to deal with operational risks in physical and financial supply chain management due to the uncertainty of future events. Multiple aspects of robustness and general implications of the framework are highlighted using a case – oriented numerical analysis. （C）2011 Elsevier B. V. All rights reserved.

Key Words：Supply Chain Management；Sales and Operations Planning；Robust Optimization；Value – based Management；Risk Management

文章名称： 使用作业成本法对小公司财务业绩的滞后影响

期刊名称： 小商业管理

作　　者： 简卡娜·西尼卡、西尔沃拉·汉娜

出版时间： 2012 年第 3 期

内容提要： 本文通过调研作业成本法对小公司业绩的滞后影响为关于初创期的小商业文献作出了贡献。并且，我们考察了小公司以往的业绩是否驱动了对作业成本法的采用，以及作业成本法的使用程度是否反过来提升了公司在即期的业绩。总之，调查的结果指示有足够财务资源的小公司以及经历增长放缓的公司倾向于采用作业成本法，并且，这有利于这些公司的后续增长与盈利能力。小公司看上去受益于作业成本法。

关键词： 控制图；非线性利润；参数非线性回归；动力系统制造；随机效应

Name of Article： Lagging Effects of the Use of Activity – Based Costing on the Financial Performance of Small Firms

Name of Journal： Journal of Small Business Management

Authors： Sinikka Jänkälä, Hanna Silvola

Issue： 2012 （3）

Abstract： This paper contributes to the earlier small business literature by investigating the lagging effects of the use of activity – Based costing （ABC） on small firms' performance. Moreover, we examine if the small firms' past financial performance drives the a-doption of ABC and explore whether the extent of ABC use leads, in turn, to improvements in firms' financial performance in the immediate future. In sum, the survey results indicate that small firms with adequate financial resources as well as firms experiencing declining growth tend to use ABC and such use facilitates their subsequent growth and profitability. Small firms seem to benefit from using ABC.

Key Words： Control Charts；Nonlinear Profiles；Parametric Nonlinear Regression；Power-train Manufacturing；Random Effects

文章名称： 制造—零售销售链成本收入协作

期刊名称： 欧洲运营研究

作　　者： 马库斯·昆特

出版时间： 2012 年第 2 期

内容提要： 在工业经济、市场营销以及运营研究的文献中，建立有效的制造—零售渠道协作是一个热门的讨论话题。但是考虑消费者需求同时受到价格与非价格因素影响的研究非常少。模型的一个子集调研了非线性关税下的有效契约，但是需要一些很少在管理实践中能被观察到的机制。另外一些分析可选择忠诚支付渠道效率的效果，但是忽略了去设计一种有效的契约。我们对这类文献的贡献在于调查了满足渠道协作的忠实支付契约。基于对潜在外部性的分析，我们的结果显示渠道协作要求通过在制造与零售两个水平上的收入共享率与市场渗透率形成成本收入的共享。一些值得强调的特别结果如下：存在一个连续的有效契约；有效契约要求零售商参与至少 50% 的制造商市场开拓成本；此外，渠道协作并不必然要求消除双边边际。制造商与零售商能够通过对批发价格的讨价还价选择有效的契约。基于忠实制造商—零售商渠道接受新型的忠实支付是管理层的主要挑战。我们也讨论了苹果手机新品上市的案例与新颖餐馆的特许经营案例，去解释与强调我们结果的适当性。

关键词： 市场；渠道协作；合作宣传；收入共享；博弈理论

Name of Article： Coordination via Cost and Revenue Sharing in Manufacturer - retailer Channels

Name of Journal： European Journal of Operational Research

Authors： Kunter Marcus

Issue： 2012 （2）

Abstract： The problem of establishing efficiency in a manufacturer - retailer channel（channel coordination）is extensively discussed in the industrial economics，the marketing and the operations research literature. However，studies considering consumer demand to be simultaneously affected by price and non - price variables are scarce. One subset of models investigates efficient contracts with non - linear tariffs，but requires mechanisms which are rarely observed in managerial practice. The other subset analyses channel efficiency effects of alternative royalty payments，but omits to design an efficient contract. We contribute to this literature by investigating a contract of royalty payments that is sufficient for channel coordination. Based on the analysis of the underlying vertical externalities，we show that channel coordination requires cost and revenue sharing via a revenue sharing rate and marketing effort participation rates on both manufacturer and retailer level. Some surprising findings are highlighted：there exists a continuum of efficient contracts. Efficiency requires a retailer's participation of at least 50% in the manufacturer's cost of marketing effort. Moreover，the elimination of double marginalisation is not necessary for channel coordination. Manufacturer and retailer can choose an efficient contract via bargaining over the wholesale price. The main challenge for managers will be to create acceptance of new types of royalty payments based on a trustful manufacturer – retailer relationship. We also discuss the cases of the Apple iPhone market launch and of innovative restaurant franchising to further illustrate and underline the relevance of our results.

Key Words: Marketing; Channel Coordination; Cooperative Advertising; Revenue Sharing; Game Theory

文章名称： 考虑运输费用折扣后的供应链网络设计

期刊名称： 交通研究 E—逻辑与交通评论

作　　者： 察奥·余中、卢阿·齐杰

出版时间： 2012 年第 2 期

内容提要： 本文讲述了一个考虑运输折扣后的完整的设施区位与存货分配问题。特别地，本文同时考虑了两种类型的运输折扣：针对运入成本的数量折扣和针对运出成本的距离折扣。本文采用了极大似然计算过程去简化 DC 距离的计算细节，利用非线性最优技术发展了解决上述供应链管理（SCM）问题的算法。数值研究揭示了解决程序以及模型参数对供应链管理决策与总成本的影响。本文的结果可以为管理者和行政人员提供参考。

关键词： 连续近似；设施区位分配；存货政策；供应链网络设计；运输成本折扣

Name of Article： A Supply Chain Network Design Considering Transportation Cost Discounts

Name of Journal： Transportation Research Part E：Logistics and Transportation Review

Authors： Yu – Chung Tsao, Jye – Chyi Lua

Issue： 2012 （2）

Abstract： This study addresses an integrated facility location and inventory allocation problem considering transportation cost discounts. Specifically, this article considers two types of transportation discounts simultaneously：quantity discounts for inbound transportation cost and distance discounts for outbound transportation cost. This study uses an approximation procedure to simplify DC distance calculation details, and develops an algorithm to solve the aforementioned supply chain management（SCM）problems using nonlinear optimization techniques. Numerical studies illustrate the solution procedures and the effects of the model parameters on the SCM decisions and total costs. Results of this study serve as a reference for business managers and administrators.

Key Words： Continuous Approximation；Facility Location Allocation；Inventory Policy；Supply Chain Network Design；Transportation Cost Discounts

文章名称：亲社会价值与业绩管理理论问题：连接认知社会影响与业绩管理实用

期刊名称：治理——国际政策机构与体系

作　　者：唐纳德·莫伊尼汉、桑杰克·潘迪、布兰得利·莱特

出版时间：2012 年第 3 期

内容提要：与官僚的负向代理理论假设一致，业绩管理技术被展示为一项针对节约现金和支持官僚义务的控制机制。我们基于亲社会价值提出了一个可替代的业绩管理理论。这一理论认为那些看得见自身工作的社会影响的公务员更可能使用业绩度量。那些认为他们自己的工作有强烈社会影响的公务员更有可能追求两种类型的使用，以期提升服务的有效性和维持资源。本文数据来自美国公共非营利雇员的面板数据调查。

关键词：公共服务动机；部门；工作；持续性；激励；治理；福利；改革；模型

Name of Article： Prosocial Values and Performance Management Theory：Linking Perceived Social Impact and Performance Information Use

Name of Journal： Governance – An International Journal of Policy Administration and Institutions

Authors： Moynihan Donald P. ，Pandey Sanjay K. ，Wright Bradley E.

Issue： 2012（3）

Abstract： Performance management techniques are presented as control mechanisms to save money and hold bureaucrats accountable，consistent with negative agency theory assumptions of bureaucrats. We propose an alternative theory of performance management that rests on prosocial values. This theory argues that public servants who see the social impact of their work are more likely to use performance metrics. We operationalize performance information use in terms of purposeful use for internal organizational means，and political use for external legitimation. Those who perceive that their work has a strong social impact are likely to pursue both types of uses，to improve both the effectiveness of their services，and to maintain resources. The data come from a cross – sectional survey of U. S. public and nonprofit employees.

Key Words： Public – service Motivation；Sector；Work；Persistence；Incentives；Government；Welfare；Reform；Model

文章名称：定性管理会计研究：评估交付和相关性

期刊名称：会计问题展评

作　　者：帕克·李

出版时间：2012 年第 1 期

内容提要：本文检验了定性研究在管理会计领域中的定位。它提供了一个批判性的思考及其对与实证会计定量研究文献相关的形象的赞赏。在会计文献中，管理会计研究在应用定性研究方法方面一直存在争议。同时借鉴管理会计和定性研究方法，本文主要评估了传统定性方法和未来定性方法在管理会计研究方面贡献的主要特征。传统定性造成了对管理会计的理解和批判，同时有能力应对从业人员和决策者的担忧。密切的人员参与、对过程的关注、接受情境的复杂性以及对组织现象主要的和反射性的理解仍然是传统的标志。

关键词：案例研究；管理会计；定性研究；自反性

Name of Article：Qualitative Management Accounting Research：Assessing Deliverables and Relevance

Name of Journal：Critical Perspectives on Accounting

Authors：Parker Lee D.

Issue：2012（1）

Abstract：This paper examines the positioning of qualitative research to date in the field of management accounting. It offers a critical reflection and an appraisal of its profile relative to the dominant positivist quantitative accounting research literature. In the accounting literature，management accounting research is arguably a leader in applying qualitative research methodologies. Drawing on both the management accounting and qualitative research methodology literatures，the paper critically evaluates key features of the qualitative tradition and the future trajectory of the qualitative contribution to management accounting research. The qualitative tradition emerges as contributing to the understanding and critiquing of management and accounting processes，as well as having the ability to address the concerns of practitioners and policymakers. Close researcher engagement with the field，a concern with process，embracing situational complexity，as well as critical and reflective understandings of organisational phenomena remain as hallmarks of the tradition.

Key Words：Case Studies；Management Accounting；Qualitative Research；Reflexivity

文章名称：经审计的财务报告和作为补充的自愿披露：确认假设的测试

期刊名称：会计与经济学杂志

作　　者：雷·鲍尔、苏达山·加雅拉曼、阿克什曼安·席瓦库玛

出版时间：2012 年第 1 期

内容提要：我们检验了"确认"假设即补充的经审计的财务报告和管理层私人信息的披露，由于独立验证的结果限制，因此增加了披露的可信度。致力于更高的审计费用（财务报告审核的一种方法）与对投资者来说更加频繁的、具体的、及时的、准确的管理层预测有关。因为私人信息的披露是经审计的财务报告的补充，所以他们的经济角色不能被分开评估。我们专门根据公告期的市场反应进行推断，因为经审计的财务报告不直接影响在其他时期通过其他渠道释放信息。

关键词：确认财务报告的作用；私人信息；可信承诺；自愿披露；管理层预测；审计核实

Name of Article：Audited Financial Reporting and Voluntary Disclosure as Complements：A Test of the Confirmation Hypothesis

Name of Journal：Journal of Accounting & Economics

Authors：Ball Ray, Jayaraman Sudarshan, Shivakumar Lakshmanan

Issue：2012（1）

Abstract：We examine the "confirmation" hypothesis that audited financial reporting and disclosure of managers' private information are complements, because independent verification of outcomes disciplines and hence enhances disclosure credibility. Committing to higher audit fees (a measure of financial statement verification) is associated with management forecasts that are more frequent, specific, timely, accurate and informative to investors. Because private information disclosure and audited financial reporting are complements, their economic roles cannot be evaluated separately. Our evidence cautions against drawing inferences exclusively from market reactions around "announcement periods" because audited financial reporting indirectly affects information released at other times and through other channels.

Key Words：Confirmatory role of Financial Reporting; Private Information; Credible Commitment; Voluntary Disclosure; Management Forecasts; Audit Verification

文章名称：财务报告频率、信息不对称和权益成本

期刊名称：会计和经济学杂志

作　　者：付仁辉、亚瑟·卡夫、张户爱

出版时间：2012 年第 4 期

内容提要：通过手工收集的从 1951 年到 1973 年企业临时报告的频率，我们检验了财务报告频率对信息不对称和权益成本的影响。结果表明，高频率的财务报告减少了信息不对称和权益成本，考虑到企业财务报告频率选择的内生性，这一结果是稳健的。当聚焦于强制性财务报告频率的变化时，我们得到了相似的结果，表明了增加财务报告频率的益处。

关键词：临时报告频率；信息不对称；权益成本

Name of Article：Financial Reporting Frequency，Information Asymmetry，and the Cost of Equity

Name of Journal：Journal of Accounting & Economics

Authors：Fu Renhui，Kraft Arthur，Zhang Huai

Issue：2012（4）

Abstract：Using hand – collected data on firms' interim reporting frequency from 1951 to 1973，we examine the impact of financial reporting frequency on information asymmetry and the cost of equity. Our results show that higher reporting frequency reduces information asymmetry and the cost of equity，and they are robust towards considerations of the endogenous nature of firms' reporting frequency choice. We obtain similar results when we focus on mandatory changes in reporting frequency. Our results suggest the benefits of increased reporting frequency.

Key Words：Interim Reporting Frequency；Information Asymmetry；Cost of equity

文章名称：宗教对财务报告违规行为的影响

期刊名称：会计评论

作　　者：肖恩·麦圭尔、托马斯·奥默、内森·夏普

出版时间：2012 年第 3 期

内容提要：这篇文章检验了宗教对财务报告违规行为的影响。我们预测在宗教地区的公司涉及财务报告违规的可能性更小，因为先前的研究发现宗教信仰降低了不道德商业行为的接受程度。结果表明，设在有强烈宗教社会规范地区的公司总体上有较少的财务报告违规发生。我们也检验了宗教信仰是否影响了管理者进行盈余管理的方法。尽管我们发现了在宗教信仰和非经常性应计利润之间有消极联系，但是我们发现在宗教信仰和真实盈余管理的两种测量方法间也有积极的联系，这表明处于宗教地区的管理者更喜欢对应计利润采用真实盈余管理。我们的结果不是由总部位于农村地区的公司表现的，其结论是，宗教社会规范是减少昂贵的代理冲突的途径，特别是当其他外部监控较弱的时候。

关键词：宗教；财务报告违规；盈余管理；监督；宗教社会规范

Name of Article：The Impact of Religion on Financial Reporting Irregularities

Name of Journal：Accounting Review

Authors：McGuire Sean T. , Omer Thomas C. , Sharp Nathan Y.

Issue：2012（3）

Abstract：This study examines the impact of religion on financial reporting. We predict that firms in religious areas are less likely to engage in financial reporting irregularities because prior research links religiosity to reduced acceptance of unethical business practices. Our results suggest that firms headquartered in areas with strong religious social norms generally experience lower incidences of financial reporting irregularities. We also examine whether religiosity influences managers' methods of managing earnings. Although we find a negative association between religiosity and abnormal accruals, we find a positive association between religiosity and two measures of real earnings management, suggesting that managers in religious areas prefer real earnings management over accruals manipulation. We provide evidence that our results are not driven by firms headquartered in rural areas and conclude that religious social norms represent a mechanism for reducing costly agency conflicts, particularly when other external monitoring is low.

Key Words：Religion；Financial Reporting Irregularities；Earnings Management；Monitoring；Religious Social Norms

文章名称：宗教社会规范和公司财务报告

期刊名称：商业财务与会计杂志

作　　者：戴仁·斯科特、迈尔·威廉姆、威廉姆斯·克里斯多夫

出版时间：2012 年第 4 期

内容提要：宗教已在很多内容中被证实可以影响经济选择和结果。诚实和风险厌恶是两个被用来描述宗教的社会规范。用一个将总部设在县里的美国公司的宗教依从性的等级作为宗教社会规范的代表，我们发现越高等级的宗教依从性与较低可能的财务重述和较低风险的由高估（或低估）利润/资产（成本/负债）所造成的财务报告错报相关。我们也发现在高宗教依存性地区的管理者的应计利润与预期的偏离较小，并且当偏离发生时更倾向于提高映射应计利润与现金流的时间序列。这些结果分别适用于天主教和新教徒整体及个别。进一步的分析表明宗教社会规范的效应扩展到超过应计利润的选择。我们发现坐落于高宗教依存地区的公司较少可能实施合理避税，并且在他们的自愿披露中更多地面临负面新闻。总体而言，我们的结果为宗教和社会规范在公司财务报告方面扮演的角色提供了新的证据。

关键词：应计利润选择；披露；财务报告；社会规范

Name of Article：Religious Social Norms and Corporate Financial Reporting

Name of Journal：Journal of Business Finance & Accounting

Authors：Dyreng Scott D. Mayew, William J. , Williams, Christopher D.

Issue：2012 （4）

Abstract：Religion has been shown to influence economic choices and outcomes in a variety of contexts. Honesty and risk aversion are two social norms forwarded to characterize the religious. Using the level of religious adherence in the county of a US firm's headquarters as a proxy for these religious social norms, we find that higher levels of religious adherence are associated with both a lower likelihood of financial restatement and less risk that financial statements are misrepresented because of overstated （understated） revenue/assets （expenses/liabilities） . We also find that accruals of managers in areas of high religious adherence exhibit smaller deviations from expectations, and deviations, when they occur, tend to improve the time series mapping of accruals into cash flows. These results hold overall and separately for both Catholic and Protestant religious adherence. Further analysis reveals that the effects of religious social norms extend beyond accrual choices. We find that firms located in areas of high religious adherence are less likely to engage in tax sheltering, and are more forthcoming with bad news in their voluntary disclosures. Collectively, our results provide new evidence on the role of religion and social norms in corporate financial reporting.

Key Words：Accrual Choices；Disclosure；Financial Reporting；Social Norms

文章名称： 非财务信息披露和分析师预测准确度：企业社会责任报告披露的国际证据

期刊名称： 会计评论

作　者： 丹·达利瓦、苏雷什·拉达克里希南、艾伯特·唐、乔治·杨

出版时间： 2012 年第 3 期

内容提要： 我们运用 31 个国家的公司层面的数据检验了非财务信息的披露和分析师预测准确度之间的关系。我们使用独立发布的企业社会责任报告（CSR）来表征非财务信息的披露。我们发现独立发布的企业社会责任报告和较低的分析师预测误差相关。这一关系在利益相关者主导的国家（这些国家中企业社会责任表现更有可能影响公司财务绩效）中更加强烈。这一关系同样在有着更不透明的财报披露制度的公司和国家中表现得更加强烈，表明独立发布的 CSR 报告起着补充财务报告披露的作用。在我们控制了多种影响公司财务透明度和其他潜在的制度因素之后，这些结果依然成立。综上所述，我们的发现对于学术界和从业者理解企业社会责任报告披露和金融市场均有重要启示。

关键词： 企业社会责任；分析师预测；非财务信息披露

Name of Article： Nonfinancial Disclosure and Analyst Forecast Accuracy：International Evidence on Corporate Social Responsibility Disclosure

Name of Journal： Accounting Review

Authors： Dan S. Dhaliwal，Suresh Radhakrishnan，Albert Tsang，George Yong

Issue： 2012（3）

Abstract： We examine the relationship between disclosure of nonfinancial information and analyst forecast accuracy using firm – level data from 31 countries. We use the issuance of stand – alone corporate social responsibility（CSR）reports to proxy for disclosure of nonfinancial information. We find that the issuance of stand – alone CSR reports is associated with lower analyst forecast error. This relationship is stronger in countries that are more stakeholder – oriented – i. e. ，in countries where CSR performance is more likely to affect firm financial performance. The relationship is also stronger for firms and countries with more opaque financial disclosure，suggesting that issuance of stand – alone CSR reports plays a role complementary to financial disclosure. These results hold after we control for various factors related to firm financial transparency and other potentially confounding institutional factors. Collectively，our findings have important implications for academics and practitioners in understanding the function of CSR disclosure in financial markets.

Key Words： Corporate Social Responsibility；Analyst Forecasts；Nonfinancial Disclosure

文章名称： 机构投资者持股和会计稳健性

期刊名称： 会计学与经济学杂志

作　　者： 热玛琳·桑托什、于勇

出版时间： 2012 年第 1～2 期

内容提要： 最近的研究表明股东对于财务报告稳健性的要求带来了一个问题：哪一类股东需要保守性？我们发现较高机构投资者持股的公司（更有可能监督经理层）与较高的财务报告保守度相关。这一正向的相关性在有着更多成长性期权和更高信息不对称的公司中尤为明显，因为在这些情况下直接的监管变得更加困难，并且潜在的保守治理收益更大。此外，领先—落后因果关系的方向测试表明，机构投资者持股的监督作用带来了更为保守的财务报告，而不是相反。总的来说，这些结果与监督机构对于稳健性的需求相一致。

关键词： 会计保守性；机构投资者；监督激励机制

Name of Article： Institutional ownership and conservatism

Name of Journal： Journal of Accounting & Economics

Authors： Ramalingegowda S. , Yu Yong

Issue： 2012 （1 - 2）

Abstract： Recent research suggesting that shareholders demand conservative financial reporting raises the question：Which shareholders demand conservatism？We find that higher ownership by institutions that are likely to monitor managers is associated with more conservative financial reporting. This positive association is more pronounced among firms with more growth options and higher information asymmetry，where direct monitoring is more difficult and the potential governance benefits of conservatism are greater. Further，lead - lag tests of the direction of causality suggest that ownership by monitoring institutions leads to more conservative reporting，rather than the reverse. Collectively，these results are consistent with monitoring institutions demanding conservatism.

Key Words： Accounting Conservatism；Institutional Investors；Monitoring Incentives

文章名称： 内生性和内部治理力度

期刊名称： 金融经济学杂志

作　　者： 巴巴吉德·温顿、林克·詹姆斯、内特·杰弗里

出版时间： 2012 年第 3 期

内容提要： 我们运用成熟的动态面板广义矩估计（GMM）的方式缓解公司治理研究两方面的内生性问题：董事会结构对企业绩效的影响以及董事会结构的决定因素。这一估计集合了内部治理选择的动态特征，为解决不可观测的异质性和同时性提供了有效而强大的工具。我们又运用 GMM 统计量检验了面板数据下 6000 家企业 1991～2003 年董事会结构和业绩之间的关系，并发现董事会结构和当期企业业绩没有因果关联。我们说明了为什么其他经常使用的统计量忽视了当期治理和过去公司绩效之间的动态关系以及由此带来的结果偏差。我们讨论了为何在公司治理研究中考虑动态面板 GMM 估计可能是比较恰当的，以及使用时的一些注意事项。

关键词： 内生性；公司治理；董事会结构；董事会规模；董事会独立性；动态面板 GMM 估计

Name of Article： Endogeneity and the Dynamics of Internal Corporate Governance

Name of Journal： Journal of Financial Economics

Authors： Wintoki M. Babajide，James S. Linck，Jeffry M. Netter

Issue： 2012（3）

Abstract： We use a well – developed dynamic panel generalized method of moments（GMM）estimator to alleviate endogeneity concerns in two aspects of corporate governance research：the effect of board structure on firm performance and the determinants of board structure. The estimator incorporates the dynamic nature of internal governance choices to provide valid and powerful instruments that address unobserved heterogeneity and simultaneity. We re – examine the relation between board structure and performance using the GMM estimator in a panel of 6，000 firms over a period from 1991 to 2003，and find no causal relation between board structure and current firm performance. We illustrate why other commonly used estimators that ignore the dynamic relationship between current governance and past firm performance may be biased. We discuss where it may be appropriate to consider the dynamic panel GMM estimator in corporate governance research，as well as caveats to its use.

Key Words： Endogeneity；Corporate Governance；Board Structure；Board Size；Board Independence；Dynamic Panel GMM Estimator

文章名称：管理特性和高管薪酬

期刊名称：金融研究评论

作　者：约翰·格雷厄姆、李思、邱家平

出版时间：2012 第 1 期

内容提要：我们研究了特定公司和经理的异质性在高管薪酬方面扮演的角色。我们分解了高管薪酬的变化，并发现时间不变的公司固定效应，特别是经理固定效应解释了高管薪酬的大部分变化。接着我们阐明，在很多情况下，将固定效应包含在模型中以减轻潜在遗漏变量带来的偏差是十分重要的。此外，我们发现薪酬固定效应与管理风格显著相关（如在公司策略中经理的固定效应）。最后，本文使用的方法对金融经济学的研究可能有潜在帮助。

关键词：相对业绩评价；高工资的工人；公司绩效；CEO 薪酬

Name of Article：Managerial Attributes and Executive Compensation

Name of Journal：Review of Financial Studies

Authors：Graham John R. , Li Si, Qiu Jiaping

Issue：2012 （1）

Abstract：We study the role of firm – and manager – specific heterogeneities in executive compensation. We decompose the variation in executive compensation and find that time – invariant firm and, especially, manager fixed effects explain a majority of the variation in executive pay. We then show that in many settings, it is important to include fixed effects to mitigate potential omitted variable bias. Furthermore, we find that compensation fixed effects are significantly correlated with management styles (i. e. , manager fixed effects in corporate policies). Finally, the method used in the article has a number of potential applications in financial economics.

Key Words：Relative Performance Evaluation；High Wage Workers；Firm Performance；Ceo Compensation

文章名称：投资者保护与未来盈余的价格信息量：国际证据

期刊名称：会计研究评论

作　　者：霍歆慕、胡冰冰、李军虎、吴武迪

出版时间：2012 年第 2 期

内容提要：本文运用投资者保护的文献来确定一个国家中的信息环境结构因素，该信息环境结构因素或许能解释未来盈余信息在多大程度上来源于当下股票收益在国家间的差异。运用来自 32 个国家 55900 个公司的年度样本，我们发现财务披露程度越高、盈余质量越高、通过媒体的信息扩散程度越高，股票价格越包含未来盈余信息。然而，内部交易法律的强硬执行与股票价格包含未来盈余信息的程度负相关。我们也发现，平均而言，未来盈余的价格信息量在投资者保护较强的国家中较大。我们的结果阐明了在解释未来盈余的价格信息含量在国家间的变动问题上，组成一个国家信息环境的结构因素的重要性。

关键词：价格信息量；未来盈余反应系数；投资者保护机构；结构因素；国别研究

Name of Article：Investor Protection and Price Informativeness About Future Earnings：International Evidence

Name of Journal：Review of Accounting Studies

Authors：Haw IM，Hu B. B.，Lee J. J.，Wu W. D.

Issue：2012（2）

Abstract：This study draws on the investor protection literature to identify structural factors in a country's information environment that are likely to explain cross – country differences in the extent to which future earnings information is capitalized in current stock returns. Using a sample of 55, 900 firm – years from 32 countries, we find that greater financial disclosure, higher quality earnings, and greater information dissemination through news media are associated with stock prices that are more informative about future earnings, whereas strong enforcement of insider trading laws is associated with stock prices that are less informative about future earnings. We also find that, on average, price informativeness about future earnings is greater in countries with strong investor protection. Our results illuminate the importance of structural factors constituting a country's information environment in explaining cross – country variation in price informativeness about future earnings.

Key Words：Price Informativeness；Future Earnings Response Coefficient（FERC）；Investor Protection Institutions；Structural Factors；Cross – country Study

文章名称： 股票流动性在管理层薪酬中的角色

期刊名称： 会计评论

作　者： 苏达山·加雅拉曼、托德·米尔本

出版时间： 2012 年第 2 期

内容提要： 我们发现股票流动性在影响 CEO 年薪构成和管理层财富对股票价格敏感性中所扮演的角色。我们发现股票流动性提升时，总薪酬中基于股权的薪酬比例上升，而基于现金的薪酬比例下降。此外，CEO 对于股票价格的业绩薪酬敏感度随着股票的流动而上升。补充检验支持了我们的主要结果，该检验基于股票流动性冲击和两阶段最小二乘法，降低了内生性问题。本文的结果与最优契约理论相符，并且有助于厘清关于股权薪酬日益超过现金薪酬趋势的持续争论以及 CEO 总财富对于股票而非盈余的敏感性问题。

关键词： 股票流动性；管理层薪酬；最优契约

Name of Article： The Role of Stock Liquidity in Executive Compensation

Name of Journal： Accounting Review

Authors： Jayaraman Sudarshan, Milbourn Todd T.

Issue： 2012 （2）

Abstract： We explore the role of stock liquidity in influencing the composition of CEO annual pay and the sensitivity of managerial wealth to stock prices. We find that as stock liquidity goes up, the proportion of equity – based compensation in total compensation increases while the proportion of cash – based compensation declines. Further, the CEO's pay – for – performance sensitivity with respect to stock prices is increasing in the liquidity of the stock. Our main findings are supported by additional tests based on shocks to stock liquidity and two – stage least squares specifications that mitigate endogeneity concerns. Our results are consistent with optimal contracting theories and contribute to the ongoing debate about the increasing trend of both equity – based over cash – based compensation and the sensitivity of total CEO wealth to stock prices rather than earnings.

Key Words： Stock Liquidity; Executive Compensation; Optimal Contracting

文章名称： 薪酬委员会对于 CEO 任职末年盈余组成的处理

期刊名称： 会计评论

作　　者： 马克·赫森、姚天、克里斯汀·维德曼、希瑟·威尔

出版时间： 2012 年第 1 期

内容提要： 当制定 CEO 任期最后一年的薪水时，薪酬委员会将面临特殊的困难。例如，CEO 为提升基于盈余的薪酬而操纵盈余的动机会在其任期的最后一年提升。我们预测薪酬委员会会关注这些动机并调整相对于现金薪酬的盈余薪酬的比重以缓解这一问题。与我们的预测相一致的是，我们发现 CEO 任期的最后一年中，可操纵应计出现正向变动时，现金薪酬在所有收入组成中的占比显著较低。我们也发现在非最后一年中，经理的薪酬部分由销售费用、财务费用和管理费用的负面影响所庇护，但这一影响在最后一阶段逆转，与薪酬委员会限制即将离任的 CEO 对于遗留资产的投资相一致。总的来说，我们的发现表明薪酬委员会将以不同的方式处理 CEO 离任期的薪酬设定。

关键词： 时限问题；薪酬委员会；操纵性应计；真实活动管理

Name of Article： Compensation Committees' Treatment of Earnings Components in CEOs' Terminal Years

Name of Journal： Accounting Review

Authors： Huson Mark R. , Tian Yao, Wiedman Christine I. , Wier Heather A.

Issue： 2012 （1）

Abstract： Compensation committees face special difficulties when setting pay in the last years of a CEO's tenure. For example, incentives to manipulate earnings for the purpose of enhancing earnings – based compensation are greater in CEOs' terminal years. We predict that compensation committees are aware of these incentives and adjust the relative weights placed on earnings components in the cash compensation function to mitigate the problem. Consistent with our prediction, we find that in CEOs' terminal years, positive changes in discretionary accruals receive significantly less weight than other income components in determining cash compensation. This provides new evidence that not all gains flow through to compensation. We also find that in non – terminal years, managers' compensation is partially shielded from the negative effects of selling, general, and administrative expenditures （SG&A）, but this effect reverses in the terminal period, consistent with the compensation committee discouraging investment in legacy assets by outgoing CEOs. Overall, our findings suggest that compensation committees treat components of earnings differently when setting pay in the terminal period.

Key Words： Horizon Problem; Compensation Committee; Discretionary Accruals; Real Activity Management

文章名称： 权益资本成本的政治决定因素：新私有公司的证据

期刊名称： 会计研究杂志

作　　者： 本·纳斯尔·哈姆迪、布巴克里·那翟丝、科赛·珍·克劳德

出版时间： 2012 年第 3 期

内容提要： 在这篇文章中，我们运用 38 个国家 236 家在 1987 年到 2006 年私有化的企业作为独特的数据集，探究了权益资本成本的政治决定因素。我们发现了稳健的结论：权益资本成本随着政府持股的增加而增加。我们也展示了权益资本成本与政治倾向以及政府征收程度显著相关。此外，我们报告了在更平民主义的政府和更经济发达的国家中，国有股对于权益资本成本的影响不太显著。一项事件研究的结果检验了在经济发达的国家右翼政府替换左翼政府会有较低的权益资本成本，而在较专制和有较高政府征收风险的国家则权益资本成本较高。最后，我们发现了在较专制的国家中董事长轮换和高权益资本成本相关。

关键词： 公司治理；经营绩效；内含成本；发展中国家

Name of Article： The Political Determinants of the Cost of Equity：Evidence from Newly Privatized Firms

Name of Journal： Journal of Accounting Research

Authors： Ben – Nasr Hamdi，Boubakri Narjess，Cosset Jean – Claude

Issue： 2012 （3）

Abstract： In this paper，we investigate the political determinants of the cost of equity using a unique data set of 236 firms privatized between 1987 and 2006 in 38 countries. We find robust evidence that the cost of equity is increasing in government ownership. We also show that the cost of equity is significantly related to political orientation and the extent of government expropriation. Furthermore，we report a less pronounced effect of state ownership on the cost of equity in more populist governments and in more financially developed countries，in addition to a more pronounced effect of state ownership on the cost of equity when the risk of government expropriation is higher. Results from an event study examining the replacement of left – wing governments by right – wing governments suggest a lower cost of equity in more financially developed countries and a higher cost of equity in more autocratic countries and in countries with a high risk of government expropriation. Finally，we find that chief executive turnover is associated with a higher cost of equity in more autocratic countries.

Key Words： Corporate Governance；Operating Performance；Implied Cost；Developing – Countries

文章名称：股权激励风险和企业税务激进

期刊名称：会计研究杂志

作　　者：本·纳斯尔·雷戈、索尼娅·欧赫特、威尔逊·莱安

出版时间：2012 年第 3 期

内容提要：这项研究检验了股权激励风险是公司税务激进行为的决定因素之一。以往的研究发现，股权激励风险激发经理层做出高风险的投资和融资决策，因为高风险的活动可以提升股票收益波动度，并且可以同时将成本施加于公司和经理层上。因此，经理层需要被激励来参与高风险的避税活动，这一避税活动预期会给公司和股东带来净收益。我们预测股权激励风险激励经理层实施高风险的税务战略。与这一预测相一致，我们发现高股权激励风险和高税务风险相关联，并且这一影响的程度在经济意义上是显著的。本文使用了 4 种税收风险均得到了稳健的结果，对于公司治理强度的若干代理变量结果依旧未发生改变。我们推断股权激励风险是公司税务激进行为的决定因素之一。

关键词：代理成本；股票期权；避税；薪酬；决定因素

Name of Article：Equity Risk Incentives and Corporate Tax Aggressiveness

Name of Journal：Journal of Accounting Research

Authors：Ben – Nasr Rego，Sonja Olhoft，Wilson Ryan

Issue：2012（3）

Abstract：This study examines equity risk incentives as one determinant of corporate tax aggressiveness. Prior research finds that equity risk incentives motivate managers to make risky investment and financing decisions, since risky activities increase stock return volatility and the value of stock option portfolios. Aggressive tax strategies involve significant uncertainty and can impose costs on both firms and managers. As a result, managers must be incentivized to engage in risky tax avoidance that is expected to generate net benefits for the firm and its shareholders. We predict that equity risk incentives motivate managers to undertake risky tax strategies. Consistent with this prediction, we find that larger equity risk incentives are associated with greater tax risk and the magnitude of this effect is economically significant. Our results are robust across four measures of tax risk, but do not vary across several proxies for strength of corporate governance. We conclude that equity risk incentives are a significant determinant of corporate tax aggressiveness.

Key Words：Agency Costs；Stock – Options；Avoidance；Compensation；Determinants

文章名称：政治关联、税务收益与公司业绩：来自中国的证据

期刊名称：会计与公共政策杂志

作　　者：吴文锋、吴冲锋、周春阳、吴军

出版时间：2012 年第 3 期

内容提要：本文调查了政治关联对国有企业与民营企业业绩的不同影响。利用1999～2007 年的中国上市公司数据，我们发现具有政治关联管理者的民营企业的业绩优于没有政治关联的民营企业。与之相反，具有政治关联的地方国有企业的业绩弱于没有政治关联的地方国有企业。并且，我们发现具有政治关联的民营企业享受税收收益，而具有政治关联的地方国企更倾向于发生严重的过度投资问题。我们的研究与之前对政治关联对公司业绩影响混合研究发现相一致。

关键词：政治关联；税收收益；公司业绩

Name of Article：Political Connections，Tax Benefits and Firm Performance：Evidence from China

Name of Journal：Journal of Accounting and Public Policy

Authors：Wenfeng Wu，Chongfeng Wu，Chunyang Zhou，Jun Wu

Issue：2012 （3）

Abstract：This paper investigates the different effects of political connections on the firm performance of state – owned enterprises（SOEs）and privately owned enterprises. Using data on Chinese listed firms from 1999 to 2007，we find that private firms with politically connected managers outperform those without such managers，whereas local SOEs with connected managers underperform those without such managers. Moreover，we find that private firms with politically connected managers enjoy tax benefits，whereas local SOEs with politically connected managers are prone to more severe over – investment problems. Our study reconciles the mixed findings of previous studies on the effect of political connections on firm performance.

Key Words：Political Connections；Tax Benefits；Firm Performance

文章名称：评估可选择公允价值计量对项目选择效率与持续性的影响

期刊名称：会计评论

作　　者：贾德森·卡斯基、约翰·休斯

出版时间：2012 年第 2 期

内容提要：我们检验了可选择公允价值计量影响债务契约缓解非效率投资的能力。在我们的分析框架下，在签订债务契约以后，股东就做出了一项不可撤销的项目选择。随后，这个项目可能被撤销，新的信息决定了股东或债权人是否做出这个决定。债务契约的价值依赖于它们制止昂贵的资产替换的能力，也有赖于缓解非效率的延续性决策。一个基于谨慎公允价值计量的契约在这些方面做得更好。除了那些纯粹依赖公允价值的契约以外，基于公允价值和历史成本的更谨慎的契约甚至优于那些仅依赖公允价值的契约。尤其是，FASB 倡导的"最高端最好用"的计量在抑制低质量项目选择时乏善可陈。我们的结果提供了一个范本，其中与不同会计计量相关的契约效率并不能通过改变契约"触发器"来在不同计量中相互替代。

关键词：债务；契约；公允价值；会计谨慎性

Name of Article：Assessing the Impact of Alternative Fair Value Measures on the Efficiency of Project Selection and Continuation

Name of Journal：Accounting Review

Authors：Caskey Judson，Hughes John S.

Issue：2012 （2）

Abstract：We examine how alternative accounting measures of fair value impact the ability of debt covenants to mitigate inefficient investment decisions. In our setting，shareholders make a non – contractible project choice after signing a debt contract. At a later date，the project can be abandoned and new information determines whether shareholders or creditors make that decision. The value of debt covenants depends on their ability to deter costly asset substitution while also mitigating inefficient continuation decisions. A covenant based on a conservative fair value measure tends to perform best in this respect. Departing from purely fair – value – based covenants，an even more conservative covenant based on fair values and historical cost outperforms those based solely on fair values. Notably，the "highest and best use" measure advocated by the FASB performs poorly in deterring the choice of inferior projects. Our results provide a setting in which the contracting efficiencies associated with different accounting measures cannot be replicated across measures by altering covenant "triggers."

Key Words：Debt；Covenants；Fair Value；Accounting Conservatism

文章名称： 长期投资决策中公司经理对于实物期权价值的考量：一个实验研究

期刊名称： 当代会计研究

作　　者： 克里斯汀·丹尼森、安妮·法雷尔、凯文·杰克逊

出版时间： 2012 年第 2 期

内容提要： 尽管学术界和业界都已经提倡在公司长期投资评估过程中使用实物期权，但是很少有研究检验在决策过程中，哪些实物期权应该被包含在内。运用两个实验，我们检验了在判断长期投资项目时，经理人对实物期权价值的依赖。我们预测并发现实验 1 中，当做出投资决策时，经理对实物期权的价值依赖程度较项目的规划实施路径价值更低，我们也确定了影响这一差别的因素。在实验 2 中，我们预测并发现了保持信息不变，一个简单的报告变化可能会影响高管在投资决策时对于实物期权的依赖：当他们在最终给下级的总结建议中整合地陈述（而不是分开陈述）项目计划实施路径的价值时，他们更多地依赖实物期权价值。我们发现，最终总结通过对计划路径和实物期权价值的组成部分相对准确度的认知来影响决策，而反过来这也会影响对每一部分重要性的衡量。我们对于实物期权文献的贡献主要在于提供了管理者对于实物期权价值依赖的证据，对于会计文献的贡献则是提供了会计报告可以影响潜在信息计量属性的认知。我们报告了公司实物期权的成本收益分析并认为低成本报告变动影响决策中对于实物期权的依赖。

关键词： 实物期权价值；长期投资决策；有限理性；信息；价值；判断

Name of Article： Managers' Incorporation of the Value of Real Options into Their Long – Term Investment Decisions：An Experimental Investigation

Name of Journal： Contemporary Accounting Research

Authors： Denison C. A. , Farrell A. M. , Jackson K. E.

Issue： 2012（2）

Abstract： While academic and practitioner literature has advocated the use of real options in firms' long – term investment appraisal processes, few studies have examined the extent to which real options are incorporated into decisions when they are available for decision making. Using two experiments, we examine supervising managers' reliance on real options values in judgments about funding subordinates' long – term investment projects. We predict and find with Experiment 1 that, when making funding decisions, supervising managers rely less on the value of real options than on the value of projects' planned implementation paths, and we identify factors that impact this differential reliance. We predict and find with Experiment 2 that, holding information constant, a simple reporting change influences supervisors' reliance on real options in their funding decisions：they rely more on real options values when they are aggregated with（rather than displayed separately from）the values of projects' planned implementation paths in a financial summary of subordinates' proposals. We show that the financial summary affects decisions via perceptions of the relative accuracy of the planned path and real options components of value and that this in turn affects the weights placed on each component. We contribute to the real options literature by providing evidence of supervisors' reliance on real options values in judgments and to the accounting literature by providing evidence that accounting reports can affect perceptions of the underlying measurement properties of information. We inform firms' cost – benefit analyses of real options valuation and suggest that a low – cost reporting change influences reliance on real options values in decisions.

Key Words：Value of Real Options；Long – Term Investment Decisions；Bounded Rationality；Information；Valuation；Judgements

文章名称： 全球金融危机期间的审计委员会特征和公司表现

期刊名称： 会计和财务杂志

作　　者： 胡萨姆·阿尔马登、基思·邓肯、西蒙·凯丽、雷·麦克纳马拉、史蒂夫·纳高

出版时间： 2012 年第 12 期

内容提要： 本文提出了"公司治理增强了审计委员会缓和公司对重大不利经济事件（如全球金融危机）影响力的特征吗"的问题。研究表明，拥有较多经验和财务专业化的较小的审计师事务所更可能与市场中积极的公司表现相关。我们也发现审计委员会较长的服务链对会计表现有消极影响。然而，会计表现对审计委员会包括大股东表现、董事会主席以及拥有较多外部董事和管理经验较丰富的董事会主席有积极影响。我们对越来越多的关于审计委员会治理属性对金融危机期间公司表现的影响的研究做出了贡献。

关键词： 审计委员会；公司治理；公司表现；M40；M41；资产收益率

Name of Article： Audit Committee Characteristics and Firm Performance During the Global Financial Crisis

Name of Journal： Accounting & Finance

Authors： Aldamen Husam, Duncan Keith, Kelly Simone, McNamara Ray, Nagel Stephan

Issue： 2012 （12）

Abstract： We address the question "Do governance enhancing audit committee（AC）characteristics mitigate the firm performance impact of significant – adverse – economic events such as the Global Financial Crisis（GFC）?" Our analysis reveals that smaller audit committees with more experience and financial expertise are more likely to be associated with positive firm performance in the market. We also find that longer serving chairs of audit committees negatively impacts accounting performance. However, accounting performance is positively impacted where ACs include blockholder representation, the chair of the board, whose members have more external directorships and whose chair has more years of managerial experience. We contribute to the growing body of research on the impact of audit committee governance attributes on performance during times of financial distress.

Key Words： Audit Committee; Corporate Governance; Firm Performance; M40; M41; Return on Assets

文章名称：审计市场中空间竞争的实证检验
期刊名称：会计和经济学杂志
作　　者：维德·纽曼、玛莲·威尔斯登
出版时间：2012 年第 1 期

内容提要：这篇文章对差异化竞争在审计定价方面的影响做了实证检验。以前期差异化产品市场的经济理论（如霍特林，1929；泰勒尔，1988）为基础，我们假设审计费用受到审计师在细分市场中相对位置的影响。我们以每个行业部门和美国大都市统计区定义审计市场，指定审计师相对于客户（审计师—客户行业联盟）和最近的竞争者（距离最近竞争者的行业市场份额）的行业位置。我们发现审计费用在两个行业位置中都有所增加。

关键词：审计市场；价格竞争；行业专业化；差异化

Name of Article：An Empirical Test of Spatial Competition in the Audit Market
Name of Journal：Journal of Accounting & Economics
Authors：Numan Wieteke，Willekens Marleen
Issue：2012（1）

Abstract：This study empirically examines the effects of competition through differentiation on audit pricing. Based on prior economic theory on differentiated – product markets (e. g.， Hotelling，1929；Tirole，1988)，we hypothesize that audit fees are affected by an auditor's relative location in a market segment. We define audit markets per industry segment and U. S. Metropolitan Statistical Area and specify an auditor's industry location relative to the client (auditor – client industry alignment) and relative to the closest competitor (industry market share distance to closest competitor). We find that audit fees increase in both auditor – client industry alignment and industry market share distance to the closest competitor.

Key Words：Audit Markets；Price Competition；Industry Specialization；Differentiation

文章名称：市级审计行业专业化、规模经济和审计定价

期刊名称：会计评论

作　者：西蒙、费迪南德·居尔、贾根·克里

出版时间：2012 年第 7 期

内容提要：我们检验了美国市级审计行业专业化和规模经济对审计定价的影响。通过 2000～2007 年国际 N 大事务所客户的样本和基于市级工业行业审计客户数量的百分比排名衡量范围，我们证明在 SOX 前和 SOX 后的时期均有重要的专业化费用和规模折扣。然而，行业专业化和规模经济对审计定价的效应具有高度互动性。市级行业规模对审计费用的消极效应只存在于专业审计人员的客户。相反的是，非专业审计人员的客户只有当他喜欢强烈议价时才得到规模折扣，这表明审计人员是"被迫"传递给具有更大的讨价还价能力客户的规模经济的。

关键词：行业专业化；规模经济；审计定价；客户议价能力

Name of Article：City – Level Auditor Industry Specialization, Economies of Scale, and Audit Pricing

Name of Journal：Accounting Review

Authors：Fung Simon Yu Kit, Gul Ferdinand, Krishnan Jagan

Issue：2012 （7）

Abstract：We examine the effects of city – level auditor industry specialization and scale economies on audit pricing in the United States. Using a sample of Big N clients for the 2000 – 2007 period, and a scale measure based on percentile rankings of the number of audit clients at the city – industry level, we document significant specialization premiums and scale discounts in both the pre – and post – Sarbanes – Oxley Act (SOX) periods. However, the effects of industry specialization and scale economies on audit pricing are highly interactive. The negative effect of city – industry scale on audit fees obtains only for clients of specialist auditors. By contrast, clients of non – specialist auditors obtain scale discounts only when they enjoy strong bargaining power, suggesting that auditors are "forced" to pass on scale economies to clients with greater bargaining power.

Key Words：Industry Specialization; Scale Economies; Audit Pricing; Client Bargaining Power

文章名称： 公允价值评估中的极端不确定性：审计确信度的影响

期刊名称： 审计：实践与理论杂志

作　　者： 布兰特·克里斯滕森、史蒂夫·格洛佛、大卫·伍德

出版时间： 2012 年第 2 期

内容提要： 整体复杂性和财务报告固有评估不确定性近年来有所增加，然而，相关的报告和服务没有发生较大变化，包括资产负债表和利润表的形式、审计报告的内容以及评估报告的确信度。我们检验了上市公司的评估报告并发现公允价值和以管理层的主观模型为基础的其他评估及输入包含了评估不确定性或不精确性，这种不确定性超过重要性水平很多倍，评估中的变化经常影响净利润，结果，极端评估不确定性也存在于一些措施中，比如每股收益。我们没有质疑审计向市场提供的价值、公允价值报告的重要性或者审计师部署最新估值以及审计技术。我们发现相对近期事件的聚合给审计师提出了一个困难的，也许在某种程度上是不真实的负担。我们考虑关于规则和标准设定的事件的聚合可能已经超过审计师提供近期审计确信度程度的能力，这种确信度在审计标准和规则要求下关于极端评估不确定性的评估报告中被需要。我们讨论了关于财务报告和可能促进提供给使用者信息的审计标准的潜在的改变，也表达了作者的担心。最后，我们建议未来可能在关于如何改变能够影响编制者、审计师和使用者的行为方面会有丰富的研究。

关键词： 审计报告；评估报告；评估不确定性；公允价值；财务报告；重要性水平

Name of Article： Extreme Estimation Uncertainty in Fair Value Estimates：Implications for Audit Assurance

Name of Journal： Auditing：A Journal of Practice & Theory

Authors： Christensen Brant E. , Glover Steven M. , Wood David A.

Issue： 2012 （2）

Abstract： The overall complexity and estimation uncertainty inherent in financial statements have increased in recent decades; however, the related reports and services have changed very little, including the format of the balance sheet and income statement, the content in the auditor's report, and the level and nature of assurance provided on estimates. We examine estimates reported by public companies and find that fair value and other estimates based on management's subjective models and inputs contain estimation uncertainty or imprecision that is many times greater than materiality. Importantly, changes in the estimates often impact net income; consequently, the extreme estimation uncertainty also resides in measures such as earnings per share. We do not question the value audits provide to the marketplace, the importance of fair value reporting, or the ability of auditors to deploy up-to-date valuation and auditing techniques. Rather, we suggest that the convergence of relatively recent events is placing an increasingly difficult, and perhaps in some cases unrealistic, burden on auditors. We consider whether the convergence of events in regulation and standard setting may have outstripped auditors' ability to provide the level and nature of assurance currently required on estimates with extreme estimation uncertainty by auditing standards and regulators. We discuss potential changes to financial reporting and auditing standards that may improve the information provided to users and also address the concerns we raise. Finally, we suggest avenues for future research that may be fruitful in addressing how changes to standards would influence the behavior of preparers, auditors, and users.

Key Words: Audit Report; Estimates; Estimation Uncertainty; Fair Value; Financial Statements; Materiality

文章名称：审计市场集中度和审计师对盈余管理的容忍度

期刊名称：当代会计研究杂志

作　　者：杰夫·布恩、因德尔·库拉纳、凯·拉曼

出版时间：2012 年第 4 期

内容提要：本文关注美国审计市场集中度的效应对审计质量和审计师对审计客户盈余管理容忍度的影响。本文分析了以赫芬达尔指数为基础的审计市场集中度的计量，也分析了客户通过盈余管理或者收入增加的应计利润来达到或超过分析师对盈余的预测。本文认为，审计师集中度增加了审计对客户盈余管理的容忍度。本文主要包括研究方法的稳健性测试和关于审计费用行业集中度的效应。

关键词：审计；行业集中度；盈余管理

Name of Article：Audit Market Concentration and Auditor Tolerance for Earnings Management

Name of Journal：Contemporary Accounting Research

Authors：Boone Jeff P. , Khurana Inder K. , Raman K. K.

Issue：2012 （4）

Abstract：The article looks at the effect of audit market concentration in the U. S. on audit quality and on auditors' tolerance for audit clients' earnings management. The article analyzes the audit market concentration based on Herfindahl index calculations and also analyzes the likelihood of a client using earnings management or income – increasing discretionary accruals to meet or exceed analysts' earnings forecasts. The article concludes that auditor concentration increases auditors' tolerance for clients' earnings management. Topics include robustness testing of the study's research method and the effect of industrial concentration on audit fees.

Key Words：Auditing；Industrial Concentration；Earnings Management

文章名称： 审计质量和审计师声誉：来自日本的证据

期刊名称： 会计评论

作　　者： 道格拉斯·斯金纳、苏拉杰·斯里尼瓦桑

出版时间： 2012 年第 9 期

内容提要： 我们围绕中央青山对日本大型化妆品公司嘉娜宝的管理层涉嫌巨大管理欺诈问题的审计失败进行研究。中央青山是普华永道的日本分公司，也是日本最大的审计师事务所之一。2006 年 5 月，日本金融服务局（FSA）暂停中央青山对嘉娜宝欺诈进行审计的工作，为期两个月。这一意料之外的举措伴随一系列对中央青山声誉造成严重损害的事件。我们用这些事件来提供证据证明审计师的声誉在诉讼基本没有作用的背景下对审计质量的重要性。这一暂停措施后，中央青山大约 1/4 的客户离开公司，这与公司声誉的重要性相一致。大型公司和具有高速增长期权的公司更可能离开，这也与声誉观点一致。

关键词： 审计质量；审计师声誉；日本

Name of Article： Audit Quality and Auditor Reputation：Evidence from Japan

Name of Journal： Accounting Review

Authors： Skinner Douglas J. , Srinivasan Suraj

Issue： 2012 （9）

Abstract： We study events surrounding ChuoAoyama's failed audit of Kanebo, a large Japanese cosmetics company whose management engaged in a massive accounting fraud. ChuoAoyama was PwC's Japanese affiliate and one of Japan's largest audit firms. In May 2006, the Japanese Financial Services Agency (FSA) suspended ChuoAoyama for two months for its role in the Kanebo fraud. This unprecedented action followed a series of events that seriously damaged ChuoAoyama's reputation. We use these events to provide evidence on the importance of auditors' reputation for quality in a setting where litigation plays essentially no role. Around one quarter of ChuoAoyama's clients defected from the firm after its suspension, consistent with the importance of reputation. Larger firms and those with greater growth options were more likely to leave, also consistent with the reputation argument.

Key Words： Audit Quality；Auditor Reputation；Japan

文章名称： 感知上的审计师独立性与审计诉讼：非审计服务费用的作用

期刊名称： 会计评论杂志

作　　者： 杰米·施密特

出版时间： 2012 年第 5 期

内容提要： 本文探讨了审计诉讼当事人是否相信陪审团将审计师提供的非审计服务与受损的审计师独立性相联系，并因此认为审计师表现不合格。将 2001~2007 年披露的以 GAAP 为基础的财务报告重述作为审计失败的一个指标，笔者发现非审计服务费用的数量和非审计服务费用与总费用的比例与导致发生审计诉讼的再次声明的可能性正相关。笔者也发现当原告律师认为审计师独立性受损是因为依赖审计客户费用，特别是非审计服务费用时，与重述相关的审计诉讼更可能导致审计师的结算和更大的结算费用。这些结果表明审计诉讼当事人相信非审计服务费用将会增强反对审计师的案件，因此，如果诉讼裁决将影响法院判决。

关键词： 审计诉讼；审计师独立性；审计师结算；财务报告重述；非审计服务费用

Name of Article： Perceived Auditor Independence and Audit Litigation：The Role of Non-audit Services Fees.

Name of Journal： Accounting Review.

Authors： Schmidt，Jaime J.

Issue： 2012（5）

Abstract： This study investigates whether audit litigants act as if they believe jurors will associate auditor – provided nonaudit services（NAS）with impaired auditor independence，and thus substandard auditor performance. Using GAAP – based financial statement restatements disclosed from 2001 – 2007 as an indicator for audit failure，I find that the amount of NAS fees and the ratio of NAS fees to total fees is positively associated with the likelihood that a restatement results in audit litigation. I also find that when plaintiff attorneys argue that auditor independence was impaired due to dependence on client fees and，in particular，NAS fees，restatement – related audit litigation is more likely to result in an auditor settlement and a larger amount of settlement. These results suggest that audit litigants act as if they believe NAS fees will strengthen the case against the auditor，and thus affect the court resolution if the lawsuit is taken to verdict.

Key Words： Audit Litigation；Auditor Independence；Auditor Settlements；Financial Statement Restatements；Nonaudit Services Fees

文章名称：异常审计费用和重述

期刊名称：审计：实践与理论杂志

作　　者：艾伦·布兰克里、大卫·赫特、詹森·麦格雷格

出版时间：2012 年第 2 期

内容提要：我们调查了萨班斯法案后续年度内审计费用和后续财务报表重述的关系。控制了内控质量后，我们发现异常审计费用与后续发生财务报告重述负相关。这一结果与前期发现的审计费用与未来重述正相关的结果冲突。整体上，我们的证据与重述反映了较少的审计工作或者在重述年之前低估审计风险的观点一致。

关键词：审计费用；审计质量；重述

Name of Article：Abnormal Audit Fees and Restatements

Name of Journal：Auditing：A Journal of Practice & Theory

Authors：Blankley Alan I. ，Hurtt David N. ，MacGregor Jason E.

Issue：2012 （2）

Abstract：We investigate the relationship between audit fees and subsequent financial statement restatements in the years following the Sarbanes – Oxley Act of 2002（SOX）. After controlling for internal control quality, we find that abnormal audit fees are negatively associated with the likelihood that financial statements are subsequently restated. This result conflicts with prior work that finds that audit fees are positively associated with future restatements. Overall, our evidence is consistent with the notion that restatements reflect low audit effort or underestimated audit risk in the periods leading up to the restatement year.

Key Words：Audit Fees；Audit Quality；Restatements

文章名称：审计合伙人专业化和审计费用：来自瑞典的证据

期刊名称：当代会计研究

作　者：米科·特尔尼

出版时间：2012 年第 1 期

内容提要：使用瑞典四大审计合伙人的客户项目组合的数据集，本文检验了审计师专业化和合伙人个体合作层面的定价。与在专业化投资上有收益率一致，关于审计费用的分析表明审计合伙人的行业专长和上市公司的专业化都由财务报告的使用者和/或公司内部人士识别和估价，这导致了这些业务较高的费用。最高的费用由对行业和上市公司均专业的合伙人赚取。整体上，这一研究的结果表明审计师深厚的专业知识不能在同意审计师事务所的审计合伙人之间转换，但是与审计合伙人个人的私人人力资本不可分割。

关键词：审计师；专业化；专业费用

Name of Article：Audit Partner Specialization and Audit Fees：Some Evidence from Sweden

Name of Journal：Contemporary Accounting Research

Authors：Zerni Mikko

Issue：2012 （1）

Abstract：Utilizing a data set on the client portfolios of the Big 4 audit partners in Sweden，this study examines auditor specialization and pricing at the individual partner level. Consistent with the view that there are returns on investing in specialization，the analysis of audit fees indicates that both audit partner industry specialization and specialization in large public companies are recognized and valued by financial statement users and/or by corporate insiders，resulting in higher fees within these engagements. The highest fees are earned by engagement partners who are both industry and public firm specialists. Collectively，the findings of this study indicate that part of an auditor's deep expertise is not transferable across audit partners within an audit firm but is instead inseparably tied to the individual audit partner's private human capital.

Key Words：Auditors；Expertise；Professional Fees

文章名称：采用强制性国际财务报告准则对审计费用的影响：理论和证据

期刊名称：会计评论

作　　者：金正本、刘晓龙、郑留

出版时间：2012 年第 11 期

内容提要：本篇文章检验了采用国际财务报告准则（IFRS）对审计费用的影响。我们首先建立了分析费用模型来分析审计复杂性的变化和采用 IFRS 带来的财务报告质量变化对审计费用的影响。其次，我们用来自 2005 年强制采用 IFRS 的欧盟国家的审计费用数据检验模型预测。我们发现，强制使用 IFRS 导致审计费用的增加。我们也发现与 IFRS 相关的审计费用随着采用 IFRS 带来的审计复杂性的增加而增加，随着采用 IFRS 带来的财务报告质量的提高而减少。最后，我们发现一些证据证明 IFRS 相关的审计费用在法律制度较强的国家比较低。通过一系列敏感性检验，我们的结果是稳健的。

关键词：采用 IFRS；审计费用；审计复杂性；报告治疗；法律制度

Name of Article：The Impact of Mandatory IFRS Adoption on Audit Fees：Theory and Evidence

Name of Journal：Accounting Review

Authors：Kim Jeong – Bon, Liu Xiaohong, Zheng Liu

Issue：2012 （11）

Abstract：This study examines the impact of International Financial Reporting Standards （IFRS） adoption on audit fees. We first build an analytical audit fee model to analyze the impact on audit fees for the change in both audit complexity and financial reporting quality brought about by IFRS adoption. We then test the model's predictions using audit fee data from European Union countries that mandated IFRS adoption in 2005. We find that mandatory IFRS adoption has led to an increase in audit fees. We also find that the IFRS – related audit fee premium increases with the increase in audit complexity brought about by IFRS adoption, and decreases with the improvement in financial reporting quality arising from IFRS adoption. Finally, we find some evidence that the IFRS – related audit fee premium is lower in countries with stronger legal regimes. Our results are robust to a variety of sensitivity checks.

Key Words：IFRS Adoption；Audit Fees；Audit Complexity；Reporting Quality；Legal Regime

文章名称： 全球化的董事会——外国董事对公司治理和公司绩效的影响

期刊名称： 会计学与经济学杂志

作　　者： 里斯、王聪、谢飞

出版时间： 2012 年第 3 期

内容提要： 我们检验了与外国独立董事（FIDs）相关的收益和成本。我们发现当收购对象来自外国独立董事的母国时，有外国独立董事的公司会做出更好的跨境收购。但是，外国独立董事也有着极低的董事会出席记录，并且与更大可能性的金融误报、更高的 CEO 薪酬以及对于业绩敏感度较低的 CEO 轮换有关。最后，有外国独立董事的公司的绩效显著较低，尤其是当他们的业务在外国独立董事的母国变得不那么重要时。

关键词： 外国董事；董事会出席记录；盈余重述；跨境收购；CEO 薪酬；CEO 轮换；公司绩效

Name of Article： Globalizing the Boardroom – The Effects of Foreign Directors on Corporate Governance and Firm Performance

Name of Journal： Journal of Accounting & Economics

Authors： Masulis R. W. ， Wang C. ， Xie，F.

Issue： 2012 （3）

Abstract： We examine the benefits and costs associated with foreign independent directors (FIDs) at U. S. corporations. We find that firms with FIDs make better cross – border acquisitions when the targets are from the home regions of FIDs. However，FIDs also display poor board meeting attendance records and are associated with a greater likelihood of intentional financial misreporting，higher CEO compensation，and a lower sensitivity of CEO turnover to performance. Finally，firms with FIDs exhibit significantly poorer performance，especially as their business presence in the FID's home region becomes less important.

Key Words： Foreign Directors；Board Meeting Attendance；Earnings Restatement；Cross – border Acquisition；CEO Compensation；CEO Turnover；Firm Performance

文章名称： 代理问题，公司治理以及销售、综合与行政成本不对称行为

期刊名称： 当代会计研究

作　　者： 陈·克拉拉小玲、陆海、苏格安丽思·西奥多

出版时间： 2012 年第 1 期

内容提要： 我们检验了代理问题是否是销售、综合、行政（SG&A）成本不对称或者成本黏性现象的重要决定变量以及有力的公司治理能否缓解此类的代理问题。之前的文献已经罗列 SG&A 成本的非对称行为（如 SG&A 成本在活动增加时的增量大于在活动减少时的减少量），主要从经济特征上解释了这一现象。利用 1996～2005 年标准普尔 1500 家公司的数据，我们发现 SG&A 成本的不对称程度与代理问题造成的管理层的"帝国构建"冲动正相关（度量因素：自由现金流、CEO 范围、任期与薪酬结构），表明代理问题为 SG&A 成本不对称提供了额外的解释。进一步，我们发现有力的公司治理能够缓解代理问题与 SG&A 成本不对称之间的正相关关系。在附加分析中，我们也发现在很大范围的成熟公司和 SG&A 成本创造低未来价值的公司之中，代理问题还影响成本的黏性。考虑了 SG&A 成本的重要性（平均约为总资产的 27%），我们的结果建议公司董事会应当积极监督管理层调整 SG&A 成本应对外部危机的动机。我们首次用代理问题解释 SG&A 成本黏性以及强调管理层激励在管理层调整 SG&A 成本中的角色，并为之提供大样本的经验证据。此外，尽管之前对管理层的"帝国构建"行为的研究已经聚焦于更突发的、少有的活动（如兼并与收购），我们通过展示代理问题也可以在 SG&A 成本行为中证实补充这一类研究。最后，我们的研究增加了检验公司治理在缓解代理问题中的效率系列实证研究。

关键词： SG&A 成本行为；成本不对称；成本黏性；代理问题；帝国构建；精简规模；公司治理

Name of Article: The Agency Problem, Corporate Governance, and the Asymmetrical Behavior of Selling, General, and Administrative Costs

Name of Journal: Contemporary Accounting Research

Authors: Clara Xiaoling Chen, Hai Lu, Theodore Sougiannis

Issue: 2012（1）

Abstract: We examine whether the agency problem is an important determinant for the selling, general, and administrative (SG&A) cost asymmetry or cost stickiness phenomenon and whether strong corporate governance mitigates the agency problem in this case. Prior studies have documented the asymmetrical behavior of SG&A costs (i. e., SG&A costs increase more when activity rises than they decrease when activity falls) and have explained this phenomenon primarily with economic factors. Using data for S&P 1500 firms over the period 1996 – 2005, we find that the degree of SG&A cost asymmetry is positively associated with managers' empire – building incentives due to the agency problem (measured by free cash flow and chief executive officer horizon, tenure, and compensation structure), suggesting that the agency problem provides an additional explanation for SG&A cost asymmetry. Moreover, we find that strong corporate governance mitigates the positive association between the agency problem and the degree of SG&A cost asymmetry. In additional analyses, we also find that the agency problem influences cost stickiness to a greater extent in mature firms and in firms where SG&A costs create low future value. Given the significance of SG&A costs (on average about 27 percent of total assets), our results suggest that corporate boards should be active in monitoring managerial incentives for adjusting SG&A costs in response to exogenous shocks to output demand. Our study extends the cost behavior and cost management literatures by providing the first large sample empirical evidence for an agency explanation for SG&A cost stickiness and highlighting the role of managerial incentives in managers' cost adjustments. In addition, while previous studies on managers' empire – building behavior have focused on more salient, infrequent activities such as mergers and acquisitions, we complement those studies by showing that the empire – building problem can also be manifested in SG&A cost behavior. Finally, our study adds to a stream of empirical studies that examine the effectiveness of corporate governance in mitigating the agency problem.

Key Words: SG&A Cost behavior; Cost Asymmetry; Cost Stickiness; Agency Problem; Empire Building; Downsizing; Corporate Governance

文章名称：当地投资者和公司治理

期刊名称：会计学与经济学杂志

作　　者：考卡瑞、库马尔、内森

出版时间：2012 年第 1 期

内容提要：本文表明了当地机构投资者是企业行为的有效监控。有着较高本地机构持股的公司有着更好的内部治理，并且盈利能力更强。这些公司也更不可能激进地进行盈余管理或回溯期权，也不太可能成为集体诉讼的目标。除此之外，这些公司的经理显示出较低的从事"帝国大厦"（扩张疆域）的倾向，也不太可能"过平静的生活"。考察本地的监督机制，我们发现当地机构更有可能引进股东提案，增加 CEO 轮换，以及减少额外的 CEO 薪酬。

关键词：机构投资者；公司治理；股东邻近；监管；地域偏见

Name of Article：Local Investors and Corporate Governance

Name of Journal：Journal of Accounting & Economics

Authors：Chhaochharia V. , Kumar A. , Niessen – Ruenzi A.

Issue：2012（1）

Abstract：This paper shows that local institutional investors are effective monitors of corporate behavior. Firms with high local ownership have better internal governance and are more profitable. These firms are also less likely to manage their earnings aggressively or backdate options and are less likely to be targets of class action lawsuits. Further, managers of such firms exhibit a lower propensity to engage in "empire building" and are less likely to "lead the quiet life". Examining the local monitoring mechanisms, we find that local institutions are more likely to introduce shareholder proposals, increase CEO turnover, and reduce excess CEO pay.

Key Words：Institutional Investors；Corporate Governance；Shareholder Proximity；Monitoring；Local Bias

文章名称： 公司治理与动态资本结构

期刊名称： 金融杂志

作　　者： 埃尔文·莫雷勒、鲍里斯·尼科洛夫、诺曼

出版时间： 2012 第 3 期

内容提要： 我们构建了一个动态权衡模型来检验管理层——股东在资本结构选择中冲突的重要性。在模型中，公司面临税收、再融资成本、偿债成本。经理拥有公司股份的一小部分，获取自由现金流的一部分用于私人利益，并控制融资决策。文章选用杠杆选择的数据以及预测不同统计矩的杠杆的模型，发现平均而言，股票价值的 1.5% 用于代理成本就足可以解决低杠杆难题，并能够解释杠杆率的动力。我们的估算也阐明了代理成本在公司之间有显著的变动，并且这与常用于公司治理的代理变量有关。

关键词： 管理防御；融资决策；结构选择；成长期权

Name of Article： Corporate Governance and Capital Structure Dynamics

Name of Journal： Journal of Finance

Authors： Morellec Erwan, Nikolov Boris, Schuerhoff Norman

Issue： 2012 （3）

Abstract： We develop a dynamic tradeoff model to examine the importance of manager – shareholder conflicts in capital structure choice. In the model, firms face taxation, refinancing costs, and liquidation costs. Managers own a fraction of the firms equity, capture part of the free cash flow to equity as private benefits, and have control over financing decisions. Using data on leverage choices and the models predictions for different statistical moments of leverage, we find that agency costs of 1.5% of equity value on average are sufficient to resolve the low – leverage puzzle and to explain the dynamics of leverage ratios. Our estimates also reveal that agency costs vary significantly across firms and correlate with commonly used proxies for corporate governance.

Key Words： Managerial Entrenchment; Financing Policies; Structure Choice; Growth Options

文章名称： 政治关联与权益资本成本

期刊名称： 公司金融

作　者： 布巴克里·纳瑞杰斯、古德哈密·奥姆兰、米什拉·德武、萨法尔·瓦利德

出版时间： 2012 年第 3 期

内容提要： 近期对政治关联的成本效益研究较多，本文检验了政治关联公司的权益成本。通过倾向性匹配得分模型（PSM），我们发现：政治关联公司比非政治关联的同类公司享有了更低的权益资本成本。我们还进一步发现与政治权力有更强联系的公司的政治关联更有价值。在附加分析部分，我们发现政治关联对公司权益资本成本的影响既受到普遍的国家层面的制度环境与政治环境的影响也受到公司特征的影响。总之，我们的发现提供了有力的证据：投资者对政治关联公司要求更低的权益资本成本，这也表明市场上往往认为政治关联公司较非政治关联公司的风险更低。

关键词： 政治关联；公司治理；资本成本

Name of Article: Political Connections and the Cost of Equity Capital

Name of Journal: Journal of Corporate Finance

Authors: Narjess Boubakri, Omrane Guedhami, Dev R. Mishra, Walid Saffar

Issue: 2012 (3)

Abstract: Motivated by recent research on the costs and benefits of political connection, we examine the cost of equity capital of politically connected firms. Using propensity score matching models, we find that politically connected firms enjoy a lower cost of equity capital than their non – connected peers. We find further that political connections are more valuable for firms with stronger ties to political power. In additional analyses, we find that the effect of political connection on firms' equity financing costs is influenced by the prevailing country – level institutional and political environment, and by firm characteristics. Taken together, our findings provide strong evidence that investors require a lower cost of capital for politically connected firms, which suggests that politically connected firms are generally considered less risky than non – connected firms.

Key Words: Political Connections; Corporate Governance; Cost of Capital

文章名称：连续多年内部控制重大缺陷的分析

期刊名称：会计评论

作　　者：劳伦斯·戈登、阿曼达·威尔福德

出版时间：2012 年第 6 期

内容提要：当前研究的主要目标在于再次实证检验内部控制重大缺陷（MW）和权益资本成本（CE）的关系。我们直接关注在不补救和补救两种方式下，重大缺陷对于公司权益资本成本的影响。这篇文章运用了一个包含大量第二年重大缺陷未补救案例的数据库（也包括第三年、第四年和第五年的未补救案例）。结果表明，连续多年的报告缺少任何补救的重大缺陷对权益资本成本有负面影响。然而，当前的研究也显示出市场认为重大缺陷的数量在减少（例如部分补救）。我们的研究有助于调和现有的研究重大缺陷和权益资本成本缺陷的文献中相互冲突的结论。

关键词：内部控制；监督；补救；重大缺陷；权益资本成本

Name of Article：An Analysis of Multiple Consecutive Years of Material Weaknesses in Internal Control

Name of Journal：Accounting Review

Authors：Gordon Lawrence A.，Amanda L. Wilford

Issue：2012（6）

Abstract：The primary objective of the current study is to empirically reexamine the relation between material weaknesses in internal control（MW）and cost of equity（CE）. We direct particular emphasis to the way non – remediation, as well as remediation, of MW affects a firm's CE. This study utilizes a dataset that contains a large sample of second – year MW non – remediation cases, as well as third –, fourth –, and fifth – year non – remediation cases. The findings provide evidence that reporting MW, absent any remediation, in multiple consecutive years has a significant negative impact on CE. However, the current study also shows that the market views favorably a reduction in the number of MW（i. e., partial remediation）. Our study helps to reconcile conflicting results in the literature devoted to the relation between MW and CE.

Key Words：Internal Control；Monitoring；Remediation；Material Weaknesses；Cost of Equity

文章名称：内部控制重大缺陷和 CFO 薪酬

期刊名称：当代会计研究

作　者：拉尼、乌迪、约翰斯通

出版时间：2012 年第 3 期

内容提要：董事会和薪酬委员会主要使用反映行政管理职责的财务指标作为经理薪酬决策的考虑因素。然而，鲜有研究关注高管薪酬和非财务绩效指标之间的关系。我们着眼于内部重大控制缺陷（ICMV）披露（反映 CFO 信托义务的非财务绩效指标）和 CFO 薪酬之间的关联，构建和检测了 CFO 薪酬的模型。因为内部控制是属于 CFO 的直接职责，对于内部控制重大缺陷的披露反映了他/她的绩效不佳。以此为基准，我们发现内部控制重大缺陷的披露会导致 CFO 薪酬减少（包括奖金、股票以及总额）。更有趣的是，我们发现相较于治理程度较低的公司，在治理度较高的公司中，当内部控制重大缺陷披露后，CFO 的薪酬会下降得更多。除此之外，我们发现相较于误报成本较低的公司，在有着高财务误报成本的公司中，当内部控制重大缺陷披露后，CFO 的薪酬会下降得更多。总的来说，这些结果对于相对较少的研究 CFO 的文章有一定贡献，说明了 CFO 信托责任的重要性以及公司治理、误报成本与 CFO 薪酬之间的相互作用。

关键词：财务绩效指标；SOX 法案；公司治理；内控缺陷；公司绩效；管理层薪酬

Name of Article：Internal Control Material Weaknesses and CFO Compensation

Name of Journal：Contemporary Accounting Research

Authors：Hoitash R. ， Hoitash U. ， Johnstone K. M.

Issue：2012 （3）

Abstract：Boards of directors and compensation committees predominantly use financial measures reflecting executive managerial duties as inputs to executive compensation decisions. Yet, there is little research on the link between executive compensation and nonfinancial performance measures. We develop and test a model of chief financial officer (CFO) compensation with specific emphasis on the link between the disclosure of internal control material weaknesses (ICMW), a nonfinancial performance measure reflecting CFO fiduciary duties, and CFO compensation. Because internal controls are under the direct responsibility of the CFO, the disclosure of an ICMW reflects poorly on his/her performance. As a baseline, we find that ICMW disclosures lead to decreases in CFO compensation (bonus, equity, and total). Of greater interest, we find that CFOs at firms with stronger governance experience larger compensation decreases upon ICMW disclosures compared to CFOs at firms with weaker governance. In addition, CFOs at firms with greater costs of financial statement misreporting experience larger compensation decreases upon ICMW disclosures compared to CFOs at firms with lower costs of misreporting. Taken together, these results contribute to the relatively sparse literature on CFOs by illustrating the importance of CFO fiduciary duties and the interaction of those duties, in terms of firm governance and misreporting costs, with changes in CFO compensation.

Key Words: Financial Performance – Measures; Sarbanes – Oxley Act; Corporate Governance; Control Deficiencies; Firm Performance; Executive – Compensation

文章名称：运用管理层控制机制减轻外包决策中的道德风险

期刊名称：会计研究杂志

作　　者：赛达拖·凯伦、弗雷托斯·季米特里斯、怀德纳·萨里

出版时间：2012 年第 2 期

内容提要：运用美国乘客航线业的档案数据，这一研究检验了旨在减轻道德风险的管理层控制机制是否能够解释超出或高于以前文献中论及的交易成本经济（TCE）决定因素的外包决策。与交易成本经济学理论相一致，我们发现了内部生产效率和交易风险的代理变量（如来源于交易稀有性、交易复杂性和专属关系投资）显著地解释了飞机维修的外包程度。我们扩展了交易成本经济学的视角并得到，当动机 Vega 值削弱了交易风险和外包之间的负向关系时，动机 Delta 值（如 CEO 投资组合对股票价格变动的敏感度）则加强了生产效率和外包行为之间的负向关系。监督机制加强了内部生产效率和外包行为之间的负向关系，倒是对于交易风险—外包之间的关系没有影响。结果表明使用外包行为来节约成本是由激励契约和监督机制双方促成的，但是外包以达到要求的风险水平只是通过激励契约促成的。

关键词：交易成本经济学；管理层激励；资本结构

Name of Article：The Use of Management Control Mechanisms to Mitigate Moral Hazard in the Decision to Outsource

Name of Journal：Journal of Accounting Research

Authors：Sedatole Karen L. , Vrettos Dimitris, Widener Sally K.

Issue：2012 （2）

Abstract：Using archival data from the U. S. passenger airline industry, this study examines whether management control mechanisms aimed at mitigating moral hazard explain outsourcing decisions over and above transaction cost economics （TCE） determinants documented in prior research. Consistent with TCE theory, we find that in – house production efficiencies and our proxy for transaction risk （i. e. , deriving from transaction infrequency, transaction complexity, and relationship – specific investments） significantly explain the extent of outsourcing of aircraft maintenance. We extend TCE insights to show that incentive delta （i. e. , the sensitivity of CEO portfolio holdings to stock price changes） strengthens the negative association between production efficiencies and outsourcing while incentive vega （i. e. , the sensitivity of CEO holdings to stock return volatility） weakens the negative association between transaction risk and outsourcing. Monitoring strengthens the negative association between in – house production efficiencies and outsourcing, but has no effect on the transaction risk – outsourcing relation. The results suggest that the use of outsourcing to achieve cost savings is promoted through both incentive contracts and monitoring, but outsourcing to achieve the desired risk level is promoted only through incentive contracts.

Key Words：Transaction Cost Economics；Managerial Incentives；Capital Structure

第三章　会计（审计）学学科 2012 年出版图书精选

第一节

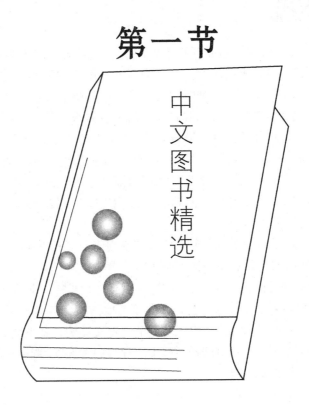

中文图书精选

书名： 欧盟会计准则　　国际趋同战略及等效机制研究
作者： 汪祥耀
出版社： 立信会计出版社
出版时间： 2012 年 2 月 1 日

　　内容提要： 自欧盟 2005 年起强制管辖区内的上市公司采用国际财务报告准则（IF-RS）以来，欧盟及其各主要成员国就一直致力于会计准则的趋同及建立全球统一的高质量会计准则。2009～2011 年为欧盟对中国会计准则的等效认可过渡期，本书即在此背景下完成，是 2011 年财政部研究项目《中欧会计准则等效政策与实施效果研究》成果。

　　全书共分 9 章，主要内容包括：欧洲证交所上市流程与中企在欧洲上市（第 1～2 章）、欧洲的会计与审计监管体系及改革（第 3 章）、欧盟采用国际财务报告准则及对会计国际趋同的推动（第 4～5 章）、欧盟对采用国际财务报告准则的效果评估及资本市场检验（第 6 章）。第 7～9 章则补充了欧盟会计准则等效机制及实施程序的内容、案例介绍及中欧会计准则等效后果评价。

　　本书研究成果填补了国内系统研究欧盟会计准则趋同与等效问题的空白，对国际会计准则趋同的理论与实践研究具有重要的参考价值。

　　2012 年度会计准则延伸阅读推荐：《国际财务报告准则：阐释与运用》（第 2 版）（引进版）。本书六位作者都是著名的会计学专家，他们结合自身多年的教学和实践经验，博采各家之长，根据中国实际情况，组织各章节内容及案例，联系企业的实际和案例教学来解释国际财务报告准则，从而使读者能够迅速理解和掌握国际财务报告准则，应用国际财务报告准则处理企业财务问题。

书名：公众公司会计治理论

作者：崔刚

出版社：东北财经大学出版社

出版时间：2012 年 5 月 1 日

内容提要：近几十年来，契约、产权、制度主义以及在此基础上发展起来的公司治理学说，对会计学科形成强烈冲击，产权会计观（伍中信，1998；郭道扬，1999，2002，2004；杜兴强，2002；李连华等，2004）、会计契约论（雷光勇，2004）等思想逐渐形成。

《公众公司会计治理论》一书即在已有研究基础上，提出会计治理观。本书认为：①会计的本质是一个治理系统，而会计治理的本质是在加强企业管理控制、提高企业经营绩效与提高信息质量、促进资本市场有效之间寻求一种最优的平衡；②会计治理有两大维度：一是会计在资本市场中所发挥的促进资源配置的机制；二是会计在公司治理中扮演的角色（第 2~4 章）。

同时，本书就"会计治理"主旨作了拓展研究，涵盖了企业行为治理机制（第 5 章）、会计技术治理安排（第 6 章）、会计治理的全球化（第 7 章）、会计治理的伦理学思考（第 8 章）等方面，提出了一个较为完整的会计治理概念框架体系，这是本书的另一贡献。

本书研究基本上可以定性为应用基础型，会计治理观的提出为会计基础理论提供了新的思路和观点，值得一读。

书名：金融危机背景下的公允价值会计研究
作者：王鲁兵
出版社：经济科学出版社
出版时间：2012 年 3 月 1 日

内容提要： 2008 年席卷全球、深化蔓延的金融危机，为会计学的再度发展提供了外部变革因素。公允价值计量是本次危机中涉及会计学领域的争议焦点，部分学者及业界人士认为公允价值内在的顺周期性、加剧经济波动等因素，是导致此次危机的罪魁之一。美国财务会计准则委员会、国际会计准则理事会以及我国 2006 年发布的新会计准则体系在金融危机前均对公允价值计量予以推广和应用。危机发生后，全面推广公允价值计量的合适性又重新提上日程。

本书基于当前会计准则实施情况，重新审视和观察公允价值会计与金融危机的内在联系，阐述公允价值会计应用的合理性与局限性，同时结合危机应用的内外部环境条件，提供了公允价值应用的建议。本书从会计理论框架体系出发，深刻论证了公允价值计量的现实合理性，认为当前金融发展使公允价值计量更具有相关性，公允价值计量是会计发展的大势（第 1~2 章）；在公允价值会计与金融危机的内在联系分析中认为，公允价值计量有其自身局限性，如弱化会计反映职能、使信息的可靠性发生偏离以及难以保证会计信息的及时性等（第 3~4 章）；基于我国公允价值会计的应用现状和公允价值会计模式的理想条件，提出对应建议（第 5 章），主要包括分类别混合计量方法、三大报表间的确认操作创新以及公允价值计量指南和信息披露制度完善等。

本书结合我国实际和自身实践经验，对公允价值会计应用的本土化和创新作了有益探索，为今后我国公允价值会计的推广、会计准则制定及实物操作提供了一定帮助。

书名：企业股权激励　财务会计问题研究
作者：刘松青、文明刚
出版社：中国财政经济出版社
出版时间：2012 年 5 月 1 日

内容提要：本书为财政部重点课题（2007KL005）研究成果。

股权激励是一种通过管理者获得公司股权形式给予企业管理者一定的经济权利的激励方式，使他们能够以股东的身份参与企业决策、分享利润、承担风险，从而为公司的长期发展服务。现代企业理论和实践证明股权激励对于改善公司治理结构、降低代理成本、提升管理效率，增加公司凝聚力具有重要作用。随着我国市场经济和证券市场的发展和完善，股权激励逐渐成为上市公司对管理层和职工的重要激励手段。近年来，财政部、国资委和证监会等部门陆续出台了关于上市公司实施股权激励的管理办法，财政部也发布了《企业会计准则第 11 号——股份支付》，基于原则导向，对股份支付会计核算作了规范。

股权激励对于我国企业而言，还是一项新的业务，本书对我国企业，尤其是上市公司实施股权激励中所涉及的财务会计问题进行深入的研究探讨。本书的研究成果和主要贡献为：

（1）根据现代企业理论，对企业实施股权激励的动因作了较为深入的分析。首先论证了关键生产要素提供者享有企业剩余索取权的必要性；其次根据股东与管理者的博弈模式，阐明（激励、进取）是双方共赢的策略组合；最后深入分析了激励效能、激励报酬和管理者努力程度之间的相关关系，提出了股权激励方案的设计原则。

（2）深入分析了当前不同的股权激励方法的会计处理、定价模式，并实证检验了我国股权激励效应，对国有企业实施股权激励的特殊性予以特殊重视和剖析，探讨国有企业产权公有性、管理者选择机制差异、经营目标多重性下，实施股权激励的合适性。

书名：中国上市公司自愿性信息披露规律探寻与监管
作者：李慧云
出版社：中国统计出版社
出版时间：2012 年 11 月 1 日

内容提要：本书为国家自然基金资助项目（71140006）《中国上市公司自愿性信息披露规律探寻与监管》阶段成果。

信息披露是连接公司和投资者的桥梁，是投资者了解上市公司的窗口。投资者通过公司披露的信息做出合理的投资决策，提高资源配置效率、提高公司股票流动性。可以说，信息披露是外部投资者权益得到保障的重要基础，也是资本市场健康运行的基石。信息披露按照内容可分为强制性信息披露和自愿性信息披露，自愿性信息披露指上市公司基于公司形象、投资者关系、回避诉讼风险等动机主动披露的信息，如管理者对公司长期战略及竞争优势的评价、环境保护和社会责任、公司前瞻性预测信息、公司治理效果等，是资本市场上强制性信息的重要补充机制。

然而自愿性信息披露并不是任意自由披露，中国证监会 2007 年《公开发行证券的公司信息披露内容与格式准则》等一系列与自愿性披露相关的法律法规出台，说明自愿性信息披露的关注度逐渐提高。针对社会各界对上市公司信息披露更高的要求，本书从四个方面具体介绍了自愿性信息披露这一论题：自愿性信息披露的概念；自愿性信息披露水平评价体系的建立与现状分析；自愿性信息披露市场反应和影响因素的实证研究；分析自愿性信息披露监管的必要性，构建我国上市公司自愿性信息披露监管框架。

本书针对影响自愿性信息披露水平的各个因素进行分析，提示我国上市公司自愿性信息披露的现状及规律，并建立自愿性信息披露影响因素的量化模型，为监管部门和投资者对上市公司自愿性信息的识别方法提供实证依据，有助于当前信息披露环境的完善。

书名： 政企关系质量　　对财务报告质量和政府会计监管效
果的影响研究

作者： 曾月明

出版社： 企业管理出版社

出版时间： 2012 年 8 月 1 日

内容提要： 作为一种经济制度，有效的资本市场运行符合三项要求：资源有效配置、信息有效利用以及激励相容。而资源的有效配置和激励相容需要通过信息进行引导与设计，可见信息的有效性是资本市场有效的重要因素。作为会计信息载体的财务报告质量是会计理论与实务研究中的核心问题。美国安然事件后，国际会计界经历了前所未有的变革，深刻影响着会计的理论与实践；《萨班斯—奥克斯利法案》出台后，会计学者意识到会计问题不能单纯依赖于会计的技术和方法，开始将影响财务报告质量的非经济因素如关系因素联系起来进行分析。

本书即在财务报告供应链框架下将关系营销中的关系质量理论用于研究企业与会计准则制定方以及企业与政府会计监管方间的关系质量，在此基础上探讨关系质量对财务报告质量及政府会计监管效果的影响；同时确定了企业与会计准则制定方间、企业与政府会计监管方间的关系质量维度，并分别构建了相应的测量模型进行验证，以期探索提高财务报告质量和政府会计监管效果的途径。

全书主要内容可分为三部分：第一部分阐述了财务报告供应链过程，论述了财务报告供应链过程及参与主体的相互关系类型（第 2 章）；第二部分研究企业与会计准则制定方的关系质量及其对财务报告质量的影响（第 3 章和第 4 章）；第三部分研究政府会计监管效果的评价、企业与政府会计监管方关系质量及其对政府会计监管效果的影响（第 5～7 章）。主要结论有：财务报告供应链过程和 PDCA 循环过程在程序设计和理念上均是吻合的，财务报告供应链参与主体间共有七种相互关系；信任、满意、承诺、权威、关系稳固性是关系质量的四大重要维度。

本书通过关系质量的视角探讨财务报告质量及政府监管效果，丰富了财务报告质量的影响因素研究，也有助于企业与政府双方关系的重视和改善。

书名：上市公司定向增发融资行为研究

作者：邓路

出版社：中国经济出版社

出版时间：2012 年 4 月 1 日

内容提要：中国资本市场的定向增发类似于国外资本市场的私募发行。在全流通时代，定向增发已经逐渐成为中国上市公司普遍采取的再融资方式。

《财务会计与资本市场系列：上市公司定向增发融资行为研究》基于中国资本市场经验数据，从公司股权再融资方式选择、定向增发的折扣率和短期宣告效应、定向增发长期市场表现及长期经营业绩三个角度全面研究中国上市公司定向增发融资行为。

本书的主要贡献在于：基于控制权和信息不对称理论研究定向增发，拓展了公司股权再融资领域的研究视野；结合中国资本市场特殊的制度背景，丰富了定向增发领域的研究范畴。本书的研究成果可以为上市公司、资本市场投资者和监管机构进行决策提供参考。

中国资本市场创建于 20 世纪 90 年代初期，伴随着过去 20 年的不断改革、发展与创新，上市公司股权融资发生了许多重大的制度性变革。在全流通时代，上市公司可以选择公开增发、定向增发、配股、发行可转换公司债券等多种方式实现股权再融资，相比其他融资工具而言，虽然定向增发产生的时间较短，但目前却已经逐渐成为上市公司普遍采取的再融资方式。

与公开增发、配股以及发行可转换公司债券等其他再融资方式不同，定向增发从诞生之日起便被赋予多种功能。除了在发行对象、发行动机等方面与其他再融资方式不同外，定向增发的宣告效应、发行折扣率也与公开增发和配股等股权融资显著不同。很多上市公司董事会一旦公布定向增发方案，公司股价在短期内就会有显著的超额收益，这与公开增发和配股负的宣告效应形成鲜明的对比。而且与配股折价发行不同，很多上市公司定向增发往往采取很低的发行折扣率甚至溢价发行。中国资本市场上定向增发诸如此类的"异象"已经引起理论界和实务界的极大关注，但是目前国内还缺乏这方面的系统研究，正因为如此，本书采用现代公司财务相关理论，从公司股权再融资方式选择、定向增发的折扣率和短期宣告效应、定向增发长期市场表现及长期经营业绩三个角度全面研究中国上市公司定向增发融资行为。

与以往文献相比，本书的主要贡献在于：①拓展了股权再融资理论的研究视野。本书首次从股权结构和信息不对称双重角度检验和证实了上市公司增发融资方式选择问题，进一步丰富了公司股权再融资理论。②细化了定向增发折扣率及其市场表现的研究内容。本书结合中国资本市场特殊制度背景，首次将定向增发折扣率细分为发行折扣和市场折扣加以区别研究，并按照定向增发发行对象和认购方式不同将上市公司定向增发进行了更为细致的分类，考察了不同样本公司定向增发市场表现的差异。③同时研究和检验定向增发的短期宣告效应和长期市场表现。目前，国内学者研究定向增发往往只关注短期宣告效应，本书立足于中国资本市场的经验数据，首次系统地将定向增发的短期效应和长期绩效对比分析，并且通过采用不同的模型工具，实证检验定向增发的经济后果。

本书主要研究思路如下：在文献回顾基础上（第2章），结合中国资本市场特殊的制度背景，将中国上市公司定向增发及公开发行、定向增发与美国私募发行进行了对比分析，在此基础上，归纳总结了中国上市公司定向增发的主要运作模式（第3章）。然后，依次从公司股权再融资方式选择、定向增发的折扣率和短期宣告效应、定向增发长期市场表现及长期经营业绩三个角度全面考察中国上市公司定向增发融资行为（第4~6章）。本书主要结论：

（1）股权结构和信息不对称理论可以较好地解释上市公司增发方式选择问题。具体表现为：股权结构显著影响上市公司增发方式的选择，上市公司终极控制人为国有性质时，越倾向于选择定向增发，对于实施定向增发的上市公司，大股东控制力越弱，越倾向于认购新增股份。信息不对称程度越大的公司越倾向于选择定向增发，并且在实施定向增发时，更愿意选择向大股东发行。

（2）上市公司大多采取溢价发行方式实施定向增发，而定向增发的市场折扣率大约为30%，要高于美国股市私募发行时的市场折扣。上市公司定向增发的发行折扣率与发行对象相关，公司大股东及其关联投资者认购定向增发股份的发行折扣率要高于普通机构投资者享受的发行折扣率，而上市公司定向增发的市场折扣率与发行比例正相关，发行比例越大，定向增发的市场折扣率越大。

（3）与国外私募发行会产生短期正的财富效应相同，中国上市公司实施定向增发也可以获取正的宣告效应，并且宣告效应与定向增发市场折价正相关，当上市公司面临财务困境时，其定向增发的宣告效应大于非财务困境公司定向增发的宣告效应。

（4）无论是采用购买持有超额收益方法还是使用日历时间组合方法都可验证上市公司实施定向增发后2年内总体上表现强势特征，这与美国股市私募发行后公司长期业绩表现不佳的结论相反。

（5）对于全部定向增发样本，上市公司定向增发前后5年的经营业绩都要显著好于配比公司。从细分样本来看，当大股东参与时，定向增发后公司的经营业绩差于非大股东参与样本，但统计上并不显著；当大股东以资产认购时，定向增发后的公司经营业绩要显著好于现金认购样本。

（6）通过对比上市公司定向增发长短期市场表现以及公司经营业绩在定向增发前后的变化，没有发现直接证据支持大股东将定向增发作为"掏空"上市公司进而实现利益输送的工具。

本书荣获2011年度第五届杨纪婉优秀学位论文奖，本书的研究意义在于：从理论意义上来说，一方面，本书丰富了公司股权再融资理论的研究范畴；另一方面，本书也拓展了定向增发领域的研究视野；从实践意义上来说，本书既为上市公司实施定向增发合理优化资源配置提供了实践依据，同时也为投资者参与定向增发选择正确的投资对象提供了现实依据。此外，本书还为监管机构完善定向增发制度提高监管效率提供决策依据。

书名：中国上市公司资本结构决策研究

作者：江伟

出版社：经济科学出版社

出版时间：2012 年 5 月 1 日

内容提要：本书受国家自然科学基金重点项目（71032006）、国家自然科学基金青年项目（70702040）资助。

自 Modigliani 和 Miller（1958）开创性提出"MM 理论"后，资本结构理论从破产成本、税差学派、权衡理论以及后权衡理论等引入代理成本前的资本结构理论，演变为包括资本结构信号模型、新优序融资理论、负债效应、资本结构与公司控制权市场理论等引入代理成本后的资本结构理论。目前，国内外学者研究的重点集中于探讨投资者法律保护和金融发展对该国公司资本结构的影响，以及管理者的过度自信行为对公司资本结构的影响，较少从动态层面考察投资者法律保护和金融发展的改革对企业资本结构决策的影响；另外，现有国内研究关注不同情形下管理层自信对资本结构决策影响的也较为少见。

针对以上现状，本书首先从制度环境的角度，分别考察法制环境与金融发展对我国上市公司长期债务融资的影响，以及金融发展对我国上市公司银行贷款控制效应的影响；其次从行为公司财务的角度，分别考察我国上市公司总经理和董事长的过度自信行为对公司资本结构、融资偏好以及债务期限结构决策的影响。

全书分为四部分，第一部分为导论、理论回顾和文献述评（第一至三章），对国外资本结构理论的历史演变与发展、法与金融研究的兴起以及行为公司财务研究的兴起进行了回顾；第二部分为法制环境与金融发展对我国上市公司长期债务融资的影响（第四章）；第三部分为管理层自信对公司资本结构、债务期限结构、融资偏好决策等的影响研究（第五至七章）。

本书对于解释我国上市公司的融资行为，提高我国的投资者法律保护和金融发展水平，以及设计相应的治理机制来减少管理者过度自信行为可能带来的消极影响都具有重要的启示作用。

书名：中国上市公司资本结构与融资行为异化及治理研究

作者：张嘉兴

出版社：经济科学出版社

出版时间：2012 年 6 月 1 日

内容提要：本书是国家自然科学基金资助项目《中国上市公司资本结构与融资行为异化及治理研究》（70940010）资助的阶段性研究成果。

企业融资结构的研究起源于 20 世纪初，50～60 年代得到迅速发展。至今，资本结构一直是金融理论界研究的热门话题。特别是对转型中国家的上市公司融资结构的理论及实证研究，更是近几年国外金融界的专家、学者研究的热点领域。作为最大的发展中国家，我国资本市场的发展还处于初级阶段，受政府干预、资本市场制度不健全、公司治理效率低下等制度因素的影响，我国上市公司形成了"重股权融资，轻债权融资；重短期债权融资，轻长期债权融资"等异化的融资行为。

基于此原因，本书在研究我国上市公司资本结构的基础上，通过理论分析和实证检验，从宏观和微观两个视角探寻我国上市公司融资行为异化的成因及其治理策略。书中所界定的融资行为异化是指公司融资行为目标偏离了公司价值最大化目标，具体包括资本结构异化和债务期限结构异化等。在此基础上，描述了我国上市公司融资行为异化特征与表现，进而从微观视角探讨股东和经理人、大股东和小股东之间利益冲突和过度投资对我国上市公司融资行为异化的影响以及作用机理。另外，实证方法上，根据 DM 动态模型构建了企业股权再融资决策模型，研究发现预算软约束条件下上市公司普遍存在过度投资行为，国有企业更为严重；上市公司股权再融资偏好与过度投资正相关；总体上负债融资并没有对我国上市公司过度投资起到明显的治理作用。

本书研究成果对我国上市公司融资结构优化以及公司治理结构的优化具有参考价值。

书名：财务舞弊公司董事会后续治理及其对外部审计的影响
作者：韩小芳
出版社：东北财经大学出版社
出版时间：2012 年 10 月 1 日

内容提要： 自 1719 年英国爆发南海公司事件以来，财务舞弊一直成为监管部门和学术界关注的热点话题。众多学者多从公司治理视角研究影响财务舞弊发生的治理特征或治理行为。随着经济的快速发展，上市公司的股权结构趋于分散，基于委托代理理论，董事会治理水平对于企业的发展显得至关重要。

基于此背景，本书关注的主要问题为：财务舞弊公司在被谴责公告后，董事会是否积极地采取措施来改善公司状况？若董事会采取了相关措施提高治理水平，这些治理措施是如何影响外部审计的？为回答此问题，本书构建了董事会后续治理与外部审计关系的框架，探讨了财务舞弊公司董事会从公告前一年到公告后第三年间治理状况的变化趋势，并进一步检验董事会后续治理的变化对外部审计的影响。

全书共八章，除第八章结论外，可分为四部分，第一部分为导论、制度背景和文献回顾（第一至三章），同时基于前景理论、锚定效应和首因效应阐述了董事会后续治理对外部审计的影响；第二部分分析了财务舞弊公司董事会后续治理和外部审计特征（第四章），观察财务舞弊公司从公告前一年到公告后第三年，董事会结构的变化、董事会行为的变化以及外部审计特征的变化；第三部分为财务舞弊公司董事会后续治理对审计师变更的影响研究（第五章）；第四部分为财务舞弊公司董事会后续治理、审计师变更对审计质量的影响（第六章和第七章）。

本书研究发现，财务舞弊公司从公告前一年到公告后第三年，董事会规模、二重性、董事持股、董事会次数和董事会成员均发生了显著的变化；并且财务舞弊公司董事会规模、董事持股和董事会非常规性变更对审计师的变更有显著性影响。此外，财务舞弊公司从公告前一年到公告后第三年，随着成员结构变更、董事会规模的增大，审计质量有提高的趋势，而董事持股比例与审计质量则呈非线性关系，实证检验了利益趋同效应和壕沟防御效应。

本书研究对财务舞弊公司制定实施整改计划、监管部门对财务舞弊公司及外部审计师的后期监督具有现实依据意义。

书名： 中国资本市场审计寻租问题研究

作者： 陈韶君

出版社： 中国财政经济出版社

出版时间： 2012 年 11 月 1 日

内容提要： 作为市场主体的上市公司与审计师的"寻租"行为是引致财务审计舞弊的一个基本原因。我国资本市场赖以运作的制度环境和制度安排导致了租金存在，上市公司和审计师作为资本市场的主体，其"寻租"行为不仅会影响资本市场的资源配置效率，造成整个社会福利的损失，而且还会引起财务信息失真和审计失败。

从资本市场现实角度看，如何有效进行审计和遏制审计"寻租"行为已成为国内外理论界、实务界乃至政界人士所关注的焦点和所需要着力研究解决的重大问题。本书即在已有研究基础上，以"寻租"理论为视角，运用产权理论和博弈理论，分析上市公司和审计师"寻租"行为产生的供需动因，并为有效控制审计"寻租"提出政策性建议。

本文主要结论和贡献如下：

（1）以博弈论为基础，建立了审计师、上市公司和监管者之间的动态"寻租"博弈模型。模型分析结论显示，为寻求"信息租金"，上市公司管理当局与审计师之间的合作信息博弈产生一种"正溢出"（Positive Spillover）效应，这正是证券市场上市公司与审计"寻租"的内在驱动力量。

（2）揭示了审计"寻租"产生的供需动因。一方面，上市公司制度性"寻租"、特殊产权制度安排和会计审计准则的变迁特色，构成了审计"寻租"形成的需求动因；另一方面，审计市场的竞争压力、法律体系缺陷和审计职业道德缺失又构成了审计"寻租"供给动因。

（3）提出了完善法律法规、民事赔偿机制、降低监管成本等以加大审计"寻租"成本，完善资本市场管制制度以降低审计"寻租"需求，形成合理的审计市场结构以减少审计"寻租"的供给等政策性建议，作为适度控制审计"寻租"的具体措施。

对审计寻租感兴趣的读者还可延伸阅读同年出版的《审计意见购买的内在机理及其治理》一书。

书名： 社会责任、社会资本与公司治理

作者： 曾江洪

出版社： 经济科学出版社

出版时间： 2012 年 3 月 1 日

内容提要： 近年来，经济全球化加剧了全球范围内的资本流动和企业竞争，在充满不确定性的环境中，股东以外的其他利益相关者的力量逐渐加强，传统的"股东至上"企业理论慢慢受到挑战。学术界提出利益相关者理论，主张将职工、债权人等利益相关者引入公司治理中，以加强对其他利益相关群体的保护。

《社会责任、社会资本与公司治理》以企业理论为出发点，从资源依赖角度分析了企业社会责任、社会资本以及公司治理间的影响机理，并实证检验了三者间的作用关系，发现企业履行社会责任、获取社会资本和提升公司治理水平三者彼此之间都有着良性的互动关系。同时，本书系统总结了不同的公司治理模式，从社会责任和社会资本视角，探寻协同治理模式。

总的来说，《社会责任、社会资本与公司治理》提出了利益相关者合作逻辑下的控制权配置、治理途径、激励机制设计等方法，并重点阐述了利益相关者参与治理的基础、公司治理制度安排，以及如何通过利益相关者治理来实现企业价值最大化等问题。《社会责任、社会资本与公司治理》对公司治理理论的完善和实践的发展具有积极意义。

书名：行为公司治理

作者：文芳

出版社：厦门大学出版社

出版时间：2012 年 11 月 1 日

内容提要： 公司治理是近几十年来公司财务领域最为关注的理论及现实问题之一，公司治理理论框架日趋完善，现有研究多为理性人假设下的公司治理理论研究。Morck（2009）提出了广义代理问题概念，其认为还存在一种从社会心理学视角看待公司财务中的代理问题，当存在对 CEO 或控制性股东的过度忠诚，而不是对公众股东的忠诚不足时，公司决策依然会偏离股东价值最大化目标，这也是一种代理问题。自此，很多学者逐渐将制度参与者的心理因素和非理性行为引入对公司治理问题的研究，推动了公司治理理论的发展，开启了行为公司治理领域的研究。

本书即基于"公司治理参与主体存在非理性行为"作为基本假设，结合我国特有的制度背景和文化传统，通过一系列规范研究和实证研究，探索公司治理参与主体管理者、董事会、大股东非理性行为对公司治理有效性的影响。研究主要结论为：①公司业绩欠佳时，过度自信的管理者一定程度上可规避业绩欠佳带来的离职风险；②薪酬激励、年龄、任期及职业经验等异质性均是管理者自信程度的重要影响因素；③董事会社会层级高度对其过度自信有显著的正面影响，而大股东对未来过度乐观的预期对公司治理有效性有显著的负面影响。

全书共分六章，内容包括：绪论、理论基础与文献回顾、管理者非理性行为的实证研究、董事会非理性行为的实证研究以及大股东非理性行为的实证研究等。本书将行为研究应用于解释公司治理的有效性，拓展了行为公司财务在公司治理领域的研究；同时设计测度了公司治理参与主体非理性行为，为建立基于参与者行为表征的公司治理机制提供了新的思路。

第二节

英文图书精选

书名：会计和发展手册

Title：Handbook of Accounting and Development

作者：Trevor M. Hopper，Prof. Mathew Tsamenyi，Dr. Shahzad Uddin

出版社：Edward Elgar Publishing Ltd.

出版时间：2012 年

　　内容提要：会计在社会发展中的作用日益重要，许多专家认为会计发展是一个具有强劲增长性的研究话题。本书通过对未来研究方向、会计实践和政策做出评论和分析，提出了会计在制定和执行发展政策的过程中所发挥的实际的和潜在的作用。

　　全书共分为 16 章，探讨了会计发展的主要领域，包括财务报告、管理控制、税务和教育，分别由编辑和杰出的从业人员撰写，汇集了理论与实践的文字更具实质性和有用性。本书前两章由编辑撰写，主要介绍会计发展情况；剩下的 14 章由 22 个位于 9 个不同国家的工作者编写，内容涉及过去发生的会计政策方面的各类事件及其影响，为会计的研究和发展提供了一个中心参考点。最终章节涵盖了各种问题，包括资本市场在会计发展中的作用、会计专业化以及税收和转移定价等，在学术的基础上提供了更具实践性的维度。

　　本书极具创新性，并同时从理论和实证两方面对会计过去和现在的政策及做法提供了丰富的证据，这些证据对学者、从业人员、决策者都十分有帮助。

书名：会计监管政治：组织财务报告的国际准则制定

Title：The Politics of Accounting Regulation：Organizing Transnational Standard Setting in Financial Reporting

作者：Sebastian Botzem

出版社：Edward Elgar Publishing

出版时间：2012 年

内容提要：《会计监管政治：组织财务报告的国际准则制定》一书作者 Sebastian Botzem 是一名政治学学者，任职于柏林社会科学研究中心，专长为跨国规则标准化和跨国治理。此书通过采用当代先进的政治学理论来阐释准则制定，立意新颖。

这部跨学科著作聚焦于产生跨国准则制定的组织结构与进程研究，作者首先进行了社会理论的阐释，然后揭示会计准则制定过程中的竞争形态和政治形态；同时构建国际资本化与国际会计准则间的连接，强调了公允价值会计计量中的资本市场导向理念。

本书对国际会计准则委员会（IASB）的组织演进进行了重新构建，作者认为尽管非公共运营的准则制定者已实施了与其他利益群体的磋商机制，至今仍需要构建相当的影响力。在这方面，作者陈述，IASB 将民主问责制归附于基于专长标准化的有效性。

最后，本书开展了组织结构及进程的实证研究，即进行了对 IASB 国际网络内最有影响力的子组织及主要人物的分析。

对国际准则制定的组织发展进程感兴趣的读者还可进一步延伸阅读本书作者其他研究成果，如 Botzem 和 Hofmann（2010）的 *Critical Policy Studies*，研究了公司财务报告的规则制定转型。Botzem 和 Dobusch（2012）的 *Organization Studies* 则将 IASB 通过联盟形式传播跨国会计准则与微软推行的知识产权准则国际化发展进程进行了比较研究。

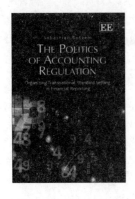

书名：会计监管政策：组织跨国财务报告的标准设置

Title：Accounting for Income Taxes：Primer，Extant Research，and Future Directions

作者：John R. Graham，Jana S. Raedy，Douglas A.

出版社：Hanover，MA：Now Publishers，Inc.

出版时间：2012 年

内容提要：本书向研究者介绍了所得税会计（AFIT）以及相关文献的系列主题回顾，包括税务账户用作盈余管理的使用以及公司税务披露的资产定价之间的关系。一个循环的主题是财务会计收入的计量与税务向财报使用者提供关于公司盈余两项补充信号的目的。第一个信号在于财务报表本身；尽管税务回报本身的不可直接获得，所得税中的财务会计使信息使用者能够估计这第二个信号。

内容框架如下：

第一部分：立足于学术研究的成果，作者在本书第一节与第二节强调了所得税会计领域的研究价值，指出，在 2009 ~ 2011 年发表在《会计评论》（TAR）、《会计研究》（AR）上的文章几乎一半在讨论所得税会计问题，并且 AFTI 已经成为税务教学中的重要组成部分。通过比较 Scholes 和 Wolfson（1992）的文献与 Scholes 等在 2009 年的文献，发现相比于 20 年前，我们对 AFTI 给予了更多的关注。

第二部分：第三节与第四节强调了税务会计领域的潜在规则概览。作者首先描述了 AFIT 的背景设定：税前的账面所得与应纳税所得是一致的；其次描述了所得税会计的永久性差异与暂时性差异，特别是聚焦于 GAAP 有效所得税率的研究，并进一步讨论了递延所得税资产与递延所得税负债以及递延所得税资产的减值准备。总之，作者对 AFIT 的规则进行了有用的介绍。

第三部分：第五节与第六节总结了具体的研究领域的未来研究方向。第五节总结了关于 AFTI 与盈余管理的相关研究。作者首先讨论了利用特殊税务账务的三个例子——利用资产减值、或有税务义务和永久性再投资收益（PRE）进行盈余管理；接下来，讨论了无关于盈余管理与财报科目联系的税会支出本身。援引的研究发现了管理层利用税收条款去满足迎合分析师的目的，并没有发现利用税务条款去实现其他盈余管理目的，如平滑盈余、增加盈余的程度等。第六节简明地总结了当前税会差异对预期盈余特征（如增长率与持续性）的影响。这一部分反映了本书的循环主题：税前的会计所得与应纳税所得是度量公司盈余的两种方式。其中，应纳税所得提供了预测预期财会业绩的附加信息。

第四部分：第七节检验了税务信息在权益价值中的反映情况。首先，作者总结了一个普遍的研究发现：递延所得税资产与递延所得税负债的信息是反映在股价中的，并且在大多数情况下是低于其账面价值的。其次，作者总结了关于或有所得税负债价值的文献。援引文献指出负债增加了公司的价值，暗示着投资者对激进税务计划（即导致或有税务负债增加识别）的定价。最后，作者还回顾了当期应纳税所得、税会差异与当期、预期收益的文献。非预期的税前账面收益与当前的流动性相关程度。

第五部分：本书第八节探讨了税会一致性问题，其中，应纳税所得额被定义为税前的财会收益。在描述了对税会一致性的正反争论以后，作者回顾了以往研究中的一些经验工作：研究公司如何响应一些在当时法律条件下要求税会一致性的事件。几乎没有证据支持公司通过减少财会收益来响应税会一致性进而减少税负，而这种手段有可能减少财会收益的信息含量。

第六部分：本书第九节、第十节总结了一些未来的研究领域。第九节描述了 AFIT 未来学术研究的五个问题。与之前部分提到的具体研究问题不同，这里总结的问题更宽泛、更宏观，如指导未来 AFIT 研究的概念框架的需要和 IFRS 对税会一致性的影响。第十节讨论了 AFIT 研究中的计量经济学问题，特别是普通最小二乘法的残差无论在公司层面还是时间层面都可能缺乏独立性。作者认为，基于公司和时间的双重聚类分析并不必然优于一维的聚类分析。

总之，本书就所得税会计的管理规则提供了一个很好的介绍，也对以往的研究成果进行了有用的总结。里面就未来研究问题的建议（包括具体的建议与一般的建议）都很值得仔细的考虑。

书名：财务报告中的金融工具

Title：Financial Reporting for Financial Instruments，Foundations and Trends in Accounting

作者：Stephen G. Ryan

出版社：Hanover，MA：Now Publishers Inc.

出版时间：2012 年

　　内容提要：《财务报告中的金融工具》一书在研究财务报告中金融工具披露的同时，还探讨了适用于金融机构尤其是商业银行和储蓄机构的财务报告问题，主要原因有：第一，金融机构作为金融工具最大的持有者，其资本负债表主要由这些金融工具掌控；第二，金融机构在其财务报告中提供了大量有关金融工具的信息；第三，这些金融机构发挥着提供流动性、吸收或分散经济风险等多重作用。本书适合对金融工具以及会计计量有一定知识基础的政策制定方、金融行业会计人士以及相关专业学生使用。

　　该书的主要内容安排如下：第一章为导论，第二章交代了本书研究的制度背景，第三章、第四章分别为银行贷款损失应计项目测试、金融工具的公允价值计量，第五章进一步检测了诸如金融衍生品、贷款信用额度、剩余证券资本化等金融工具的测试。第六章则考察了 GAAP 和 SEC 规则下财务报告中所要求的金融工具风险披露。

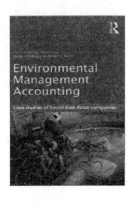

书名：环境管理会计：基于东南亚国家的案例研究

Title：Environmental Management Accounting：Case Studies of South – East Asian Companies

作者：Christian Herzig，Tobias Viere，Stefan Schaltegger，Roger L. Burritt

出版社：Routledge

出版时间：2012 年

内容提要：环境管理会计（EMA）是为了同时提高企业或其他组织的环境业绩和财务业绩，为其内部与环境相关的管理提供财务信息和非财务信息的会计系统。自 20 世纪 90 年代起，发达国家的政府、研究机构、会计职业组织等开始重视环境管理会计的研究和推广，一些企业也乐于应用。它对于企业的主要作用是：使企业经理更清楚地认识环境成本，从而更易于管理和降低这些成本；更好地识别和预测环境管理活动的财务利益和其他商务利益；更好地计量和报告环境业绩和财务业绩，改善企业对外界的形象。目前环境管理会计（Environmental Management Accounting，EMA）的研究多关注发达国家实践，以及实施 EMA 工具的成本效益分析。本书通过比较案例法，试图研究新兴国家尤其是东南亚国家环境管理会计实施的决策过程，以期为当前环境会计研究提供丰富证据。

全书共有 12 个案例研究，每个案例来自作者对不同行业的观察，分别细致探讨了决策制定、EMA 工具实施的动机与障碍等。各案例重在回答环境管理会计领域的两大问题：①东南亚国家不同的组织环境和制度环境如何影响环境管理会计的实施？②环境管理会计工具体系内部如何相互勾连和补充，以便有效地帮助管理层进行经营决策？12 个案例各分一章节，标题分别为《毛巾生产公司的生态效率》、《机械工程公司内部的 HSE 管理（health，safety and environment，HSE）》、《零食生产商 EMA 在物料流成本会计中的应用》、《Oliver 公司 EMA 在米清洁过程的使用》、《Oliver 公司 EMA 在米生产过程中的使用》、《电力企业的环境影响评估、合规检测以及汇总报告》、《Saa 纸质生产企业的环境成本与决策》、《纸浆和造纸行业的环境风险评估》、《与污染脱钩的经济增长：来自食品公司的案例》、《咖啡出口行业的 EMA 与供应链信息》、《对虾养殖的环境和质量共同提升》、《啤酒生产行业的物料流和能量流会计》。

本书目标读者为对环境管理会计和可持续性发展感兴趣的学者及业内人士。

书名：财务会计中的偿债能力
Title：Solvency in Financial Accounting
作者：Julie E. Margret
出版社：Routledge
出版时间：2012 年

内容提要：该著作检验了法律和会计中偿债能力的概念，显示了二者对于偿债能力不一致的定义方式。偿付能力是一个关键的商业财务属性。量化偿付能力一直是大家非常关心的问题，尤其是其中的业务连续性。本研究表明，传统的财务报表缺乏对于实体财务状况的建立，同样缺乏对于偿付能力状态的量化。

该著作对于文献的贡献在于利用真实世界来观察商业和法律基础的啮合如何构建出会计服务的环境。这一工作的目的在于为以下议题提供了思路：已有财务报告系统的哪些变化可能会帮助企业减轻意外的商业失败后对于会计的批评。

书中主要使用澳大利亚的案例，突出在财务报表中会计语言和数据之间的关联，以及一些具有国际意义的普遍情况。因此，作者的工作与广大读者的利益有关。同时，从公共政策的视角出发，因为监管机构需要应对一些被认为是可耻的公司行为所严重影响的商业环境，作者的工作有助于监管机构更好地理解商业环境。

这本书的作者 Julie E. Margret 是拉筹伯大学（La Trobe University，澳大利亚的一流大学之一）会计专业的高级讲师，Julie 在悉尼大学取得博士学位。在从事学术研究之前，Julie 曾在金融和管理会计领域从业。Julie 的研究兴趣包括偿债能力、内部控制、董事的职责和公司治理。

书名： 跨国公司税务

Title： Taxation of Multinational Corporations

作者： Jennifer Blouin

出版社： Now Publishers Inc.

出版时间： 2012 年

　　内容提要： 本书是最近几年发布的冠名为会计领域奠基与趋势系列丛书之一。该系列丛书的目的在于通过高质量的调研整理出特定会计领域的重要文献去指导学术研究。本书对非税务领域的研究者和对国际税务感兴趣的税务会计领域的博士生都非常有用。通过聚焦于美国跨国公司跨境活动中的税务对决策的影响，本书对 Hanlon 和 Heitzman（2010）已有的经典文献回顾进行了补充。书中引用的文献将会构成感兴趣的读者有价值的信息来源。

　　内容框架如下：

　　第一部分：向读者介绍了税务驱动的各种问题和跨国公司（MNCs）面临的决策；在这当中，选址决策从福利与税务收入视角来看是最有影响力的决策，与税收抵免决策、利润转移动机一般。作者正确地指出了跨国公司通过利用两个以上司法管辖权的税收索取权重叠进行避税活动。尽管避税构成了国家税收的实施威胁，但双重征税的有效威胁影响在文中被首先提及。

　　第二部分：这一部分聚焦于全球税务、税收递延与跨境税收抵免（FTC），提供了美国跨国公司税务概览。在全球税务情景中，美国公司来自全球营运、其分支机构与附属机构的总收入服从美国的税务规则。否则母公司来自美国的收入与境外的收入及其分支机构将面临立即纳税的应税收入。由具体附属机构组织的境外附属机构的收入仅在收入汇回时才是应税收入，而非收入实现的时候。双重征税之所以被避免在于抵免了境外来源的收入应承担境外税负而不是形成对美国的纳税义务。与大多数属地管辖权不同，美国的境外税收抵免并不仅限于直接抵免母公司支付的境外税负，还包括间接抵免分支机构支付的境外税负。从单个国家实行的抵免限制而言，境外税收抵免仅限于累计的境外来源收入（也叫作总体限制），是另一个区别美国与其他国家的因素。进一步，美国税收抵免的具体特征就是基于累计收入的限制与其他司法管辖权拒绝的税收结转下期抵免与提前抵免。

　　第三部分：本部分讨论了税务对投资特别是税收抵免决策的影响。作者首先提供了税务影响跨国公司投资决策的理论框架，在此基础上分析了美国与非美国税务在影响境外分支的初始资本贡献的差异，证实了税收抵免与对分支机构的资本再投资并不是最优的。其次介绍了美国跨国公司的税收抵免决策，展示了一个简单的税收抵免模型：以税务动机作为税收报酬率的函数，因而税率的不同决定了返还税率政策的差异。事实上，自 2004 年的美国工作机会创造法案执行以来，临时地减少了返还的税收成本，代表了税收返还税率的变动，吸引了大量学者的注意。再次讨论了由于税收返还导致的税务处罚引起的是否存在非分红的其他机能能被用作税收返还机制的问题。最后，作者评论了避税天堂。

第四部分：作者在前文评价避税天堂的基础上引导读者关注收入转移与定价转移决策，也构成了本书的第二个主要部分。这一部分介绍并从理论上描述了跨国公司通过内部税务导向调整集团内部销售价格的收入转移动机。在理论文献部分，到底是单一转移价格还是各自区别的转移价格更应该被用来满足税务与管理财务报告的目的已经被已有文献激烈地讨论过了。整体对收入转移的综述是非常详尽的。

第五部分：本部分中，作者强调了税务与非税务因素对美国跨国公司选址决策与抵免决策的交互影响。尽管至少三个学科已经密切关注与调研国际税务几十年之久，国际会计文献也仅仅指出了税务动机与财务报告动机的相互依赖性。

第六部分：本部分展示了美国跨国公司税务近几年的发展。除了提到国会限制税收规避活动以外，还聚焦于讨论当前从全球维度向地域维度发展的公司税务系统。

很明显，跨国公司税务是一个非常宏大而又多样化的研究领域，以致单一的调研并不足以覆盖该领域出现的所有的复杂方面。后果是，一些研究领域在本书中被忽略了，如集团税务、迁址活动税务、国际税务中的最低税负制度（AMT）问题、控股公司的使用、守法成本以及如公式分配法等其他可选择的税收归集机制。然而，本书利用跨国公司的税收抵免决策、转移定价与非税务顾虑对 Hanlon 和 Heitzman（2010）的调研提供了非常有价值的拓展。

书名：盈余管理、会计稳健性和盈余质量

Title：Earnings Management, Conservatism, and Earnings Quality, Foundations and Trends in Accounting

作者：Ralf Ewert, Alfred Wagenhofer

出版社：Hanover, MA：Now Publishers Inc.

出版时间：2012 年

内容提要：盈余操纵和会计稳健性均是对财务报告误差的表征，本书即研究了经济模型框架下，盈余操纵、会计稳健性以及其对盈余质量的影响情况。

本著作回顾了盈余操纵和会计稳健性的已有分析式模型，表明两者对经济均有正向和反向的双重影响。盈余操纵一方面可通过财务报告沟通渠道提供增量信息，另一方面管理层对公司经营业绩的粉饰也容易使公司所有者曲解公司实际运营情况。本书作者发现，与盈余操纵作用类似，会计稳健性也有这种双重效果。一方面，若管理层基于稳健性，压制了相关信息的对外披露，财务报告的信息含量就会减少；另一方面，会计的稳健性又是一种有助于提高经济效益的适当性特征。不同的分析式模型来源于信息经济学理论，用来捕捉管理层动机及报告使用者理性预期之间的微妙交互作用。本书运用分析式模型的优势在于，可对财务报告决策过程及决策效果进行高复杂度和高精确度的分析讨论。

专著共分为四大部分，除第一部分基本模型假设说明外，第二部分为包含管理层盈余操纵以及资本市场对此合理推断的理性预期均衡基本模式；第三部分探讨了盈余质量问题；第四部分研究了会计领域的稳健性问题。进一步地，作者探析了会计稳健性和盈余操纵间的交互性。

书名： 多重代理下的显性和隐性动机研究

Title： Explicit and Implicit Incentives for Multiple Agents, Foundations and Trends in Accounting

作者： Jonathan Glover

出版社： Hanover, MA: Now Publishers Inc.

出版时间： 2012 年

内容提要：《多重代理下的显性和隐性动机研究》一书共包含关于多重代理动机的三类主题，即①委托人阻止代理人间可能的损害自身利益的合谋问题研究（第2章）；②根据合同覆盖问题解决范围大小分别讨论最优鲁棒合约（第3章）；③分析多重博弈下如何将代理人间的合作转变为一种对委托人有利的策略（第4章）。全书主要观点有：

首先，为阻止隐性合谋，较之背叛，坦白是更优的选择。这种决策行为比之贝叶斯—纳什均衡，允许较少的需求行为假设。

其次，在合同所覆盖的详细问题解决方案范围很小的情况下，鲁棒最优合同在性质上与标准最优契约是相似的；而若处于合同所覆盖的详细问题解决方案范围很大的情况，两者在性质上则是不同的。当合同问题解决方案覆盖范围较大时，在道德风险问题情境下，个人业绩评价方法优于相对业绩评估方式。在逆向选择问题情境下，第二采购招标价格拍卖法是最优的采购合同方式。这类合同凭借并不受隐性合谋问题影响。

最后，重复博弈中，合谋可能会通过综合业绩评价的方法，来激励代理人间的相互监督，进而转变成代理人间的合作（一种代理人间的隐性合约）。

该研究专著基于管理会计实践方法，结论为财务报告规章制度提供了改善思路。

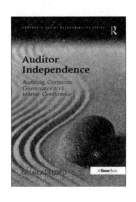

书名：审计师独立性：审计、公司治理和市场自信

Title：Auditor Independence：Auditing, Corporate Governance and Market Confidence

作者：Ismail Adelopo

出版社：Routledge

出版时间：2012 年

内容提要：《审计师独立性：审计、公司治理和市场自信》一书为 Routledge 出版的社会责任系列论著，作者 Ismail Adelopo 认为，审计师独立的重要性并不能被过度强调。审计师不仅为管理层披露的信息提供真实性鉴证以及合规性鉴证，同时负有义务对公司业务经营的合法性和合规性发表专业意见。在缓解治理危机、重塑市场系统对其信任的角色中，审计师的独立性并未受到充分重视。

本著作构建了探查审计在公司治理和外部监督方面作用的理论框架，并就相关问题展开了严谨的实证检验，这些问题包括：审计委员会与外部审计师的关系、向审计客户提供非审计服务的正直度。

书中对损害审计师声誉问题、市场信任问题的关注，对市场投资者、政策制定者以及企业家、消费者等利益相关者均具有重要实践意义，书中关于审计在公司治理和外部监督方面作用的理论框架也为审计领域研究学者提供了新颖的思想主张。

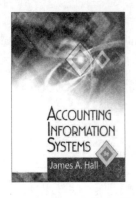

书名：会计信息系统
Title：Accounting Information System
作者：James A. Hall
出版社：Cengage Learning
出版时间：2012 年

内容提要：会计信息系统在云计算时代越来越凸显其重要性。James Hall 教授的《会计信息系统》一书详细阐述了应用于商业的会计信息系统的相关知识及技术，分别从交易循环和商业过程、会计信息系统中的先进技术、系统开发活动、计算机控制和审计四个部分全面介绍会计信息系统在商业中的运用。本书的一个亮点是从会计师的角度出发研究会计信息系统，作为会计信息系统最后使用者、系统设计者和审计师的会计师往往对会计信息系统有更为深刻的体验、更多的需求，也承担了更多的责任。特别地，本书强调了会计信息系统在道德、欺诈和现代制造环境中可能发生的作用，这一主题的深入帮助与现代商业环境十分匹配。

本书第一部分为会计信息系统概述，包括对会计信息系统和交易过程，以及道德、欺诈和内部控制的介绍。

第二部分主要介绍交易循环和商业过程，包括收入循环、成本循环、转换周期以及财务报告和管理报告系统。在这一部分，作者彻底更新了交易循环和商业过程，为读者展示了一个全新的系统循环。

第三部分从技术角度出发，介绍了会计信息系统所包含的不同系统分支和模型，比如数据库管理系统、企业资源规划系统、电子商务系统、业务过程建模方法等，特别讨论了其中的风险以及云计算的优势。

第四部分介绍系统开发活动，包括对系统生命周期的管理以及项目构建、交付和维护系统的开发。

第五部分重点讨论了计算机控制和审计的安全问题，全面整合了《萨班斯—奥克斯利法案》，因为它会影响内部控制和其他相关主题。同时也对大型企业与小型公司进行对比，探讨其对会计信息系统的不同需求。

书名：良好公司治理的国际标准：董事会的最佳实践

Title：International Standardisation of Good Corporate Governance: Best Practices for the Board of Directors

作者：L. van den Berghe, Liesbeth De Ridder

出版社：Springer

出版时间：2012 年

内容提要：在《良好公司治理的国际标准：董事会的最佳实践》一书中，作者以比利时的公司为例，运用学院董事（Academy of Directors，AoD）为我们展示了一个公司治理的交叉学科方法。

AoD 旨在运用学术和商业世界之间的相互作用来改变公司运作的环境。这一任务将由不同的方式实现：展开应用型科学研究，在 AoD 中创造大型职业经验池和网络体系，运用成员的实践经验来获取研究成果，并发表这些成果，组织培训项目。AoD 因此会与学术界有着非常紧密的合作。

比利时的弗拉瑞克管理学院（The Vlerick School of Management，是欧洲顶尖的管理学院）与大量的国内和国际商业伙伴一起联合创立了 AoD。AoD 的建立要追溯到它的董事长韦贝克先生（Loeff Claeys Verbeke）的首创精神。他确信公司治理中日益增长的国际化趋势也将影响比利时公司，但是同时也需要一种"本土清晰"的公司治理视角。在不同文化和语言的十字路口，同时面对一个非常开放的经济形势，比利时不能简单地复制别的国家已有的公司治理的成功经验。因此，这一首创精神为董事会的最佳实践建立了一个广泛的国际概览，正如本书中所展示的那样。书中的分析不仅是对于已有的著名准则的探讨，也旨在强调实际应用和实施这些建议中面临的问题。因此，也特别关注了对家族企业和中型企业的最佳实践。

本著作共分为三大部分二十个章节，三部分的标题分别为：①公司治理：寻找正确的参照系；②公司治理标准和规范：国际比较分析；③公司治理的国际比较规范、标准和建议的详细分析。

第四章 会计（审计）学学科 2012 年大事记

第一节 会计（审计）学学科国内事件

（一）国内会议

（1）2012 年 1 月 13 日，由对外经济贸易大学中国资本市场与投融资研究中心和北京 CFO 发展中心联合举办的"中国国际财务领袖高峰论坛——战略财务与企业发展的融合"在京举行。对外经济贸易大学国际商学院院长汤谷良教授和北京 CFO 发展中心主任郭良川代表主办方发表欢迎致辞。论坛围绕"CFO 的决策力——宏观经济和战略财务"、"CFO 的运营力——资本运作与战略财务"和"CFO 的创造力——商业模式创新与战略财务"分别展开深入探讨。三场论坛分别邀请了业界知名教授王化成、张秋生、孟焰担任主持人先后与高校专家、企业财务精英，以及来自会计师事务所、PE、VC 等机构的专家就相关问题展开对话。论坛还邀请了国务院发展研究中心知名专家倪红日女士和李兆熙先生对 2012 年的宏观经济政策进行了解读。中德环保科技股份公司 CFO 王久华和金岩资本的创始合伙人敖炎杰分别发表了关于"企业并购重组的新思维和冷思考"和"CFO 如何参与商业模式创新"的演讲。

（2）2012 年 2 月 13～14 日，财政部会计司在江苏省镇江市组织召开了全国会计管理工作会议。会议总结了"十一五"时期会计改革与发展取得的成绩，部署了"十二五"时期会计改革与发展的任务，明确了 2012 年会计管理工作的重点。财政部会计司司长杨敏作了会计管理工作报告，全面总结了各地会计管理实践成果，提出了 2012 年的十大工作任务，包括加快修订《注册的会计师法》、《总会计师条例》、《会计从业资格管理办法》及启动修订企业会计准则体系等。

（3）2012 年 4 月 14～15 日，全国会计师事务所执业质量监管工作会议在杭州召开。会议系统总结和交流了 2011 年会计师事务所（以下简称事务所）执业质量检查制度改革和全国事务所执业质量监管工作情况，分析了当前行业监管工作面临的新形势，研究部署了 2012 年执业质量监管工作。

（4）2012 年 4 月 14 日，中国会计学会第十一届全国会计信息化年会开幕式在诗城马鞍山梦都雨山湖饭店隆重举行。本届年会由中国会计学会会计信息化专业委员会主办，安徽工业大学管理学院承办。研究范围集中在会计信息化标准体系建设及应用效果、内部控制与 IT 风险管理研究与应用、会计信息化应用及其案例研究、会计信息化人才培养与教学改革研究四个领域，集中体现了一年以来会计信息化领域的最新研究成果。会议还提出会计信息化的未来研究方向，建议以财政部发布的《会计改革与发展"十二五"规划纲要》为指引，侧重信息技术条件下的会计信息利用、会计信息化前沿理论（如 XBRL、云计算、国家会计信息平台等）的研究，重视会计信息化案例研究与分析，推动会计信息化年会的内容创新。

（5）2012 年 5 月 18～19 日，由中国会计学会主办、西南财经大学会计学院承办的《中国会计学会会刊》（英文版）、《中国会计研究》第一届研讨会和中国会计学会会计基础理论专业委员会 2012 年专题学术研讨会两个会议在成都召开。会议有"公允价值计量与会计准则国际趋同"、"会计稳健性与收益列报"和"特殊会计主体与列报事项"三个主题。从 2012 年开始，《中国会计研究》拟每年举办一次研讨会；第二届研讨会于 2013 年 5 月 17～18 日在东北财经大学举行。

（6）2012 年 5 月 19～20 日，中国会计学会财务成本分会第 25 届理论研讨会在南京召开。中国会计学会推出了《中国会计研究》（*Journal of Accounting Studies – A Publication of the Accounting Society of China*），本届研讨会以"低碳经济、企业社会责任与财务创新"为主题，来自全国各地政府机关、高等院校及实务界的 100 多位专家学者围绕"社会责任与公司财务"、"财务成本与公司治理"和"会计、审计与内部控制"三方面内容展开研讨。

（7）2012 年 5 月 25～26 日，第二届全国审计青年论坛在北京举行。审计长刘家义，副审计长余效明、石爱中，总审计师孙宝厚，副审计长侯凯，纪检组长陈蔷，中央经济责任审计工作联席会议办公室主任李勇库，署党组成员、办公厅主任陈尘肇，中国审计学会会长翟熙贵等出席论坛并为论文获奖者颁奖。论坛围绕"国家审计与国家治理"及"当代中国青年审计人的核心价值观"两个专题展开研讨，每三年一届。

（8）2012 年 6 月 7～8 日，在河北省秦皇岛市举办了国家审计如何在加强文化建设中发挥作用研讨会。会议围绕国家审计与文化建设的关系、国家审计促进加强文化建设的作用及其途径等问题，进行了深入研讨，为充分发挥国家审计在深化文化体制改革、推动社会主义文化大发展大繁荣中的作用、服务国家治理，积极建言献策。

（9）2012 年 6 月 9 日，由中国审计学会审计教育分会主办，南京审计学院国际审计学院、科研处、期刊编辑部联合承办的首届审计博士论坛在南京审计学院召开，来自全国 22 所高校的 82 位代表出席了本次论坛。本次论坛主要围绕审计的基础理论、政府审计、内部审计、民间审计四个方面展开研讨。

（10）2012 年 7 月 7～8 日，中国会计学会 2012 年学术年会在昆明召开。本次会议由中国会计学会教育分会主办，云南财经大学承办，云南省财政厅、云南省会计学会协办。

专家、学者围绕"新经济形势下会计与财务研究"展开一系列活动。主题报告分别为：中国会计学会副会长孙铮教授的《IFRS 带来了什么：全球发现》，美国会计学会会长 Gregory Waymire 教授的 *Why Does Accounting Matter?*，中国台湾政治大学郑丁旺教授的《对会计准则制定的一些看法》，中国会计学会秘书长、会计司副司长刘光忠博士的《稳步推进会计准则持续趋同深化拓展会计国际合作交流》以及中国人民大学王化成教授的《会计指数编制研究》，云南财经大学陈红教授的《桥头堡战略下中国——东盟财务与会计发展问题》，美国哥伦比亚大学 Stephen Penman 教授的 *Paths in Accounting Research* 和韩国会计学会会长安泰植教授的《韩国会计准则国际趋同、实施中的问题与对策》等。分组讨论阶段，大会特设 20 个分会场，主要围绕会计准则、管理会计理论与应用、内部控制与审计、公司财务与资本市场、政府会计与政治关联、公司治理、环境会计与社会责任、会计教育、会计信息披露与质量、会计信息化与信息披露等主题进行广泛、深入的学术交流。

（11）2012 年 9 月 11 ~ 12 日，在陕西省西安市主办了 2012 年海峡两岸暨港澳地区审计理论与实务研讨会。研究主题为绩效审计、环境审计。

（12）2012 年 9 月 24 日，第四届海峡两岸会计学术研讨会在厦门开幕，邀请海峡两岸专家学者近 200 人，共同就企业会计准则、内部控制和公司治理等重要议题进行交流。海峡两岸会计学术研讨会是中国会计学会与中国台湾政治大学会计系联合主办的重要会议之一，也是海峡两岸学术交流活动的重要项目之一。该会议隔年轮流在中国大陆和中国台湾举行，今年在中国大陆举行，由中国会计学会及中国台湾政治大学会计系共同主办，厦门市财政局（对台会计合作与交流基地）、厦门大学、厦门国家会计学院共同承办。主要主题有：①会计准则国际趋同；②内部控制与资本市场；③管理会计与控制；④风险管理与审计。

（13）2012 年 10 月 20 ~ 21 日，由中国审计学会审计教育分会主办、南京审计学院承办的"中国审计学会审计教育分会第二届审计教授论坛"在南京审计学院成功举办。本次论坛主题为"构建中国特色社会主义审计理论"，《中国社会科学》副总编辑王利民研究员作了题为"未来 10 年中国经济学发展展望"的主题报告，回顾了近 50 年来我国经济学界围绕着财政政策这一论题所做的研究，并展望了未来 10 年新学科产生和各学科自身的发展。秦荣生教授作了题为"云计算的发展及其对会计、审计的挑战"的主题报告，分析了云计算及其商业模式的发展给会计、审计理论和实践带来的挑战。在专题发言会议期间，大会还召开了中国审计学会审计教育分会理事会议，讨论了"审计名人"的评选办法，与会人员对"审计名人"评委会的构成、评审目的、评选范围、评选条件等问题进行了探讨，初步达成了一些共识。

（14）2012 年 10 月 22 ~ 25 日，中注协在福建省召开 2012 年全国注册管理工作会议。各地方注协分管注册管理工作的秘书长、注册部负责人等 70 多人参加了会议。会议总结了 2011 年以来的注册管理工作；围绕落实《中国注册会计师协会关于为拟设立会计师事务所合伙人或者股东出具证明工作的指导意见》，交流了在注册管理工作中特别是建立和实施合伙人资格审查制度的经验和做法；会议总结了 2012 年全国注册管理工作，讨论并布置了 2013 年注册管理重点工作；培训了行业管理信息系统注册管理模块；围绕落实《关于规范为拟设立会计师事务所合伙人或者股东出具证明工作的指导意见》，交流了在注册管理工作中特别是建立和实施合伙人资格审查制度的经验和做法；研究讨论了如何进一步加强注册管理工作，切实把握好行业准入关，遏制注册会计师兼职、挂名现象。

（15）2012 年 10 月 27～28 日，由中国会计学会环境会计专业委员会主办，暨南大学管理学院、英国圣安德鲁斯大学社会与环境会计研究中心（CSEAR）和北京大学国际会计与财务研究中心共同承办的"中国会计学会环境会计专业委员会 2012 国际学术年会暨第一届 CSEAR 中国研讨会"在广东省广州市举行。财政部会计司副司长、中国会计学会秘书长刘光忠以及英国特许会计师公会（ACCA）税务总监 Chowdhury 均做了关于"综合报告"的大会主题报告。研究证明，综合报告是一种比财务报告更全面、更深入、更有预测性的报告形式，与会代表认为，我国国内的报告类研究也开始从社会责任报告、环境报告、可持续发展报告向综合报告拓展。本次会议在环境会计计量方面的尝试取得了新进展，同时学者们特别就碳排放权问题进行了交流。

（16）2012 年 11 月 6～7 日，为纪念我国恢复审计监督制度 30 周年，深刻认识中国特色社会主义审计发展规律，促进审计机关更好地履行审计监督职责，提升国家审计参与国家治理的有效性，审计署审计科研所与中国审计学会在北京共同举办了中国特色社会主义审计监督制度专题研讨会，围绕中国特色社会主义审计监督制度产生的基础、基本内容、主要特色、发展前景等进行了深入研讨。

（17）2012 年 11 月 10 日，由中国会计学会内部控制专业委员会、上海立信会计学院联合主办的"内部控制：应用·评价·审计"学术研讨会（暨第五届立信会计学术研讨会）在上海立信会计学院举行，顺应内部控制改革与发展趋势，探讨内部控制实施过程中凸显的新问题、新现象。围绕"内部控制"这一主题，分别从内部控制应用、评价与审计、其他相关问题等方面展开了深入的学术交流和实务探讨。

（18）2012 年 11 月 17～18 日，为了深化公司财务理论研究，推进具有中国特色的公司财务理论与方法体系的建设，中国会计学会财务管理专业委员会与中国财务学年会联合召开学术年会。年会议题涵盖当前重要基础理论研究和当前热点话题，包括公司财务管理学基本理论问题研究、金融经济危机与公司财务管理理论创新、宏观经济增长、宏观经济政策与微观企业财务行为、国有资本财务问题、资本市场中的财务问题研究、财务管理新学科与新领域研究等。

（19）2012 年 11 月 23～24 日，中国会计学会管理会计与应用专业委员会在广州召开年度学术会议，主题为"国际化与价值创造：管理会计及其在中国的运用"。本届年会由中国会计学会管理会计与应用专业委员会主办，暨南大学管理学院承办。除传统管理会计领域研究外，其他研究主题还有中国企业国际化的管理会计问题、企业持续价值创造的管理会计问题、企业创新（如技术创新、管理创新和组织创新）与管理会计的发展、中国特色的企业管理会计理论与方法等。

（20）2012 年 12 月 1 日，由中国会计学会、中国海洋大学等单位共同主办的"2012 营运资金管理高峰论坛"在青岛召开，来自政府部门、高等院校、科研院所、企事业单位的 150 多名专家、学者出席了本次论坛。与会代表紧密结合当前国内外经济形势与企业现实需求，围绕"营运资金管理与财务风险评估"的主题进行了深入的交流与探讨。

（21）2012 年 12 月，香港会计师公会（HKICPA）日前举办商业可持续发展与会计行业未来主题大会。本次大会讨论了商业可持续发展的重要性以及如何更好地就商业可持续发展进行沟通并出具报告。此外，香港会计师公会会刊"A＋"十月刊发表一篇题为"为责任估定价值"的文章，文中阐述了包括环境、社会以及治理问题的含义并提出了公司可以着手改进的解决方案建议，包括广为采用的全球可持续发展报告准则。该文章还提到了可能会造成混淆的内容，包括就可持续发展如何进行衡量并报告方面存在巨大的知识不足。

（二）制度与行业发展

（1）《注册会计师法》修订加快。

为顺应经济社会发展要求和行业发展客观规律，财政部会计司已会同条法司形成《注册会计师法修正案（草案）》，配合国务院法制办多次就修正案草案中涉及组织形式转变、法律责任约束的相关变动听取行业内外的意见建议，并基本达成共识。修正案草案将提交国务院常务会讨论后，提交全国人大常委会审议。

（2）《总会计师条例》修订。

《总会计师条例》已经发布实施 20 多年，在此期间，我国的法律环境、经济环境、社会环境都发生了重大而深刻的变化，对我国总会计师制度建设提出了新的要求和挑战。近年来，我国实务界、理论界对修订《总会计师条例》的呼声比较强烈，部分"两会"代表、委员也多次提出了修订意见。2012 年，《总会计师条例（修订稿）》主要修订了以下几个方面：一是扩大总会计师的设置范围；二是明确总会计师的概念和地位；三是提高总会计师的任职条件；四是扩大总会计师的职责权限；五是明确总会计师和企业负责人的相关责任。

（3）修订发布中华人民共和国财政部令第 73 号《会计从业资格管理办法》。

近年来，随着我国市场经济体制的不断健全和经济社会的快速发展，我国会计人员流动更加频繁，信息技术手段逐年更新，考试方式不断改进，客观上对会计人员管理提出了新的挑战和要求。为适应这些新要求，财政部会计司修订了《会计从业资格管理办法》，并于 2012 年 12 月正式发布《会计从业资格管理办法》（财政部令第 73 号），要求自 2013 年 7 月 1 日起施行。

（4）修订《会计档案管理办法》。

1984 年财政部、国家档案局联合发布了《会计档案管理办法》，1998 年第一次修订（财会字［1998］32 号）。随着我国经济社会的发展，现行会计档案管理工作面临了许多新的问题，尤其是一些大中型企业全面实施会计信息化后，会计档案的范围、保存形式、管理方式等发生了新的变化，迫切要求对电子会计档案管理的有关内容进行明确和规范。2012 年，为研究解决电子会计档案的管理问题，财政部会计司会同国家档案局经济科技司组织中国电信广东省分公司、中国联通开展会计档案电子化管理试点工作，试点期间，两家单位部分会计档案可以电子形式保管，并要求两家单位总结试点经验。根据试点情况以及各省财政部门、中央有关部门提出的修改意见，对《会计档案管理办法》进一步修改完善。

（5）财会〔2012〕19 号《关于印发企业会计准则解释第 5 号的通知》。

为及时解决我国企业出现的新情况、新问题，实现与国际财务报告准则的持续趋同，针对有关监管部门、企业、会计师事务所等方面提出的准则执行过程出现的问题，财政部会计司制定发布了《企业会计准则解释第 5 号》。财政部会计司将年报监控重点从上市公司转向执行企业会计准则的非上市大中型企业，要求各地会计管理机构选择部分非上市大中型企业进行年报分析。

（6）财会〔2012〕23 号《关于印发银行业扩展分类标准的通知》。

2012 年，首次实施通用分类标准银行的资产总额占全国银行业金融机构资产总规模的 70%，涵盖了政策性银行、国有商业银行、股份制商业银行和城市商业银行，包括我国全部 16 家上市商业银行，具有广泛的代表性。在总结 2011 年石油和天然气行业扩展分类标准制定经验的基础上，同步开展了通用分类标准银行业扩展分类标准的制定工作，目前已经完成了公开征求意见工作，并将尽快发布。

（7）完善事业单位会计制度。

中华人民共和国财政部令第 72 号修订后的《事业单位会计准则》明确了对整个事业单位会计体系的统御地位，体现了基建并账、引入折旧/摊销、统一会计要素确认计量原则、强化会计信息质量要求、改进财务报表格式等若干重大创新，对于提高事业单位会计制度体系的内在一致性、提升事业单位会计信息质量将发挥积极作用。

另外，为适应财政改革和事业单位财务管理改革待需要，进一步规范事业单位的会计核算，促进公益事业健康发展，2012 年全面修订《事业单位会计制度》，广泛征求了各地财政厅（局）、国务院有关部委和直属机构、部内相关司局，以及其他相关方面的意见，根据反馈意见和建议数易其稿，反复修改完善，并选择部分中央级事业单位以及北京市的部分事业单位开展模拟测试，目前《事业单位会计制度》已经印发，要求自 2013 年 1 月 1 日起实施。为增加新旧会计制度衔接的可操作性，《新旧事业单位会计制度有关衔接问题的处理规定》出台，对新旧会计制度的衔接流程和会计科目结转做出规定，为新旧会计制度的顺利转换奠定了基础。

（8）2012 年，财政部制定发布了《行政事业单位内部控制规范（试行）》（财会〔2012〕21 号），首次对我国行政事业单位内部控制进行标准化规范。

（9）2012 年 5 月，商务部、工商总局、外汇局和证监会联合发布了《中外合作会计师事务所本土化转制方案》（财会〔2012〕8 号）。

（10）2012 年，财政部印发《关于调整证券资格会计师事务所审批条件的通知》（财会〔2012〕2号），重启证券资格事务所审批工作。截至2012年底，已有6家证券资格事务所因重组合并或不满足新的申请条件等原因，自愿向财政部交回证券资格许可证，同时也有多家非证券资格事务所正在积极筹备特殊普通合伙转制工作，准备申请证券资格；证券资格事务所总量由一年前的53家减少为47家。

（11）2012年，为积极配合营业税改征增值税试点工作，财政部制定印发《营业税改征增值税试点有关会计处理规定》（财会〔2012〕13号），针对试点企业差额征税、增值税期末留抵税额、取得过渡性财政扶持资金、增值税税控系统专用设备和技术维护费用抵减增值税税额四个方面的会计问题，增设了有关会计明细科目，规范了企业会计核算，并服务于税务机关税收征管需要。

（12）2012年，财政部印发《可再生能源电价附加有关会计处理规定》，规范了电网企业和发电企业相关业务的会计核算，并服务财政部门对可再生能源电价附加补助资金管理的需要。

（13）2012年，结合小企业核算特点，财政部制定印发《小企业执行〈小企业会计准则〉有关问题衔接规定》（财会〔2012〕20号），促进小企业严格遵循《会计法》及《小企业会计准则》的规定，做好自《小企业会计制度》向《小企业会计准则》转换的衔接工作。

（14）发布上市公司分类分批实施内部规范体系方案及问题解答。

自2012年1月1日起，企业内部控制规范体系扩大到在深交所、上交所主板上市的1400多家公司实施。为了推动企业更好地实施企业内部控制规范体系，2012年财政部先后发布企业内部控制规范体系实施中相关问题解释第1号、第2号（财会〔2012〕3号和18号），就企业内部控制规范体系中的强制性与指导性的关系等20多个内控规范实施中的共性问题进行了解答。

另外，针对2012年开始实施内部控制规范体系的1400多家上市公司内控水平存在较大差异的实际情况，财政部联合证监会会计部、上市部制定了分类分批实施方案（《关于2012年主板上市公司分类分批实施企业内部控制规范体系的通知》，财办会〔2012〕30号），要求中央和地方国有控股上市公司，于2012年全面实施企业内部控制规范体系，并在披露2012年公司年报的同时，披露董事会对公司内部控制的自我评价报告以及注册会计师出具的财务报告内部控制审计报告；对于非国有控股主板上市公司和其他主板上市公司，根据公司总市值和利润金额，提出了不同的实施期限要求。

（15）欧盟于2012年4月正式宣布中国企业会计准则与欧盟所采用的国际财务报告准则等效；同时积极开展对欧准则的对等评估工作，完成《欧盟认可的国际财务报告准则与中国企业会计准则等效评估报告》，形成财政部公告，宣布欧盟认可的国际财务报告准则与中国企业会计准则实现等效。

（16）2012年初，中注协印发了《关于坚决打击和治理注册会计师行业不正当低价竞争行为的通知》，明确将坚决打击和治理行业不正当低价竞争作为行业监管工作重点。中注协自2011年开始推行事务所执业质量检查制度改革，将事务所管理工作重心引导到完善内部治理机制和健全质量控制体系上来。与改革前的事务所执业质量检查制度相比，系统风险检查高度强调对事务所的质量控制体系、相关的内部治理、职业道德体系等进行全面检查，检查范围不再局限于某项被抽中的具体业务。此外，中注协还建立了周期性检查和重点案件查处相结合的事务所执业质量检查制度及行业诚信信息监控系统，并定期发布年报审计情况快报和事务所执业质量检查公告，将注册会计师执业情况、事务所的奖惩信息、年报审计披露情况、对重大事项的检查情况全面上网，向社会公众披露。

（17）2012 年 6 月 16 日，财政部印发《关于引导企业科学规范选择会计师事务所的指导意见》。

（18）2012 年 7 月 23 日，财政部印发《关于开展可扩展商业报告语言（XBRL）技术规范系列国家标准符合性测试工作的通知》，启动 XBRL 国标符合性测试工作。

（19）2012 年 9 月 18 日下午，财政部会计司杨敏司长与来访的 BDO 国际首席执行官马丁·范·洛克尔一行举行了会谈，双方就 BDO 国际会计公司的治理架构、成员所管理和中国注册会计师行业发展等问题进行了交流。BDO 中国成员所立信和大华发展迅速并得到 BDO 国际高度重视，特别是自 2012 年 10 月起，立信首席合伙人朱建弟先生将担任 BDO 国际策略理事会理事，成为其六名全球理事之一，这是中国人首次担任 BDO 最高层次领导职务，是一个历史性突破。

第二节　会计（审计）学学科国际事件

（一）国际会议

（1）2012 年 1 月 12~14 日，美国会计学会审计半年度会议在萨凡纳市举行。学者围绕审计委员会、审计市场、审计治理、审计法、审计选择、职业怀疑、审计监管等进行了研究讨论。

（2）2012 年 5 月 9~11 日，第 35 届欧洲会计学会年会在卢比安那大学经济系举行。大会共分 12 场分论坛，专题包括《什么是好的公司治理实践?》、《IFRS 教学》、《新商业模式解读》、《政治力量、财务报告与资本市场活动》、《会计研究多样性》、《是否可允许会计师事务所为审计客户提供非审计服务》、《会计准则实施效果》、*Neuroaccounting*、《主编座谈》（包含 JBFA、EAR、AOS、AinE、JMG、CAR 著名期刊）等。

（3）2012 年 8 月 4~8 日，美国会计学会年度会议在华盛顿举行，会议主题为创新之种，旨在就会计领域的创新发展进行交流和探讨。该年度会议为国际会计领域参与人数最多、规格最高的学术会议，西北大学 Bruce Carruthers 教授、伊利诺伊大学 Bruce Carruthers 教授分别就"会计与社会背景"、"统计显著性的破产"在制度和统计层面就会计的理论与计量研究做了主题演讲。研究分会场有会计行为与组织、财税、审计、信息系统、财务会计与报告、会计史等。

（4） *Journal of Accounting & Economics* 2012 年度会议于 2012 年 11 月 2 ~ 3 日在美国 U-niversity of Rochester 举行。本届会议聚焦于近期制度改革的经济后果研究、IFRS - FASB 趋同研究、内外部财务报告关联、自愿披露要求的效果研究、公司治理、会计在债务合约及资本市场上的角色等。

（5） 2012 年第 27 届当代会计研究学术年会于 10 月 26 ~ 27 日在加拿大首都渥太华市举行。本次会议主旨为 "Accounting Matters！/La pertinence de la comptabilité"，共有 8 篇优秀论文就此主题进行了详细报告。

（6） 2012 年 5 月 31 日 ~ 6 月 3 日，加拿大会计学术年会在夏洛特敦市举行。会议论文有："Shareholder Activism and Earnings Management Incentives"、"Auditor Industry Expert-ise and the Timeliness and Usefulness of Litigation Loss Contingency Disclosures"、"Corporate Social Responsibility and the Cost of Corporate Bonds" 等。

（7） 第 47 届会计研究杂志年度会议于 2012 年 5 月 18 ~ 19 日在美国芝加哥大学 Booth 商学院举行。

（8） 国际财务报告准则咨询委员会（IAC）基金会于 2012 年 1 月完成了换届后的咨询委员任命，共任命 13 位新委员。财政部会计司司长杨敏和厦门国家会计学院副院长黄世忠当选咨询委员会委员，任期为 2012 ~ 2014 年。这是我国内地第一次两人同时入选咨询委员，我国的会计国际影响力不断提升。咨询委员会 2012 年度三次全体例会分别于 2 月 20 ~ 21 日、6 月 18 ~ 19 日和 10 月 22 ~ 23 日在英国伦敦举行。

（9） 2012 年 11 月 27 ~ 29 日，亚洲—大洋洲会计准则制定机构组（AOSSG）第四次全体会议在尼泊尔加德满都举行。全体会议期间，参会代表就国际财务报告准则基金会提议成立会计准则咨询论坛、在亚大地区建立国际财务报告准则卓越中心试点、明确亚洲—大洋洲会计准则制定机构组成员资格和工作组职责、向国际会计准则理事会或解释委员会提出亚太地区执行国际财务报告准则过程中的新问题等行政议题，以及金融工具、保险合同、收入确认、租赁、农业、《国际财务报告准则第 8 号——经营分部》实施后审议、中小主体国际财务报告准则、伊斯兰金融 8 个准则技术项目进行了充分讨论，达成了诸多共识。

（10） 2012 年，国际会计准则理事会新兴经济体工作组①分别于 5 月 28 ~ 29 日和 12 月 4 ~ 5 日在阿根廷布宜诺斯艾利斯和巴西圣保罗举行了第三次和第四次全体会议。与会各方从新兴经济体应用国际财务报告准则的视角，就农业会计、电信塔会计处理、国际财务报告准则应用中的术语澄清和翻译等相关问题相互交换了经验、进行了富有成效的讨论，会议成果将为国际会计准则理事会的议程确定及国际财务报告准则的改进提供重要参

---

① 国际会计准则理事会新兴经济体工作组于 2011 年 7 月在北京成立，是会计准则国际制定机构响应二十国集团（G20）要求，在国际准则制定中增加新兴经济体参与度的务实举措，我国积极推动和主导了工作组的成立，并承担工作组联络办公室的日常工作。工作组主要通过一年两次的定期会议机制来探讨新兴经济体特有的、亟待解决的会计问题。

考。第四次全体会议中，与会各方从新兴经济体应用国际财务报告准则的视角，就农业会计、电信塔会计处理、国际财务报告准则应用中的术语澄清和翻译等相关问题相互交换了经验、进行了富有成效的讨论，会议成果将为国际会计准则理事会的议程确定及国际财务报告准则的改进提供重要参考。

（11）2012 年 3 月 29 ~ 30 日，会计准则制定机构国际论坛 2012 年第一次会议在马来西亚吉隆坡举行。来自美国、加拿大、德国、英国、澳大利亚、巴西、墨西哥、印度、南非、中国等 30 个国家或地区会计准则制定机构的 60 多名代表参加了会议。会议主要就国际财务报告准则在各国或地区实施中遇到的问题进行了技术讨论，涉及的主要议题包括：所得税会计、同一控制下的企业合并、研究开发成本、商誉的减值或摊销、计量单元的定义和确定原则。

（12）2012 年 6 月 18 ~ 20 日，国际会计师职业道德准则理事会（IESBA）会议在纽约召开。会议主要讨论了修改国际会计师职业道德守则中治理层的定义和对疑似非法行为的应对等内容，并批准发布这两个征求意见稿。

（13）2012 年 10 月 22 ~ 23 日，会计准则制定机构国际论坛 2012 年第二次会议在瑞士苏黎世举行。此次会议对会计准则技术议题的讨论主要包括：所得税会计、同一控制下的企业合并、计量单元的定义和确定原则、财务信息披露框架、商誉的减值或摊销、企业合并取得的无形资产的初始确认和计量、设定受益计划折现率的确定、投资所得税贷项等。

（二）报告、制度与行业发展

（1）2012 年 4 月，世界经济论坛发布《2010 ~ 2011 年全球竞争力报告》，再次将南非列为在公司财务表现的审计与报告准则的质量方面居首位的国家。报告肯定了南非在 2005 年就采用国际审计准则的决定，这一决定使其前几年在排名中的位置不断上升，并在过去两年里连续位列第一。

（2）2012 年 5 月，根据内部审计师协会（IIA）发布的年中报告《行业的脉搏》，许多审计主管正在征询增加所在组织有价值的意见建议，这为组织的重大重组奠定了基础。该份报告还指出，被调查者的内部审计计划反映了"经营范围、金融范围与为规避这些领域的相关风险而更严格的遵循相关规定之间的重新平衡"。这与近期审计计划更多侧重于金融风险与风险控制的趋势正好相反。该报告还列出了公司在雇佣审计方面员工之时最关注应聘者应具备的技能：分析与关键性思维、有效沟通能力、数据挖掘与分析能力、全面的 IT 知识与商业敏锐性。

（3）2012 年 9 月，特许公认会计师公会（ACCA）在《缩小价值差距：21 世纪会计行业观察》上发表的最新报告表示，如果公众教育和利益相关者对价值观和重建信任所采取的措施失败，会计行业将持续失去公信力。

（4）2012 年，国际审计与鉴证准则理事会（IAASB）发布 2011 年年报——《未来的基石》。年报着重介绍了其为公众利益而开展的加强全球审计，建立健全审计、鉴证及相关服务准则，以及强化审计报告沟通价值及相关性等方面的工作。

（5）2012 年 10 月，于 2012 年 2 月国际会计师联合会成立的《加强会计行业发展与合作谅解备忘录》（MOSAIC）指导委员会，举办指导委员会第二次会议。本次会议 MOSAIC 发布了《职业会计组织全球发展报告（草稿)》。该报告调查了全球职业会计组织的发展趋势、困难和成功因素，旨在向指导委员会委员、观察员或其他利益相关方提供一份关于职业会计组织发展方面的共识，为指导委员会确定 MOSAIC 的发展方向，设定合作优先顺序，并就商定工作方案提供基础。

（6）2012 年 10 月，针对被审计单位如何评价外部审计师，以及如何根据评价结果向董事会提出续聘或更换外部审计师的建议，美国审计委员会会员协会等七家公司治理机构联合发表《审计委员会对外部审计师的年度评价》报告，旨在向审计委员会提供指导意见。该文提出了审计委员会在评价审计项目组、项目首席合伙人以及项目质量控制复核人员时的问题范例和参照使用的评价体系范例。

（7）2012 年 1 月，全美反舞弊性财务报告委员会发起组织（COSO）发布内部控制—整合框架（Internal Control – Integrated Framework）公开征求意见稿，以进一步完善于 1992 年发布的、在全球得以最广泛推广与应用的第一版内部控制整合框架。修订后的框架保留了内部控制的核心定义以及内部控制制度的组成部分，并继续强调管理层判断在内部控制制度的有效性的设计、应用与评估方面的重要作用。作为 COSO 咨询理事会（COSO Advisory Council）的理事，国际会计师联合会（IFAC）一直积极参与该框架的修订完善工作。意见反馈截止日期为 2012 年 3 月 31 日。

（8）2012 年 2 月，国际会计师联合会成立了《加强会计行业发展与合作谅解备忘录》（MOSAIC）指导委员会，旨在增强成员国职业会计组织的能力，以提高公共部门和私营部门会计和财务管理工作的质量。

（9）2012 年 3 月，全球报告倡议组织（GRI）发布新的可扩展商业报告语言（XBRL）分类法，用于标记可持续性报告中的数据，这将允许利益相关方更便利地发现和分析公司可持续性方面的绩效信息。该分类法是与荷兰德勤会计公司合作开发的，并由多个利益相关方团体进行了复核。

（10）2012 年 6 月，国际综合报告理事会（IIRC）表示，世界上第一个国际综合报告架构将于 2013 年底发布。该架构将包括从目前正在推行的试点项目收集的信息。IIRC 也公布了其讨论文件的回应摘要。IAASB 认为，从审计报告着手，对现有审计报告模式做出改进，是增进审计报告的沟通价值和透明度，降低期望差距，满足报告使用者深入了解财务报表和审计工作需要的一条可选路径。在评论邀请中，IAASB 设计了审计报告的建议修改格式，以集中、形象地反映审计报告改进的主要特征，主要有：①增加注册会计师评论段；②增加持续经营段；③审计报告内容顺序重置，如将审计意见段置于审计报告的开头，向报告使用者更清晰地沟通注册会计师的意见等；④重述责任段，将原管理层责任段和注册会计师责任段作为审计报告的一个组成部分，并采用标准化的准则语言，对注册会计师的审计工作做更深入的描述；⑤增加其他信息段，即就包含已审计财务报表的文件中的其他信息是否与已审计财务报表存在重大不一致情形形成结论。征询意见的截止日期为 2012 年 10 月 8 日。2013 年 6 月前，IAASB 根据各方的反馈意见，起草 ISA 700（审计报告准则）的修订稿，公开征询意见；2014 年 6 月前，对 ISA 700 的修订稿作进一步完善，定稿发布。

（11）作为全球最大的资本市场，美国至今未采用国际财务报告准则（IFRS），这成为实现全球统一会计准则的最大障碍。2012 年 7 月，美国证券与交易委员会（SEC）发布《〈考虑将国际财务报告准则纳入美国财务报告体系的工作规划〉研究报告》。10 月，国际财务报告准则基金会受托人发布了针对上述报告的分析报告。

（12）2012 年 8 月，特许公认会计师公会（ACCA）发布其依据国际综合报告理事会（IIRC）制定的初步方式而编制的第一份综合年度报告。ACCA 正在参与 IIRC 的试验计划，目的是制定并测试一个初步的综合报告框架。该综合报告旨在展示 ACCA 如何在其运营的商业、社会和环境条件中为其相关利益方和会员创造价值。

（13）2012 年 8 月，国际综合报告理事会（IIRC）发布了综合报告框架（简称"框架"）大纲草案，首次建立了框架的基础结构，并向利益相关方通报了有关发展情况。IIRC 计划于 2012 年下半年发布框架模型，2013 年中发布框架草案，2013 年下半年发布 1.0 版本框架。

（14）2012 年 8 月，作为美国持续讨论的私营公司报告的一部分，美国财务会计准则委员会（FASB）发布了征求意见稿——《私营公司决策框架：私营公司财务会计与报告指南评估框架》。新框架将指导就拟变化的美国私营公司报告开展讨论。

（15）2012 年 9 月，美国注册会计师协会及特许管理会计师公会联合推出的全球特许管理会计师（CGMA）公布了三个注重提高效率的财务工具，即如何在财务机构转型时使用战略分析方法、成功指南和有效的沟通技巧。

（16）2012 年 10 月，全美反舞弊性财务报告委员会发起组织（COSO）发布题为《外部财务报告的内部控制：方法与实例摘要》的征求意见稿，这是其内部控制框架项目更新内容的一部分。该摘要将帮助使用者在实现外部财务报告目标中应用这一框架，包括遵循美国的《萨班斯—奥克斯利法案》。

（17）2012 年 10 月，内部审计师协会（IIA）发布更新后的准则，供内部审计师采用。《内部审计师国际执业准则》的更新版中包含将近 20 处修订内容，如明确内部审计师与首席审计官的职能、提升审计师对质量保证和改进项目要求的关注度等。

（18）2012 年 10 月，国际标准化组织（ISO）发布两项新标准：《验证评估：对提供管理系统审计和认证的机构的要求——第二部分：环境管理系统审计与认证的胜任能力要求》和《验证评估——对进行产品、流程和服务认证的机构的要求》。新标准旨在提升对审计和认证的信心，是与国际电工委员会共同制定的。

（19）2012 年 10 月，美国成立名为"可持续会计准则理事会（SASB）"的新机构，帮助制定和宣传针对具体行业的可持续会计准则。SASB 为非营利性机构，其目标是规范上市公司社会和环境绩效方面的公司报告。其网站上称，该机构"将应对美国市场的独特需求，制定简明、同业可比，且与全美 35000 家上市公司相关的综合报告准则"。

（20）2012 年 12 月，美国注册会计师协会（AICPA）公布了一份关于私营中小企业（SMEs）财务报告框架的相关建议书，公开征求意见。该建议书将允许中小企业采用传统会计原则。中小企业财务报告框架规定了各种传统的会计记账方法以及一些应计所得税记账方法。该框架建议书包括简化了的会计原则并重点强调了与中小企业及其财务报表使用者关联性最大的信息需求。征求意见截止日期为 2013 年 1 月 30 日，最终版框架于 2013 年上半年发布。

（21）2012 年末，加拿大特许会计师协会（CICA）与加拿大特许管理会计师协会（CMCC）宣布计划创建一个全国组织负责监管加拿大一个新的职业头衔特许职业会计师（CPA）。这是两会实施合并计划的第一步，只有当加拿大各省级会计组织同意两会合并并创建一个新的职业头衔，该两会合并计划方可得以实施，因为在加拿大会计行业由各省级会计组织负责进行监管。由于这种监管体制，该两会合并计划已经在加拿大讨论了一年多时间，各省讨论进展各不相同。

（22）2012 年末，澳大利亚特许会计师协会（ICAA）理事会与新西兰特许会计师协会（NZICA）理事会全体一致表决同意，将向两会会员发起关于两会合并可能性的投票表决。根据两会发表的对外公告，两会理事会"认为创建一个新的、独一的跨塔斯曼海的会计师协会理由充分，并已经全体一致表决同意将该合并计划推向下一阶段，即全面征求两会有表决权的会员的意见"。两会还将成立一个共同工作委员会来推进该两会合并项目进程。

（23）2012 年，美国审计质量中心（CAQ）公布了一份新的审计实务助手，旨在推动会计师事务所与审计委员会就检查、发现以及质量控制完善等方面进行积极沟通。CAQ 实务助手——与审计委员会就检查结果以及质量控制事项进行讨论，强调双方之间的沟通应当能够完成"坦诚地传达会计师事务所基于其收集的质量控制方面的所有信息（不论是内部还是外部的信息来源）而正在采取的提高公司质量控制制度的措施"。CAQ 与 7 家其他组织共同合作还于近期对外发布了一个新审计评估工具来帮助审计委员会会员向外部审计师提出有见识的建议。

第五章 会计（审计）学学科
2012 年文献索引

第一节 中文文献索引

（一）会计基本理论

[1] 曹越. 再论公司财务概念框架 [J]. 会计研究，2012（4）：44 – 49.

[2] 陈丽英，李婉丽，吕怀立. 盈余重述归因分析——资产负债表膨胀的角度[J]. 南开管理评论，2012（6）：34 – 43.

[3] 成小云. 寻求政府会计改革的稳定形式 [J]. 会计研究，2012（3）：39 – 43.

[4] 付磊. 企业制度演变与会计发展 [J]. 会计研究，2012（7）：3 – 7.

[5] 葛家澍. 会计·信息·文化 [J]. 会计研究，2012（8）：3 – 7.

[6] 雷宇. 财务会计的信任功能 [J]. 会计研究，2012（3）：26 – 30.

[7] 李维安. 管理学科的发展趋势与启示 [J]. 南开管理评论，2012（1）：1.

[8] 李心合. 丧失相关性的会计与会计的持续性变革 [J]. 会计研究，2012（10）：3 – 10.

[9] 刘峰，葛家澍. 会计职能·财务报告性质·财务报告体系重构 [J]. 会计研究，2012（3）：15 – 19.

[10] 刘慧凤. 论会计在实体经济与虚拟经济互动中的传导作用 [J]. 会计研究，2012（6）：32 – 37.

[11] 刘骏，应益华. 制度伦理视角下的政府会计改革研究 [J]. 会计研究，2012（1）：20 – 24.

[12] 路军伟，殷红. 政府会计改革的动力机制与分析模型——基于制度变迁的理论视角 [J]. 会计研究，2012（2）：57 – 64.

[13] 潘爱玲，李彬，林亚囡等. 文化对会计的影响：文献述评及未来研究展望 [J]. 会计研究，2012（4）：20 – 27.

[14] 谭艳艳，汤湘希. 会计伦理决策影响因素研究——基于计划行为理论的检验

［J］．会计研究，2012（9）：24-30．

［15］王爱国．我的碳会计观［J］．会计研究，2012（5）：3-9．

［16］王化成，陆凌，张昕，等．加强会计指数研究　全面提升会计在经济社会发展中的影响力［J］．会计研究，2012（11）：7-11．

［17］吴德军，唐国平．环境会计与企业社会责任研究——中国会计学会环境会计专业委员会2011年年会综述［J］．会计研究，2012（1）：93-96．

［18］杨敏，欧阳宗书，叶康涛，等．在美上市中国概念股会计问题研究［J］．会计研究，2012（4）：3-7．

［19］杨雄胜．中国会计理论研究应有历史使命感［J］．会计研究，2012（2）：18-22．

［20］余蔚平．繁荣会计理论研究　拓展对外学术交流［J］．会计研究，2012（11）：3-6．

［21］张继勋，张丽霞．会计估计的准确性、行业共识信息与个体投资者的决策［J］．南开管理评论，2012（3）：101-109．

［22］张先治，张晓东．会计学研究视角与研究领域拓展——基于国际期刊的研究［J］．会计研究，2012（6）：3-11．

［23］赵德武，马永强，黎春．中国上市公司财务指数编制：意义、思路与实现路径［J］．会计研究，2012（12）：3-11．

［24］周守华，陶春华．环境会计：理论综述与启示［J］．会计研究，2012（2）：3-10．

（二）会计准则和制度

［1］丁友刚，文佑云．我国总会计师制度建设若干问题研究——基于相关政策与法规之间冲突性与不完善性的思考［J］．会计研究，2012（8）：72-77．

［2］龚光明，陈若华．产权保护、收益计量与会计制度改革［J］．会计研究，2012（7）：8-14．

［3］姜英兵，严婷．制度环境对会计准则执行的影响研究［J］．会计研究，2012（4）：69-78．

［4］蒋大富，熊剑．非经常性损益、会计准则变更与ST公司盈余管理［J］．南开管理评论，2012（4）：151-160．

［5］李英，邹燕，蒋舟．新会计准则下公允价值运用的动因探索——基于问卷调查与因子分析［J］．会计研究，2012（2）：28-36．

［6］宋晓华，祖丕娥，陈灵青，等．不确定环境下的项目融资租赁租金计量模型研究——基于出租人视角［J］．会计研究，2012．（10）：21-25．

［7］孙光国，刘爽．会计准则变迁与企业管理层行为的协调联动研究［J］．管理世界，2012（8）：167-168．

［8］王守海，孙文刚，李云．非活跃市场环境下公允价值计量的国际经验与研究启示［J］．会计研究，2012．（12）：12－18．

［9］王霞．国际财务报告准则修订评析与前瞻——以金融工具、合并报表和收入准则为例［J］．会计研究，2012（4）：8－13．

［10］杨模荣．套期会计原则缺失问题研究——IASB套期会计征求意见稿评述［J］．会计研究，2012（6）：25－31．

［11］袁知柱，吴粒．会计信息可比性研究评述及未来展望［J］．会计研究，2012（9）：9－15．

［12］张琦，张娟．供求矛盾、信息决策与政府会计改革——兼评我国公共领域的信息悖论［J］．会计研究，2012（7）：24－31．

［13］张兆国，刘永丽，李庚秦．会计稳健性计量方法的比较与选择——基于相关性和可靠性的实证研究［J］．会计研究，2012（2）：37－41．

［14］朱琳．美国应用国际财务报告准则的策略选择研究与启示［J］．会计研究，2012（2）：23－27．

（三）成本和管理会计

［1］陈志斌．论中国政府会计概念框架的选择［J］．会计研究，2012（2）：65－71．

［2］戴天婧，张茹，汤谷良．财务战略驱动企业盈利模式——美国苹果公司轻资产模式案例研究［J］．会计研究，2012（11）：23－32．

［3］冯宝军，李延喜，李建明．基于多属性分析的高校科研经费全成本核算研究［J］．会计研究，2012（5）：10－15．

［4］郭琰．管理会计在我国中小企业中的实际应用［J］．山西财经大学学报，2012（S3）：194．

［5］何平林，石亚东，李涛．环境绩效的数据包络分析方法——一项基于我国火力发电厂的案例研究［J］．会计研究，2012（2）：11－17．

［6］胡奕明，刘奕均．公允价值会计与市场波动［J］．会计研究，2012（6）：12－18．

［7］姜宏青．我国非营利组织绩效会计相关问题研究［J］．会计研究，2012（7）：32－38．

［8］李琦．西方管理会计问卷调查文献综述——基于研究方法的视角［J］．国外社会科学，2012（1）：131－137．

［9］李现宗，毕治军，颜敏．高校预算管理转型研究［J］．会计研究，2012（12）：68－73．

［10］刘沓，周航．循环经济价值链的系统思想与管理会计方法的契合［J］．经济经纬，2012（1）：77－81．

［11］毛洪涛，李诗依．管理会计研究评述与边界扩展——基于理论与实务焦点对比分析的研究［J］．会计与经济研究，2012（6）：32－43.

［12］穆林娟，贾琦．价值链成本管理为基础的跨组织资源整合：一个实地研究［J］．会计研究，2012（5）：67－71.

［13］潘飞．中国企业管理会计研究框架——以价值为基础和战略为导向［J］．会计与经济研究，2012（2）：3－12.

［14］施惠卿．物料流量会计的深化——利用 MFCA 与 LCA 的整合评估外部损害成本［J］．经济与管理，2012（1）：54－56.

［15］苏文兵，李心合，段治翔．基于成本粘性的盈利预测及其精度检验［J］．数理统计与管理，2012（5）：930－940.

［16］王满，王晶琦．基于价值链的管理会计决策方法研究［J］．财经问题研究，2012（9）：18－24.

［17］王新，毛洪涛，曾静．成本管理信息租金、内部冲突与控制绩效——基于施工项目的实验研究［J］．会计研究，2012（8）：25－33.

［18］王秀芬，董红星．中国情境下的管理会计研究：热点、趋势与方法——中国会计学会管理会计与应用专业委员会 2011 年学术年会综述［J］．会计研究，2012（4）：65－68.

［19］谢东明，林翰文．排放权交易运行机制下我国企业排放成本的优化战略管理研究——基于企业目标和社会环保目标的实现［J］．会计研究，2012（6）：81－88.

［20］辛宇，吕长江．激励、福利还是奖励：薪酬管制背景下国有企业股权激励的定位困境——基于泸州老窖的案例分析［J］．会计研究，2012（6）：67－75.

［21］徐国君，胡春晖．基于仿生学原理的人本管理会计工艺的构建——一个三维立体结构分析范式［J］．审计与经济研究，2012（5）：78－87.

［22］徐莉萍，李姣妤，张艳纯．政府生态预算绩效评价调查研究——基于问卷调查的实证分析［J］．会计研究，2012（12）：74－80.

［23］杨敏，李玉环，陆建桥等．公允价值计量在新兴经济体中的应用：问题与对策——国际会计准则理事会新兴经济体工作组第一次全体会议综述［J］．会计研究，2012（1）：4－9.

［24］杨世忠，许江波，张丹．作业成本法在高校教育成本核算中的应用研究——基于某高校成本核算的实例分析［J］．会计研究，2012（4）：14－19.

［25］张川，杨玉龙，高苗苗．中国企业非财务绩效考核的实践问题和研究挑战——基于文献研究的探讨［J］．会计研究，2012（12）：55－60.

［26］张亚连，张卫枚，邓德胜．我国企业环境管理会计实施现状及其对策——基于企业中高层管理人员的问卷调查［J］．财经理论与实践，2012（1）：55－58.

［27］赵息，李亚光，齐建民．基于集成创新理论的管理会计工具整合［J］．天津大学学报（社会科学版），2012（2）：107－110.

［28］支晓强，戴璐．组织间业绩评价的理论发展与平衡计分卡的改进：基于战略联盟情景［J］．会计研究，2012（4）：79－86.

［29］支晓强，戴璐．组织间业绩评价的理论发展与平衡计分卡的改进：基于战略联盟情景［J］．会计研究，2012（4）：79－86.

［30］周琳，潘飞，刘燕军，等．管理会计变革与创新的实地研究［J］．会计研究，2012（3）：85－93.

（四）财务会计与财务管理

［1］毕茜，彭珏，左永彦．环境信息披露制度、公司治理和环境信息披露［J］．会计研究，2012（7）：39－47.

［2］蔡春，朱荣，和辉，等．盈余管理方式选择、行为隐性化与濒死企业状况改善——来自A股特别处理公司的经验证据［J］．会计研究，2012（9）：31－39.

［3］陈骏，徐玉德．高管薪酬激励会关注债权人利益吗？——基于我国上市公司债务期限约束视角的经验证据［J］．会计研究，2012（9）：73－81.

［4］陈小林，孔东民．机构投资者信息搜寻、公开信息透明度与私有信息套利［J］．南开管理评论，2012（1）：113－122.

［5］陈永丽，龚枢．我国上市公司财务治理结构有效性研究的新途径——信息传染效应的引入［J］．管理世界，2012（10）：184－185.

［6］丁保利，王胜海，刘西友．股票期权激励机制在我国的发展方向探析［J］．会计研究，2012（6）：76－80.

［7］方健，徐丽群．信息共享、碳排放量与碳信息披露质量［J］．审计研究，2012（4）：105－112.

［8］盖地，胡国强．税收规避与财务报告成本的权衡研究——来自中国2008年所得税改革的证据［J］．会计研究，2012（3）：20－25.

［9］郭茵，任若恩．基于分层动态随机规划的资产负债管理模型［J］．会计研究，2012（5）：39－43.

［10］洪荭，胡华夏，郭春飞．基于GONE理论的上市公司财务报告舞弊识别研究［J］．会计研究，2012（8）：84－90.

［11］胡亚权，周宏．高管薪酬、公司成长性水平与相对业绩评价——来自中国上市公司的经验证据［J］．会计研究，2012（5）：22－28.

［12］胡志颖，周璐，刘亚莉．风险投资、联合差异和创业板IPO公司会计信息质量［J］．会计研究，2012（7）：48－56.

［13］黄珺，黄妮．过度投资、债务结构与治理效应——来自中国房地产上市公司的经验证据［J］．会计研究，2012（9）：67－72.

［14］雷新途，李世辉．资产专用性、声誉与企业财务契约自我履行：一项实验研究［J］．会计研究，2012（9）：59－66.

［15］黎文靖. 所有权类型、政治寻租与公司社会责任报告：一个分析性框架［J］. 会计研究，2012（1）：81-88.

［16］李丽青. 分析师盈利预测能表征"市场预期盈利"吗？——来自中国 A 股市场的经验证据［J］. 南开管理评论，2012（6）：44-50.

［17］李燕媛，张蝶. 我国上市公司"管理层讨论与分析"信息鉴证：三重困境及对策建议［J］. 审计研究，2012（5）：86-91.

［18］李芸达，范丽红，费金华. 先投后融，抑或先融后投——基于对我国企业产权制度的分析［J］. 会计研究，2012（1）：43-50.

［19］李正，李增泉. 企业社会责任报告鉴证意见是否具有信息含量——来自我国上市公司的经验证据［J］. 审计研究，2012（1）：78-86.

［20］刘剑民. 企业集团财务控制动态模式的组织、位置与发展路径［J］. 管理世界，2012（12）：181-182.

［21］刘瑞明. 国有企业、隐性补贴与市场分割：理论与经验证据［J］. 管理世界，2012（4）：21-32.

［22］刘媛媛，刘斌. 盈余储备、投资决策与信息含量——来自我国房地产上市公司 1995~2010 年的经验证据［J］. 会计研究，2012（6）：38-45.

［23］陆宇建，蒋玥. 制度变革、盈余持续性与市场定价行为研究［J］. 会计研究，2012（1）：58-67.

［24］逯东，孙岩，杨丹. 会计信息与资源配置效率研究述评［J］. 会计研究，2012（6）：19-24.

［25］罗宏，陈丽霖. 增值税转型对企业融资约束的影响研究［J］. 会计研究，2012.（12）：43-49.

［26］罗乾宜. 大型央企集团财务治理模式及其制度创新［J］. 会计研究，2012（4）：50-57.

［27］吕长江，张海平. 上市公司股权激励计划对股利分配政策的影响［J］. 管理世界，2012（11）：133-143.

［28］毛新述，叶康涛，张顿. 上市公司权益资本成本的测度与评价——基于我国证券市场的经验检验［J］. 会计研究，2012（11）：12-22.

［29］纳鹏杰，纳超洪. 企业集团财务管控与上市公司现金持有水平研究［J］. 会计研究，2012（5）：29-38.

［30］聂慧丽，张荣武，徐文仲. 异质预期、群体演化与资产价格波动机制［J］. 会计研究，2012（7）：65-71.

［31］饶品贵，岳衡. 剩余收益模型与股票未来回报［J］. 会计研究，2012（9）：52-58.

［32］申慧慧，吴联生. 股权性质、环境不确定性与会计信息的治理效应［J］. 会计研究，2012（8）：8-16.

［33］沈洪涛，冯杰．舆论监督、政府监管与企业环境信息披露［J］．会计研究，2012（2）：72－78.

［34］盛明泉，张敏，马黎珺，等．国有产权、预算软约束与资本结构动态调整［J］．管理世界，2012（3）：151－157.

［35］宋玉，沈吉，范敏虹．上市公司的地理特征影响机构投资者的持股决策吗？——来自中国证券市场的经验证据［J］．会计研究，2012（7）：72－79.

［36］孙光国，杨金凤．财务报告质量评价研究：文献回顾、述评与未来展望［J］．会计研究，2012（3）：31－38.

［37］孙岩．社会责任信息披露的清晰性、第三方鉴证与个体投资者的投资决策——一项实验证据［J］．审计研究，2012（4）：97－104.

［38］万鹏，曲晓辉．董事长个人特征、代理成本与营收计划的自愿披露——来自沪深上市公司的经验证据［J］．会计研究，2012（7）：15－23.

［39］汪金爱，章凯，赵三英．为什么CEO解职如此罕见？一种基于前景理论的解释［J］．南开管理评论，2012（1）：54－66.

［40］王海林，张书娟．上市公司网络财务报告系统评价研究［J］．审计研究，2012（5）：76－85.

［41］王金凤，李冬梅，张同全．风险评估在企业中的实践及探索——基于某煤业有限公司A煤矿的经验［J］．审计研究，2012（4）：89－96.

［42］王俊飚，刘明，王志诚．机构投资者持股对新股增发折价影响的实证研究［J］．管理世界，2012.（10）：172－173.

［43］王满四，邵国良．银行债权的公司治理效应研究——基于广东上市公司的实证分析［J］．会计研究，2012.（11）：49－56.

［44］王世权，王丹，武立东．母子公司关系网络影响子公司创业的内在机理——基于海信集团的案例研究［J］．管理世界，2012（6）：133－146.

［45］王烨，叶玲，盛明泉．管理层权力、机会主义动机与股权激励计划设计［J］．会计研究，2012.（10）：35－41.

［46］王志强，张玮婷．上市公司财务灵活性、再融资期权与股利迎合策略研究［J］．管理世界，2012（7）：151－163.

［47］肖虹，曲晓辉．R&D投资迎合行为：理性迎合渠道与股权融资渠道？——基于中国上市公司的经验证据［J］．会计研究，2012（2）：42－49.

［48］肖淑芳，喻梦颖．股权激励与股利分配——来自中国上市公司的经验证据［J］．会计研究，2012（8）：49－57.

［49］肖欣荣，刘健，赵海健．机构投资者行为的传染——基于投资者网络视角［J］．管理世界，2012.（12）：35－45.

［50］徐虹．市场化进程、产权配置与上市公司资产剥离业绩——基于同属管辖交易视角的研究［J］．南开管理评论，2012（3）：110－121.

［51］杨海燕，韦德洪，孙健．机构投资者持股能提高上市公司会计信息质量吗？——兼论不同类型机构投资者的差异［J］．会计研究，2012（9）：16－23.

［52］杨敏，刘光忠，陆建桥，等．综合报告国际发展动态及我国应对举措［J］．会计研究，2012（9）：3－8.

［53］于忠泊，田高良，张咏梅．媒体关注、制度环境与盈余信息市场反应——对市场压力假设的再检验［J］．会计研究，2012（9）：40－51.

［54］张敦力，李四海．社会信任、政治关系与民营企业银行贷款［J］．会计研究，2012（8）：17－24.

［55］张会丽，陆正飞．现金分布、公司治理与过度投资——基于我国上市公司及其子公司的现金持有状况的考察［J］．管理世界，2012（3）：141－150.

［56］张继德，郑丽娜．集团企业财务风险管理框架探讨［J］．会计研究，2012（12）：50－54.

［57］张克慧，牟博佼．企业集团财务总监委派制不适应性分析［J］．管理世界，2012（9）：1－6.

［58］张新民，王珏，祝继高．市场地位、商业信用与企业经营性融资［J］．会计研究，2012（8）：58－65.

［59］祝继高，陆正飞．融资需求、产权性质与股权融资歧视——基于企业上市问题的研究［J］．南开管理评论，2012（4）：141－150.

（五）审计

［1］毕秀玲，牟韶红，陈娜．国外公共危机预防审计的实践及借鉴［J］．审计研究，2012（2）：46－51.

［2］边国英．审计人员职业价值观分析的两个维度：职业特征与价值追求［J］．审计研究，2012（4）：31－35.

［3］蔡春，朱荣，蔡利．国家审计服务国家治理的理论分析与实现路径探讨——基于受托经济责任观的视角［J］．审计研究，2012（1）：6－11.

［4］曹强，胡南薇，王良成．客户重要性、风险性质与审计质量——基于财务重述视角的经验证据［J］．审计研究，2012（6）：60－70.

［5］曾亚敏，张俊生．"四大"本土化转制会降低投资者的信任吗？［J］．审计研究，2012（6）：97－103.

［6］陈辉发，蒋义宏，王芳．发审委身份公开、会计师事务所声誉与IPO公司盈余质量［J］．审计研究，2012（1）：60－68.

［7］陈仕华，马超．连锁董事联结与会计师事务所选择［J］．审计研究，2012（2）：75－81.

［8］陈伟，Smieliauskas Wally．云计算环境下的联网审计实现方法探析［J］．审计研究，2012（3）：37－44.

［9］范经华．内部审计质量外部评估探讨［J］．审计研究，2012（5）：101－105.

［10］方红星，戴捷敏．公司动机、审计师声誉和自愿性内部控制鉴证报告——基于A股公司2008～2009年年报的经验研究［J］．会计研究，2012（2）：87－95.

［11］宫军．审计文化影响力与审计公信力［J］．审计研究，2012（4）：12－15.

［12］胡奕明，樊慧，罗继锋．政府绩效审计接受度实证研究［J］．审计研究，2012（3）：8－13.

［13］简建辉，杨帆．中期财务报告自愿审计的动机和市场反应分析——基于中国上市公司的经验数据［J］．审计研究，2012（2）：90－97.

［14］李冬．基于协同治理理论的政府投资项目审计模式研究［J］．会计研究，2012（9）：89－95.

［15］李凤雏，王永海，赵刘中．绩效审计在推动完善国家治理中的作用分析［J］．审计研究，2012（3）：14－18.

［16］李江涛，何苦．上市公司以真实盈余管理逃避高质量审计监督的动机研究［J］．审计研究，2012（5）：58－67.

［17］李坤．国家治理机制与国家审计的三大方向［J］．审计研究，2012（4）：20－25.

［18］李璐，张龙平．WGEA的全球性环境审计调查结果：分析与借鉴［J］．审计研究，2012（1）：33－39.

［19］李明辉，张娟，刘笑霞．会计师事务所合并与审计定价——基于2003～2009年十起合并案面板数据的研究［J］．会计研究，2012（5）：86－92.

［20］李晓慧，孙蔓莉．业绩归因分析在审计风险识别中的运用研究［J］．会计研究，2012（9）：82－88.

［21］梁水源．美国企业强化内部审计工作的主要措施及启示［J］．审计研究，2012（4）：83－88.

［22］廖义刚，陈汉文．国家治理与国家审计：基于国家建构理论的分析［J］．审计研究，2012（2）：9－13.

［23］刘笑霞，李明辉．会计师事务所人力资本特征与审计质量——来自中国资本市场的经验证据［J］．审计研究，2012（2）：82－89.

［24］陆正飞，王春飞，伍利娜．制度变迁、集团客户重要性与非标准审计意见[J]．会计研究，2012（10）：71－78.

［25］罗涛．中外政府财务报告审计现状比较与启示——2011年巴西联邦政府财务报告审计专题研讨会综述［J］．审计研究，2012（4）：39－42.

［26］吕敏康，冉明东．媒体报道影响审计师专业判断吗？——基于盈余管理风险判断视角的实证分析［J］．审计研究，2012（6）：82－89.

［27］马志娟，刘世林．国家审计的本质属性研究——基于国家行政监督系统功能整合视角［J］．会计研究，2012（11）：79－86.

［28］邱吉福，王园，张仪华．我国会计师事务所效率的实证研究——基于中注协2008～2010年发布数据［J］．审计研究，2012（2）：52-59.

［29］屈小兰，张继勋．审计职业怀疑研究综述［J］．审计研究，2012（3）：69-75.

［30］宋衍蘅，付皓．事务所审计任期会影响审计质量吗？——来自发布补充更正公告的上市公司的经验证据［J］．会计研究，2012（1）：75-80.

［31］宋衍蘅，肖星．监管风险、事务所规模与审计质量［J］．审计研究，2012（3）：83-89.

［32］宋依佳．政策执行情况跟踪审计若干问题探讨［J］．审计研究，2012（6）：10-14.

［33］唐忠良．我国上市公司审计合谋治理对策研究［J］．审计研究，2012（5）：68-75.

［34］王爱国．国外的碳审计及其对我国的启示［J］．审计研究，2012（5）：36-41.

［35］王帆，张龙平．审计师声誉研究：述评与展望［J］．会计研究，2012（11）：74-78.

［36］王守海，李云．管理层干预、审计委员会独立性与盈余管理［J］．审计研究，2012（4）：68-75.

［37］王咏梅，陈磊．中国会计师事务所生产率长期变化及其驱动因素实证研究［J］．会计研究，2012（1）：51-57.

［38］王咏梅，邓舒文．会计师事务所合并与行业专门化战略研究［J］．审计研究，2012（2）：60-66.

［39］王咏梅，王鹏．中国会计师事务所的加盟战略效果研究［J］．管理世界，2012（3）：61-71.

［40］王玉兰，简燕玲．上市公司内部审计机构设置及履行职责情况研究［J］．审计研究，2012（1）：110-112.

［41］魏锋．外部审计和现金股利的公司治理角色：替代抑或互补［J］．审计研究，2012（4）：76-82.

［42］吴溪，陈梦．会计师事务所的内部治理：理论、原则及其对发展战略的含义［J］．审计研究，2012（3）：76-82.

［43］吴溪，张俊生．中国本土会计师事务所的市场地位与经济回报［J］．会计研究，2012（7）：80-88.

［44］吴泽福，朱丽华．审计怀疑度量框架构建的前沿探讨［J］．审计研究，2012（4）：54-60.

［45］吴仲兵，姚兵，刘伊生．政府投资审计声誉机制研究［J］．审计研究，2012（3）：32-36.

［46］伍利娜，王春飞，陆正飞．企业集团统一审计能降低审计收费吗［J］．审计研究，2012（1）：69-77．

［47］谢德仁，汤晓燕．审计委员会主任委员本地化与公司盈余质量［J］．审计研究，2012（6）：90-96．

［48］谢盛纹，闫焕民．随签字注册会计师流动而发生的会计师事务所变更问题研究［J］．会计研究，2012（4）：87-93．

［49］徐泓，曲婧．自然资源绩效审计的目标、内容和评价指标体系初探［J］．审计研究，2012（2）：14-19．

［50］徐寿福．产权性质、独立审计与上市公司现金股利分配［J］．审计研究，2012（6）：71-81．

［51］袁广达，袁玮，孙振．注册会计师视角下的生态补偿机制与政策设计研究［J］．审计研究，2012（6）：104-112．

［52］原红旗，韩维芳．会计师事务所的地区竞争优势与审计质量［J］．审计研究，2012（2）：67-74．

［53］张迪．审计师对信息风险区别对待了吗？——基于"调增式变脸"与审计意见关系的证据［J］．审计研究，2012（3）：106-112．

［54］张敏，马黎珺，张胜．供应商—客户关系与审计师选择［J］．会计研究，2012.（12）：81-86．

［55］张鸣，田野，陈全．制度环境、审计供求与审计治理——基于我国证券市场中审计师变更问题的实证分析［J］．会计研究，2012（5）：77-85．

［56］赵子夜，王跃堂．审计意见中的信息指标权效重构［J］．会计研究，2012（8）：78-83．

［57］郑小荣．公告质量、质量特征与策略性行为——基于第53号审计公告与3市调查的中国政府审计结果公告研究［J］．会计研究，2012.（10）：79-86．

［58］周玮，徐玉德，王宁．注册会计师的任期和强制轮换与会计盈余稳健性——来自沪深A股上市公司的经验证据［J］．审计研究，2012（3）：90-97．

［59］朱松，陈关亭．会计稳健性与审计收费：基于审计风险控制策略的分析［J］．审计研究，2012（1）：87-95．

（六）公司治理与内部控制

［1］白华．论控制活动［J］．会计研究，2012（10）：42-48．

［2］陈运森．独立董事网络中心度与公司信息披露质量［J］．审计研究，2012（5）：92-100．

［3］池国华，张传财，韩洪灵．内部控制缺陷信息披露对个人投资者风险认知的影响：一项实验研究［J］．审计研究，2012（2）：105-112．

［4］方军雄．高管超额薪酬与公司治理决策［J］．管理世界，2012（11）：

144 – 155.

[5] 高闯, 郭斌, 赵晶. 上市公司终极股东双重控制链的生成及其演化机制——基于组织惯例演化视角的分析框架 [J]. 管理世界, 2012 (11): 156 – 169.

[6] 高汉祥. 公司治理与社会责任: 被动回应还是主动嵌入 [J]. 会计研究, 2012 (4): 58 – 64.

[7] 贺建刚, 魏明海. 控制权、媒介功用与市场治理效应: 基于财务报告重述的实证研究 [J]. 会计研究, 2012 (4): 36 – 43.

[8] 黄志忠. 基于资源配置的公司治理策略分析——以 2006~2010 年上市的公司为例 [J]. 会计研究, 2012 (1): 36 – 42.

[9] 雷光勇, 王文, 金鑫. 公司治理质量、投资者信心与股票收益 [J]. 会计研究, 2012 (2): 79 – 86.

[10] 李连华, 唐国平. 内部控制效率: 理论框架与测度评价 [J]. 会计研究, 2012 (5): 16 – 21.

[11] 李维安. 非营利组织发展: 治理改革是关键 [J]. 南开管理评论, 2012 (4): 1.

[12] 李维安, 张立党, 张苏. 公司治理、投资者异质信念与股票投资风险——基于中国上市公司的实证研究 [J]. 南开管理评论, 2012 (6): 135 – 146.

[13] 李文钊, 蔡长昆. 政治制度结构、社会资本与公共治理制度选择 [J]. 管理世界, 2012 (8): 43 – 54.

[14] 林斌, 舒伟, 李万福. COSO 框架的新发展及其评述——基于 IC – IF 征求意见稿的讨论 [J]. 会计研究, 2012 (11): 64 – 73.

[15] 刘行, 李小荣. 金字塔结构、税收负担与企业价值: 基于地方国有企业的证据 [J]. 管理世界, 2012 (8): 91 – 105.

[16] 刘浩, 唐松, 楼俊. 独立董事: 监督还是咨询? ——银行背景独立董事对企业信贷融资影响研究 [J]. 管理世界, 2012 (1): 141 – 156.

[17] 刘启亮, 罗乐, 何威风, 等. 产权性质、制度环境与内部控制 [J]. 会计研究, 2012 (3): 52 – 61.

[18] 刘霄仑, 郝臣, 褚玉萍. 公司治理对上市公司审计意见类型影响的研究——基于 2007~2011 年中国民营上市公司的面板数据 [J]. 审计研究, 2012 (5): 51 – 57.

[19] 刘永泽, 张亮. 我国政府部门内部控制框架体系的构建研究 [J]. 会计研究, 2012 (1): 10 – 19.

[20] 刘志成, 吴能全. 中国企业家行为过程研究——来自近代中国企业家的考察 [J]. 管理世界, 2012 (6): 109 – 123.

[21] 吕敏康, 许家林. 企业内部控制专家系统研究——以 GLNT 集团采购成本控制为例 [J]. 会计研究, 2012. (12): 61 – 67.

[22] 南京大学会计与财务研究院课题组. 探索内部控制制度的哲学基础 [J]. 会计研究, 2012 (11): 57 – 63.

［23］瞿旭，杨丹，瞿彦卿．等．创始人保护、替罪羊与连坐效应——基于会计违规背景下的高管变更研究［J］．管理世界，2012（5）：137－151.

［24］宋晶，孟德芳．国有企业高管薪酬制度改革路径研究［J］．管理世界，2012（2）：181－182.

［25］孙蔓莉，王竹君，蒋艳霞．代理问题、公司治理模式与业绩自利性归因倾向——基于美、中、日三国的数据比较［J］．会计研究，2012（1）：68－74.

［26］唐跃军，宋渊洋，金立印．等．控股股东卷入、两权偏离与营销战略风格——基于第二类代理问题和终极控制权理论的视角［J］．管理世界，2012（2）：82－95.

［27］佟岩，冯红卿，吕栋．市场集中、控制权特征与内部控制鉴证报告披露［J］．会计研究，2012（6）：61－66.

［28］王福胜，宋海旭．终极控制人、多元化战略与现金持有水平［J］．管理世界，2012（7）：124－136.

［29］王会娟，张然．私募股权投资与被投资企业高管薪酬契约——基于公司治理视角的研究［J］．管理世界，2012（9）：156－167.

［30］王雄元，何捷．行政垄断、公司规模与CEO权力薪酬［J］．会计研究，2012.（11）：33－38.

［31］吴冬梅，刘运国．捆绑披露是隐藏坏消息吗——来自独立董事辞职公告的证据［J］．会计研究，2012.（12）：19－25.

［32］谢德仁，陈运森．董事网络：定义、特征和计量［J］．会计研究，2012（3）：44－51.

［33］谢德仁，林乐，陈运森．薪酬委员会独立性与更高的经理人报酬—业绩敏感度——基于薪酬辩护假说的分析和检验［J］．管理世界，2012（1）：121－140.

［34］徐光华，沈弋．企业内部控制与财务危机预警耦合研究——一个基于契约理论的分析框架［J］．会计研究，2012（5）：72－76.

［35］叶建芳，李丹蒙，章斌颖．内部控制缺陷及其修正对盈余管理的影响［J］．审计研究，2012（6）：50－59.

［36］张然，王会娟，许超．披露内部控制自我评价与鉴证报告会降低资本成本吗？——来自中国A股上市公司的经验证据［J］．审计研究，2012（1）：96－102.

［37］张瑞君，李小荣．金字塔结构、业绩波动与信用风险［J］．会计研究，2012（3）：62－71.

［38］张馨艺，张海燕，夏冬林．高管持股、择时披露与市场反应［J］．会计研究，2012（6）：54－60.

［39］章卫东，张洪辉，邹斌．政府干预、大股东资产注入：支持抑或掏空［J］．会计研究，2012（8）：34－40.

［40］周仁俊，高开娟．大股东控制权对股权激励效果的影响［J］．会计研究，2012（5）：50－58.

第二节 英文献索引

（一）会计基本理论

［1］Atwood T. J. , M. S. Drake J. N. Myers, L. A. Myers. Home Country Tax System Characteristics and Corporate Tax Avoidance: International Evidence ［J］. *Accounting Review*, 2012, 87（6）: 1831 – 1860.

［2］Autrey R. L. , F. Bova. Gray Markets and Multinational Transfer Pricing ［J］. *Accounting Review*, 2012, 87（2）: 393 – 421.

［3］Badertscher, B. A. , D. W. Collins, T. Z. Lys. Discretionary Accounting Choices and the Predictive Ability of Accruals with Respect to Future Cash Flows ［J］. *Journal of Accounting & Economics*, 2012, 53（1 – 2）: 330 – 352.

［4］Badertscher, B. A. , J. J. Burks, P. D. Easton. A Convenient Scapegoat: Fair Value Accounting by Commercial Banks during the Financial Crisis ［J］. *Accounting Review*, 2012, 87（1）: 59 – 90.

［5］Beatty A. , S. Liao, J. Weber. Evidence on the Determinants and Economic Consequences of Delegated Monitoring ［J］. *Journal of Accounting & Economics*, 2012, 53（3）: 555 – 576.

［6］Beaver, W. H. Accounting for Value ［J］. *Accounting Review*, 2012, 87（2）: 706 – 709.

［7］Bonner S. E. , J. W. Hesford, W. A. Van der Stede, and S. M. Young. The Social Structure of Communication in Major Accounting Research Journals ［J］. *Contemporary Accounting Research*, 2012, 29（3）: 869.

［8］Bushman R. M. , and R. Wittenberg – Moerman. The Role of Bank Reputation in "Certifying" Future Performance Implications of Borrowers' Accounting Numbers ［J］. *Journal of Accounting Research*, 2012, 50（4）: 883 – 930.

［9］Cairns D. A Global History of Accounting, Financial Reporting and Public Policy: Europe ［J］. *Accounting Review*, 2012, 87（4）: 1453 – 1455.

［10］Caskey J. , and J. S. Hughes. Assessing the Impact of Alternative Fair Value Measures on the Efficiency of Project Selection and Continuation ［J］. *Accounting Review*, 2012, 87（2）: 483 – 512.

［11］Chand P. , L. Cummings, and C. Patel. The Effect of Accounting Education and National Culture on Accounting Judgments: A Comparative Study of Anglo – Celtic and Chinese Culture ［J］. *European Accounting Review*, 2012, 21 （1）: 153 – 182.

［12］ Cready W. M. , T. J. Lopez, and C. A. Sisneros. Negative Special Items and Future Earnings: Expense Transfer or Real Improvements? ［J］. *Accounting Review*, 2012, 87 （4）: 1165 – 1195.

［13］ Daske H. Economic Effects of Transparency in International Equity Markets: A Review and Suggestions for Future Research ［J］. *Accounting Review*, 2012, 87 （5）: 1821 – 1823.

［14］ Dechow P. M. , A. P. Hutton, J. H. Kim, R. G. Sloan. Detecting Earnings Management: A New Approach ［J］. *Journal of Accounting Research*, 2012, 50 （2）: 275 – 334.

［15］ Donelson D. C. , J. M. McInnis, and R. D. Mergenthaler. Rules – Based Accounting Standards and Litigation ［J］. *Accounting Review*, 2012, 87 （4）: 1247 – 1279.

［16］ Ellis J. A. , C. E. Fee, and S. E. Thomas. Proprietary Costs and the Disclosure of Information About Customers ［J］. *Journal of Accounting Research*, 2012, 50 （3）: 685 – 728.

［17］ Ernstberger J. Current Debates in International Accounting ［J］. *Accounting Review*, 2012, 87 （3）: 1091 – 1094.

［18］ Evans J. H. Annual Report and Editorial Commentary for The Accounting Review ［J］. *Accounting Review*, 2012, 87 （6）: 2187 – 2221.

［19］ Fan Q. T. , and X. J. Zhang. Accounting Conservatism, Aggregation, and Information Quality ［J］. *Contemporary Accounting Research*, 2012, 29 （1）: 38.

［20］ Fornaro J. M. , H. W. Huang. Further Evidence of Earnings Management and Opportunistic Behavior with Principles – based Accounting Standards: The Case of Conditional Asset Retirement Obligations ［J］. *Journal of Accounting and Public Policy*, 2012, 31 （2）: 204 – 225.

［21］ Franco F. Compensation and Organisational Performance: Theory, Research and Practice, 1st edition ［J］. *European Accounting Review*, 2012, 21 （1）: 183 – 186.

［22］ Graham J. R. , J. S. Raedy, D. A. Shackelford. Research in Accounting for Income Taxes ［J］. *Journal of Accounting & Economics*, 2012, 53 （1 – 2）: 412 – 434.

［23］ He X. J. , T. J. Wong, D. Q. Young. Challenges for Implementation of Fair Value Accounting in Emerging Markets: Evidence from China ［J］. *Contemporary Accounting Research*, 2012, 29 （2）: 538.

［24］ Hobson J. L. , W. J. Mayew, M. Venkatachalam. Analyzing Speech to Detect Financial Misreporting ［J］. *Journal of Accounting Research*, 2012, 50 （2）: 349 – 392.

［25］ Holzmann O. J. A Global History of Accounting, Financial Reporting and Public Policy: Americas ［J］. *Accounting Review*, 2012, 87 （4）: 1450 – 1453.

［26］ Hou K. W. , M. A. van Dijk, and Y. L. Zhang. The Implied Cost of Capital: A New Approach ［J］. *Journal of Accounting & Economics*, 2012, 53 （3）: 504 – 526.

［27］ Hsu A. , J. O' Hanlon, K. Peasnell. The Basu Measure as an Indicator of Conditional Conservatism: Evidence from UK Earnings Components [J]. *European Accounting Review*, 2012, 21 (1): 87 – 113.

[28] Kadous K., L. Koonce, J. M. Thayer. Do Financial Statement Users Judge Relevance Based on Properties of Reliability? [J]. *Accounting Review*, 2012, 87 (4): 1335 – 1356.

[29] Kido N., R. Petacchi, J. Weber. The Influence of Elections on the Accounting Choices of Governmental Entities [J]. *Journal of Accounting Research*, 2012, 50 (2): 443 – 476.

[30] Kim I., D. J. Skinner. Measuring Securities Litigation Risk [J]. *Journal of Accounting & Economics*, 2012, 53 (1 – 2): 290 – 310.

[31] Lang M., K. V. Lins, M. Maffett. Transparency, Liquidity, and Valuation: International Evidence on When Transparency Matters Most [J]. *Journal of Accounting Research*, 2012, 50 (3): 729 – 774.

[32] Lee L. F. Incentives to Inflate Reported Cash from Operations Using Classification and Timing [J]. *Accounting Review*, 2012, 87 (1): 1 – 33.

[33] Lennox C. S., J. R. Francis, Z. T. Wang. Selection Models in Accounting Research [J]. *Accounting Review*, 2012, 87 (2): 589 – 616.

[34] Louis H., A. X. Sun, O. Urcan. Value of Cash Holdings and Accounting Conservatism [J]. *Contemporary Accounting Research*, 2012, 29 (4): 1249.

[35] Mikes A. Accounting in Networks [J]. *Accounting Review*, 2012, 87 (1): 346 – 349.

[36] Moser D. V., P. R. Martin. A Broader Perspective on Corporate Social Responsibility Research in Accounting [J]. *Accounting Review*, 2012, 87 (3): 797 – 806.

[37] Neu D. Accounting and Undocumented Work [J]. *Contemporary Accounting Research*, 2012, 29 (1): 13.

[38] Roslender R. Intellectual Capital Revisited: Paradoxes in the Knowledge Intensive Organization [J]. *Accounting Review*, 2012, 87 (1): 343 – 346.

[39] Salterio S. E. Ships Passing in the Night: Highlighting Complementary Accounting Research Across Paradigms [J]. *Contemporary Accounting Research*, 2012, 29 (2): 360.

[40] Schmidt M. The New Global Rulers: The Privatization of Regulation in the World Economy [J]. *Accounting Review*, 2012, 87 (4): 1447 – 1450.

[41] Sheng X. G., M. Theyenot. A New measure of Earnings Forecast Uncertainty [J]. *Journal of Accounting & Economics*, 2012, 53 (1 – 2): 21 – 33.

[42] Thornton D. B. Business Models in Accounting: The Theory of the Firm and Financial Reporting [J]. *Accounting Review*, 2012, 87 (2): 712 – 713.

[43] Thornton J. M. Accounting Ethics: Critical Perspectives on Business and Management [J]. *Accounting Review*, 2012, 87 (1): 350 – 352.

[44] Watts S. G. Financial Statement Analysis and the Prediction of Financial Distress

［J］. *Accounting Review*, 2012, 87（4）: 1445 – 1447.

［45］Zang A. Y. Evidence on the Trade – Off between Real Activities Manipulation and Accrual – Based Earnings Management ［J］. *Accounting Review*, 2012, 87（2）: 675 – 703.

［46］Zeff S. A. Major Contributors to the British Accountancy Profession: A Biographical Sourcebook ［J］. *Accounting Review*, 2012, 87（5）: 1824.

（二）会计准则和制度

［1］Barth M. E. , W. R. Landsman, M. Lang, C. Williams. Are IFRS – based and US GAAP – based Accounting Amounts Comparable? ［J］. *Journal of Accounting & Economics*, 2012, 54（1）: 68 – 93.

［2］Callahan C. M. , R. E. Smith, A. W. Spencer. An Examination of the Cost of Capital Implications of FIN 46 ［J］. *Accounting Review*, 2012, 87（4）: 1105 – 1134.

［3］Ernstberger J. , M. Stich, O. Vogler. Economic Consequences of Accounting Enforcement Reforms: The Case of Germany ［J］. *European Accounting Review*, 2012, 21（2）: 217 – 251.

［4］Florou A. , P. F. Pope. Mandatory IFRS Adoption and Institutional Investment Decisions ［J］. *Accounting Review*, 2012, 87（6）: 1993 – 2025.

［5］Giner B. , M. Arce. Lobbying on Accounting Standards: Evidence from IFRS 2 on Share – Based Payments ［J］. *European Accounting Review*, 2012, 21（4）: 655 – 691.

［6］Gordon L. A. , M. P. Loeb, W. J. Zhu. The Impact of IFRS Adoption on Foreign Direct investment ［J］. *Journal of Accounting and Public Policy*, 2012, 31（4）: 374 – 398.

［7］Hales J. W. , S. Venkataraman, and T. J. Wilks. Accounting for Lease Renewal Options: The Informational Effects of Unit of Account Choices ［J］. *Accounting Review*, 2012, 87（1）: 173 – 197.

［8］Hitz J. M. , J. Ernstberger, M. Stich. Enforcement of Accounting Standards in Europe: Capital – Market – Based Evidence for the Two – Tier Mechanism in Germany ［J］. *European Accounting Review*, 2012, 21（2）: 253 – 281.

［9］Jorissen A. , N. Lybaert, R. Orens, L. Van Der Tas. Formal Participation in the IASB's Due Process of Standard Setting: A Multi – issue/Multi – period Analysis ［J］. *European Accounting Review*, 2012, 21（4）: 693 – 729.

［10］Kim J. B. , X. H. Liu, L. Zheng. The Impact of Mandatory IFRS Adoption on Audit Fees: Theory and Evidence ［J］. *Accounting Review*, 2012, 87（6）: 2061 – 2094.

［11］Kim Y. , H. D. Li, S. Q. Li. Does Eliminating the Form 20 – F Reconciliation from IFRS to U. S. GAAP Have Capital Market Consequences? ［J］. *Journal of Accounting & Economics*, 2012, 53（1 – 2）: 249 – 270.

［12］Kvaal E. , C. Nobes. IFRS Policy Changes and the Continuation of National Patterns of IFRS Practice [J] . *European Accounting Review*, 2012, 21 (2): 343 – 371.

[13] Landsman W. R. , E. L. Maydew, and J. R. Thornock. The Information Content of Annual Earnings Announcements and Mandatory Adoption of IFRS [J] . *Journal of Accounting & Economics*, 2012, 53 (1 – 2): 34 – 54.

[14] Lin S. , W. Riccardi, C. J. Wang. Does Accounting Quality Change Following a Switch from US GAAP to IFRS? Evidence from Germany [J] . *Journal of Accounting and Public Policy*, 2012, 31 (6): 641 – 657.

[15] Ozkan N. , Z. Singer, H. F. You. Mandatory IFRS Adoption and the Contractual Use-fulness of Accounting Information in Executive Compensation [J] . *Journal of Accounting Research*, 2012, 50 (4): 1077 – 1107.

[16] Skantz T. R. CEO Pay, Managerial Power, and SFAS 123 (R) [J] . *Accounting Review*, 2012, 87 (6): 2151 – 2179.

[17] Stecher J. , and J. Suijs. Hail, Procrustes! Harmonized Accounting Standards as a Procrustean Bed [J] . *Journal of Accounting and Public Policy*, 2012, 31 (4): 341 – 355.

[18] Thevenot M. The Factors Affecting Illegal Insider Trading in Firms with Violations of GAAP [J] . *Journal of Accounting & Economics*, 2012, 53 (1 – 2): 375 – 390.

[19] Yip R. , and D. Q. Young. Does Mandatory IFRS Adoption Improve Information Comparability? [J] . *Accounting Review*, 2012, 87 (5): 1767 – 1789.

[20] Yohn T. L. European Cross – Border Information Transfers and the Impact of Accounting Standards Regime Changes [J] . *Accounting Review*, 2012, 87 (2): 705 – 706.

[21] Zeff S. A. The Evolution of the IASC into the IASB, and the Challenges it Faces [J] . *Accounting Review*, 2012, 87 (3): 807 – 837.

(三) 成本和管理会计

[1] Nixon B. , and J. Burns. The Paradox of Strategic Management Accounting [J] . *Management Accounting Research*, 2012, 23 (4SI): 229 – 244.

[2] Bisbe J. , and R. Malagueno. Using Strategic Performance Measurement Systems for Strategy Formulation: Does It Work in Dynamic Environments? [J] . *Management Accounting Research*, 2012, 23 (4SI): 296 – 311.

[3] Caglio A. , A. Ditillo. Opening the Black Box of Management Accounting Information Exchanges in Buyer – supplier Relationships [J] . *Management Accounting Research*, 2012, 23 (2): 61 – 78.

[4] Cheng M. M. , and K. A. Humphreys. The Differential Improvement Effects of the Strategy Map and Scorecard Perspectives on Managers' Strategic Judgments [J] . *Accounting Review*, 2012, 87 (3): 899 – 924.

[5] Choi J. , G. W. Hecht, W. B. Tayler. Lost in Translation: The Effects of Incentive

Compensation on Strategy Surrogation ［J］. *Accounting Review*, 2012, 87 （4）: 1135 – 1163.

［6］ Christ M. H. , K. L. Sedatole, K. L. Towry. Sticks and Carrots: The Effect of Contract Frame on Effort in Incomplete Contracts ［J］. *Accounting Review*, 2012, 87 （6）: 1913 – 1938.

［7］ Christ M. H. , S. A. Emett, S. L. Summers, D. A. Wood. The Effects of Preventive and Detective Controls on Employee Performance and Motivation ［J］. *Contemporary Accounting Research*, 2012, 29 （2）: 432.

［8］ Cuganesan S. , R. Dunford, I. Palmer. Strategic Management Accounting and Strategy Practices within a Public Sector Agency ［J］. *Management Accounting Research*, 2012, 23 （4SI）: 245 – 260.

［9］ De Loo I. , A. Lowe. Author – itative Interpretation in Understanding Accounting Practice through Case Research ［J］. *Management Accounting Research*, 2012, 23 （1）: 3 – 16.

［10］ Denison C. A. , A. M. Farrell, and K. E. Jackson. Managers' Incorporation of the Value of Real Options into Their Long – Term Investment Decisions: An Experimental Investigation ［J］. *Contemporary Accounting Research*, 2012, 29 （2）: 590.

［11］ Dierynck B. , W. R. Landsman, and A. Renders. Do Managerial Incentives Drive Cost Behavior? Evidence about the Role of the Zero Earnings Benchmark for Labor Cost Behavior in Private Belgian Firms ［J］. *Accounting Review*, 2012, 87 （4）: 1219 – 1246.

［12］ Franco – Santos M. , L. Lucianetti, and M. Bourne. Contemporary Performance Measurement Systems: A Review of Their Consequences and a Framework For research ［J］. *Management Accounting Research*, 2012, 23 （2）: 79 – 119.

［13］ Gond J. P. , S. Grubnic, C. Herzig, and J. Moon. Configuring Management Control Systems: Theorizing the Integration of Strategy and Sustainability ［J］. *Management Accounting Research*, 2012, 23 （3）: 205 – 223.

［14］ Groen B. , M. Wouters, C. Wilderom. Why Do Employees Take More Initiatives to Improve Their Performance after Co – developing Performance Measures? A Field Study ［J］. *Management Accounting Research*, 2012, 23 （2）: 120 – 141.

［15］ Guenther D. A. , and R. C. Sansing. Unintended Consequences of LIFO Repeal: The Case of the Oil Industry ［J］. *Accounting Review*, 2012, 87 （5）: 1589 – 1602.

［16］ Hartmann F. , and S. Slapnicar. The Perceived Fairness of Performance Evaluation: The Role of Uncertainty ［J］. *Management Accounting Research*, 2012, 23 （1）: 17 – 33.

［17］ Hermanson D. R. , J. G. Tompkins, R. Veliyath, and Z. X. Ye. The Compensation Committee Process ［J］. *Contemporary Accounting Research*, 2012, 29 （3）: 666.

［18］ Hopper T. , T. Shearer, and D. Thornton. Norman Belding Macintosh – A Tribute ［J］. *Management Accounting Research*, 2012, 23 （1）: 1 – 2.

［19］ Hsu S. H. , S. Q. Qu. Strategic Cost Management and Institutional Changes in Hospitals ［J］. *European Accounting Review*, 2012, 21 （3）: 499 – 531.

［20］Huson M. R. , Y. Tian, C. I. Wiedman, and H. A. Wier. Compensation Committees' Treatment of Earnings Components in CEOs' Terminal Years ［J］. *Accounting Review*, 2012, 87 (1): 231 – 259.

［21］Indjejikian R. J. , and M. Matejka. Accounting Decentralization and Performance E-valuation of Business Unit Managers ［J］. *Accounting Review*, 2012, 87 (1): 261 – 290.

［22］Jayaraman S. , T. T. Milbourn. The Role of Stock Liquidity in Executive Compensation ［J］. *Accounting Review*, 2012, 87 (2): 537 – 563.

［23］Johnson E. N. , G. M. Fleischman, S. Valentine, and K. B. Walker. Managers' Ethical Evaluations of Earnings Management and Its Consequences ［J］. *Contemporary Accounting Research*, 2012, 29 (3): 910.

［24］Kominis G. , A. I. Dudau. Time for Interactive Control Systems in the Public Sector? The Case of the Every Child Matters Policy Change in England ［J］. *Management Accounting Research*, 2012, 23 (2): 142 – 155.

［25］Kraus K. , T. Stromsten. Going public: The Role of Accounting and Shareholder Value in Making Sense of an IPO ［J］. *Management Accounting Research*, 2012, 23 (3): 186 – 201.

［26］Lambert C. , S. Sponem. Roles, Authority and Involvement of the Management Accounting Function: A Multiple Case – study Perspective ［J］. *European Accounting Review*, 2012, 21 (3): 565 – 589.

［27］Maas V. S. , M. van Rinsum, K. L. Towry. In Search of Informed Discretion: An Experimental Investigation of Fairness and Trust Reciprocity ［J］. *Accounting Review*, 2012, 87 (2): 617 – 644.

［28］Modell S. Strategy, Political regulation and Management Control in the Public Sector: Institutional and Critical perspectives ［J］. *Management Accounting Research*, 2012, 23 (4SI): 278 – 295.

［29］Nixon B. , J. Burns. Strategic Management Accounting ［J］. *Management Accounting Research*, 2012, 23 (4SI): 225 – 228.

［30］Schondube – Pirchegger, B. , J. R. Schondube. The Value of Extended Delegation in Dynamic Agency ［J］. *Management Accounting Research*, 2012, 23 (3): 158 – 170.

［31］Songini L. , A. Pistoni. Accounting, Auditing and Control for Sustainability ［J］. *Management Accounting Research*, 2012, 23 (3): 202 – 204.

［32］Speckbacher G. , P. Wentges. The Impact of Family Control on the Use of Performance Measures in Strategic Target Setting and Incentive Compensation: A Research Note ［J］. *Management Accounting Research*, 2012, 23 (1): 34 – 46.

［33］Tessier S. , D. Otley. A Conceptual Development of Simons' Levers of Control Framework ［J］. *Management Accounting Research*, 2012, 23 (3): 171 – 185.

［34］Windolph M. , K. Moeller. Open – book Accounting: Reason for Failure of Inter –

firm Cooperation？［J］．*Management Accounting Research*，2012，23（1）：47 – 60.

［35］Woods M. ，L. Taylor，and G. Fang. Electronics：A Case Study of Economic Value Added in Target Costing［J］．*Management Accounting Research*，2012，23（4SI）：261 – 277.

（四）财务会计与财务管理

［1］Aggarwal R. ，J. Cao，F. Chen. Information Environment，Dividend Changes，and Signaling：Evidence from ADR Firms［J］．*Contemporary Accounting Research*，2012，29（2）：403.

［2］Akins B. K. ，J. Ng，R. S. Verdi. Investor Competition over Information and the Pricing of Information Asymmetry［J］．*Accounting Review*，2012，87（1）：35 – 58.

［3］Alam P. ，K. A. Petruska. Conservatism，SEC investigation，and fraud［J］．*Journal of Accounting and Public Policy*，2012，31（4）：399 – 431.

［4］Armstrong C. S. ，J. L. Blouin，D. F. Larcker. The Incentives for Tax Planning［J］．*Journal of Accounting & Economics*，2012，53（1 – 2）：391 – 411.

［5］Balachandran S. V. ，P. Joos，J. Weber. Do Voting Rights Matter？Evidence From the Adoption of Equity – Based Compensation Plans［J］．*Contemporary Accounting Research*，2012，29（4）：1204.

［6］Ball R. ，S. Jayaraman，L. Shivakumar. Audited Financial Reporting and Voluntary Disclosure as Complements：A Test of the Confirmation Hypothesis［J］．*Journal of Accounting & Economics*，2012，53（1 – 2）：136 – 166.

［7］Barth M. E. ，G. Ormazabal，D. J. Taylor. Asset Securitizations and Credit Risk［J］．*Accounting Review*，2012，87（2）：423 – 448.

［8］Battalio R. H. ，A. Lerman，J. Livnat，and R. R. Mendenhall. Who，If Anyone，Reacts to Accrual Information？［J］．*Journal of Accounting & Economics*，2012，53（1 – 2）：205 – 224.

［9］Bens D. A. ，T. H. Goodman，M. Neamtiu. Does Investment – Related Pressure Lead to Misreporting？An Analysis of Reporting Following M&A Transactions［J］．*Accounting Review*，2012，87（3）：839 – 865.

［10］Beyer A. ，I. Guttman. Voluntary Disclosure，Manipulation，and Real Effects［J］．*Journal of Accounting Research*，2012，50（5）：1141 – 1177.

［11］Bhattacharya N. ，F. Ecker，P. M. Olsson，K. Schipper. Direct and Mediated Associations among Earnings Quality，Information Asymmetry，and the Cost of Equity［J］．*Accounting Review*，2012，87（2）：449 – 482.

［12］Blaylock B. ，T. Shevlin，and R. J. Wilson. Tax Avoidance，Large Positive Temporary Book – Tax Differences，and Earnings Persistence［J］．*Accounting Review*，2012，87（1）：91 – 120.

［13］Brown N. C. ，T. E. Christensen，W. B. Elliott，R. D. Mergenthaler. Investor Sentiment and Pro Forma Earnings Disclosures [J] . *Journal of Accounting Research*, 2012, 50 (1): 1 – 40.

[14] Bushee B. J. , G. S. Miller. Investor Relations, Firm Visibility, and Investor Following [J] . *Accounting Review*, 2012, 87 (3): 867 – 897.

[15] Cao S. S. , G. S. Narayanamoorthy. Earnings Volatility, Post – Earnings Announcement Drift, and Trading Frictions [J] . *Journal of Accounting Research*, 2012, 50 (1): 41 – 74.

[16] Cao Y. , L. A. Myers, T. C. Omer. Does Company Reputation Matter for Financial Reporting Quality? Evidence from Restatements [J] . *Contemporary Accounting Research*, 2012, 29 (3): 956.

[17] Chalmers K. , V. Naiker, and F. Nayissi. Earnings quality and Rule 10b – 5 Securities Class Action Lawsuits [J] . *Journal of Accounting and Public Policy*, 2012, 31 (1): 22 – 43.

[18] Chen C. , Z. Q. Li, X. J. Su, Y. W. Yao. Delegation and Sensitivity of CEO Turnover to Firm Performance within Business Groups: Evidence from China [J] . *Journal of Accounting and Public Policy*, 2012, 31 (6): 553 – 574.

[19] Cheng C. , H. H. Huang, Y. H. Li, J. Stanfield. The Effect of Hedge Fund Activism on Corporate Tax Avoidance [J] . *Accounting Review*, 2012, 87 (5): 1493 – 1526.

[20] Chhaochharia V. , A. Kumar, A. Niessen – Ruenzi. Local Investors and Corporate governance [J] . *Journal of Accounting & Economics*, 2012, 54 (1): 42 – 67.

[21] Crawford S. S. , D. T. Roulstone, and E. C. So. Analyst Initiations of Coverage and Stock Return Synchronicity [J] . *Accounting Review*, 2012, 87 (5): 1527 – 1553.

[22] Davis A. K. , J. M. Piger, L. M. Sedor. Beyond the Numbers: Measuring the Information Content of Earnings Press Release Language [J] . *Contemporary Accounting Research*, 2012, 29 (3): 845.

[23] Davis A. K. , I. Tama – Sweet. Managers' Use of Language Across Alternative Disclosure Outlets: Earnings Press Releases versus MD & A [J] . *Contemporary Accounting Research*, 2012, 29 (3): 804.

[24] Dechow P. M. , and H. F. You. Analysts' Motives for Rounding EPS Forecasts [J] . *Accounting Review*, 2012, 87 (6): 1939 – 1966.

[25] Dhaliwal D. S. , S. Radhakrishnan, A. Tsang, and Y. G. Yang. Nonfinancial Disclosure and Analyst Forecast Accuracy: International Evidence on Corporate Social Responsibility Disclosure [J] . *Accounting Review*, 2012, 87 (3): 723 – 759.

[26] Ditillo A. Designing Management Control Systems to Foster Knowledge Transfer in Knowledge – Intensive Firms: A Network – Based Approach [J] . *European Accounting Review*, 2012, 21 (3): 425 – 450.

[27] Donelson D. C. , J. M. McInnis, R. D. Mergenthaler, and Y. Yu. The Timeliness of

Bad Earnings News Litigation Risk ［J］. *Accounting Review*, 2012, 87 （6）: 1967 – 1991.

［28］Du F. , G. L. Tang, and S. M. Young. Influence Activities and Favoritism in Subjective Performance Evaluation: Evidence from Chinese State – Owned Enterprises ［J］. *Accounting Review*, 2012, 87 （5）: 1555 – 1588.

［29］Dutta S. , Q. T. Fan. Incentives for Innovation and Centralized versus Delegated Capital Budgeting ［J］. *Journal of Accounting & Economics*, 2012, 53 （3）: 592 – 611.

［30］Elliott W. B. , F. D. Hodge, and L. M. Sedor. Using Online Video to Announce a Restatement: Influences on Investment Decisions and the Mediating Role of Trust ［J］. *Accounting Review*, 2012, 87 （2）: 513 – 535.

［31］Ettredge M. , Y. Huang, W. N. Zhang. Earnings Restatements and Differential Timeliness of Accounting Conservatism ［J］. *Journal of Accounting & Economics*, 2012, 53 （3）: 489 – 503.

［32］Fan J. , T. J. Wong, T. Y. Zhang. Founder Succession and Accounting Properties ［J］. *Contemporary Accounting Research*, 2012, 29 （1）: 283.

［33］Files R. SEC Enforcement: Does Forthright Disclosure and Cooperation Really Matter? ［J］. *Journal of Accounting & Economics*, 2012, 53 （1 – 2）: 353 – 374.

［34］Fu R. H. , A. Kraft, H. Zhang. Financial Reporting Frequency, Information Asymmetry, and the Cost of Equity ［J］. *Journal of Accounting & Economics*, 2012, 54 （2 – 3）: 132 – 149.

［35］Heflin F. , W. Kross, I. Suk. The Effect of Regulation FD on the Properties of Management Earnings Forecasts ［J］. *Journal of Accounting and Public Policy*, 2012, 31 （2）: 161 – 184.

［36］Heinle M. S. , C. Hofmann, A. H. Kunz. Identity, Incentives, and the Value of Information ［J］. *Accounting Review*, 2012, 87 （4）: 1309 – 1334.

［37］Hoopes J. L. , D. Mescall, J. A. Pittman. Do IRS Audits Deter Corporate Tax Avoidance? ［J］. *Accounting Review*, 2012, 87 （5）: 1603 – 1639.

［38］Huang P. H. , and Y. Zhang. Does Enhanced Disclosure Really Reduce Agency Costs? Evidence from the Diversion of Corporate Resources ［J］. *Accounting Review*, 2012, 87 （1）: 199 – 229.

［39］Hui K. W. , S. Klasa, P. E. Yeung. Corporate Suppliers and Customers and Accounting Conservatism ［J］. *Journal of Accounting & Economics*, 2012, 53 （1 – 2）: 115 – 135.

［40］Iyer G. S. , P. Reckers. Decomposition of Progressivity and Inequality Indices: Inferences from the US Federal Income Tax System ［J］. *Journal of Accounting and Public Policy*, 2012, 31 （3）: 258 – 276.

［41］Jennings R. , C. D. Weaver, W. J. Mayew. The Extent of Implicit Taxes at the Corporate Level and the Effect of TRA86 ［J］. *Contemporary Accounting Research*, 2012, 29

（4）：1021.

[42] Johnson L. E. , S. Lowensohn, J. L. Reck, and S. P. Davies. Management Letter Comments: Their Determinants and Their Association with Financial Reporting Quality in Local Government [J] . *Journal of Accounting and Public Policy*, 2012, 31 (6): 575 – 592.

[43] Jorgensen B. N. , and M. T. Kirschenheiter. Interactive Discretionary Disclosures [J] . *Contemporary Accounting Research*, 2012, 29 (2): 382.

[44] Jung B. C. , P. B. Shane, Y. S. Yang. Do Financial Analysts' Long – term Growth Forecasts Matter? Evidence from Stock Recommendations and Career Outcomes [J] . *Journal of Accounting & Economics*, 2012, 53 (1 – 2): 55 – 76.

[45] Kelly K. , B. Low, H. T. Tan, S. K. Tan. Investors "Reliance on Analysts" Stock Recommendations and Mitigating Mechanisms for Potential Overreliance [J] . *Contemporary Accounting Research*, 2012, 29 (3): 991.

[46] Klassen K. J. , S. K. Laplante. The Effect of Foreign Reinvestment and Financial Reporting Incentives on Cross – Jurisdictional Income Shifting [J] . *Contemporary Accounting Research*, 2012, 29 (3): 928.

[47] Konigsgruber R. Capital Allocation Effects of Financial Reporting Regulation and Enforcement [J] . *European Accounting Review*, 2012, 21 (2): 283 – 296.

[48] Kumar P. , N. Langberg, K. Sivaramakrishnan. Voluntary Disclosures, Corporate Control, and Investment [J] . *Journal of Accounting Research*, 2012, 50 (4): 1041 – 1076.

[49] Kwak B. , B. T. Ro, I. Suk. The composition of Top Management with General Counsel and Voluntary Information Disclosure [J] . *Journal of Accounting & Economics*, 2012, 54 (1): 19 – 41.

[50] Laksmana I. , W. Tietz, Y. W. Yang. Compensation Discussion and Analysis (CD&A): Readability and Management Obfuscation [J] . *Journal of Accounting and Public Policy*, 2012, 31 (2): 185 – 203.

[51] Larcker D. F. , A. A. Zakolyukina. Detecting Deceptive Discussions in Conference Calls [J] . *Journal of Accounting Research*, 2012, 50 (2): 495 – 540.

[52] Laux V. , P. C. Stocken. Managerial Reporting, Overoptimism, and Litigation Risk [J] . *Journal of Accounting & Economics*, 2012, 53 (3): 577 – 591.

[53] Lee S. , S. R. Matsunaga, C. W. Park. Management Forecast Accuracy and CEO Turnover [J] . *Accounting Review*, 2012, 87 (6): 2095 – 2122.

[54] Lee Y. J. The Effect of Quarterly Report Readability on Information Efficiency of Stock Prices [J] . *Contemporary Accounting Research*, 2012, 29 (4): 1137.

[55] Li O. Z. , Z. L. Zhuang. Management Guidance and the Underpricing of Seasoned Equity Offerings [J] . *Contemporary Accounting Research*, 2012, 29 (3): 710.

[56] Lim Y. , K. Jung. Conflict of Interest or Information Sharing? Evidence from Affiliated

Analyst Performance in Korea ［J］. *Contemporary Accounting Research*, 2012, 29 （2）: 505.

［57］ Liu X. G. , and R. Natarajan. The Effect of Financial Analysts "Strategic Behavior on Analysts" Forecast Dispersion ［J］. *Accounting Review*, 2012, 87 （6）: 2123 - 2149.

［58］ Lui D. , S. Markov, A. Tamayo. Equity Analysts and the Market's Assessment of Risk ［J］. *Journal of Accounting Research*, 2012, 50 （5）: 1287 - 1317.

［59］ Maletta M. J. , Y. Zhang. Investor Reactions to Contrasts Between the Earnings Preannouncements of Peer Firms ［J］. *Contemporary Accounting Research*, 2012, 29 （2）: 361.

［60］ Masschelein S. , E. Cardinaels, and A. Van den Abbeele. ABC Information, Fairness Perceptions, and Interfirm Negotiations ［J］. *Accounting Review*, 2012, 87 （3）: 951 - 973.

［61］ Mian G. M. , S. Sankaraguruswamy. Investor Sentiment and Stock Market Response to Earnings News ［J］. *Accounting Review*, 2012, 87 （4）: 1357 - 1384.

［62］ Nezlobin A. Accrual Accounting, Informational Sufficiency, and Equity Valuation ［J］. *Journal of Accounting Research*, 2012, 50 （1）: 233 - 273.

［63］ Ogneva M. Accrual Quality, Realized Returns, and Expected Returns: The Importance of Controlling for Cash Flow Shocks ［J］. *Accounting Review*, 2012, 87 （4）: 1415 - 1444.

［64］ Patatoukas P. N. Customer - Base Concentration: Implications for Firm Performance and Capital Markets ［J］. *Accounting Review*, 2012, 87 （2）: 363 - 392.

［65］ Rajgopal S. , D. Taylor, and M. Venkatachalam. Frictions in the CEO Labor Market: The Role of Talent Agents in CEO Compensation ［J］. *Contemporary Accounting Research*, 2012, 29 （1）: 119.

［66］ Ramalingegowda S. , Y. Yu. Institutional Ownership and Conservatism ［J］. *Journal of Accounting & Economics*, 2012, 53 （1 - 2）: 98 - 114.

［67］ Rego S. O. , R. Wilson. Equity Risk Incentives and Corporate Tax Aggressiveness ［J］. *Journal of Accounting Research*, 2012, 50 （3）: 775 - 810.

［68］ Rothenberg N. R. The Effect of Imprecise Information on Incentives and Team Production ［J］. *Contemporary Accounting Research*, 2012, 29 （1）: 176.

［69］ Roychowdhury S. , E. Sletten. Voluntary Disclosure Incentives and Earnings Informativeness ［J］. *Accounting Review*, 2012, 87 （5）: 1679 - 1708.

［70］ Schloetzer J. D. Process Integration and Information Sharing in Supply Chains ［J］. *Accounting Review*, 2012, 87 （3）: 1005 - 1032.

［71］ Yang H. I. Capital Market Consequences of Managers' Voluntary Disclosure Styles ［J］. *Journal of Accounting & Economics*, 2012, 53 （1 - 2）: 167 - 184.

（五）审计

[1] Abbott L. J. , S. Parker, and G. F. Peters. Audit Fee Reductions from Internal Audit – Provided Assistance: The Incremental Impact of Internal Audit Characteristics [J] . *Contemporary Accounting Research*, 2012, 29 (1): 94.

[2] Arel B. , M. M. Jennings, K. Pany, P. Reckers. Auditor liability: A Comparison of Judge and Juror Verdicts [J] . *Journal of Accounting and Public Policy*, 2012, 31 (5): 516 – 532.

[3] Asare S. K. , A. Wright. The Effect of Type of Internal Control Report on Users' Confidence in the Accompanying Financial Statement Audit Report [J] . *Contemporary Accounting Research*, 2012, 29 (1): 152.

[4] Bedard J. C. Discussion of "Audit Partner Specialization and Audit Fees: Some Evidence from Sweden" [J] . *Contemporary Accounting Research*, 2012, 29 (1): 341 – 348.

[5] Bedard J. Reaching Key Financial Reporting Decisions: How Directors and Auditors Interact [J] . *Accounting Review*, 2012, 87 (5): 1819 – 1820.

[6] Bhattacharjee S. , K. K. Moreno, T. Riley. The Interplay of Interpersonal Affect and Source Reliability on Auditors' Inventory Judgments [J] . *Contemporary Accounting Research*, 2012, 29 (4): 1087.

[7] Boone J. P. , I. K. Khurana, K. K. Raman. Audit Market Concentration and Auditor Tolerance for Earnings Management [J] . *Contemporary Accounting Research*, 2012, 29 (4): 1171.

[8] Burnett B. M. , B. M. Cripe, G. W. Martin, B. P. McAllister. Audit Quality and the Trade – Off between Accretive Stock Repurchases and Accrual – Based Earnings Management [J] . *Accounting Review*, 2012, 87 (6): 1861 – 1884.

[9] Chan L. H. , K. Chen, T. Y. Chen, Y. X. Yu. The Effects of Firm – initiated Clawback Provisions on Earnings Quality and Auditor Behavior [J] . *Journal of Accounting & Economics*, 2012, 54 (2 – 3): 180 – 196.

[10] Chen L. , G. Krishnan, M. Pevzner. Pro forma Disclosures, Audit fees, and Auditor Resignations [J] . *Journal of Accounting and Public Policy*, 2012, 31 (3): 237 – 257.

[11] Chi W. C. , E. B. Douthett, L. L. Lisic. Client Importance and Audit Partner Independence [J] . *Journal of Accounting and Public Policy*, 2012, 31 (3): 320 – 336.

[12] Dao M. , K. Raghunandan, D. V. Rama. Shareholder Voting on Auditor Selection, Audit Fees, and Audit Quality [J] . *Accounting Review*, 2012, 87 (1): 149 – 171.

[13] DeFond M. L. The Consequences of Protecting Audit Partners' Personal Assets from the Threat of Liability: A Discussion [J] . *Journal of Accounting & Economics*, 2012, 54 (2 – 3): 174 – 179.

［14］ Deng M. C. , N. Melumad, T. Shibano. Auditors' Liability, Investments, and Capital Markets: A Potential Unintended Consequence of the Sarbanes – Oxley Act ［J］. *Journal of Accounting Research*, 2012, 50 (5): 1179 – 1215.

［15］ Dewing I. P. , P. O. Russell. Auditors as Regulatory Actors: The Role of Auditors in Banking Regulation in Switzerland ［J］. *European Accounting Review*, 2012, 21 (1): 1 – 28.

［16］ Ding R. , Y. P. Jia. Auditor Mergers, Audit Quality and Audit Fees: Evidence from the Pricewaterhouse Coopers merger in the UK ［J］. *Journal of Accounting and Public Policy*, 2012, 31 (1): 69 – 85.

［17］ Firth M. A. , O. M. Rui, X. Wu. Rotate back or Not after Mandatory Audit Partner rotation? ［J］. *Journal of Accounting and Public Policy*, 2012, 31 (4): 356 – 373.

［18］ Firth M. , P. Mo, R. Wong. Auditors' Organizational Form, Legal Liability, and Reporting Conservatism: Evidence from China ［J］. *Contemporary Accounting Research*, 2012, 29 (1): 57.

［19］ Fung S. , F. A. Gul, J. Krishnan. City – Level Auditor Industry Specialization, Economies of Scale, and Audit Pricing ［J］. *Accounting Review*, 2012, 87 (4): 1281 – 1307.

［20］ Gold A. , W. R. Knechel, P. Wallage. The Effect of the Strictness of Consultation Requirements on Fraud Consultation ［J］. *Accounting Review*, 2012, 87 (3): 925 – 949.

［21］ Han S. , T. Kang, and Y. K. Yoo. Governance Role of Auditors and Legal Environment: Evidence from Corporate Disclosure Transparency ［J］. *European Accounting Review*, 2012, 21 (1): 29 – 50.

［22］ Jonnergard K. Quality Control through Venetian Blinds: Regulating the Swedish Auditing Industry ［J］. *European Accounting Review*, 2012, 21 (1): 51 – 85.

［23］ Kadous K. , M. Mercer. Can Reporting Norms Create a Safe Harbor? Jury Verdicts against Auditors under Precise and Imprecise Accounting Standards ［J］. *Accounting Review*, 2012, 87 (2): 565 – 587.

［24］ Keune M. B. , and K. M. Johnstone. Materiality Judgments and the Resolution of Detected Misstatements: The Role of Managers, Auditors, and Audit Committees ［J］. *Accounting Review*, 2012, 87 (5): 1641 – 1677.

［25］ Koch C. , M. Weber, J. Wustemann. Can Auditors be Independent? Experimental Evidence on the Effects of Client Type ［J］. *European Accounting Review*, 2012, 21 (4): 797 – 823.

［26］ Krishnan G. V. , M. Pevzner, P. Sengupta. How Do Auditors View Managers' Voluntary Disclosure Strategy? The Effect of Earnings Guidance on Audit Fees ［J］. *Journal of Accounting and Public Policy*, 2012, 31 (5): 492 – 515.

［27］ Lennox C. , B. Li. The Consequences of Protecting Audit Partners' Personal Assets from the Threat of Liability ［J］. *Journal of Accounting & Economics*, 2012, 54 (2 – 3):

154 – 173.

［28］Lesage C. , H. Wechtler. An Inductive Typology of Auditing Research ［J］. *Contemporary Accounting Research*, 2012, 29 (2): 487.

［29］Liu X. H. , D. K. Chan. Consulting Revenue sharing, Auditor Effort and Independence, and the Regulation of Auditor Compensation ［J］. *Journal of Accounting and Public Policy*, 2012, 31 (2): 139 – 160.

［30］MacGregor J. Audit Committee Equity Holdings, the Risk of Reporting Problems, and the Achievement of Earnings Thresholds ［J］. *Journal of Accounting and Public Policy*, 2012, 31 (5): 471 – 491.

［31］Magro A. M. , S. E. Nutter. Evaluating the Strength of Evidence: How Experience Affects the Use of Analogical Reasoning and Configural Information Processing in Tax ［J］. *Accounting Review*, 2012, 87 (1): 291 – 312.

［32］McGuire S. T. , T. C. Omer, D. C. Wang. Tax Avoidance: Does Tax – Specific Industry Expertise Make a Difference? ［J］. *Accounting Review*, 2012, 87 (3): 975 – 1003.

［33］Niemi L. , S. Sundgren. Are Modified Audit Opinions Related to the Availability of Credit? Evidence from Finnish SMEs ［J］. *European Accounting Review*, 2012, 21 (4): 767 – 796.

［34］Numan W. , M. Willekens. An Empirical Test of Spatial Competition in the Audit Market ［J］. *Journal of Accounting & Economics*, 2012, 53 (1 – 2): 450 – 465.

［35］Prawitt D. F. , N. Y. Sharp, D. A. Wood. Internal Audit Outsourcing and the Risk of Misleading or Fraudulent Financial Reporting: Did Sarbanes – Oxley Get It Wrong? ［J］. *Contemporary Accounting Research*, 2012, 29 (4): 1109.

［36］Schmidt J. J. Perceived Auditor Independence and Audit Litigation: The Role of Nonaudit Services Fees ［J］. *Accounting Review*, 2012, 87 (3): 1033 – 1065.

［37］Skinner D. J. , and S. Srinivasan. Audit Quality and Auditor Reputation: Evidence from Japan ［J］. *Accounting Review*, 2012, 87 (5): 1737 – 1765.

［38］Vanstraelen A. , C. Schelleman, R. Meuwissen, and I. Hofmann. The Audit Reporting Debate: Seemingly Intractable Problems and Feasible Solutions ［J］. *European Accounting Review*, 2012, 21 (2): 193 – 215.

［39］Verschoor C. C. The Fraud Triangle: Fraudulent Executives, Complicit Auditors and Intolerable Public Injury ［J］. *Accounting Review*, 2012, 87 (1): 352 – 356.

［40］Zerni M. Audit Partner Specialization and Audit Fees: Some Evidence from Sweden ［J］. *Contemporary Accounting Research*, 2012, 29 (1): 312.

［41］Zerni M. , E. Haapamaki, T. Jarvinen, L. Niemi. Do Joint Audits Improve Audit Quality? Evidence from Voluntary Joint Audits ［J］. *European Accounting Review*, 2012, 21 (4): 731 – 765.

（六）公司治理与内部控制

［1］ Aggarwal R. K. , M. E. Evans, D. Nanda. Nonprofit Boards: Size, Performance and Managerial Incentives ［J］. *Journal of Accounting & Economics*, 2012, 53 (1 – 2): 466 – 487.

［2］ Armstrong C. S. , K. Balakrishnan, D. Cohen. Corporate Governance and the Information Environment: Evidence from State Antitakeover Laws ［J］. *Journal of Accounting & Economics*, 2012, 53 (1 – 2): 185 – 204.

［3］ Beneish M. D. , E. Press, M. E. Vargus. Insider Trading and Earnings Management in Distressed Firms ［J］. *Contemporary Accounting Research*, 2012, 29 (1): 191.

［4］ Camfferman K. Risk Management and Corporate Governance: Interconnections in Law, Accounting and Tax ［J］. *Accounting Review*, 2012, 87 (2): 709 – 711.

［5］ Campbell D. Employee Selection as a Control System ［J］. *Journal of Accounting Research*, 2012, 50 (4): 931 – 966.

［6］ Chen C. X. , H. Lu, T. Sougiannis. The Agency Problem, Corporate Governance, and the Asymmetrical Behavior of Selling, General, and Administrative Costs ［J］. *Contemporary Accounting Research*, 2012, 29 (1): 252.

［7］ Chen C. X. , T. Sandino. Can Wages Buy Honesty? The Relationship Between Relative Wages and Employee Theft ［J］. *Journal of Accounting Research*, 2012, 50 (4): 967 – 1000.

［8］ Drymiotes G. , and K. Sivaramakrishnan. Board Monitoring, Consulting, and Reward Structures ［J］. *Contemporary Accounting Research*, 2012, 29 (2): 453.

［9］ Gopalan R. , S. Jayaraman. Private Control Benefits and Earnings Management: Evidence from Insider Controlled Firms ［J］. *Journal of Accounting Research*, 2012, 50 (1): 117 – 157.

［10］ Gordon L. A. , A. L. Wilford. An Analysis of Multiple Consecutive Years of Material Weaknesses in Internal Control ［J］. *Accounting Review*, 2012, 87 (6): 2027 – 2060.

［11］ Hoitash R. , U. Hoitash, K. M. Johnstone. Internal Control Material Weaknesses and CFO Compensation ［J］. *Contemporary Accounting Research*, 2012, 29 (3): 768.

［12］ Hung M. Y. , T. J. Wong, T. Y. Zhang. Political Considerations in the Decision of Chinese SOEs to List in Hong Kong ［J］. *Journal of Accounting & Economics*, 2012, 53 (1 – 2): 435 – 449.

［13］ Jayaraman S. The Effect of Enforcement on Timely Loss Recognition: Evidence from Insider Trading Laws ［J］. *Journal of Accounting & Economics*, 2012, 53 (1 – 2): 77 – 97.

［14］ Kim Y. , M. S. Park, B. Wier. Is Earnings Quality Associated with Corporate Social Responsibility? ［J］. *Accounting Review*, 2012, 87 (3): 761 – 796.

［15］ Kunz J. , S. Linder. Organizational Control and Work Effort – Another Look at the Interplay of Rewards and Motivation ［J］. *European Accounting Review*, 2012, 21 (3): 591 –

621.

[16] Lanis R. , G. Richardson. Corporate Social Responsibility and Tax Aggressiveness: An Empirical Analysis [J] . *Journal of Accounting and Public Policy*, 2012, 31 (1): 86 – 108.

[17] Masulis R. W. , C. Wang, F. Xie. Globalizing the Boardroom – The Effects of Foreign Directors on Corporate Governance and Firm Performance [J] . *Journal of Accounting & Economics*, 2012, 53 (3): 527 – 554.

[18] Paape, L. R. F. Spekle. The Adoption and Design of Enterprise Risk Management Practices: An Empirical Study [J] . *European Accounting Review*, 2012, 21 (3): 533 – 564.

[19] Rice S. C. , D. P. Weber. How Effective Is Internal Control Reporting under SOX 404? Determinants of the (Non –) Disclosure of Existing Material Weaknesses [J] . *Journal of Accounting Research*, 2012, 50 (3): 811 – 844.

[20] Ryngaert M. , S. Thomas. Not All Related Party Transactions (RPTs) Are the Same: Ex Ante Versus Ex Post RPTs [J] . *Journal of Accounting Research*, 2012, 50 (3): 845 – 882.

[21] Sedatole K. L. , D. Vrettos, S. K. Widener. The Use of Management Control Mechanisms to Mitigate Moral Hazard in the Decision to Outsource [J] . *Journal of Accounting Research*, 2012, 50 (2): 553 – 592.

[22] Wu W. F. , C. F. Wu, C. Y. Zhou, J. Wu. Political Connections, Tax Benefits and firm performance: Evidence from China [J] . *Journal of Accounting and Public Policy*, 2012, 31 (3): 277 – 300.

[23] Yetman M. H. , R. J. Yetman. The Effects of Governance on the Accuracy of Charitable Expenses Reported by Nonprofit Organizations [J] . *Contemporary Accounting Research*, 2012, 29 (3): 738.

[24] Ylinen M. , B. Gullkvist. The Effects of Tolerance for Ambiguity and Task Uncertainty on the Balanced and Combined Use of Project Controls [J] . *European Accounting Review*, 2012, 21 (2): 395 – 415.

后　记

　　一部著作的完成需要许多人的默默贡献，闪耀着的是集体的智慧，其中铭刻着许多艰辛的付出，凝结着许多辛勤的劳动和汗水。

　　本书在编写过程中，借鉴和参考了大量的文献和作品，从中得到了不少启悟，也汲取了其中的智慧菁华，谨向各位专家、学者表示崇高的敬意——因为有了大家的努力，才有了本书的诞生。凡被本书选用的材料，我们都将按相关规定向原作者支付稿费，但因为有的作者通信地址不详或者变更，尚未取得联系。敬请您见到本书后及时函告您的详细信息，我们会尽快办理相关事宜。

　　由于编写时间仓促以及编者水平有限，书中不足之处在所难免，诚请广大读者指正，特驰惠意。